Kreativität in IT und Technik für Dummies

Schummelseite

In diesem Buch orientieren wir uns an einem Vorgehensmodell, das folgende Vorgehen integriert:

- Trichtermodell
- V-Modell
- Iteratives Vorgehen
- Bauen-Testen-Lernen-Zyklus des Lean Startup
- Wechsel von kreativen und analytischen Tätigkeiten
- Double-Diamond-Modell
- Trennung von Problem- und Lösungsraum
- Twin-Peaks-Modell
- Design Thinking

Mit diesem Vorgehensmodell können Sie Produkte, Dienstleistungen, Produktionsprozesse oder Geschäftsmodelle entwickeln.

Dies sind die **zwölf Phasen des Vorgehensmodells** und deren Ergebnisse:

Phase	Ergebnisse
Vorbereitung	✔ Projektsteckbrief ✔ Projektplan ✔ Kompetentes, gebrieftes Team ✔ Ergebnisse von Recherchen im Problemraum und Lösungsraum ✔ Entscheidungen über und Vorbereitungen von Technologien, Entwicklungswerkzeugen, Prüfständen ✔ Regelungen für Rechtliches und Vertragliches innerhalb des Teams, des Projekts, gegenüber Geschäftspartnern und Kunden
1 Discover auf Systemebene	✔ Liste der Interessengruppen ✔ Personas und Nutzungsszenarien ✔ Konkurrenzprodukte ✔ Liste der Basisanforderungen ✔ Kernproblem ✔ Ideen und Konzepte

Kreativität in IT und Technik für Dummies

Schummelseite

Phase	Ergebnisse
2 Define auf Systemebene	✔ Gruppierte Liste von Ideen zur Lösung des identifizierten Kernproblems ✔ Einheitliche Darstellung der Ideen, beispielsweise als User Stories ✔ Markt- und Zielgruppenanalyse ✔ Bewertung der Ideen anhand von Kriterien wie Machbarkeit, Innovationsgrad, Wert für die Nutzer und Kano ✔ Auswahl der weiter zu betrachtenden Ideen ✔ Low-Fidelity-Prototypen ✔ Eventuell Lastenheft
3 Develop auf Systemebene	✔ Grobe Architektur mehrerer technischer Lösungen
4 Deliver auf Systemebene	✔ Bewerten der alternativen Architekturen hinsichtlich Machbarkeit, Kosten, Wirtschaftlichkeit, Sicherheit und Unterstützen der Nutzungsszenarien ✔ Entscheidung für eine der technischen Lösungen ✔ Grobe Architektur der technischen Lösung (Komponenten und Schnittstellen) ✔ Eventuell Pflichtenheft
5 Discover auf Szenarioebene	✔ Nutzungsszenarien textuell, als Aktivitätsdiagramme, Abnahmetestfälle oder Low-Fidelity-Prototypen ✔ Liste offener Fragen
6 Define auf Szenarioebene	✔ Qualitätssicherung der Nutzungsszenarien ✔ Klärung offener Fragen ✔ Finalisierte und priorisierte Nutzungsszenarien oder Abnahmetestfälle und -kriterien ✔ Kano-Klassifikation und MMP-Zugehörigkeit der Nutzungsszenarien ✔ Implementierungsreihenfolge
7 Develop auf Szenarioebene	✔ Systementwurf: Modelle der Schnittstellen zwischen den Komponenten, zum Beispiel als Sequenzdiagramme im Pflichtenheft ✔ Liste offener Fragen
8 Deliver auf Szenarioebene	✔ Klärung offener Fragen ✔ Eventuell vertikaler Prototyp ✔ Finalisierter Entwurf beziehungsweise Pflichtenheft ✔ Finalisierte Kostenschätzung

Kreativität in IT und Technik für Dummies

Schummelseite

Phase	Ergebnisse
9 Discover auf Detailebene	✔ High-Fidelity-Prototypen ✔ Optional Pflichtenheft
10 Define auf Detailebene	✔ Test-Ergebnisse und Fehlerbehebung ✔ Finalisierte High-Fidelity-Prototypen
11 Develop auf Detailebene	✔ Funktionsfähiges Produkt
12 Deliver auf Detailebene	✔ Komponenten- und Integrationstests ✔ Abnahmetest und Abnahme ✔ Fehler behoben ✔ Abgenommenes Produkt in Betrieb

Wenn Sie nur kleinere Änderungen an einem existierenden Produkt durchführen, können Sie die Systemebene weglassen. Wenn Sie Ihr Produkt durch Konfigurieren eines Standardprodukts oder Integration von Standardkomponenten erstellen, können Sie Szenario- und Detailebene zusammenfassen.

Kreativität in IT und Technik für Dummies

Andrea Herrmann

Kreativität in IT und Technik

für dümmies®

Fachkorrektur von Rüdiger Weißbach

WILEY
WILEY-VCH GmbH

Kreativität in IT und Technik für Dummies

Bibliografische Information der Deutschen Nationalbibliothek

Die Deutsche Nationalbibliothek verzeichnet diese Publikation in der Deutschen Nationalbibliografie; detaillierte bibliografische Daten sind im Internet über http://dnb.d-nb.de abrufbar.

Print ISBN: 978-3-527-72172-6
ePub ISBN: 978-3-527-84680-1

Coverfoto: InfiniteFlow – stock.adobe.com
Korrektur: Janina Marie Moor
Satz: Straive, Chennai, India
Druck und Bindung: CPI Group (UK) Ltd, Croydon, CR0 4YY

C9783527721726_220426

Über die Autorin

Woher stammt dieser systematische Kreativitätsprozess, der hier im Buch dargestellt wird? Andrea Herrmann arbeitet schon seit dreißig Jahren im technischen Bereich. Studiert hat sie im vorigen Jahrhundert Physik und Ingenieurwesen. Beides noch mit Diplomabschluss. Danach promovierte sie und ist durch ihre Programmiertätigkeit und die damalige Wirtschaftskrise in die Informatik gewechselt. Dort hat sie sowohl in Unternehmen als auch in der Wissenschaft und Hochschullehre gearbeitet, aber auch als selbstständige Prozessberaterin. Unter anderem war sie in einem Unternehmen, das Software für Maschinenbauunternehmen entwickelt, für »Research and Innovation« zuständig und reichte mit schöner Regelmäßigkeit jede Woche einen Forschungsantrag ein. Die Kreativität war ihr tägliches Handwerkszeug und sie hat sie auch gerne erforscht. Seit 2012 arbeitet sie nun als freiberufliche Trainerin und Beraterin und schult unter anderem Anforderungsanalyse und Kreativität in Unternehmen und an Hochschulen. Ihr Wissen und ihre Best Practices hat sie in dieses Buch gepackt.

Auf einen Blick

Inhaltsverzeichnis

Einleitung

Willkommen in diesem Buch über Kreativität in Informationstechnologie (IT) und Technikentwicklung. Vielleicht hat Sie dieses Thema überrascht, weil Sie glauben, hier würden unvereinbare Welten aufeinanderprallen – Kreativität und Technik? Vielleicht kennen Sie aber auch den Ausspruch des fleißigen Erfinders Thomas Edison, der sagte, dass Erfindungen zu 99 % aus Transpiration entstehen und zu 1 % aus Inspiration. Letztlich stellt die Transpiration sicher, dass aus einer genialen Idee ein zuverlässiges, nützliches Produkt wird. Aber dieses Produkt basiert auf dieser 1-%-Inspiration-Idee, so wie die zweihundertjährige Eiche mal aus einer winzigen Eichel gewachsen ist. Die Natur arbeitet mit Trial and Error, das heißt, die Eiche wirft einfach jedes Jahr zehntausende Eicheln ab. Irgendeiner dieser Sprösslinge wird dann schon die Nachfolge antreten und die Jahrhunderte überdauern. In der Technikentwicklung wollen wir effizienter vorgehen, ingenieurmäßiger! Tatsächlich ist es gar nicht so schwer, systematisch kreative Ideen zu entwickeln. Jeder Ingenieur kann auch kreativ sein!

Anmerkung: Wenn ich im Verlauf des Buchs von »Ingenieuren« spreche, meine ich damit alle Arten von Ingenieurinnen und Ingenieuren: Software Engineers, Maschinenbauer, Mechatronikerinnen, Elektroingenieure, Bauingenieurinnen und alle, die ich in dieser Liste vergessen habe. Ich verwende hier den Begriff »der Ingenieur« als Berufsbezeichnung. Richtiger wäre eine wirklich geschlechtsunabhängige Bezeichnung wie »das Ingenieur« oder »das Ingenieury«. Da diese ungewohnten Begriffe leicht vom Inhalt des Buchs ablenken könnten, werde ich stattdessen abwechselnd die männliche und die weibliche Form verwenden, damit wir nicht vergessen, dass es auch Ingenieurinnen gibt. Gleichzeitig sind Softwareingenieure immer auch mit gemeint.

Über dieses Buch

In diesem Buch geht es um die Kreativität im technischen Entwicklungsprozess, egal ob Sie Software, elektronische Geräte oder Holzspielzeug entwickeln. Sie erlernen ein systematisches Vorgehen, von der Planung über die kreative Ideengewinnung bis zur Nutzung und Verbesserung der Idee. Das ist nicht nur nützlich, wenn Sie in der Produktentwicklung-Abteilung eines Unternehmens arbeiten, um ganz neue Produkte zu erfinden, sondern in allen Phasen der Technikentwicklung, -wartung und -verbesserung sind kreative Lösungen für große und kleine Probleme nötig.

Wenn Sie also irgendwie im technischen Bereich arbeiten und jemals vergeblich nach einer guten Idee gesucht haben, wenn sie zu spät kam oder die Findung unverhältnismäßig aufwendig war, dann finden Sie hier Anregungen für die zielgerichtete Organisation Ihres kreativen Prozesses. Gute Ideen sind nämlich kein Zufall, sondern der geniale Funke braucht Zündstoff, den Sie systematisch beschaffen können.

In diesem Buch beschreibe ich zahlreiche Tipps und Methoden. Dadurch haben Sie eine möglichst breite Auswahl. Es ist natürlich nicht so gedacht, dass Sie diese alle in ein und demselben Projekt anwenden sollen. Sehen Sie sich alles in Ruhe an und entscheiden Sie, welche Methode in Ihrem Projekt am besten passt.

Noch während ich an diesem Buch arbeitete, kam der Hype um intelligente Chatbots und Bildgenerierungs-KIs (KI = Künstliche Intelligenz) auf. Natürlich habe ich mich sofort auf diese Hilfsmittel gestürzt, ausprobiert und erforscht. Daraus sind jede Menge Ideen für dieses Buch entstanden, wie Sie KI nutzen können.

Törichte Annahmen über die Leser

Ich gehe davon aus, dass Sie in einem technischen Bereich arbeiten oder ein technisches Fach studieren oder (Software-)Ingenieure bei ihrer Arbeitsorganisation beraten, leiten oder moderieren, beispielsweise als Führungskraft. Das heißt, die Arbeit im Technikbereich ist Ihnen nicht fremd, und ich muss Ihnen nicht erklären, was elektrischer Strom oder was ein Projekt ist. Da die Zielgruppe für dieses Buch aber sehr breit ist und das beschriebene Vorgehen sowohl in der Softwaretechnik als auch im Maschinenbau, der Elektrotechnik und so weiter anwendbar ist, setze ich kein spezifisches technisches Wissen voraus. Das ist für das Verständnis der Beispiele auch nicht nötig. Wir beschäftigen uns hier vor allem mit Arbeitsprozessen. Technische Fachkenntnisse kommen vor allem dort ins Spiel, wo die physikalischen Gesetze oder andere Naturgesetze unseren Innovationen Grenzen setzen und wir eine gute Idee suchen, um sie zu überwinden. Die besten Ideen kommen im technischen Bereich im Gegensatz zum üblichen Vorurteil eben doch nicht von Laien, sondern vom Experten. Das zeigt jedenfalls meine Erfahrung.

Wie dieses Buch aufgebaut ist

Nach dem motivierenden Teil I widmen wir uns in den Teilen II bis VI verschiedenen Aktivitäten im Verlauf eines kreativen Projektes oder kreativen Prozesses. Teil II vermittelt dabei einen Überblick darüber, wie die Aktivitäten zusammenspielen.

Teil I: Kreativität für (Software-)Ingenieure?

Zunächst möchte ich Sie für den Einsatz von Kreativität im Ingenieurwesen motivieren, falls Sie das noch nicht sind. Teil I zeigt, bei welchen Aktivitäten Kreativität zum Einsatz kommt. Außerdem räume ich mit einigen Vorurteilen gegenüber Kreativität und gegenüber Ingenieuren auf.

Teil II: Planung

Kreativität passiert nicht in einem einzigen Workshop oder mit einem einzigen Gedankenblitz. Teil II erklärt, warum Sie mehrere Personen mit unterschiedlichem Wissen benötigen und warum Sie mehrere Phasen, Sitzungen und Iterationen (Wiederholungen) einplanen müssen. Hier wird ein mehrphasiger Prozess vorgeschlagen.

Teil III: Vorbereitung

Zielgerichtete Kreativität braucht als Grundlage zahlreiche Fakten, beispielsweise: Wie lautet das zu lösende Problem oder das zu erzielende Ergebnis? Wie viele Ressourcen wird das Projekt benötigen oder erhalten? Was braucht der Markt? Wie ist der Stand der Technik? Welche technische Infrastruktur wird benötigt? Was ist rechtlich und vertraglich zu regeln? Solche Informationen sollen so weit möglich schon vor der ersten Kreativitätssitzung zusammengetragen werden.

Teil IV: Kreative Aktivitäten

Auf Teil IV liegt der Schwerpunkt des Buchs. Hier lernen Sie Methoden und Vorgehensweisen kennen, mit denen Sie möglichst viele möglichst gute Ideen erzeugen – allein oder im Team. Für die Kreativitätssitzung in der Gruppe benötigen Sie eine gute Moderationstechnik, damit die Sitzung diszipliniert und zielstrebig verläuft, aber gleichzeitig genug Raum für fröhliche Interaktion und den kreativen Funken bleibt. Es macht auch einen Unterschied, ob Sie Ideen für inkrementelle Verbesserungen suchen oder für radikale Innovationen, also das noch nie dagewesene Superprodukt, von dem der Markt zwar noch nicht weiß, dass er es braucht, aber sobald die Menschen es sehen, es sofort haben wollen. Alle diese Fälle werden hier abgedeckt und für jeden Einsatzzweck gibt es mehrere passende Methoden.

Teil V: Bewertung und Ausarbeitung

Die Menge an erzeugten Ideen ist je nach Kreativitätstechnik und Verlauf eine mehr oder weniger chaotische Sammlung, manche nützlich, andere nicht. Diese Ideensammlung muss sortiert werden, die einzelnen Ideen nach Nützlichkeit und Machbarkeit bewertet, um dann zu entscheiden, welche davon Sie ausprobieren und in welcher Reihenfolge. Und dann müssen die besten Ideen zu funktionsfähigen Produkten umgesetzt werden.

Teil VI: Endlos kreativ

Auch wenn das kreative Projekt beendet ist, das Produkt fertiggestellt ist und verkauft wird, so endet doch der kreative Prozess nie. Aus verschiedenen Quellen entspringen jederzeit noch kreative Ideen für die weitere Entwicklung des Produkts, insbesondere bisher nicht umgesetzte Ideen und Rückmeldungen. Aber auch der Kreativitätsprozess lässt sich noch verbessern!

Teil VII: Der Top-Ten-Teil

Hier finden Sie die zehn wichtigsten Merksätze zur Kreativität zum Nachschlagen zusammengefasst.

Symbole, die in diesem Buch verwendet werden

Um Struktur in das Buch zu bringen und dem eiligen Leser oder Wiederleser das Auffinden wichtiger Inhalte zu erleichtern, werden die folgenden Symbole verwendet.

Dieses Symbol kennzeichnet Definitionen von Fachbegriffen.

Dieses Symbol weist Sie auf Merksätze, Kapitelzusammenfassungen oder Checklisten hin.

Wenn Sie dieses Symbol sehen, finden Sie Fallbeispiele realer Erfindungen oder Anekdoten aus meinem Berufsleben.

Hier finden Sie Internetadressen, aber auch Bücher und anderen Lesestoff.

Hinter diesem Symbol stecken praktische Aufgaben und Übungen, mit denen ich Sie ermuntern möchte, eigene praktische Erfahrungen zu sammeln. Indem Sie die Aufgaben in diesem Buch durcharbeiten, erfinden Sie vielleicht das nächste große Ding?

Wie es weitergeht

Am besten lesen Sie dieses Buch von vorne nach hinten, da die einzelnen Schritte des Vorgehens aufeinander aufbauen. Die Inhalte der einzelnen Kapitel sind zwar unabhängig voneinander verständlich, aber nicht einzeln anwendbar. Es würde Ihnen beispielsweise wenig helfen, eine Kreativitätstechnik aus Teil IV herauszupicken und ohne Vorbereitung durchzuführen.

Wenn Sie jedoch beim Lesen schnell vorankommen und bald praktisch loslegen möchten, dann fangen Sie vorne an und fokussieren sich auf die Texte außerhalb der Symbolkästen. Wenn Sie schon Vorwissen haben oder das Buch bereits früher gelesen haben, fokussieren Sie sich auf die Textteile mit dem Symbol für Merksätze und Zusammenfassungen.

Viel Spaß und viel Erfolg!

Teil I
Kreativität für (Software-)Ingenieure?

IN DIESEM TEIL …

- Zunächst zeige ich auf: Warum und wozu setzt man im Ingenieurbereich und bei der Softwareentwicklung Kreativität ein? Nicht nur vorne im Entwicklungsprozess, wenn man sich ein neues Produkt ausdenkt, sondern auch später bei der Lösung technischer Probleme.
- Dann räume ich mit Vorurteilen gegenüber Kreativität und gegenüber Ingenieuren auf.
- Zuletzt bereite ich Sie darauf vor, Ihr nächstes Kreativitätsprojekt zu starten.

IN DIESEM KAPITEL …

Warum Kreativität so wichtig ist

Warum Kreativität Spaß macht und die Zukunft positiv gestaltet

Kapitel 1
Kreativität ist wie Salz – also lebenswichtig

Um herauszufinden, was etwas wert ist, muss man sich eine Welt vorstellen, in der es fehlt. Sie kennen vielleicht das Märchen von dem König, der beleidigt reagierte, als seine Tochter ihm sagte, er sei für sie so wertvoll wie Salz. Hallo? Salz?! Die weißen Kristalle, die jeden Tag auf dem Esstisch stehen und die man so billig kaufen kann? Um ihn dafür zu bestrafen, dass er seine Tochter verbannte, ließ eine Fee das Salz aus seinem Reich verschwinden. Es dauerte nicht lange, bis der König begriff, dass ihm Salz wichtiger war als Gold.

Wie also sähe die Welt ohne Kreativität aus? Hätte es noch niemals Kreativität gegeben, dann würden die Menschen wie Tiere im Freien leben, nackt und ohne Werkzeuge. Nichts würde gekocht, es gäbe keine Sprache und keine Kunst. Wäre die Kreativität erst vor kurzem ausgestorben, dann würden wir kaputte Häuser durch neue ersetzen, die genauso aussähen wie zuvor. Wir würden immer genau die gleiche Kleidung tragen und dieselben Werkzeuge verwenden wie unsere Vorgänger, ganz egal wie ineffizient. Es gäbe tagein und tagaus denselben geerbten Speiseplan, die Jungen sprächen wie die Alten und weil von selbst die Dinge immer grauer, chaotischer und maroder werden, ginge es allmählich bergab. (Das nennt sich Entropie-Gesetz oder zweiter Hauptsatz der Thermodynamik.) Vor allem wäre man nicht dazu fähig, sich an geänderte Umweltbedingungen anzupassen wie Klimawandel, Peak Oil oder Bevölkerungswachstum. Das wollen wir uns lieber nicht vorstellen!

Kreativität im technischen Bereich

Kreativität liefert sozusagen das Salz unseres Lebens, nicht nur, aber auch bei der Entwicklung von technischen Geräten und Software. Dank Kreativität wurden Handys erfunden und zu Smartphones weiterentwickelt. Dank Kreativität verkauft sich ein Produkt besser als das andere oder das neue besser als das alte. Dank Kreativität geht es voran und aufwärts, statt dass die Welt bergab rollt wie ein herrenloses Rad.

Angst hemmt die Kreativität. Es ist schwer, Ideen zu entwickeln, während Ihre Geschäftsleitung Ihnen die Pistole an die Schläfe setzt und ruft: »Werdet ganz schnell kreativ, falls nicht, ersetze ich euch demnächst durch eine Niederlassung im Ausland!« Natürlich wären die Neuen dann kreativer. Die bekämen schön frisch ausgestattete Büros und ein Budget für den Neuaufbau. Dazu einige nette Worte und Versprechungen zur Motivation. Und bekanntlich gilt: »Jedem Anfang wohnt ein Zauber inne.« Alltag, sich ständig vermehrende Routineaufgaben und jährlich hochgeschraubte Kennzahlen blockieren eher.

Also vergessen Sie das mit der Konkurrenz, Pistole und so. Die gute Nachricht ist nämlich, dass es noch nie so einfach war, kreativ zu sein, neue Ideen zu konkretisieren, diese umzusetzen und dann auch noch zu verkaufen! Die tatsächlich erhöhte Geschwindigkeit bei Markteinführungen und die Produktzyklen werden nicht nur durch die Konkurrenz erzwungen, sondern durch Digitalisierung und Globalisierung ermöglicht. Wenn Sie schon etwas älter sind, so wie ich, dann denken Sie doch mal daran zurück, wie Sie vor zehn, zwanzig oder dreißig Jahren gearbeitet haben. Wie mühsam und aufwendig Recherchen in gedruckter Literatur, das Suchen nach einem guten, schnellen und günstigen Lieferanten oder die Werbung für ein Produkt war. Durch digitale Hilfsmittel und globale Kooperation sparen Sie Zeit und Geld bei Routinetätigkeiten, die Sie in Kreativität und Produktivität investieren können. Zukünftig wird dank KI gerade auch die kreative Arbeit noch einfacher und schneller.

Kreativität macht Spaß

Außerdem macht Kreativität Spaß. Entwickeln Sie neue Produkte, um die Zukunft zu verschönern: Die Kunden werden bequemer leben, einkaufen oder arbeiten, Ihre Firma gilt als cool und Ihr Job wird sicher, gut bezahlt und unterhaltsam. Kreativität macht alle glücklich. Sie kann das Dilemma lösen, dass der Kunde alles möglichst billig will, der Mitarbeiter möglichst viel Gehalt und die Firma möglichst viel Gewinn. Rein rechnerisch läuft das darauf hinaus, dass der Kuchen unter diesen drei Parteien nach Machtverhältnissen aufgeteilt wird. Es ist eine Win-Loose-Situation: Muss das Produkt billiger verkauft werden, weil die Konkurrenz die Preise senkt, gibt es entweder weniger Gewinn oder weniger Gehalt oder beides. Aber mit Kreativität könnten Sie alle glücklich machen: Sie können mit Wissen, Können und wenig Aufwand ein noch besseres Produkt entwickeln, das dem Kunden so viel Nutzen bringt, dass er gerne einen guten Preis dafür bezahlt. Oder Sie verschlanken und verbilligen den Herstellungsprozess, sodass bei gleichbleibendem Verkaufspreis mehr Gewinn übrig bleibt – und eine Provision für Sie.

Die Kreativität führt nicht nur zu tollen Produktfeatures, sondern auch zu pfiffigen Herstellungsprozessen, Preismodellen und Sparmöglichkeiten. Wenn Sie erstmal den Bogen heraushaben, geraten Sie in Flow und werden süchtig danach!

Flow ist ein positives Gefühl bei der Arbeit, wenn alles fließt (»flutscht«) und leichtfällt, bei ständiger spannender Herausforderung. Das passiert gerne bei kreativen Tätigkeiten.

Denken / sagen Sie jetzt nicht: »Das mag für Frau Herrmann gelten. Die hat eben immer easy Jobs gehabt, bei denen sie viel Zeit für Freiheit und eigene Ideen bekam. Aber mein Job ist härter, stressiger, ich werde von Routine aufgefressen und habe null Entscheidungsfreiheit.«

Nein. Auch von mir wurde erwartet, dass ich meine Brötchen verdiene, also werthaltige Ergebnisse produziere. Die normale Arbeit war zu leisten, also je nach Position ein Lastenheft liefern, Software programmieren, stapelweise Klausuren korrigieren, Forschungsanträge einreichen oder einen Fachartikel schreiben. Niemals war Raum eingeplant für einen dreitägigen Kreativitätsworkshop. Das Entwickeln und Umsetzen von Ideen musste während der normalen Arbeit geschehen und im Budget bleiben.

Darum empfehle ich hier für die normale Ingenieurin oder den Softwareingenieur ein strukturiertes, ingenieurmäßiges Vorgehen, das Sie mehr oder weniger aufwendig gestalten und notfalls auch fast ohne Budget durchführen können. Sie werden staunen, was man in einer gut vorbereiteten halbstündigen Kreativitätssitzung im Fernzug zustande bringen kann!

Doch, Sie sind kreativ!

Sagen Sie auch nicht: »Ich bin nicht kreativ. Das kann eben nicht jeder.« Doch, das kann jeder. Vermutlich waren Sie schon oft erfindungsreich, ohne es als Kreativität zu erkennen. Eben weil Sie die Lösung für ein Problem nicht in einer mehrstündigen Sitzung ausgeknobelt oder mit Hilfe von bunten Papierschnipseln entwickelt haben. Ich wage sogar zu behaupten, dass Kreativität der Normalfall ist. Alle Kinder sind kreativ. Nur Blockaden können unseren Ideenfluss behindern.

Professor Neil Maiden von der Bayes Business School sagte in seinem Key-Note-Vortrag auf dem elften *Workshop on Creativity in Requirements Engineering* CreaRE 2024 (8. April 2024): »Most professionals do not perceive their work as creative« (Die meisten Profis nehmen ihre Arbeit nicht als kreativ wahr). Aber auch »How to be creative is well-understood, but inaccessible to most« (Wie man kreativ ist, ist allgemein bekannt, aber für die meisten unzugänglich). Daran soll dieses Buch etwas ändern!

Kreativität können Sie lernen! Wenn Sie dieses Buch samt der Übungsaufgaben durchgearbeitet haben, können Sie mit gutem Gewissen behaupten, die Fähigkeit »Kreativität« zu besitzen. Vielleicht bewerben Sie sich mal auf eine Stellenanzeige, die diese Qualifikation fordert. Zum Glück handelt es sich um eine (wieder)erlernbare Fähigkeit.

Das Risiko der Kreativität

Kreativität bringt aus Sicht des Managements Risiken mit sich. Nicht nur die Kosten für Kreativitätssitzungen, sondern besonders auch die Kosten und Risiken der praktischen Umsetzung einer Idee. Die Kosten entstehen gewiss, aber ob sich die Investition am Ende lohnt, bleibt lange ungewiss. Noch teurer wird es jedoch, wenn die besten Ideen erst am Ende des Entwicklungsprozesses auftauchen oder eine unrealistische Idee zu lange verfolgt wird. Keine Sorge: Genau darum gehen wir so strukturiert vor. Dank dem systematischen Vorgehen in diesem Buch stecken Sie nicht mehr Ressourcen und Energie in die neue Idee als nötig. Sie dürfen jedoch nicht vergessen, dass Fortschritt oft nur durch Trial and Error (Versuch und Irrtum) entsteht. Probieren geht über Studieren. Sie finden nur heraus, was die Idee taugt, indem Sie experimentieren. Alles andere ist reine Spekulation. Andererseits kann man schlechte Ideen oft schon im Gedankenexperiment oder durch eine Marktrecherche entlarven. Darum: schön eines nach dem anderen, in der richtigen Reihenfolge!

Es gibt viele Gründe, die Sie dazu motivieren können, kreativ sein zu wollen und kreativ zu arbeiten:

- ✔ Kreativität macht Spaß.
- ✔ Kreativität ist eine wünschenswerte Qualifikation im Berufsleben.
- ✔ Ohne Kreativität bleibt bestenfalls alles gleich, wird sogar schlechter und man kann sich nicht an geänderte Umweltbedingungen anpassen.
- ✔ Produkte werden immer besser, die Zukunft der Menschheit wird besser.
- ✔ Digitalisierung und Globalisierung ermöglichen den kreativen Fortschritt mit wenig Mitteln.
- ✔ Niedrige Produktionskosten, hohe Gewinnmargen, sichere Jobs.
- ✔ Schnelle Lösung von auftretenden Problemen.
- ✔ Kreativität früh im Projekt spart später Kosten für Produktänderungen.
- ✔ Ein systematisches Vorgehen kontrolliert das Risiko, zu viel Zeit und Geld in eine nutzlose Idee zu investieren.

Ihre erste Aufgabe besteht nun darin, sich aus den im obigen Erinnerungskasten genannten möglichen Motivationsfaktoren Ihre »Top drei« herauszusuchen, also diejenigen drei Argumente, die Sie persönlich am stärksten motivieren.

Entscheiden Sie spontan aus dem Bauch heraus, weil Ihre Intuition am besten beurteilen kann, was Sie brauchen.

Schreiben Sie sich diese drei Motivationsgründe gerne auf einen Post-it-Zettel und kleben Sie ihn sich an den Bildschirm oder an eine Pinnwand. Dies dient nicht nur Ihrer Motivation, sondern schult auch schon mal die Kunst der Priorisierung, die Sie später noch brauchen werden.

So, ich hoffe, da war nun genug für Sie dabei, um hochmotiviert in die nächsten Kapitel zu starten!

IN DIESEM KAPITEL ...

Was ist Kreativität überhaupt?

Formen der Kreativität

Kapitel 2
Formen der Kreativität

Der Begriff der »Kreativität« ist gar nicht leicht zu definieren. Kreativ zu sein ist eine mögliche Eigenschaft einer Tätigkeit, eines Arbeitsergebnisses oder auch einer Person. Wobei ja meiner Meinung nach alle Menschen mehr oder weniger kreativ sind.

Definition: Was ist Kreativität?

Es ist allgemein üblich, bevor man eine Sache ausführlich behandelt, den Begriff zunächst zu definieren. Was also bedeutet »**Kreativität**«? Ein Arbeitsergebnis ist kreativ, wenn es neu und (potenziell) nützlich ist. Eine Tätigkeit ist kreativ, wenn sie ein kreatives Ergebnis erzeugt oder erzeugen könnte. Eine Idee kann kreativ sein oder ein Produkt, ein Geschäftsmodell, ein Werbeplakat, ein Herstellungsverfahren, ein Kunstwerk oder auch ein Kindergemälde. Ein Ergebnis ist nicht kreativ, wenn es trivial ist oder für keinen Zweck brauchbar. Ein Mensch ist umso kreativer, je mehr kreative Ergebnisse er oder sie hervorbringt.

Definition: Kreativität

Kreativität = Neuheit + (potenzielle) Nützlichkeit

Uns interessiert hier speziell der Anwendungsbereich im Ingenieurwesen und der Informatik, ganz gleich, ob Sie technische Produkte, Softwaresysteme, Arbeitsprozesse oder Produkt-Roadmaps entwickeln. Sowohl das Wort »neu« als auch »nützlich« verdienen eine genauere Betrachtung.

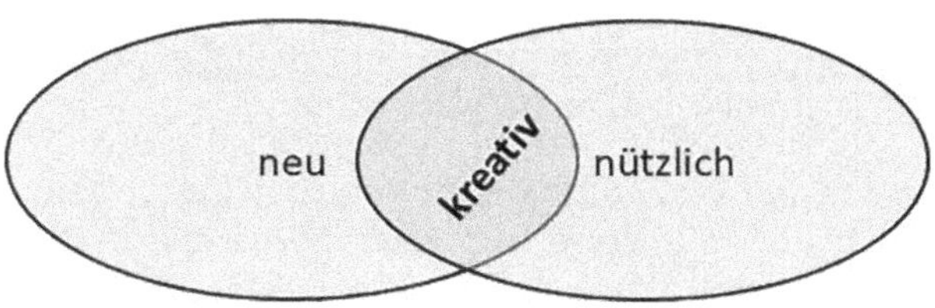

Abbildung 2.1: kreativ = neu *und* nützlich

Nur Neues ist kreativ

Ob etwas neu ist, ist relativ. Neu ist etwas immer im Vergleich zu etwas Bekanntem. Eine Person oder Tätigkeit war kreativ, wenn etwas erschaffen wurde, das aus der Perspektive des Erfinders neu ist, also ihm bisher unbekannt war. Wenn Sie beispielsweise bei archäologischen Grabungen in einem Keltengrab einen besonders originellen, inzwischen unbekannten Nussknacker entdecken und nachbauen würden, wäre dieser für Sie und Ihre Kunden neu, obwohl das Design mehrere tausend Jahre alt ist. Der Kunde würde dieses Produkt als neu wahrnehmen, obwohl es das nicht ist. Sie als Hersteller haben ja nicht wirklich etwas Neues erschaffen, sondern nur etwas Gefundenes nachgebaut. Der Nachbau alleine war keine kreative Leistung, sondern ein Plagiat. Kreativität war aber eventuell nötig, weil das Original aus Eberzähnen, Feuerstein oder einer unbekannten Metalllegierung gefertigt war, die Sie nun durch ein moderneres Material ersetzen.

Wenn stattdessen ein Laie Ihre geheime Klebstoffformel neu erfindet, die eigentlich schon bekannt ist, nur ihm eben nicht, dann ist dieser sehr wohl kreativ, weil er sie neu erschaffen hat. Das ist zwar nicht zum ersten Mal gelungen, aber davon weiß er ja nichts. Genauso auch, wenn Sie selbst einen Feuerstein-Nussknacker erfinden und erst zwei Jahre später erfahren, dass ein vergleichbares Modell in einem Keltengrab schlummerte. Dann waren Sie sehr wohl kreativ, wenn auch nicht innovativ.

Der Begriff der Kreativität bezieht sich also auf die Prozesse beziehungsweise die geistigen Tätigkeiten, die im Gehirn der Erfinderin stattfinden. Wenn sie sich etwas ausdenkt, das sie vorher noch nie gesehen/gehört/gelesen hat, dann hat ihr Gehirn kreativ gearbeitet und etwas erschaffen. Manchmal ist man auch strenger und definiert, dass man etwas nur dann kreativ nennen darf, wenn es sich um eine nicht offensichtliche Idee oder Lösung handelt oder um eine unerwartete Idee oder Lösung. Aber beides ist ebenfalls relativ.

Nur Nützliches ist kreativ

Der kreative Prozess zielt üblicherweise darauf ab, etwas Nützliches zu erschaffen. Die Nützlichkeit einer Idee ist manchmal nicht sofort beurteilbar, weil sich der Nutzen erst später zeigt, wenn man die Idee praktisch umsetzt oder ein Produkt schon länger verwendet. Darum habe ich der Definition »potenziell nützlich« hinzugefügt. Ob die Idee dieses Kriterium erfüllt, ist später noch zu prüfen. Auch ist Nützlichkeit natürlich relativ. Das Gemälde ist für den Künstler dann nützlich, wenn es irgendein Käufer kauft. Der Käufer kauft es, weil er es für einen dekorativen Wandbehang, eine provokante Aussage oder für eine lohnende finanzielle Investition hält. Auch der Käufer weiß nicht vorher, ob sich seine Erwartung erfüllen wird. Ein Nussknacker gilt meist dann als nützlich, wenn er tatsächlich Nussschalen zertrümmert und den Kern heil lässt. Aber auch in diesem Segment gibt es Nussknacker, die rein der Dekoration dienen. Nützlich ist also etwas, das einen Zweck erfüllt.

Eine *Kreativitätstechnik* ist ein definiertes, schrittweises Vorgehen für die systematische Entwicklung von kreativen Ideen. Vorne wirft man ein zu lösendes Problem oder ein zu erreichendes Ziel und Rahmenbedingungen hinein und hinten kommen kreative Ideen heraus.

Innovation versus Kreativität

Der Begriff der *Innovation* ist noch etwas enger gefasst als die Kreativität. Eine Innovation muss global betrachtet oder zumindest aus Käufersicht neuartig und auch marktfähig, also verkaufbar, sein. In der Geschichte der Innovationen gab es aber zahlreiche Beispiele, wo dasselbe Gerät zeitgleich doppelt erfunden wurde. Dem Laien mag das wie ein nur esoterisch erklärbares Zusammentreffen (Koinzidenz) erscheinen. Dabei ist nichts Magisches daran: Manche Innovationen lagen einfach in der Luft. Oder konkreter: Die Grundidee oder Vision für dieses Produkt existierte in Fachkreisen schon lange. Es fehlten nur Erkenntnisse, Materialien oder Methoden, um sie tatsächlich umzusetzen. Kaum waren diese Voraussetzungen erfüllt, sprach sich das wie ein Lauffeuer herum, mehrere Labore starteten in die Entwicklung und davon waren dann zwei oder mehr Konkurrenten gleichzeitig erfolgreich. Zumindest mit der Erfindung und Patentierung. Oft genug hat gar nicht der Ersterfinder den größten Markterfolg eingeheimst, sondern wurde vom Zweiten überholt. Dem war es dann wohl gelungen, den Käufern die Nützlichkeit der Innovation besser oder schneller zu kommunizieren.

Innovationen benötigen für ihre Entstehung mindestens eine, oft auch mehrere kreative Ideen. Diese werden zusammengepackt und systematisch zu einer Innovation, also einem marktfähigen Angebot, weiterentwickelt.

BEISPIEL

Grundlage für die **Erfindung des Telefons** war unter anderem die elektrische Stimmgabel, 1837 von dem Amerikaner Charles Grafton Page erfunden, die durch Elektromagnetismus periodische Stromschwankungen in einen Ton derselben Frequenz umwandelt. 1844 äußerte Innocenzo Manzetti die Idee, diese elektrische Stimmgabel zusammen mit einem schallgesteuerten Stromschalter zu einem »sprechenden Telegraphen« zu kombinieren.

Erstmals gebaut wurde ein solches Gerät 1860 durch den Amerikaner Antonio Meucci und unabhängig davon 1861 durch den Deutschen Johann Philipp Reis. Als Erfinder des Telefons gilt trotzdem Alexander Graham Bell, der sich 1862 ein Gerät von Reis besorgte und Meuccis vorläufiges Patent kannte, das 1873 auslief. Er war damals nicht der Einzige, der das bisher nur in einzelnen Prototypen existierende Gerät zu einem lukrativen kommerziellen Produkt machen wollte. Darum reichte er 1876 eilig ein relativ vages Patent ein, nur zwei Stunden vor Elisha Gray. Edison patentierte 1878 das Kohlegranulatmikrofon, das die Tonqualität deutlich erhöhte und lange der Standard blieb.

Sie sehen hier einige typische Prinzipien der Innovationsgeschichte: Es sind mehrere kreative Ideen beziehungsweise Technologien und viel Fleißarbeit nötig, um eine marktfähige Innovation zu entwickeln. Mehrere Konkurrenten arbeiten oft parallel an derselben Innovation, angeregt durch dieselben technischen Erfindungen oder wissenschaftliche Publikation. Gleichzeitig ist die Erfindungshöhe jedes der Erfinder gar nicht so hoch. Jeder hat eine schon existierende Idee nur ein wenig weiterentwickelt und verbessert. Das war natürlich jeweils aufwendig, aber niemand begann bei null. Trotzdem sind innovative Erfindungen sowohl selten als auch wertvoll, weswegen immer die Gefahr eines Diebstahls besteht.

- ✔ Eine Idee ist **kreativ**, wenn sie für den Erfinder neu sowie potenziell nützlich ist. Aus seiner Sicht hat er etwas Neues erschaffen.
- ✔ Ein Produkt ist **innovativ**, wenn es aus Käufersicht neu und marktfähig ist.

Produkt, Dienstleistung und Projekt

Im Buch ist regelmäßig die Rede von Produkten, Dienstleistungen und Projekten. Definieren wir darum noch diese Begriffe.

Produkt

Eine Technologie ist üblicherweise kein Produkt, sondern ein Prinzip oder technische Kenntnisse, die als Grundlage für die Entwicklung eines Produkts benötigt werden. Moderne, komplexe Produkte basieren auf mehreren Technologien. Beispielsweise benötigt ein funktionsfähiges Telefon eine Technologie, die gesprochene Sprache in Stromimpulse umwandelt, eine, die diese Signale an den richtigen Empfänger überträgt, sowie eine weitere, die aus den empfangenen Stromimpulsen wieder Töne macht, die möglichst ähnlich wie die einst gesprochenen Sätze klingen, sodass wir unseren Telefonpartner sogar an der Stimme erkennen können. Ein Automobil benötigt eine Antriebstechnologie, aber auch ein Lichtsystem, Bremsen, Scheibenwischer, Fensterheber und vieles mehr.

Ein **Produkt** ist ein materielles Ding, das auf einem Markt verkauft werden kann.

Kreative Ideen können sich auf das Produkt, die Technologien, einzelne Komponenten, aber auch auf den Herstellungsprozess oder die Vermarktung eines Produkts beziehen.

Dienstleistung

Vom Produkt unterscheiden kann man die *Dienstleistung*, die ebenfalls verkauft wird, aber kein materielles Ding ist, sondern eine erbrachte Leistung wie Unterstützung, Reparatur, Schulung, Beratung und dergleichen. Vieles gilt für Dienstleistungen ähnlich wie für Produkte, aber sie werden in diesem Buch nicht separat behandelt, sondern sind meist mitgemeint, wenn von Produkten die Rede ist. Ihr Entwicklungsprozess verläuft ähnlich wie der von Produkten. Auf Unterschiede gehe ich an den entsprechenden Stellen ein. Oft werden technische Produkte und Dienstleistungen sowieso gemeinsam angeboten. Für ein Elektrogerät müssen ja auch Beratung, Reklamation, Rückgabe, Support, Reparaturen, Ersatzteillieferungen, Entsorgung, manchmal sogar Schulungen angeboten werden. Und bei Dienstleistungen gehören oft auch Unterlagen oder andere handfeste Liefergegenstände mit dazu.

Typisch für Dienstleistungen im Vergleich zu Produkten ist, dass man sie nicht auf Vorrat erzeugen kann, sondern erst dann leistet, sobald eine Kundin beauftragt. Oft ist die Anwesenheit oder Zuarbeit der Kundin dafür nötig, beispielsweise bei einer Schulung. Bei einer

Reparatur muss die Kundin das zu reparierende Produkt einschicken, vorbeibringen oder Zugang dazu gewähren.

Projekt

Ein *Projekt* ist ein Vorhaben, das mit begrenzten, üblicherweise vorab definierten Ressourcen ein vorab definiertes Ergebnis erzeugen soll. Solche Ressourcen sind das beteiligte Team an Menschen und deren Arbeitszeit, aber auch die Kalenderzeit (begrenzt durch einen Fertigstellungstermin) und das Budget, von dem Arbeitszeit und andere Ressourcen finanziert werden.

Typisch an Projekten ist, dass dafür zunächst ein Budget beantragt und genehmigt werden muss. Firmeninterne Projekte erhalten ihr Budget intern von Managern, externe Projekte von Kunden. Am Ende müssen sie ein Ergebnis liefern. Man versucht immer wieder, diese klare Definition aufzuweichen, beispielsweise durch Dienstleistungsverträge, die nur die Leistung einer bestimmten Anzahl von Arbeitsstunden versprechen und sich nicht auf ein Endergebnis definierter Größe und Qualität festlegen. Trotzdem wird auch hier ein Ergebnis erwartet, oft auch definiert, eventuell nur in Etappen, wie das bei agilen Projekten üblich ist.

Grundsätzlich halte ich es für wesentlich für den Projekterfolg, dass man ein klares Ziel vor Augen hat, denn nur dann kann man es auch erreichen. Selbst bei kreativen Projekten, wo durch die kreative Tätigkeit immer auch eine gewisse Unsicherheit darüber herrscht, wie das Ergebnis aussehen und wie gut es sein wird, muss klar definiert sein, welches Problem gelöst werden soll und was das Projekt kosten darf. Eine Budgeterhöhung kann man ja noch beantragen, doch wenn der Geldgeber vom Projektteam kein klares Ergebnis erwartet, erhält er auch keines, sondern nur ausgefüllte Stundenzettel. Das mag nun wenig zeitgemäß klingen, aber im Wirtschaftsleben ist der Kostendruck hoch genug, dass nur wenige Unternehmen es sich leisten können, ihre Mitarbeiter einfach mal spielen zu lassen und zu hoffen, dass sie zufällig eine marktfähige Innovation entwickeln.

Bezüglich Arbeitsorganisation unterscheide ich gerne zwischen Inhalt und Prozess. Man muss dem Projektteam entweder den Inhalt oder den Prozess vorgeben:

- ✔ Bei **Routineprojekten** genügt die Spezifikation des Ergebnisses, das erfahrene Team kann seine Arbeit dann selbst organisieren. Wird mehr Zeit und Budget nötig als vorab geschätzt, wird das (beim erfahrenen Team!) schon richtig sein.
- ✔ Bei **kreativen Projekten** kann oft das Ergebnis nicht vorab definiert werden, aber umso wichtiger sind klare Rahmenbedingungen bezüglich des Arbeitsprozesses: Wie viele Stunden dürfen investiert werden, bis wann soll ein Ergebnis präsentiert werden?

Erfindungshöhe: inkrementell oder radikal?

Bei Erfindungen spricht man gerne von der *Erfindungshöhe*. Diese misst, wie kreativ die Idee ist. Handelt es sich um eine Idee, die jeder Fachexperte auf der Grundlage des aktuellen Stands des Wissens hätte haben können? Oder ist sie wirklich kreativ in dem Sinne, dass nicht jeder Experte darauf kommen kann oder umfangreiche Entwicklungsarbeit investiert werden musste?

Kleinere Verbesserungen – Ergänzungen oder Änderungen –, die auf dem Vorhandenen aufsetzen und nur einen Aspekt ein wenig verbessern, nennt man *inkrementell.*

Wirklich kreative neue Ideen mit hoher Erfindungshöhe, die kaum noch dem Bisherigen ähneln, nennt man *radikal* (siehe Abbildung 2.2).

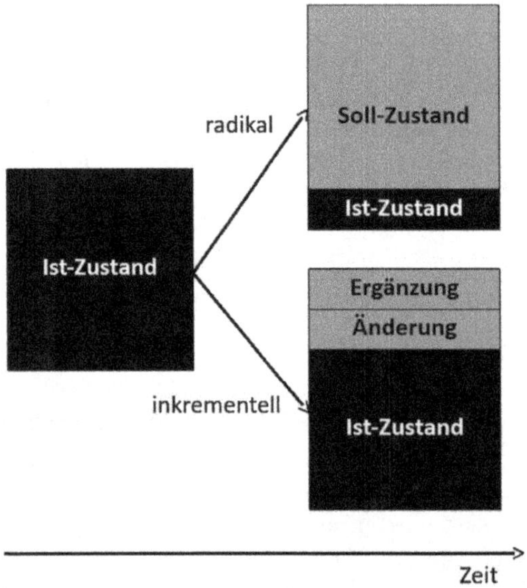

Abbildung 2.2: Radikale versus inkrementelle Änderung eines Produkts

Üblicherweise stellt man sich unter Kreativität nur die radikalen Ideen vor, aber genau genommen sind Ideen oder Innovationen einfach mehr oder weniger stark kreativ. Obwohl es sich um einen kontinuierlichen Übergang von der inkrementellen, fast schon offensichtlichen Verbesserung zur radikalen Neuerfindung handelt, unterscheiden wir im Folgenden immer wieder binär zwischen inkrementell und radikal, weil beide Typen von Kreativität sich im Ablauf unterscheiden.

Oft geben die Rahmenbedingungen, unter denen Sie arbeiten, Ihnen vor, ob Sie eine inkrementelle oder radikale Idee suchen. Die meisten kreativen Projekte arbeiten inkrementell, denn ständige Verbesserung ist ein wichtiges Ingenieurprinzip.

Inkrementelle Verbesserungen kosten wenig Zeit und Geld, sind wenig riskant und verlangen auch wenig Umstellungen in der Produktion, dem Marketing und dem Betrieb der Technologie oder des Produkts.

Radikale Innovationen dagegen verlangen oft – aber nicht immer – eine hohe Investition vorab sowie neue Produktions- und Wartungsprozesse, während gleichzeitig nicht garantiert ist, dass diese sich lohnt, dass die Kunden das Produkt lieben werden und dass es sich im Alltagsgebrauch bewährt.

- ✔ **Inkrementelle** Ideen oder Innovationen entwickeln Vorhandenes ein wenig weiter und stellen meist eine kleine Verbesserung dar.
- ✔ **Radikale** Ideen oder Innovationen entwickeln Vorhandenes stark weiter und ändern grundlegende Eigenschaften bis hin zur Neuerfindung.

Pull oder Push: Entspringt die Idee dem Bedarf oder den technischen Möglichkeiten?

Kreativität passiert natürlich ständig, aber bewusste und budgetierte Kreativitätsprojekte starten normalerweise angetriggert durch einen Anstoß aus der einen oder anderen Richtung: entweder vom **Bedarf** her oder von den (technischen) **Möglichkeiten** her. Damit ein neues Produkt wie das Telefon tatsächlich kommerziell entwickelt wird, wird beides benötigt: ein Bedarf auf dem Markt und außerdem die technischen Voraussetzungen. Aber der Anstoß kommt oft ganz klar vor allem aus der einen oder anderen Richtung. Es kann sein, dass die nötigen Technologien schon lange existierten, aber erst der erkannte Bedarf für ein neues Gerät jemanden dazu motivierte, diese Technologien zu einem Produkt zu kombinieren. Oder der Bedarf bestand schon lange, aber für die praktische Umsetzung einer Produktidee fehlte noch eine wissenschaftliche Erfindung, die dann zielgerichtet im Labor entwickelt werden musste.

BEISPIEL

Beim Telefon war der Bedarf vorhanden. Briefe und Telegramme erfreuten sich großer Beliebtheit für die Kommunikation über Distanzen. Jedoch fehlten noch die technischen Voraussetzungen wie die elektrische Stimmgabel und der schallgesteuerte Stromschalter. Es war also zuerst ein Bedarf auf dem Markt **(Market Pull)**, der Erfinder dazu motivierte, die passenden Technologien zu entwickeln, dann die Ermöglichung durch neu entwickelte Technologien **(Technology Push)**, weil die Technologien den Bau des Telefons ermöglichten.

Market Pull: Der Markt zieht

Das Mobiltelefon ähnelt nur teilweise dem Festnetztelefon. Die Benutzung wurde zunächst bewusst ähnlich gestaltet. Jedoch erforderte das tragbare Telefon eine ganz andere technische Infrastruktur und Übertragungstechnologie als das Festnetztelefon. Beim Mobiltelefon handelt es sich um einen *Market Pull*: Der Markt verlangte nach transportablen Telefonen, mit denen von überall Kommunikationspartner auf normalen Telefonen angerufen werden können. Die ersten Benutzer waren dazu bereit, hohe Telefongebühren dafür zu bezahlen sowie hohe Preise für das Endgerät. Für den Normalbürger war das Festnetztelefon ausreichend. Entweder man saß im Büro am Schreibtisch und telefonierte von dort. Oder man saß eben nicht am Schreibtisch, sondern in einer Besprechung oder im Labor und war mit anderem beschäftigt als dem Telefonieren. Auch privat war es in Ordnung, gemütlich auf dem Sofa sitzend ein nettes Telefonpläuschchen zu halten. Die Notwendigkeit, sich spontan von unterwegs zu verabreden oder jederzeit jeden erreichen zu können, bestand gar nicht.

Bestimmte Berufsgruppen wie Polizei und Management waren jedoch die ersten, die während ihrer mobilen Arbeitszeit erreichbar sein sollten. Polizisten sollten auch während des Einsatzes erreichbar sein. Manager können dank Mobiltelefon auch ihre Fahrt- und Wartezeiten als Arbeitszeit nutzen. Diese Arbeitszeit ist dermaßen wertvoll und teuer, dass das Autotelefon ruhig ein wenig kosten durfte. Schon in den 1940er Jahren gab es solche Automobiltelefone. Die Technologie bestand also schon lange.

Der Market Pull förderte die Weiterentwicklung mobiler Telefone und vor allem den Ausbau des Mobilfunknetzes, also der nötigen Infrastruktur. Wie das oft so ist: Je mehr Kunden ein Mobiltelefon besaßen, umso mehr Geld brachte dieses Produkt ein, umso mehr konnte in die Weiterentwicklung investiert werden, was wiederum die Entwicklung beschleunigte, der Preis sank, die Kundenzahl stieg, der Umsatz stieg, der Gewinn stieg und so weiter.

Diesen Kreislauf sehen Sie in Abbildung 2.3: Technologie Push und Market Pull treiben beide einen Kreislauf an. Man spricht von Technology Push, wenn der Einstieg in den Kreislauf in der Technologieentwicklung stattgefunden hat, oder von Market Pull, wenn zuerst der Kundenbedarf den Anstoß gegeben hat. Aber letztlich sind sie nicht voneinander zu trennen.

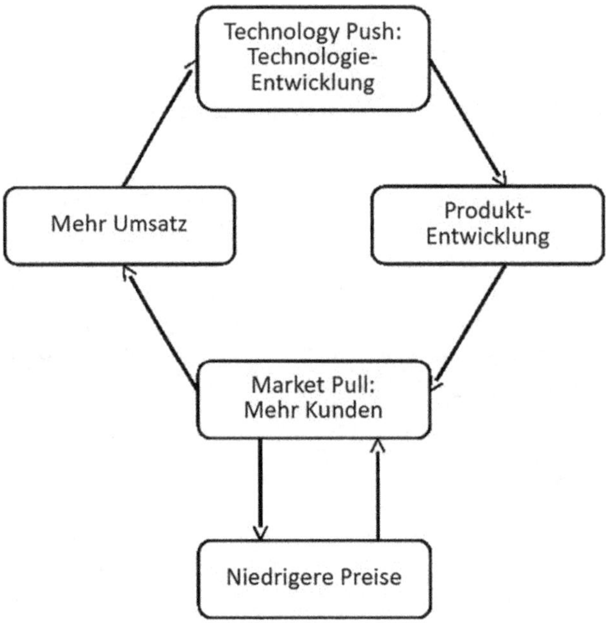

Abbildung 2.3: Kreislauf aus Technologie Push und Market Pull

Technology Push

Beim *Technology Push* geht der Anstoß zur Entwicklung neuer Produkte von den technischen Möglichkeiten aus. Zuerst erfolgt eine technische Innovation und dann sucht man die beste Anwendungsmöglichkeit dafür und weckt falls nötig neue Bedürfnisse. Die SMS (Short Message Service) ist ein typisches Beispiel. Sie wurde ursprünglich entwickelt, damit die Techniker das Mobilfunknetz testen konnten und war gar nicht als Produkt gedacht. Da die Möglichkeit aber nun mal bestand, wurde der SMS-Versand auch den Mobiltelefonkunden angeboten und ausgiebig genutzt. Der Markt hatte gar nicht danach gefragt, nahm dieses Angebot aber gerne an. Auch die Raumfahrttechnologie wird gerne als Beispiel genannt. Dort wurden neuartige Materialien und Bauteile für den eigenen Bedarf entwickelt, die auch den Belastungen im Weltall standhalten. Für diese fanden sich auf der Erde dann ebenfalls Anwendungsmöglichkeiten.

Je nachdem, woher der Anstoß für das kreative Projekt stammt, spricht man von Market Pull oder von Technology Push.

Market Pull: Der Bedarf auf dem Markt stößt oder treibt die Entwicklung eines Produkts oder einer Dienstleistung an.

Technology Push: Die technischen Möglichkeiten stoßen oder treiben die Entwicklung eines Produkts oder einer Dienstleistung an.

Proaktive versus reaktive Kreativität

Zu guter Letzt möchte ich noch unterscheiden zwischen proaktiver Kreativität, bei der Sie die Initiative ergreifen, und der reaktiven Kreativität, die erst als Reaktion auf Probleme erfolgt. Wir werden sehen, dass auch diese beiden Typen von Kreativität unterschiedliche Herangehensweisen benötigen.

Proaktive Kreativität

Proaktive Kreativität im Software Engineering geht so: »Der Kunde hat uns damit beauftragt, die alte Software neu zu programmieren, mit derselben Funktionalität, nur doppelt so schnell. Doch wenn wir schon dabei sind, das gesamte System von null an neu zu erstellen, dann nutzen wir die Gelegenheit, um den Arbeitsprozess der Anwenderinnen zu optimieren. Vielleicht erfinden wir sogar Benutzerinteraktion ganz neu. Wie kann unsere Technologie die Anwender optimal unterstützen?« Oder auch so: »Voriges Jahr waren wir sehr erfolgreich mit unseren Produkten. Wie können wir unsere Kunden in Zukunft noch besser unterstützen?«

Ein frühzeitiger Kreativitätsworkshop, ohne Not durchgeführt, macht Spaß und eröffnet unerwartete Möglichkeiten, die nicht unbedingt teuer werden müssen.

Reaktive Kreativität

Unter dem Druck, Geld zu sparen, wird leider viel öfter *reaktive Kreativität* praktiziert: »Mist, so wie wir uns das gedacht hatten, funktioniert es technisch nicht. Was tun? Irgendwie müssen wir die Software trotzdem zum Laufen bringen!« Jedes Problem, das sich nicht sofort mit einer offensichtlichen Standardlösung beheben lässt, fordert unsere reaktive Kreativität. Nun allerdings unter Zeitdruck und mit begrenzten Handlungsmöglichkeiten.

- Kreativ = neu + nützlich
- Bei geringer Erfindungshöhe spricht man von einer inkrementellen Verbesserung oder Innovation, bei einer hohen Erfindungshöhe von einer radikalen.
- Beim Market Pull geht der Anstoß vom Bedarf aus, beim Technology Push von den technischen Möglichkeiten.
- Bei der proaktiven Kreativität ergreifen Sie früh im Entwicklungsprozess die Initiative, die reaktive Kreativität erfolgt erst als Reaktion auf Probleme.

Nun kennen Sie schon die wichtigsten Begriffe rund um die Kreativität im technischen Bereich. Im Folgenden lernen Sie, wie Sie selbst kreativ arbeiten.

Wählen Sie irgendein kreatives Produkt oder eine Dienstleistung aus Ihrem Arbeitsbereich, das/die Sie oft verwenden oder lieben, und beantworten Sie die folgenden Fragen dazu:

- Ist es neu und (potenziell) nützlich?
- Ist es Produkt oder Dienstleistung?
- Ist es eine inkrementelle oder radikale Veränderung im Vergleich zum Vorgänger?
- Entstand es durch Market Pull oder Technology Push?
- War es proaktive oder reaktive Kreativität?

IN DIESEM KAPITEL ...

Der generische Technologie- oder Produktlebenszyklus

Kreativität von der Anforderungsanalyse bis zum Test

Kreativität im Projektmanagement

Kapitel 3
Kreativität in Phasen des Technologie- oder Produktlebenszyklus

Unter ingenieurmäßigem Arbeiten stellt man sich eine lückenlos systematische, schrittweise Vorgehensweise vor, die keinen Spielraum für Überraschungen und Kreativität lässt. Zu 99 % stimmt das auch. Gängige Standards verlangen, dass der Ingenieur zuerst Pläne erstellt und dann diese Pläne exakt umsetzt. Spontane Kreativität in der Art, dass man ohne Not vom Plan abweicht, ist nicht vorgesehen.

In diesem Buch geht es um diejenigen 1 % der Ingenieurarbeit, in denen Kreativität eingeplant ist. Zum einen ganz vorne im Entwicklungsprozess, wo das weiße Blatt, die grüne Wiese oder der blaue Ozean noch genug Freiraum lässt, um das Rad neu zu erfinden. Nicht nur, wenn man im Start-up mit einer leeren, sauberen Werkbank startet, sondern auch wenn im etablierten Unternehmen eine Krise das Neudesign eines Produktes erfordert. Zum anderen brauchen Sie aber auch während des Entwicklungs- und Wartungsprozesses immer wieder kreative Lösungen für auftretende Probleme. Die Realität hält sich nicht immer an unsere Pläne! Das liegt nicht immer am schlechten Plan, sondern beispielsweise auch an Lieferanten und anderen äußeren Faktoren.

Der Technologie- oder Produktlebenszyklus

Sowohl Technologien als auch Produkte, in denen Technologien eingebaut sind, durchleben einen mehr oder weniger langen Lebenszyklus von der Geburt bis zum Tod. Meist beginnt es mit einem zögerlichen Anfang mit zahlreichen Schwierigkeiten und Anfangsinvestitionen, dann verbreitet sich die Technologie oder das Produkt immer schneller, weil es gut und günstig genug dafür (geworden) ist, bis es irgendwann an die Grenzen seiner Leistungsfähigkeit gelangt und von etwas Besserem überholt wird. Dann geht es bergab. Manche Produkte halten sich nicht lange und werden schnell wieder abgelöst, andere bleiben jahrhundertelang im Einsatz.

Für dieses Buch habe ich ein paar Beispiele herausgepickt, die allgemeinverständlich, weitverbreitet und relevant für die meisten sind:

- **Kommunikation über Entfernungen:** Die Erfindung des Telefonapparates ist eine Geschichte von Hauen und Stechen, wie wir schon gesehen haben. Allerdings kam das Telefon nicht aus dem Nichts, denn zuvor waren schon Telegrafen im Einsatz für die Kommunikation über Entfernungen, Brieftauben und diverse Formen von Signalen, etwa Flaggen, Signalhörner. Das Festnetztelefon wurde irgendwann durch Faxgerät, Teletext und E-Mail ergänzt, dann durch Mobiltelefone und Smartphones teilweise ersetzt.

- **Fortbewegung und Transport:** Die Erfindung des Rades vereinfachte und beschleunigte die Fortbewegung auf geeigneten Straßen im Vergleich zum Schlitten und Packtier. Kutschen in verschiedenen Formen blieben jahrtausendelang der Standard für bequemes, schnelles Reisen und effizienten Transport. Doch dann wurde der Motor erfunden und das Automobil konnte auf Zugtiere verzichten. Das wird nicht der letzte Entwicklungsschritt bleiben, denn leider geht der Treibstoff zur Neige (Stichwort »Peak Oil«), und darum wird eine neue Energiequelle benötigt, um das Auto anzutreiben.

- **Sprachlern-App:** Software als Produkt weist einige spezielle Eigenschaften auf: Sie können sie beliebig kopieren, und die Kopien sind tatsächlich identisch. (Bei physischen Produkten passieren beim Kopieren mehr Fehler.) Sie können sie über das Internet verkaufen und liefern und sogar nach der Auslieferung noch Fehler beheben sowie neue Funktionen hinzufügen. Diese Vorteile gegenüber physischen Produkten verführen jedoch auch dazu, weniger sorgfältig zu arbeiten und Ingenieurprinzipien zu vernachlässigen. Sie führen auch dazu, dass zahlreiche Start-ups Softwareanwendungen und Apps produzieren und die Konkurrenz enorm ist. Eine App verkauft sich nur dann nachhaltig, wenn sie einen echten Bedarf erfüllt und besser ist als die anderen. Die Sprachlern-App habe ich gewählt als ein Beispiel für eine komplexere Software mit verschiedenen Zielgruppen, möglicherweise weiter Verbreitung und hohen Qualitätsanforderungen. Im Folgenden sehen wir uns die verschiedenen Formen und Aspekte der Kreativität in verschiedenen Lebenszyklusphasen an.

Kreativität im Innovations- und Produktmanagement

Das Innovationsmanagement und Produktmanagement zielt darauf ab, Ideen für Innovationen zu finden, zu bewerten und die ausgewählten Innovationen effizient zu entwickeln und zu verwerten. Dabei entstehen nicht nur ganz neue Produkte oder Dienstleistungen, sondern auch erweiterte und verbesserte Produkte oder an sich ändernde Randbedingungen angepasste. Als beispielsweise die Glühbirne oder die quecksilberhaltige Batterie verboten wurde, betraf dieses Verbot viele Produkte. Mit Hilfe von Kreativität entwickelt man Ideen für Innovationen und Produktverbesserungen, die sich von der Konkurrenz deutlich positiv abheben und welche die Kunden bevorzugen. Das Innovationsmanagement arbeitet auch mit dem Marketing zusammen, um die vorhandenen Vorteile des Produktes ansprechend an die Zielkunden zu kommunizieren. Dies soll überzeugend und unterhaltsam erfolgen.

Kreativität in der Anforderungsanalyse

Die *Anforderungsanalyse* umfasst alle Tätigkeiten, die dazu nötig sind, um Anforderungen, unter anderem von Anwendern eines neuen Produktes, zu ermitteln, zu verwalten und umzusetzen. Dies kann im Rahmen des Innovationsmanagements erfolgen, um die Anforderungen des Marktes und möglicher Kunden zu ermitteln. Anforderungsanalyse findet aber auch bei der kundenspezifischen Produktentwicklung statt, beispielsweise wenn eine IT-Firma eine Software für die Unterstützung und Teilautomatisierung der Arbeitsprozesse beim Kundenunternehmen entwickelt.

Am Anfang eines Projektes erwartet man Kreativitätssitzungen am ehesten: Wenn im Start-up auf der grünen Wiese ein ganz neues Produkt erschaffen wird, dann lässt man die Gedanken schweifen, denkt kreuz und quer und erfindet ein Produkt ganz neu. Die wenigsten Projekte starten jedoch auf der grünen Wiese.

Die meisten Anforderungen sind nicht kreativ, sondern es sollen bestimmte Geschäftsprozesse abgebildet werden, die vorher schon mit einer anderen Technologie unterstützt wurden. Es geht also vor allem darum, diese implizit vorhandenen Anforderungen zu ermitteln und zu dokumentieren. Es wäre aber eine Verschwendung von Ressourcen und Zukunftschancen, wenn man ein IT-System (IT = Informationstechnologie, also Software plus Hardware) neu entwickelt und dabei einfach das bisherige blaue System in Grün nachbaut, samt seiner technisch bedingten Notlösungen und nicht mehr zeitgemäßen Funktionalitäten. Es gibt immer Potenzial für Verbesserungen der unterstützten Arbeitsabläufe oder kreative Ideen für zusätzliche Funktionalitäten, die nicht allzu teuer wären oder das System – beispielsweise durch den Wegfall von Ausnahmen – sogar verbilligen, falls man sie von Anfang an mitplant. Hier können Kreativitätstechniken und -workshops begeisternde Ideen erzeugen, am besten gemeinsam mit den Endanwendern. Ein positiver Nebeneffekt solcher Events ist auch, dass die Leute sich kennenlernen und eine gemeinsame Vision des Endergebnisses entwickeln, was sonst oft fehlt.

Die proaktive Kreativität, mit der solche Begeisterungsfaktoren gezielt gesucht werden, um die Erwartungen zu übertreffen, ist in der Anforderungsanalyse optional. Billiger geht es natürlich ohne diese zusätzlichen Aktivitäten. In Krisen jedoch muss man zwangsläufig (reaktiv) kreativ werden, um das Problem zu lösen. Eine Krise bedeutet, dass die bisherigen Lösungsverfahren nicht mehr funktionieren, um ein aufgetretenes Problem zu lösen.

Requirements Engineering ganz ohne Kreativität sollte nur unter sehr schlichten Bedingungen stattfinden: Wenn ein bewährtes Produkt inkrementell erweitert wird um zusätzliche Funktionalitäten, die zur Unterstützung der existierenden Arbeitsprozesse nötig sind, oder wenn das Produkt an Änderungen in Gesetzen und Arbeitsprozessen angepasst wird.

Kreativität bei Entwurf und Umsetzung

Nehmen wir an, die Kunden wissen genau, was sie sich wünschen. Dann fragt sich, ob es sich technisch umsetzen lässt und wie. Ich habe schon so manche Kundenanforderung kommentiert mit »Das müssen Sie aus irgendeinem Science-Fiction-Roman haben«.

Nicht alles ist technisch machbar, was theoretisch gedacht werden kann! Manchmal geraten Systeme an physikalische Grenzen, etwa wenn die Reichweite eines RFID-Transponders nur zehn Meter beträgt. Technische Grenzen werden auch erreicht, wenn eine Funktionalität oder Schnittstelle beim Bau einer »Dritt-Software« nicht vorgesehen war, also der Software eines anderen Herstellers, die wir nun als Grundlage verwenden.

Noch schwieriger umzusetzen als konkrete Funktionalitäten sind oft funktionsübergreifende Qualitätseigenschaften wie Geschwindigkeit oder Sicherheit. Das maximal erreichbare Qualitätsniveau hängt von den verwendeten Technologien ab. Wenn eine Software nun mal einen Flaschenhals hat, wo Daten unbedingt sequenziell bearbeitet werden müssen, kann sie selbst auf schneller Hardware nicht beliebig schnell arbeiten. Wenn die zugrundeliegende Software eine bestimme Sicherheitsschwachstelle besitzt und man sie nur eingekauft, aber nicht selbst entwickelt hat, kann man das Problem erst mal nicht selbst beheben. Neue Funktionalitäten dazu zu programmieren ist meist leichter.

Der Entwurf als Bauplan für das Produkt unterstützt Gedankenexperimente und Plausibilitätsprüfungen, bevor man loslegt. Meist bieten sich mehrere mögliche technische Umsetzungen an, die die Anforderungen mehr oder weniger gut erfüllen. Man bastelt also mehrere Entwürfe und vergleicht diese miteinander.

Während Entwurf und Umsetzung stellen sich Fragen wie diese:

- ✔ Lässt sich die Anforderung überhaupt technisch umsetzen?
- ✔ Wie setzen wir diese Anforderung am besten/billigsten/sichersten um?
- ✔ Wenn es so nicht geht, wie dann? Welche technische Lösung oder welches Add-on erfüllt die Anforderungen? Helfen Workarounds, Notlösungen und die Zweckentfremdung vorhandener Komponenten? Sind radikale Vereinfachungen möglich?
- ✔ Die verschiedenen Parteien des Projektes können sich nicht einigen. Welche für uns günstigste Kompromisslösung schlagen wir vor?

Um diese Probleme zu lösen, sind technisches Fachwissen und Erfahrung unabdingbar. Bewährte Standardlösungen wie Programmierparadigmen, Muster, Referenzarchitekturen, Bibliotheken und Wiederverwendung können nur einen ersten Entwurf liefern, den es zu optimieren gilt.

BEISPIEL

Ein Beispiel für **reaktive Kreativität** während der Umsetzung aus einem Projekt, in dem wir Software für ein Callcenter entwickelten: Wir hatten die übliche Hardware bestellt. Aber: Der Hardwarelieferant hatte die Abmessungen seines Servergehäuses derart geändert, dass eine der einzubauenden Erweiterungskarten nicht mehr hineinpasste, die ein anderer Hersteller lieferte. Nein, sie hatten keines von den alten Modellen mehr in ihrem Lager für uns. Die Lieferzeit für solche Spezialhardware betrug damals sechs Wochen. Die kreative Lösung bestand darin, aus unserem eigenen Fundus einen gebrauchten Server zu verwenden, der sich entbehren ließ. Als kurzfristige Lösung funktionierte das, für die nächsten Projekte musste natürlich eine Recherche durchgeführt und ein neues Design entwickelt werden.

Ein aktuelles und sehr bekanntes Beispiel für Kreativität in Entwurf und Umsetzung ist der **Abgasskandal**. Die Wünsche im sogenannten Anwendungsbereich oder Problemraum waren klar und sogar messbar: Die Gesetzgeber in der EU und in den USA verschärften die Abgasgrenzwerte für Dieselmotoren, besonders für Stickoxide. Die bis dahin eingesetzten Technologien zur Abgasreinigung konnten diese jedoch nicht einhalten. Eine technische Innovation musste her. Wir erinnern uns: Das nennt sich Market Pull. Die verschärften Abgaswerte waren nicht kreativ, doch in der Umsetzung, im sogenannten Lösungsraum, wurden nun kreative Lösungen nötig. Das Abgasreinigungssystem musste deutlich besser werden, und zwar so, dass es die Abgaswerte auf dem Teststand einhielt. Dieses Ziel wurde auch erreicht. Allerdings war die technische Lösung zwar kreativ, aber illegal: Die Autos arbeiteten ausschließlich auf dem Teststand innerhalb vom Limit, bei der ganz normalen Fahrt wurde der »Prüfzyklus-Modus« abgeschaltet und der Abgasausstoß überstieg das Erlaubte. Die Alternative wäre eine aufwendige Neuerfindung gewesen, doch dafür fehlten dann Zeit und Budget. Hier galt: »Not macht erfinderisch.«

Wo wir ebenfalls nicht zu kreativ werden sollten: bei der Benutzeroberfläche. Eine der Anforderungen laut der EN ISO 9241-110 (»Grundsätze der Dialoggestaltung«) an eine benutzerfreundliche Oberfläche lautet nämlich »Erwartungskonformität«. Das heißt, die Funktionalität ist in der Software so umgesetzt, wie der Benutzer dies für diese Art der Software aufgrund seiner Erfahrungen und Vorkenntnisse erwartet. Diese Umsetzung stimmt überein mit dem Rest der Anwendung in Terminologie und Layout, und sie hält sich an gängige Konventionen. Außerdem muss sie aufgabenangemessen sein und den Benutzer dabei unterstützen, seine Aufgaben möglichst effektiv und effizient auszuführen.

Hier bleibt also wenig Raum für Kreativität. Vielleicht sind Sie selbst schon an einer Software gescheitert, deren Erschaffer besonders originell sein wollten. Eine allzu kreative Benutzerführung garantiert geradezu das Irregehen des Benutzers. Für alle Arten von Funktionalitäten und Benutzeroberflächen gibt es schon Quasistandards, die sich durchgesetzt haben, typische Bedienelemente, die in dieser Form erwartet werden. Beispielsweise sieht das Symbol fürs Drucken in jeder Software gleich aus, und jeder weiß, dass er mit der Maus darauf klicken muss, wenn er drucken will. Anschließend kann man noch verschiedene Parameter eingeben, beispielsweise den Drucker auswählen oder die zu druckenden Seiten, und ab die Post. Bitte keine kreativen Überraschungen an dieser Stelle!

Kreativität bei Testen und Qualitätssicherung

Das Ziel von Testen und Qualitätssicherung besteht darin, Fehler im System zu finden. »*Fehler*« ist ein ziemlich weitreichender Begriff und umfasst:

- ✔ Abweichung von dem, was die Kunden ausdrücklich gefordert haben.
- ✔ Abweichung von dem, was die Kunden eigentlich gemeint hatten.
- ✔ Abweichung von dem, was die Kunden eigentlich gebraucht hätten.
- ✔ Abweichung von dem, was der Programmierer umzusetzen versuchte.
- ✔ Suboptimale Umsetzung, die Benutzerfehler unnötig provoziert.
- ✔ Suboptimale Umsetzung, die Sicherheitslücken verursacht.

Im Wesentlichen handelt es sich beim *Testen* um eine systematische Tätigkeit: Man nimmt die Anforderungen und prüft eine nach der anderen ab, ob sie erfüllt ist. Zu testen sind auch alle Sonderfälle und mögliche Fehleingaben. Man prüft also nicht nur, ob das System tut, was es tun soll, sondern auch, ob es das Falsche verweigert und ob es auf Fehleingaben der Benutzer sinnvoll reagiert. Das klingt nicht sonderlich kreativ.

Allerdings sind einigermaßen komplexe Systeme nicht vollständig testbar, weil es zu viele Kombinationsmöglichkeiten gibt, was man wie in welcher Reihenfolge und Form eingeben könnte.

Leider ist der *DAU* (Dümmster Anzunehmender User) sehr kreativ und tut Dinge, die überhaupt keinen Sinn ergeben. Entweder weil er es logisch findet oder weil er vor Verzweiflung und Ahnungslosigkeit alles Mögliche ausprobiert. Noch schlimmer sind Hacker, die absichtlich die Grenzen des Systems austesten. Beide Gruppen von Benutzern loten kreativ das System aus. Und genauso kreativ muss die gute Testerin sein, wenn sie Testfälle definiert. Für den Sicherheitsbereich gibt es Spezialisten, die Penetration Tests ausführen, das heißt, kreativ ausprobieren, wie sie das System knacken würden.

Qualitätsmanagement bedeutet nicht nur einmaliges Testen, sondern ständige Prüfung und Optimierung des Systems.

Kreativität im Projektmanagement

Eine der wichtigsten Lebensweisheiten für den Projektmanager oder die Projektmanagerin lautet *Murphys Gesetz*: »Alles was schiefgehen kann, wird schiefgehen.« Als Projektmanagerin hat man dermaßen viel um die Ohren, dass oft die Energie fehlt, um sich vorab über alle möglichen Eventualitäten und Risiken zu sorgen. Stattdessen redet man sich ein: »Das wird schon nicht passieren« und: »Wenn es eintritt, können wir immer noch über Maßnahmen grübeln.« Diese gefährliche Denkweise sabotiert das Risikomanagement.

Auch beim Risikomanagement gilt es, kreativ zu sein, genauso wie beim Testen. Ziel ist es, vorherzusehen, was schiefgehen könnte. Beim Testen geht es um die Fehler im Produkt, beim Projektmanagement um Probleme im Arbeitsablauf, die zu Mehrkosten oder Verzögerungen führen. Für jedes mögliche zukünftige Risiko überlegt man sich vorab Maßnahmen für dessen Entdeckung, Minderung der Eintrittswahrscheinlichkeit oder des Schadens oder Maßnahmen für die Reparatur oder Kompensation. Dann weiß man nicht nur im Falle des Falles sofort, was zu tun ist, man kann es vielleicht sogar verhindern oder frühzeitig genug entdecken. Der Schaden fällt deutlich höher aus, wenn man unvorbereitet getroffen wird oder nicht bemerkt, dass gerade etwas schiefläuft. Eine Sitzung für die Risikoidentifikation ist eigentlich ein proaktiver Kreativitätsworkshop, bei dem man sich nur auf Probleme und Risiken fokussiert. Falls man ein Risiko übersehen hat und es einen unvorbereitet trifft, wird wieder reaktive Kreativität nötig.

Kreativität findet in allen Phasen eines Projektes, Entwicklungsprozesses oder Lebenszyklus eines Produktes oder einer Technologie statt:

- ✔ Innovations- oder Produktmanagement
- ✔ Anforderungsanalyse
- ✔ Entwurf und Umsetzung
- ✔ Testen und Qualitätssicherung
- ✔ Projektmanagement

IN DIESEM KAPITEL ...

- Ingenieurarbeit ist kreativ!
- Jeder und jede kann kreativ sein
- Kreativität ist nicht unbedingt aufwendig und keinesfalls unnütz

Kapitel 4
Weg mit den Vorurteilen über Ingenieure und Kreativität

Laut Vorurteil sind Ingenieure und Informatikerinnen nicht kreativ. Ich hoffe, die bisherigen Beispiele haben schon gezeigt, dass dies nicht stimmen kann. Täglich benutzen wir technische Geräte, die durch Kreativität entstanden: unter anderem das Rad, der Nussknacker und das Telefon. Um aus einem Stück Holz einen Nussknacker zu gestalten, benötigt es zahlreiche Ideen:

- ✔ Die Idee, dass man Nüsse überhaupt mit einem Gerät knacken könnte, das raffinierter ist, als die Nuss zwischen zwei Steinen zu zertrümmern.
- ✔ Die Idee, Holz als Material zu verwenden.
- ✔ Die Erfindung und Optimierung der passenden Form.
- ✔ Die ständige Verbesserung dieser Form, sodass die Nuss mit wenig Kraft gerade so weit geknackt wird, dass nur die Schale zerbricht, ohne den Kern zu zerquetschen.
- ✔ Die Gestaltung, sodass derselbe Nussknacker sowohl Walnüsse als auch Haselnüsse bearbeiten kann.
- ✔ Die Lösung technischer Probleme bei Herstellung und Nutzung.
- ✔ Die weitere Optimierung, damit weniger Unfälle passieren, beispielsweise durch eingequetschte Finger oder ein zerbrechendes Werkzeug.
- ✔ Ideen für Maschinen und Prozesse für die serienmäßige Fertigung des Nussknackers.

- ✔ Ideen für einen höheren Umsatz durch weitere Verwendungsmöglichkeiten, beispielsweise einen speziellen Weihnachtsnussknacker als Dekorationsartikel, der nur einmal im Jahr zum Einsatz kommt.
- ✔ Und so weiter und so weiter …

Manche dieser Ideen stammen aus der Marketingabteilung, aber andere betreffen die technische Umsetzung. Die Tätigkeit im Ingenieurwesen und in der Informatik ist also an sich kreativ. Es gibt keinen Grund anzunehmen, dass der Ingenieur oder die Softwareentwicklerin nicht kreativ arbeiten. Wären Ingenieure nicht kreativ, dann wären sie die einzigen Menschen, die ihre kreative Gehirnhälfte nicht benutzen.

Die Kreativität wird weniger durch das Gehirn des Ingenieurs begrenzt als vielmehr durch die von Management, Gesetzgeber und den Naturgesetzen vorgegebenen Rahmenbedingungen. Das mit Wasserstoff gefüllte Luftschiff war, technisch und wirtschaftlich betrachtet, eine super Idee. Nur brennt Wasserstoff eben sehr leicht und machte das sanfte Luftschiff zur Feuerfalle. Die Kernfusion wäre eine wunderbare Idee zur Lösung der globalen Energieprobleme. Darum arbeitet man ja auch schon seit Jahrzehnten vergeblich am Kernfusionsreaktor. Nicht alles, was gedacht werden kann, kann oder sollte gemacht werden.

Aber nicht nur die Ingenieurin oder der Programmierer wurden Opfer von Vorurteilen, sondern auch die Kreativität. Sehen wir uns ein paar davon an:

- ✔ Angeblich müssen Ingenieure und Informatikerinnen nicht kreativ sein, sondern nur die Wünsche der Kunden und Ideen des Produktmanagers umsetzen.

  Dabei verlangt selbst ein simples Gerät wie der Nussknacker einiges an Entwicklungsarbeit, um die ideale Form zu finden, selbst wenn längst klar ist, was die Anwenderin davon erwartet.

- ✔ Angeblich ist Kreativität aufwendig (tagelange Workshops mit vielen Personen!) und führt zu unnötig teuren, fancy Extrafeatures, für die sowieso das Budget fehlt. Dies gilt nur, wenn Sie erst ein festes Budget definieren und anschließend in einem mehrtägigen Workshop sinnlos jegliche Ideen purzeln lassen.

  Dieses Problem tritt nicht auf, wenn Sie zielgerichtet vorgehen und für den Workshop ein klares Ziel vorgeben. Ist das Budget niedrig, suchen Sie in einer kurzen Sitzung nur inkrementelle, wenig aufwendige Ideen und fertig. Oder organisieren Sie nach einem Kreativitätsworkshop das Budget für die Umsetzung der besten Einfälle.

  Hinzu kommen noch all die guten Ideen, die Ihnen nebenbei »zulaufen«, ohne Extraaufwand, da Ihr Gehirn sowieso Tag und Nacht arbeitet. Machen Sie es sich zur Gewohnheit, eine Liste Ihrer Ideen zu führen. Sie wissen nie, wann und wie die Gelegenheit entsteht oder sich schaffen lässt, um sie umzusetzen.

- ✔ Angeblich kann nicht jeder kreativ sein. Es heißt, das benötigt eine besondere und seltene Begabung. Ich finde, dass bei fast allen Fähigkeiten der Einfluss der natürlichen Anlagen überschätzt wird. Für Mathematik und Informatik benötigt man auch Begabung, aber um wirklich gut zu werden, muss man zusätzlich üben, üben, üben.

Bei der Kreativität jedoch besteht der Witz darin, dass alle Kinder kreativ sind und diese Fähigkeit später verlernen, je stärker sie lernen, ihre Gedanken zu kontrollieren und jeglichen potenziell peinlichen Gedanken zu vermeiden. Man hört auf zu fragen, warum Eichhörnchen nicht fliegen können (gute Frage, schließlich gibt es Flughörnchen), ob der Himmel statt blau auch rot sein könnte (ist er ja manchmal), wie Erbsen mit Vanillesoße schmecken (super) oder Cola mit Milch (versuchen Sie es nicht!), was passiert, wenn man die Katze aus dem Fenster wirft (ich kenne jemanden, der hat es ausprobiert – die Katze hasste ihn für immer, hat aber immerhin überlebt).

Ich denke, Sie verstehen, was ich meine. Für Kinder ist gar nichts selbstverständlich, alles wird in Frage gestellt. Mit zunehmendem Alter lernen wir, vieles hinzunehmen und nicht mehr zu hinterfragen. Wir möchten uns nicht blamieren und kontrollieren nicht nur unsere Worte und Taten, sondern auch unsere Gedanken. Keine Sorge, daran arbeiten wir im Verlauf des Buches noch! Das kleine Fragemonster in Ihnen schläft nur, es ist nicht weg! Kreative Ideen entstehen gerade aus dem Hinterfragen des Gewohnten.

Die eigentlichen Schwierigkeiten der Kreativität stecken ganz woanders:

- ✔ Im Berufsleben müssen Sie unter **Zeitdruck** zu einem wohldefinierten Zeitpunkt genau die richtige Idee finden, die Sie jetzt noch umsetzen können, die Ihre Vorgesetzten oder Geschäftspartner gut finden und die im Budget bleibt. Leider folgt die Kreativität ihrem eigenen Rhythmus. Gute Ideen können darum zu früh oder zu spät auftauchen oder zu teuer sein. Dann muss man sie leider verwerfen oder gut aufbewahren für einen besseren Zeitpunkt. Darum ist es wichtig, möglichst frühzeitig beziehungsweise im richtigen Moment die richtigen Fragen zu stellen.

- ✔ Der Wurm muss dem Fisch schmecken, nicht dem Angler. Wenn die Programmierer sich in einem Kreativitätsworkshop neue Funktionalitäten für die Software ausdenken, dann ist das höchstwahrscheinlich die Art von Funktionalitäten, die Programmierern gefallen. Sie können sich anhand von **Persona-Beschreibungen** eine Vorstellung von den Endnutzern der Software erarbeiten, aber wirklich können sie nicht aus ihrer Haut. Nur Endnutzer können den Endnutzer repräsentieren.

  Oder wie Jakob Nielsen in einem seiner Bücher über Benutzerfreundlichkeit schrieb: »Programmierer sind keine Nutzer. Manager sind keine Nutzer.« Das heißt, wenn wir wissen möchten, was die Nutzerinnen von der Software erwarten, müssen wir Nutzerinnen befragen. Das nennt sich **Requirements Engineering** oder **Anforderungsermittlung**. Das Internet erleichtert allerdings die Beteiligung aktueller und zukünftiger Kunden! Dazu kommen wir noch.

- ✔ **Beide Gehirnhälften** werden für Kreativität gebraucht, entgegen dem gängigen Vorurteil. Die Schwierigkeit liegt darin, beide abwechselnd zu aktivieren. Die wenigsten Menschen haben Übung darin. Sie ahnen es sicher schon: Auch dazu kommen wir noch.

- ✔ Treffsichere Kreativität basiert auf **Fachwissen und Expertise**: Sie müssen ein anstehendes Problem rechtzeitig erkennen und benennen können. »Irgendetwas stimmt hier nicht, ich hab's im Urin« genügt nicht, gibt aber einen Hinweis, den Sie nicht ignorieren sollten. Ich glaube, dass Intuition nichts anderes ist als die unterbewusste Nutzung von Erfahrungswissen.

Viele Probleme erahnen wir zuerst intuitiv, und es lohnt sich, genauer hinzusehen. Das Beantworten einer wohlformulierten Frage fällt leicht beziehungsweise umgekehrt: Sie können keine hilfreiche Antwort auf eine schlecht formulierte Frage finden. Um Antworten zu finden, benötigen Sie ebenfalls viel Fachwissen und zusätzlich ein gutes Gedächtnis. Oder früher war das so. Heutzutage können Sie mit dem Suchansatz »Da war doch was« eine digitale Suche über Ihre alten Projekte starten, eine Suchmaschine oder eine Künstliche Intelligenz anwerfen. Aber auch diese delegierte Frage müssen Sie wohl formulieren.

- Irgendjemandem wird Ihre Idee nicht gefallen. Sie können fast schon sicher sein, dass Ihre Idee auf Widerstand stoßen wird. Jemand wird sie zu trivial oder zu verwegen, zu teuer oder sonst was finden. Darum sollten Sie die Idee möglichst reif ausarbeiten, bevor Sie sie dem rauen Wind aussetzen. Mit »Sie« sind Sie nicht unbedingt als Einzelkämpfer gemeint, sondern Sie können auch im Team werkeln und tüfteln. Mit einer **Machbarkeitsanalyse** und **Kostenschätzung** wird aus der kreativen Idee ein konkreter Projektantrag. Trotzdem benötigt Kreativität immer ein gewisses Maß an **Mut**.

- Irgendwie ist trotz allem immer ein »**magischer Faktor**« dabei, etwas, das wir nicht kontrollieren können. Beispielsweise den Zeitpunkt, zu dem eine Idee aufpoppt. Manchmal im ungünstigsten Moment. Gestern erst wurden Budget und Liefertermin unterschrieben und besiegelt, heute meldet sich bei Ihnen eine Idee, die Sie gerne noch in den Vertrag mit hineingenommen hätten. Aber das ist ein anderes Problem, da verweise ich auf die Disziplin des Projektmanagements. Durch das vorgestellte systematische Vorgehen versuchen wir aber, diesem magischen Faktor ein wenig die Zügel anzulegen.

- Ingenieurinnen und Ingenieure sind bei ihrer Arbeit kreativ, um Anforderungen in Produkte umzuwandeln.

- Jeder und jede kann kreativ sein. Man benötigt dafür die richtige Technik und etwas Übung.

- Kreativität ist nicht unbedingt aufwendig. Sie können den Aufwand steuern. Sie müssen auch steuern, dass die Ideen zum richtigen Zeitpunkt kommen.

- Irgendjemandem wird Ihre Idee nicht gefallen. Arbeiten Sie sie darum gut aus.

- Vertrauen Sie Ihrer eigenen Kreativität!

Teil II
Planung

IN DIESEM TEIL ...

- ✔ Was sind die Voraussetzungen für kreative Ideen?
- ✔ Wie funktioniert der kreative Prozess? Warum benötigt es mehrere Phasen und Sitzungen sowie mehrere Personen und Wiederholungsschleifen?
- ✔ Wie viel Zeit und welche Ressourcen werden benötigt?
- ✔ Wie könnte ein Projektplan aussehen?

IN DIESEM KAPITEL ...

Was als Voraussetzung für Kreativität vorhanden sein muss

Was für Kreativität beschafft werden muss

Kapitel 5
Voraussetzungen für Kreativität

Kreativität passiert nicht in einem einzigen Workshop oder mit einem einzigen Gedankenblitz. Der kreative Augenblick muss in einen systematischen Prozess eingebettet, also vor- und nachbereitet werden.

Mit dem Begriff »Kreativität« verbindet man oft nur den einen genialen Moment, in dem etwas Neues erschaffen wird, wenn der Zündfunke überspringt, wenn einzelne Steinchen sich quasi mühelos von selbst zu einem Mosaik zusammensetzen, wenn große Ideen in trunkenem Zustand in einer lauten Kellerbar auf eine Serviette oder einen Bierdeckel gekritzelt werden und anschließend die Welt verändern. Sehr gut ist bekannt, dass die großen Ideen kommen, wann und wo sie wollen, spontan und oft unerwartet. Und nun rede ich von Planung. Das mag widersprüchlich klingen.

Aber: Wir haben ja bereits gehört, dass Erfindungen nur zu 1 % aus Inspiration entstehen, also in den oben beschriebenen Schlüsselereignissen und Schlüsselminuten. Aber 99 % entstehen durch Transpiration, nämlich der Vor- und Nachbereitung des großen Augenblicks. Obwohl man allgemein glaubt, Kreativität sei etwas Magisches und eine Persönlichkeitseigenschaft, stimmt beides nichts. Es kann nicht jeder kreative Mensch zu jedem Thema sinnvolle und neuartige Ideen generieren. Gerade im technischen Bereich sind unbedingt Fachkenntnisse und Marktkenntnisse nötig. Sehen wir uns darum in diesem Teil des Buchs die Planung des kreativen Prozesses an.

Kreativität im technischen Bereich benötigt ein solides Fundament, insbesondere dann, wenn Sie eine nützliche Idee suchen, die auf Fachwissen basiert und technisch umsetzbar ist!

Kreatives Kuchenbacken

Vergleichen wir den kreativen Prozess mit dem Kuchenbacken: Normalerweise handelt es sich beim Kuchenbacken um einen gut wiederholbaren Prozess, der durch ein Kochrezept beschrieben wird. So wiederholbar, dass er sogar von Maschinen in der Kuchenfabrik ausgeführt werden kann. Aber auch der normale Hausmann weiß schon die Zutatenliste und die Zubereitungsschritte eines Kuchens auswendig und spult diese Tätigkeit routiniert aus dem Gedächtnis ab.

Aber: Für die anstehende Feier will er nun einen ganz besonderen Rührkuchen neu erschaffen. Dabei sind seiner Kreativität allerdings Grenzen gesetzt. Es ist ganz klar, welche Grundzutaten ein Rührkuchen zu enthalten hat: Mehl, Ei, Zucker und Butter. Lässt er die Butter weg, dann ist es kein Rührkuchen mehr, sondern ein mehr oder weniger fluffiger Biskuit. Lässt er stattdessen die Eier weg, wird es ein Mürbteig. Oder lässt er Butter und Mehl weg, wird es ein Baiser. Lässt er den Zucker weg, wird es ein Flädlesteig oder Pfitzauf, wie wir im Schwäbischen sagen.

Mein erster Gedanke war, dass ich es ausprobiere. Mein zweiter war, dass ich das nicht tun möchte. Es läuft auf ein süßes Rührei hinaus. Weglassen kann er also keine der vier Grundzutaten. Er kann nur innovative Zutaten hinzufügen. Hierbei sind die Möglichkeiten allerdings enorm: Kakao oder Schokolade, Trockenfrüchte, frische Früchte, Nüsse, Alkohol, Marzipan, Geschmacks- und Farbstoffe, Zuckerguss und so weiter und so weiter. Wird der Kuchen übrigens nicht komplett gebacken, sondern hinterher noch mit Creme oder Sahne gefüllt oder dekoriert, spricht man per Definition von einer Torte. Torten bieten also mehr Variationsmöglichkeiten als Rührkuchen. Auch bei der Zubereitung kann man variieren, wobei innen flüssiger Kuchen bisher nur bei Schokoladenkuchen üblich ist und verbrannter Kuchen noch nie in Mode war. Darum bleiben vor allem Variationsmöglichkeiten bei der Form: Muffins, Osterlämmer und dergleichen. Sie sehen, es ist fast schon alles erfunden.

Fachwissen und Erfahrung

Voraussetzung für die Erfindung eines neuartigen Rührkuchens, der der Zielgruppe schmeckt, ist jedoch, dass der Erfinder dies alles weiß, also vorhersehen kann, welche Zutaten ein »funktionierender« Kuchen benötigt. Und er sollte so kompetent sein, dass er vorhersehen kann, wie sich eine Variation in den Zutaten aufs Endergebnis nach dem Backvorgang auswirkt.

Das Backen lernte ich übrigens gerade durch das gezielte Variieren und Experimentieren. Ich wollte nicht wie eine Maschine Backrezepte nachbacken, sondern wirklich verstehen, was ich da tue. Um herauszufinden, wie sich das Fett auf die Konsistenz des Kuchens auswirkt, musste ich auch mal einen mit viel oder wenig Butter backen. So habe ich gelernt, dass die Mengenverhältnisse in üblichen Backrezepten bereits optimierte Mischungen darstellen. Ich könnte nun aber dank des so erarbeiteten Wirkmodells jederzeit einen Rührkuchen, Hefeteig, Pfannkuchen o. ä. backen, der lockerer, schwerer oder flüssiger als der übliche ist. Und ich kann inkrementell durch Variation der Zutaten neue Kuchenrezepte erfinden. So wie eine Bauingenieurin neue Brückenformen.

Solche Meisterschaft verlangt eigene Erfahrung oder jemanden, der einem diese Erfahrung weitergibt, also erklären kann, welche Zutaten eines Kuchens oder Flugzeugs oder Autoreifens die Eigenschaften in welcher Weise beeinflussen. Man kann zwar Dutzende von Kuchen zur Übung backen, aber nicht Dutzende von Flugzeugen bauen. So weit wie möglich versucht man, solches Wissen bereits in Ausbildung und Studium zu vermitteln, doch viele Feinheiten stellen Betriebsgeheimnisse dar.

Vision und Ziel

Eine **Vision** ist ein anschauliches, motivierendes Bild eines Zustands, den man erreichen möchte. Weltfrieden, sauberes Trinkwasser für alle, das Null-Energie-Haus, das alles sind Visionen.

Gerade vor dem Hintergrund, dass unser Kuchenbäcker das Backen voll im Griff hat und üblicherweise großes Lob für seine Kuchen erntet, stellt sich die Frage, wozu er überhaupt den Rührkuchen neu erfinden möchte. Vielleicht möchte er einen Preis gewinnen oder seine Verlobte damit überraschen und den Kuchen nach ihr benennen.

Oft entstehen neue Ideen aber auch aus speziellen Bedürfnissen der Kunden. Die Verlobte ist eventuell Veganerin oder leidet an Zöliakie. Im ersten Fall darf der Kuchen weder Butter noch Eier enthalten, im zweiten Fall würde Gluten die Gute vom Stuhl hauen. Veganer Kuchen, glutenfreier Kuchen, das ist natürlich bereits erfunden. Aber nehmen wir mal an, das sei noch nicht der Fall. Der Veganertipp, die Eier »einfach« durch Bananen zu ersetzen, funktioniert so nicht wirklich, sage ich aus Erfahrung. Unser Kuchenbäcker müsste sich also auf Grundlage seiner chemischen Kenntnisse etwas ausdenken und es ausprobieren. Der erste Versuch funktioniert nicht. Mehl mit Zucker und Banane ergibt gebacken eine Art Keks. Wie also bekommt er ohne Eischnee und Butter den Kuchen locker? Ab ins Labor und variieren! Der erste und der zweite Versuch gehen daneben. Er hat Kekse oder Klebstoff neu erfunden, aber keinen veganen Rührteig. (Nach meiner Erfahrung führen viele Küchenexperimente dazu, dass man eine neuartige graue oder braune Pampe erfindet, die gelegentlich auch ins Zementartige übergeht.)

Ein **Ziel** beschreibt konkreter als eine Vision das Ergebnis oder Produkt, das am Ende erreicht sein soll. Es muss messbar oder prüfbar sein, damit beurteilt werden kann, wann das Ziel erreicht ist. Das Ziel kann auch in der Beseitigung oder Minderung eines Problems bestehen.

Systematisches Experimentieren

Am besten führt der Kuchenbäcker Buch über seine Experimente, damit er keine Versuche durch Wiederholungen verschwendet. Bevor er verzweifelt, sollte er vielleicht Experten zurate ziehen, also Freunde oder Profis fragen, ein einschlägiges Buch kaufen, auf eine Kuchenmesse gehen oder im Internet recherchieren. Im technischen Bereich ist oft Fachwissen aus mehreren Gebieten nötig. Ein mechatronisches System beispielsweise verlangt Kenntnisse in Mechanik, Elektronik und Informatik. Dann wird oft Teamarbeit fällig, um alle Kompetenzen zusammenzubekommen.

Ressourcen

Es wird auch schon klar, dass viele Ressourcen nötig sind: Zutaten für Dutzende von Kuchen, die man bereit ist, im Versagensfall in die Tonne zu kippen, und viel Zeit. Nicht jede Idee funktioniert, und genau genommen: Je komplexer die Technologie, umso mehr ziellose Versuche würden schiefgehen. Das kann man sich oft gar nicht leisten, weder finanziell noch kann das Kaffeekränzchen beliebig lange hinausgeschoben werden.

Mut zu versagen

Tatsächlich experimentieren sehr wenige Leute in der Küche. Warum nicht? Es ist weniger aufwendig und teuer, ein Kochrezept auszudenken und auszuprobieren, als einen 3D-Drucker zu erfinden und zu bauen. Man kann es einfach mal versuchen. Tun aber die meisten nicht. Der Psychologe nennt das gerne auch »Unsicherheitsvermeidung«, die je nach Kultur sehr ausgeprägt sein kann. Experimentiert wird höchstens mal beim Campen, wenn man mitten im Wald Lust auf einen Kuchen bekommt und versucht, ihn aus den vorhandenen Zutaten über dem offenen Feuer zu backen. Not macht erfinderisch und man kann sich hinterher damit herausreden, dass man ja nichts anderes da hatte. Das Versagen ist dann weniger schlimm. Schade, dass insgesamt in unserer Gesellschaft ein solch harmloses Scheitern viel zu negativ besetzt ist. Dabei gehört Scheitern zu Wagnissen und zum Erfolg mit dazu. Außerdem macht Kreativität Spaß. Im Grunde seines Herzens ist der Mensch doch verspielt und neugierig (Homo Ludens). Nicht nur erfolgreiche Versuche führen dazu, dass man sich mächtig kompetent fühlt und Unsicherheit vermeidet, sondern erfolglose Versuche führen zu Erkenntnissen, die zum Erfolg weisen. Beispielsweise wirft der vegane Bananen-Mehl-Zucker-Keks die wegweisende Frage auf: »Wie bekomme ich den veganen Teig locker?« Viele Möglichkeiten gibt es nicht. Durch eine Internetrecherche fand ich die Antwort: mit Öl und viel Backpulver.

Last, but not least: Motivation

Stellen Sie sich einen Kreativitäts-Workshop vor, bei dem lauter unmotivierte Ingenieure und Ingenieurinnen in einem Stuhlkreis in den Lehnen hängen. Leute, die eigentlich lieber gerade an ihrem Schreibtisch säßen und ihre To-do-Listen abarbeiteten. Das wird nichts! Csikszentmihalyi interviewte einundneunzig hochkreative Personen und fand dabei heraus, dass sie trotz aller Unterschiede eines gemeinsam hatten: Sie waren intrinsisch motiviert für das, was sie taten. Das heißt, ihre Arbeit bereitete ihnen Freude, unabhängig von Bezahlung, Lob, Ruhm und Ehre. Wenn die richtige Person und die richtige Aufgabe aufeinandertreffen, dann entsteht Flow. Dies ist ein Gefühl höchster Konzentration bei der Arbeit, die leicht von der Hand geht und sichtbar vorankommt. Das Ziel ist erreichbar, aber die Aufgabe weder trivial noch langweilig. Die Zeit vergeht gefühlt wie im Flug und man könnte ewig so weitermachen. Das ist Flow. Sport und Musizieren sind ebenfalls Tätigkeiten, bei denen Menschen leicht in Flow geraten, doch auch die tägliche Arbeit kann solche positiven Gefühle auslösen. Gerade kreative Tätigkeiten, bei denen man etwas Nützliches erschafft, wirken motivierend, und die Motivation macht kreativ. Es handelt sich also um einen sich selbst verstärkenden Zyklus. Ohne Motivation wird die kreative Arbeit zum Teufelskreis: Der Widerwille gegen die Aufgabe oder die Angst zu versagen verhindern den Flow und die Entspannung, die dafür nötig ist, um die Gedanken kreativ schweifen zu lassen. Man schiebt den unproduktiven Workshop vor sich her, was den Zeitdruck erhöht. Das Ausbleiben von Erfolgserlebnissen, während das Ticken der Uhr die nutzlos verstrichenen Sekunden mitzählt, erhöht den demotivierenden Druck. Schriftsteller kennen dies als »Schreibblockade«. Das heißt für unsere gemeinsame Reise zur Kreativität: Falls Sie Flow noch nicht kennen, müssen Sie diesen möglichst schnell kennenlernen. Ich hoffe, das wird passieren, während Sie die Aufgaben in diesem Buch bearbeiten!

Checkliste Kreativitäts-Voraussetzungen

Die Voraussetzungen für Kreativität sind:

- ✔ Ein klares Ziel und/oder eine Vision davon, was man erreichen möchte.
- ✔ Motivation.
- ✔ Ressourcen für das Experimentieren und auch für misslingende Experimente.
- ✔ Mut und die Fähigkeit, aus Misserfolgen zu lernen.
- ✔ Fachwissen darüber, welche Komponenten das Produkt haben muss, um wie gewünscht zu funktionieren.
- ✔ Fachwissen und Erfahrung, um ungefähr vorhersehen zu können, wie Änderungen der Komponenten die Eigenschaften des Produkts beeinflussen. Dieses Fachwissen erlangt man durch Schulungen, von Experten oder durch Ausprobieren.
- ✔ Bei komplexen Produkten ist oft ein Team von Experten nötig, das alle nötigen Fachkompetenzen vereint.
- ✔ Manchmal ist auch Not hilfreich, beispielsweise das Fehlen von bisher üblichen Komponenten oder Ressourcen. Oft liegt Zeitdruck vor.

Projektsteckbrief

Ich empfehle, für das kreative Projekt einen Projektsteckbrief zu erstellen. Fassen Sie dazu auf einer Karteikarte, einem Blatt Papier, einer PowerPoint-Folie oder in beliebiger anderer übersichtlicher Form folgende Fakten zusammen:

1. Ziel und/oder Vision: Welches Ziel soll erreicht oder welches Problem gelöst werden? Das Ziel muss messbar sein, die Vision anschaulich beschrieben oder gezeichnet sein. Eine Vision ist ein Bild von der Situation, in die man gelangen möchte.
2. Umfeld: In welcher Situation tritt das Problem auf?
3. Motivation: Wozu soll dieses Ziel oder diese Vision erreicht werden? Was haben Sie, das Unternehmen oder die Menschheit davon? Warum brennen Sie für dieses Thema? Wo steckt der Sinn des Ganzen?
4. Was liegt schon vor? Was haben Sie schon?
5. Was fehlt? Warum haben Sie das Ziel noch nicht erreicht? Benennen Sie konkret das Hindernis, das Sie an der Zielerreichung hindert.
6. Ressourcen: Bis wann muss die Problemlösung vorliegen? Welche Personen und Materialien haben Sie zur Verfügung und wie viel Arbeitszeit und Budget sind verfügbar?

Vielleicht haben Sie das alles schon mal irgendwo gehört und trotzdem bisher keine Idee, wie Sie dieses Wissen in ein kreatives Produkt verwandeln. Darum habe ich in dieses Buch zahlreiche Aufgaben eingestreut, die Sie idealerweise auch ausführen sollen. Wenn man sie zusammennimmt, ergeben die Aufgaben eine Schritt-für-Schritt-Anleitung für ein kreatives Projekt von null auf hundert. Da Beispiele das Lernen unterstützen, füge ich einigen Aufgaben auch eine Musterlösung bei. Fangen wir also an ...

Nun sind Sie dran!

1. Überlegen Sie sich ein kreatives Projekt, das Sie als Übungsbeispiel bearbeiten möchten. Dies kann etwas aus Ihrem Beruf sein, an dem Sie ohnehin arbeiten werden. Vielleicht schieben Sie aber schon lange eine offene Frage vor sich her, eine vage Idee oder ein ungelöstes Problem.

2. Erstellen Sie dann einen **Projektsteckbrief** für das Beispiel, das Sie für Ihre Aufgaben gewählt haben.

3. Jedes Projekt benötigt entweder ein **Ziel** oder eine **Vision**, besser noch beides.

   Da es in diesem Buch um technische Produkte geht, wähle ich als Beispiel ein Problem, das man mit Technologie lösen kann. Wie wäre es mit dieser Vision: eine App, die das Sprachenlernen einfach und motivierend macht? Diese soll das Problem lösen, dass das Pauken von Vokabeln und Grammatikregeln mühsam und langweilig ist. Wir wissen noch nicht, wie wir dieses Problem lösen werden, aber genau da soll uns die Kreativität ja hinführen: vom Problem zur Lösung. Mit der Festlegung auf ein konkretes Ziel schränken wir bereits den Suchraum deutlich ein. Und das ist gut so, weil andernfalls die Ideen wie beim Rasensprenger das Wasser in alle Richtung vertröpfeln und womöglich verdunsten. Wirkungsvoller ist es, wenn wir den Strahl unserer Aufmerksamkeit voll auf eine besonders fruchtbare oder besonders vernachlässigte Stelle richten.

   So, und jetzt sind Sie dran! Suchen Sie sich eine Vision und ein Ziel. Dies kann ein einigermaßen kreatives Projekt bei der Arbeit sein, etwas aus Ihrem Freizeitbereich oder auch etwas Künstlerisches. Das Projekt sollte Sie auf jeden Fall interessieren und Sie sollten sich in diesem Bereich halbwegs auskennen. Motivation ist aber wichtiger als Vorwissen. Das Wissen können Sie sich noch erarbeiten, denn »dem Ingenieur ist nichts zu schwör«, wie man so schön sagt.

4. Das Projekt findet in einem bestimmten **Umfeld** statt, zum Beispiel Branche, Anwendungsbereich, Projekt, Projektphase. Für unsere App könnten wir uns auf bestimmte Zielgruppen (Privatpersonen oder Firmen, Touristen oder berufliche Fortbildung) fokussieren. Das tun wir (momentan) aber nicht. Die App soll letztlich für alle Bereiche geeignet sein. Das schließt nicht aus, dass wir in einer ersten Ausbaustufe nur eine bestimmte Zielgruppe ansprechen. Momentan denken wir aber ans große Ganze und ans angestrebte Ideal.

5. Der nächste Punkt in der Checkliste ist die Frage, was schon vorhanden ist und was noch fehlt, um das Ziel zu erreichen. Das könnte bei uns ein erster

grober Prototyp sein, den der Gründer des Start-ups in einer schlaflosen Nacht gebastelt hat. Es fehlt aber vollständig noch die Marktrecherche, Rückmeldung der Endanwender und eine technische Machbarkeitsanalyse. Wäre es zum Beispiel möglich, dass eine Benutzerin für ihre Aussprache automatisiertes Feedback erhält?

6. Nun benötigen Sie noch **Ressourcen**. Für einen Arbeitstag eines (Software-) Ingenieurs einschließlich Labor-, Lizenz-, Material- und Stromkosten kann man grob 1000 Euro rechnen. Allerdings wissen wir momentan noch nicht, wie umfangreich unsere App wird und wie viel Erstellungsaufwand entstehen wird. Im Jahr 2019 investierte ein Student von mir sechs Monate Arbeitszeit, also die Dauer einer Masterarbeit, in die Entwicklung des EthicBots, also eines ethisch korrekten Chatbots. Sechs Monate mal zwanzig Arbeitstage pro Monat macht rund 120.000 Euro. Die Entwicklung von chatGPT hat Gerüchten zufolge vier Milliarden gekostet, das Training von chatGPT-4 über 100 Millionen. So, und jetzt schätzen Sie mal: Welche Ressourcen brauchen Sie und wo bekommen Sie die her? Eventuell müssen Sie jetzt auch kleinere Brötchen backen. So wie wir darauf verzichtet haben, in der Masterarbeit eine starke Künstliche Intelligenz zu entwickeln, die Ethikfragen aller Art selbständig entscheiden kann. Unser Chatbot erfragte die Beurteilung von alternativen Handlungsoptionen vom Benutzer und erzeugte sie nicht selbst. Je konkreter Ihr Ziel und je kleiner der Umfang dessen, was Sie sich vornehmen, umso weniger Budget benötigen Sie. Im Zweifel backen Sie das Brötchen eher kleiner als größer. Falls Sie Ihr Ziel erreicht haben und noch Budget übrig bleibt, können Sie immer noch Extras und Dekoration hinzufügen. Erfahrungsgemäß wird aber alles aufwendiger als gedacht (doppelt bis viermal so viel) und es bringt mehr Ruhm, ein begrenztes Problem ausgezeichnet zu lösen, als ein großes Problem nur ein wenig anzukratzen.

7. **Mut** ist für diese Übungen weniger wichtig, wir spielen ja nur. Sie sind nicht dazu verpflichtet, das von Ihnen entworfene Gerät dann auch wirklich zu bauen.

8. Nicht zufällig nehmen **Wissen, Kompetenz und Erfahrung** in der obigen Checkliste so viel Raum ein. Darüber müssen Sie nicht erschrecken: Heutzutage kommt man sehr leicht an Grundlagenwissen durch Bücher, Internet, Diskussionsforen, Mailinglisten, Vorträge, Arbeitsgruppen und dergleichen. Sie können sich auch mit konkreten Fragen an einen Experten wenden. Diese teilen gerne ihr Wissen, besonders diejenigen, die schon publiziert haben. In der Informatik gibt es eine starke Kultur des Wissenteilens, einerseits basierend auf dem Open-Source-Gedanken »Gemeinsam können wir mehr erreichen«, andererseits auch aus Missionswillen, mit Hilfe von technischem Wissen die Welt zu verbessern. Schon als Kind habe ich gelernt: »Fragen kostet nichts.« Natürlich werden Experten für ein ordentliches Honorar noch gesprächiger! Wenn Sie richtig viel Fachwissen brauchen, dann gründen Sie am besten gleich ein Team. Wenn Ihnen beispielsweise ein Gerät vorschwebt, das aus Hardware und Software besteht, Sie kennen sich aber nur mit Software aus, dann tun Sie sich am besten mit einem zuverlässigen

Hardware-Experten auf gleicher Augenhöhe zusammen, also halbe-halbe: Jeder bringt gleich viele Ressourcen ein und beide ziehen gleich viel Gewinn. Der Vorteil für Sie ist, dass Sie ihn für seine Arbeit nicht zu bezahlen brauchen. Er ist ja Mitunternehmer.

9. Sie können die Aufgaben in diesem Buch auch im Team bearbeiten, falls sich das organisieren lässt. Schauen Sie einfach mal, wie weit Sie mit Ihrem vorhandenen Wissen kommen.

Dank der Checkliste haben wir nun eine Bestandsaufnahme: Wo wollen wir hin, was brauchen wir dafür, was ist vorhanden und wie besorgen wir uns den Rest? Zwischen dem Ist-Zustand (Problem) und dem Ziel-Zustand (Lösung) klafft eine Lücke, die wir demnächst kreativ zu füllen unternehmen.

IN DIESEM KAPITEL ...

- Erfahren Sie, was bei der Kreativität im Gehirn vor sich geht
- Was daraus für den Ablauf eines kreativen Projektes folgt
- Wie ein guter Prozess das Ergebnis verbessert

Kapitel 6
Der kreative Prozess

Wie schon mehrfach erwähnt, muss Kreativität in einen systematischen Prozess eingebettet werden. Dieser orientiert sich an der Arbeitsweise des Gehirns, unserem entscheidendsten Werkzeug dabei.

Das Gehirn, ein Supercomputer

Das Gehirn ist oberflächlich betrachtet eine graue Schwabbelmasse. Bei genauerem Hinsehen handelt es sich um einen Supercomputer, der aus unzähligen miteinander vernetzten Nervenzellen besteht.

Die vernetzte Struktur des Gehirns

Im Gegensatz zu einem Computer sind allerdings Komponenten, Speicherplätze und Rechenkapazitäten nicht digital lokalisierbar, sondern funktionieren verteilt. Inhalte sind auch nicht thematisch sortiert. Das hat den Vorteil der Ausfallsicherheit: Nur weil ein paar Nervenzellen durch einen Schlag auf den Kopf oder durch Alkohol abgetötet werden, fällt nicht gleich das ganze System aus. Im Gegenteil dauert es recht lange, bis man am Output des Gehirns bemerkt, dass irgendetwas im Inneren defekt ist.

Und genau diese Vernetzung macht das Gehirn kreativ, erlaubt ihm, einen Zusammenhang zwischen Kletten und Schnürsenkeln herzustellen, auf Erfahrungen aus der Kindheit zurückzugreifen oder auf irgendetwas, das man nur mal mit halbem Ohr im Radio gehört hat, während man die Wände gelb anstrich.

Supercomputer mit schlechtem Timing

Scherzhaft gesagt: In Ihrem Gehirn steckt ganz viel Wissen. Das Problem liegt vor allem darin, im richtigen Moment darauf zugreifen zu können. Sie kennen das sicher: In einem Gespräch werden sie von einer Äußerung des Gegenübers überrascht und die schlagfertige Antwort darauf fällt Ihnen erst tags darauf ein; während einer Prüfung haben Sie einen Blackout, aber als Sie beim Hinausgehen noch die Türklinke des Prüfungsraums berühren, fällt Ihnen die Antwort ein. Zu spät! Das ist normal. So schnell unser Gehirn auch dabei sein kann, nach etwas Herunterfallendem zu greifen oder kreischend von einer Spinne fortzuspringen – Erinnern, Kreativität und Entscheidungen dauern etwas länger. Kahnemann hat das in seinem Buch »Schnelles Denken, langsames Denken« ausführlich diskutiert. Es handelt sich um den Unterschied zwischen Instinkt und Verstand, schneller Intuition und bewusstem, rationalem Nachdenken.

Daniel Kahnemann: Schnelles Denken, langsames Denken. Siedler Verlag, 2012.

Wenn Sie in einem technischen Projekt kreativ werden möchten, dann benötigen Sie beides: Sie müssen Ihr technisches Fachwissen und Ingenieurmethoden systematisch anwenden, aber außerdem auch das bisher Ungedachte denken, die Gedanken in unerforschte Weiten schweifen lassen, also quasi den sicheren Boden des Bisherigen und Bekannten verlassen. Da beides nicht gleichzeitig geht, wechseln sich innerhalb des kreativen Prozesses analytische und kreative Phasen ab.

Die Teile des Gehirns

Auch wenn das Gehirn im Gegensatz zum Computer nicht aus sichtbaren Hardware-Komponenten besteht, so gibt es doch nützliche Gehirnmodelle, die das Gehirn in Gebiete aufteilen, die für verschiedene Funktionen zuständig sind.

Ein **Modell** ist eine Vereinfachung der Realität, die für einen bestimmten Zweck dienlich funktioniert.

Auch das folgende Gehirnmodell ist eine starke Vereinfachung, die einige Komponenten ignoriert, die zwar für die Funktionsweise und die Gesundheit unseres Körpers und Verstandes essenziell sind, aber nicht direkt für unseren vorliegenden Zweck, ein technisches Problem zu lösen und kreative Ideen zu erzeugen. Das ist in Ordnung, weil wir nicht planen, das Gehirn zu operieren, sondern nur, es zu benutzen.

Abbildung 6.1 zeigt das vereinfachte Gehirnmodell, das wir hier verwenden, um daraus den kreativen Prozess herzuleiten. Das Gehirn ist in zwei Gehirnhälften aufgeteilt, die rechte und die linke. Außerdem können wir drei Schichten unterscheiden. Daraus ergeben sich sechs verschiedene Kategorien von Gehirnteilen.

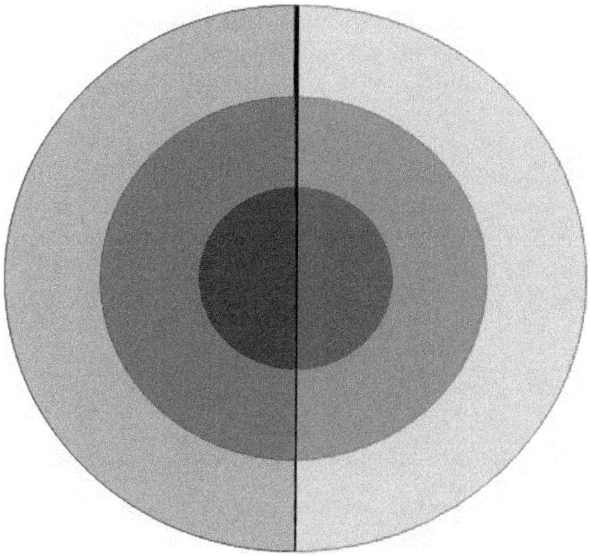

Abbildung 6.1: Gehirnmodell

Linke Gehirnhälfte = Logik

Man bezeichnet die linke Gehirnhälfte als die rationale, analytische. Hier wird mit Zahlen hantiert, mit Reihenfolgen, Listen und Formeln, hier wird berechnet und analysiert. Hier werden Vor- und Nachteile gegenübergestellt und Schlussfolgerungen gezogen. Hier werden Ideen in die Tat umgesetzt und Pläne verwirklicht. Als Ingenieurin haben Sie genau dies im Studium systematisch gelernt.

Rechte Gehirnhälfte = Kreativität

Die rechte Gehirnhälfte dagegen gilt als die kreative Seite. Während die linke Gehirnhälfte sich mit Details beschäftigt, interessiert sich die rechte Gehirnhälfte für das grobe Gesamtbild. Wie gehören die einzelnen Teile zusammen, wie sind sie miteinander vernetzt? Hier wird mit Bildern, Symbolen und Metaphern jongliert. Hier werden Gesichter, Farben, Gerüche und Musik verarbeitet. Die rechte Gehirnhälfte denkt mehrdimensional und kann Konzepte erstellen. Hier wird auch allgemein die Fantasie und Kreativität verortet.

Natürlich benutzen wir beide Gehirnhälften

Man kann zusammenfassend sagen, die linke Gehirnhälfte beschäftigt sich mit der Analyse, die rechte mit der Synthese. Darum gilt die rechte als die kreative Seite. Das ist natürlich eine sehr plumpe Vereinfachung, denn für richtig gute Kreativität müssen beide Hälften zusammenarbeiten. Gerne wird betont, dass manche Menschen mehr rechts begabt seien und andere mehr links. Dabei wird gerne der Eindruck erweckt, als gäbe es geradezu zwei Kategorien von Menschen, die fast nichts miteinander gemeinsam haben. Das ist natürlich Unsinn, denn jeder Mensch benutzt beide Hälften mehr oder weniger. Nur sehr wenige

Ausnahmepersonen erleiden einen einseitigen Totalausfall. Natürlich fällt manchen Menschen die eine oder andere Fähigkeit leichter, weil sie dafür begabter sind, also von der Natur besondere Gaben mitbekommen haben. Doch auch der Begabte gelangt ohne Training nicht zur Meisterschaft.

Lassen Sie sich also nicht einfallen, das Buch nun mit der Ausrede zuzuklappen, Sie als Ingenieurin würden ohnehin nur mit der linken Gehirnhälfte denken und seien für Kreativität vollständig unbegabt. So leicht kommen Sie nicht davon! Wenn Sie nicht gerade eine Axt in der rechten Gehirnhälfte stecken haben, dann ist da etwas, was Sie noch aktivieren können. Letztlich werden Sie für ein kreatives Projekt beide Gehirnhälften benötigen, die sich wie zwei Tennisspieler den Ball ständig hin und her spielen.

Drei Schichten des Gehirns

Zusätzlich unterteilt man jede der beiden Gehirnhälften noch in drei »Schichten« von innen nach außen:

- **Instinkte/Triebe:** Das ist die innere Schicht, die Ihnen sagt, wann Sie schlafen, essen und trinken wollen. Hier werden die Atmung und Verdauung gesteuert, aber auch das Davonspringen vor der Spinne. Die hier vorhandenen Fähigkeiten sind angeboren und unbewusst. Sie denken über Ihre Atmung normalerweise nicht nach, aber trotzdem funktioniert sie.

- **Gefühle:** Diese mittlere Schicht verwaltet Ihre Gefühle: Sie verursacht positive und negative Gefühle auf der Grundlage früherer Erfahrungen, bringt Sie dazu, das eine zu mögen und das andere zu meiden. Hier werden also Situationen emotional bewertet. Vieles hier erfolgt unterbewusst, also im Untergrund.

- **Verstand:** Hier, in der äußeren Schicht, findet das rationale, systematische, bewusste, »langsame« Denken statt. Dieses Über-Ich ist dazu in der Lage, die Gedanken der mittleren Gehirnschicht zu beobachten und zu bewerten, aber nicht zu steuern. Der Verstand kann sich nur selbst steuern. In der Schulzeit und während Sie Ihren Beruf erlernt haben, wurde genau diese Gehirnschicht gezielt ausgebildet.

Diese Schichten beschreiben nicht unbedingt den Ort der Gehirnzellen, sondern haben eher symbolische Bedeutung.

Was nutzt uns dieses Wissen für den kreativen Prozess?

Steuern und gezielt einsetzen können wir nur den Verstand. Die Gefühle können wir nur beobachten, was wir im kreativen Prozess auch nutzen können. Wenn wir versuchen, die Benutzer eines Geräts und deren Bedürfnisse zu verstehen, können wir dafür gezielt Empathie einsetzen. Wir stellen uns einen konkreten Benutzer vor und versetzen uns in ihn hinein. Je unähnlicher der Kunde jedoch uns selbst ist, umso schlechter liegen wir mit unseren Vorhersagen. Darum funktioniert dies nur begrenzt, und es macht Sinn, Zielkunden zu befragen, statt ihre Bedürfnisse zu erraten.

Wichtig werden unsere Gefühle und Instinkte jedoch außerdem dort, wo sie unsere Kreativität blockieren. Die Angst vor der Blamage, Gruppendruck oder schlechte Erfahrungen mit Feedback können eine massive Selbstzensur auslösen. Mit solchen Kreativitätsblockaden werden wir uns noch beschäftigen, um sie zu umgehen. Das ist recht einfach, weil es mehrere mögliche Pfade zum kreativen Ergebnis gibt. Wenn Sie beispielsweise nicht gerne unausgegorene Ideen vor einer Gruppe präsentieren, dann arbeiten Sie zunächst im stillen Kämmerchen und kommen erst mit einer ausgereiften Idee wieder hervor. Wenn Sie umgekehrt nicht gerne alleine arbeiten, weil sie frühes Feedback brauchen, um nicht viel Aufwand in eine Idee zu investieren, die am Ende ins Leere läuft, dann arbeiten Sie besser im Team oder in Zusammenarbeit mit einem Vorgesetzten. Ich hoffe, im Verlauf dieses Buchs finden Sie heraus, wie Ihre ganz individuelle Kreativität am besten arbeitet.

BEISPIEL

Vermutlich sind die Erfahrungen, die ich als Kind mit meiner Kreativität machte, sehr symptomatisch für unsere Gesellschaft und diese Mechanismen ein Grund dafür, warum die Kreativität vieler Menschen verschüttet wurde und nicht genutzt wird.

Grundsätzlich ist jedes Kind kreativ. Im Kindergarten saßen wir schließlich nicht herum, mit einem bunten Stift vor dem leeren Blatt und jammerten: »Mir fällt nichts ein!«

Der Frust ließ jedoch nicht auf sich warten. Die Familie lästerte über meine Strichmännchen, deren Hände aussahen wir dürre Ast-Hände einer Vogelscheuche. Aber da man mir zum Lesen Comics und Bilderbücher gab und mir im Fernsehen nur die Kinder-Zeichentrickfilme zu sehen erlaubte, brauchte man sich nicht zu wundern, wenn ich diese Form der Kunst nachahmte.

Irgendwann entdeckte ich, dass ich maßstabsgetreue Tiere zeichnen kann, indem ich eine Postkarte auf meine Schreibtischlampe legte und abpauste. Durch das Abpausen lernte ich schnell, Katzen, Hunde und Pferde auch freihändig zu zeichnen. Allerdings ließ ich eines Tages meine Zeichenmappe mit den besten Werken der letzten zwei Jahre in der Hektik des Aufbruchs bei meiner Großmutter im Wohnzimmer liegen. Als ich das Fehlen zu Hause bemerkte, rief ich die Großmutter an, die mir erklärte, sie habe den Plunder in die Mülltonne geworfen. Auf mein Entsetzen erwiderte sie, die Bilder seien doch sowieso nicht schön gewesen. Das war ein traumatisierender Schock. Ich habe danach nur noch gezeichnet, wenn ich dazu gezwungen wurde. Mit anderen Künsten wie Schreiben, Singen und Klavierspielen verlief es zum Glück weniger schlimm.

In der Mathematik und den anderen Naturwissenschaften kann man bei vorhandener Begabung und viel Fleiß leicht eine Eins einheimsen, weil der Unterschied zwischen Richtig und Falsch eindeutig ist. Im Deutschaufsatz oder Kunstunterricht eine Eins zu erzielen, ist sehr viel schwieriger und man muss subjektive Kriterien der Lehrerin erfüllen. Was die Stundenanzahl angeht, trainiert unser Schulsystem definitiv mehr die rationale Gehirnhälfte.

Es wurde auch von der Familie eher gewürdigt, wenn ich »mal wieder eine Eins in Mathe« erzielte als »mal wieder ein schönes Bild gemalt« hatte. Obwohl ich vermutlich für beides ein Händchen habe, bekam ich für die Begabungen der linken Gehirnhälfte mehr positives Feedback.

Der kreative Prozess: Wie die Teile des Gehirns zusammenarbeiten

Goethe schrieb in seinem Buch über die Farbenlehre: »Ein Jahrhundert, das sich bloß auf die Analyse verlegt, und sich vor der Synthese gleichsam fürchtet, ist nicht auf dem rechten Wege; denn nur beide zusammen, wie Aus- und Einatmen, machen das Leben der Wissenschaft.

Eine falsche Hypothese ist besser als gar keine; denn dass sie falsch ist, ist gar kein Schade, aber wenn sie sich befestigt, wenn sie allgemein angenommen, zu einer Art von Glaubensbekenntnis wird, woran niemand zweifelt, welches niemand untersuchen darf, dies ist eigentlich das Unheil woran Jahrhunderte leiden.« (Letzteres bezieht sich auf die Newtonsche Theorie.)

Johann Wolfgang von Goethe: Zur Farbenlehre. Cotta, Tübingen, 1810

Dieses Bild passt sehr gut auf kreative, technische Projekte. Die besten Ergebnisse erhalten wir durch den konsequenten abwechselnden Einsatz der Fähigkeiten der rechten und der linken Gehirnhälfte, Analyse und Synthese. Da die Tätigkeiten oft ein unterschiedliches Mindset, Stimmung oder Methoden erfordern, hat es sich bewährt, sie getrennt durchzuführen, also in verschiedenen Schritten des kreativen Prozesses.

Beispiel-Prozess

Der kreative Prozess wird gleichzeitig die Lösung sukzessive verfeinern und konkretisieren, dabei abwechselnd Ideen erzeugen und bewerten, und dabei beispielsweise die folgenden Aktivitäten ausführen, in chronologischer Reihenfolge von oben nach unten:

Vom Problemraum in den Lösungsraum

Bei dieser sukzessiven Verfeinerung und Konkretisierung überschreiten wir mit der Aktivität »7 – Erzeugen von Ideen für die technische Umsetzung« die Grenze zwischen dem Problemraum und dem Lösungsraum.

Der **Problemraum** beschreibt das Problem aus Anwendersicht.

Der **Lösungsraum** beschreibt eine technische Lösung des Problems.

Beispielsweise: Im Problemraum möchte jemand eine neue Fremdsprache lernen und das durch einen Selbstlernkurs erreichen. Wie das technisch realisiert wird, ist ihm oder ihr herzlich egal. Hauptsache, es funktioniert sinnvoll. Genauso soll die Kaffeemaschine Kaffee erzeugen, der Fahrkartenautomat Fahrkarten verkaufen, die Mondrakete Menschen zum Mond bringen und der Bus Menschen auf der Erdoberfläche von A nach B fahren.

Linke Gehirnhälfte	Rechte Gehirnhälfte
1 Analyse der Ist-Situation	
2 Analyse und Formulierung des zu lösenden Problems	
	3 Erzeugen von Ideen für ein technisches Gerät, das das Problem lösen könnte
4 Analyse, Bewerten, Auswahl und Verfeinern der Ideen, Identifikation von Problemen	
	5 Erzeugen von Ideen für die Problemlösung und Verfeinerung der Ideen, Erzeugen von Alternativen
6 Auswahl einer Alternative	
	7 Erzeugen von Ideen für die technische Umsetzung
8 Analyse und Bewerten der Umsetzungsideen, Identifizieren von technischen Problemen	
	9 Erzeugen von Ideen für die Lösung der technischen Probleme
10 Analyse und Bewerten der Problemlösungen, Auswahl und Erstellen des Konzepts	
11 Systematische Umsetzung des Konzepts	
	12 Kreative Lösung von Problemen, die bei der Umsetzung auftreten
13 Abnahme des Ergebnisses	

Tabelle 6.1: Aktivitäten der Gehirnhälften im kreativen Prozess

Im Problemraum sammeln Produktmanager, Vertrieblerinnen, Vorstände und Marktforscherinnen die Bedürfnisse, Probleme, Visionen und Anforderungen aller Betroffenen.

Im Lösungsraum soll dann eine technische Lösung entstehen, die die Bedürfnisse des Problemraums erfüllt. Hier sind dann Ingenieurinnen, Software Engineers, Hardware Engineers und andere Problemlöserinnen gefragt.

Wie viele Abstraktionsebenen oder Iterationen im kreativen Prozess nötig sind, hängt von der Komplexität des Produkts und der Technologie ab. Grundsätzlich müssen Sie damit rechnen, dass kein komplexes Problem mit einer einzigen Kreativitätssitzung gelöst werden kann. Der kreative Prozess ist also immer iterativ und inkrementell.

Iterativ bedeutet, dass Sie mehrere Durchläufe aus Synthese und Analyse benötigen. **Inkrementell** bedeutet, dass Sie das Problem stückchenweise lösen.

Das Gehirn ist ein vernetzter Supercomputer. Stark vereinfachend gehen wir davon aus, dass es aus zwei Hälften und drei Schichten mit unterschiedlicher Funktionsweise besteht.

Für das kreative Projekt benötigen Sie beide Gehirnhälften, benutzen diese aber abwechselnd. Gleichzeitig bewegen Sie sich iterativ vom Problemraum in den Lösungsraum.

IN DIESEM KAPITEL …

Ein kreativer Gedankenblitz braucht nicht viel Zeit

Trotzdem: genug Zeit einplanen für Vor- und Nachbereitung

Iterationen sind nötig

Kapitel 7
Zeitbedarf

Eine Idee kann im Nullkommanichts als Funkenflug entstehen, benötigt also nicht viel Zeit. Aber trotzdem müssen Sie Zeit einplanen für die Vorbereitung und Nachbereitung und auch für mehrere Iterationen zur Bewertung und Verfeinerung der Ideen. Zur Vorbereitung müssen Sie das zu lösende Problem identifizieren und Ihren Projektsteckbrief ausarbeiten. Eventuell sind dafür Recherchen nötig.

Zur Nachbereitung gehören ebenfalls Recherchen für die Klärung offen gebliebener Fragen, die Bewertung durch Experten, den Bau und Test von Prototypen. Bei komplexen Problemen werden Sie iterativ vorgehen müssen, also nacheinander mehrere Probleme lösen. Zuerst das grundsätzliche Problem, dessen Lösung die Richtung vorgibt, und dann nach und nach weitere Detailprobleme.

Die besten Ideen entstehen nicht unbedingt im Kreativitätsworkshop. Dieser ist vielleicht nur der Anstoß für weitergehende Überlegungen und Recherchen. Ideen müssen reifen.

Zeit für mehrere Runden auf mehreren Ebenen

Wie viele Iterationen (sprich Runden) Sie drehen müssen, das ist schwer vorherzusehen und ich kann Ihnen auch keine Formel für die Berechnung des Zeitbedarfs vorgeben. Tatsache ist aber, dass man letztlich mit den systematischen Aufgaben der linken Gehirnhälfte mehr Stunden verbringt als mit den kreativen. Sie müssen genug Arbeitszeit für Vor- und Nachbereitung und genügend Kalenderzeit einplanen. Man spricht bei der Kreativität gerne von einer Inkubationszeit wie bei einer Krankheit: Zwischen der »Infektion« mit der Frage und dem Auftreten der ersten Folgen beziehungsweise Symptome in Form von nützlichen Ideen können Tage vergehen. Oder Wochen. Manchmal auch Jahre. Das weiß keiner so genau. Jedenfalls benötigen Ideen Zeit zum Reifen.

Darum kann man aus dem Zeitbedarf in Arbeitsstunden auch nicht direkt die nötige Dauer oder Kalenderzeit berechnen. Bei Fleißarbeiten können Sie ja rechnen: Wenn der Gesamtaufwand 100 Arbeitstage beträgt und 10 Personen Vollzeit daran arbeiten, sind wir nach 10 Kalendertagen fertig. Solche Formeln funktionieren nicht für kreative Projekte, weil man auch die Inkubationszeit einplanen muss, in der gar nicht aktiv am Projekt gearbeitet wird, die beteiligten Personen aber »nebenbei« Ideen ausbrüten. Eine sinnvolle Pause zwischen aufeinanderfolgenden Workshops ist ungefähr eine Woche oder auch zwei Wochen. Das lässt genug Zeit für Überlegungen und Recherchen, ohne dass die Beteiligten das Projekt und die Arbeitsfrage aus den Augen verlieren. Man muss definitiv dranbleiben und die Beschäftigung mit dem Thema aktiv halten.

Beispiel: Ein Adapter für Apollo 13

Im nächsten Beispielkasten finden Sie ein Beispiel für gelungene Kreativität, wo dem Team nur wenig Zeit blieb. Das Leben von drei Astronauten hing davon ab, dass ein bestimmtes Problem kreativ gelöst würde. Nötig wurde hier Kreativität dadurch, dass das Design des Raumschiffs beziehungsweise seiner Luftfilter eine Inkompatibilität aufwies. Die Lösung bestand in einer spontanen Zweckentfremdung der begrenzt vorhandenen Materialien. Dies ist ein sehr schönes, erfolgreiches Beispiel für Kreativität, die durch Zeitdruck und enge Randbedingungen (nur wenig vorhandenes Material) begrenzt und beschleunigt wurde.

Wenn Sie mehr Zeit zur Verfügung haben, dann hilft es Ihnen, wenn Sie sich regelmäßig mit dem zu lösenden Problem beschäftigen, also nochmal einen Blick auf Ihren Projektsteckbrief werfen. Und den Ideen Zeit geben, sich zu entwickeln. Zeitdruck ist nämlich nicht immer der beste Ideenkatalysator.

BEISPIEL

Ein Adapter für Apollo 13

Ein berühmtes Beispiel für einen lebenswichtigen Kreativitätsworkshop unter Zeitdruck stellt das Projekt Apollo 13 dar, das am 11. April 1970 eine Rakete startete, um drei Astronauten auf den Mond zu senden.

Allerdings kam es dann anders: Die Explosion eines Sauerstofftanks machte eine Umplanung nötig. Eine Mondlandung samt gesunder Rückkehr der Astronauten war nicht mehr machbar. Das neue Ziel des Projektes lautete darum: Bringt die Astronauten sicher zur Erde zurück!

Die Ursache des Problems war ein Fehler im Änderungsmanagement: Man hatte die Spezifikation eines Schalters der Sauerstofftanks von 28 auf 65 Volt geändert, aber keine anderen Komponenten an diese Änderung angepasst. Als die Astronauten die Ventilatoren zur Durchmischung der Sauerstofftanks einschalteten, kam es zur Überhitzung und Explosion.

Nun gab es vier Probleme zu lösen:

1. Sauerstoff, Energie und Wasser wurden knapp. Wie sollten die Astronauten überleben? Da es nur auf der Mondlandefähre Ersatz gab, mussten die drei Astronauten dort hinüber. Es war jedoch klar, dass sie mit diesem Modul nicht zur Erde zurückkehren konnten. Es handelte sich also nur um eine kurzfristige Lösung.

2. Die Mission musste abgebrochen werden. Das Ziel der Mondlandung musste aufgegeben werden. Das neue Ziel der Mission bestand darin, die Astronauten wieder sicher zur Erde zurückzubringen. Dafür standen mehrere Trajektorien zur Verfügung. Man entschied sich für die sicherste: Das Raumschiff sollte den Mond umrunden und damit Schwung für den Rückflug gewinnen.

3. Man konnte nicht sicher sein, dass das Antriebssystem der Rakete intakt geblieben war. Möglicherweise war es beschädigt und würde auf dem Rückflug explodieren, sobald man es einschaltete. Darum verwendete man das Antriebssystem der Mondlandefähre, um dem Raumschiff den Schub für die Rückkehr zu geben.

4. Die Astronauten würden in die Rakete zurückkehren und sich von der Mondlandefähre trennen müssen. Während der Zeit zwischen Abkopplung und Ankunft auf der Erde mussten sie weiterhin mit Sauerstoff versorgt werden. Im Prinzip machbar, weil dafür genug Sauerstoff vorhanden war. Es bestand jedoch ein Kompatibilitätsproblem zwischen dem viereckigen Luftfilter des Raumschiffs und dem runden Luftfilter der Mondlandefähre. Diese mussten fest miteinander verbunden werden. Das Team in Houston hatte wenige Stunden Zeit, um eine Lösung zu finden. Sie warfen all diejenigen Teile auf einen Tisch, die an Bord des Raumschiffs zur Verfügung standen. In den meisten Science-Fiction-Filmen überlässt man es dem Bordingenieur alleine, ein Leck in wenigen Minuten zu stopfen, doch hier wurde Teamarbeit praktiziert. Und gemeinsam fanden sie unter Zeitdruck eine Lösung: Einen improvisierten Schlauchadapter aus einem Kanister, Plastiktüten, der Papprückseite eines Klemmbretts, einem Schlauch eines Raumanzugs und ganz viel Klebeband. Diese Konstruktion wurde in einer Überdruckkammer getestet und dann die Bauanleitung an die Astronauten gefunkt.

Nach der erfolgreichen Rückkehr der drei Astronauten bestand die Aufgabe des Teams natürlich darin, die Ursachen zu analysieren und den Bauplan des Raumschiffs zu ändern, um folgende Missionen sicherer zu machen. Unter anderem wurden die Sauerstofftanks redundanter ausgelegt, damit die Explosion eines Tanks weniger schwerwiegende Folgen haben würde. Und natürlich sollten zukünftig alle Luftfilter dieselbe Form haben.

Erstellen wir einen Projektsteckbrief für das Problem mit den Luftfiltern:

- ✔ Umfeld: Eine Rakete befindet sich im Weltall auf dem Rückflug zur Erde.
- ✔ Ziel: Alle drei Astronauten sollen sicher zur Erde zurückkehren.

- Motivation: Menschenleben sind uns wichtig! Die NASA lässt niemanden im Weltall im Stich.
- Was liegt schon vor? Das Raumschiff als solches funktioniert noch, einschließlich der Luftreinigungsanlage. Es ist genug Sauerstoff für die Rückkehr vorhanden.
- Was fehlt? Die Luft im Raumschiff muss gereinigt werden. Allerdings haben verschiedene Filter verschiedene Formen: viereckig versus rund. Benötigt wird ein Adapter zwischen den beiden.
- Ressourcen: Innerhalb der nächsten Stunden würde den Astronauten der Sauerstoff knapp werden. Wir haben folgende Liste an Bastelmaterialien an Bord: Kanister, Plastiktüten, Klemmbrett, Raumanzug, Klebeband, …

Die NASA produzierte auch einen Film mit Originalmaterial: `https://plus.nasa.gov/video/apollo-13-houston-we-ve-got-a-problem/`

Hier finden Sie die Bauanleitung und Fotos: `https://airandspace.si.edu/stories/editorial/conserving-creativity-saved-apollo-13-astronauts`

Es braucht nicht viel Zeit, eine kreative Idee zu erzeugen, aber genügend Zeit für Vor- und Nachbereitung. Sie brauchen bei komplexen Problemen Zeit für mehrere Runden zur Bewertung und Verfeinerung der Ideen auf verschiedenen Ebenen. Auch wenn Zeitdruck manchmal die Kreativität beschleunigt, kann er auch zu suboptimalen Lösungen führen. Besser ist es, Sie lassen sich genug Zeit.

IN DIESEM KAPITEL …

Prinzipien für die Arbeit in einem kreativen Projekt

Arten von Aktivitäten und Meetings

Erstellung eines Projektplans

Zwei Beispielprojektpläne: ein komplexer und ein einfacher

Kapitel 8
Der Projektplan des kreativen Projektes

Das Ziel eines kreativen Projektes ist es, Ideen zu erzeugen und für die Umsetzung auszuwählen.

Auch wenn es schwer ist, zu planen und zu steuern, wann Sie eine gute Idee haben werden, müssen Sie doch einen Plan haben, bis wann Sie die Idee brauchen und was Sie unternehmen wollen, um diesen Zeitplan einzuhalten. Apollo 13 hatte ja auch eine ganz klare Vorstellung davon, bis wann sie spätestens den Adapter im Einsatz haben müssen, damit die Erdlandung noch klappt. Auch Forschungsprojekte arbeiten trotz des noch offenen Ergebnisses nach strengen Projektplänen. Man weiß zwar nicht, was am Ende eines Forschungsprojektes herauskommen wird, welche guten Ideen entstehen werden oder wie aufwendig eine Aufgabe wird, aber man weiß, welches Budget zur Verfügung steht und bis wann man Zeit hat. Die Kunst besteht dann darin, in der verfügbaren Zeit das bestmögliche Ergebnis zu erzielen. Ist das Budget aufgebraucht, kann man rekapitulieren: Was haben wir erreicht, was könnte man als Nächstes machen? Und dann wird für das Folgeprojekt Budget beantragt. Oft ist das ein iterativer Prozess mit einer Iterationslänge von der Dauer einer Doktorarbeit.

Jeder kreative Prozess ist natürlich anders, und darum kann ich Ihnen hier auch keinen fertigen Projektplan in die Hand geben. Aber Sie können ihn anhand einiger generischer Prinzipien selbst erstellen. Grundsätzlich gilt natürlich, dass der Projektplan des Kreativitätsprojekts kein Algorithmus ist, der linear so abgearbeitet wird, sondern eher ein Rahmenwerk.

Prinzipien der Erstellung eines Projektplans für ein kreatives Projekt

Die folgenden Prinzipien gelten für kreative Projekte, sobald sie eine gewisse Größe und Komplexität aufweisen.

Das Trichtermodell für die Ideenauswahl

Abbildung 8.1 zeigt schematisch das Trichtermodell für Ideen. Wenn Sie ein Problem lösen möchten, gibt es sehr viele, nahezu unendlich viele Ideen, auf die Sie kommen könnten. Am Ende einer Kreativitätssitzung oder auch eines längeren Ideenfindungsprozesses haben Sie beispielsweise vierundsechzig gefunden. Danach wählen Sie in mehreren Auswahlstufen sukzessive die besten Ideen aus, die restlichen werden verworfen oder aufgeschoben. Zunächst bewertet man anhand von strategischen und theoretischen Überlegungen wie »Passt diese Idee zu unserer Strategie?« oder »Klingt diese Idee logisch?« Je mehr Sie die Anzahl der im Rennen verbliebenen Ideen eingegrenzt haben, umso mehr Aufwand können Sie in Gedankenexperimente, Simulationen, Laborversuche und Prototypenbau investieren, um immer verbindlicher die Qualität der Idee zu bewerten. Die in der Abbildung genannten Zahlen sind natürlich nur symbolische Größenordnungen. Vielleicht bleiben am Ende sogar zwei Ideen übrig, die Sie in die Tat umsetzen. Kurz und gut: Mit jedem Auswahlschritt werden es weniger Ideen, aber die Prüfung wird aufwendiger. Diese Auswahlaktivitäten werden manchmal auch »Gates« genannt wie in »Stage-Gate-Prozess«, weil sie Tore sind, die die Ideen passieren müssen.

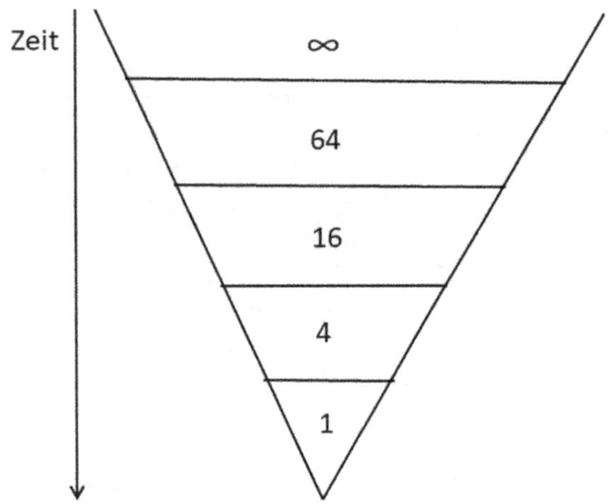

Abbildung 8.1: Trichter-Modell

Verworfene Ideen müssen Sie übrigens nicht löschen. Sie können sie auch zurückstellen und in einem »Ideenspeicher« für später sammeln.

Rechte und linke Gehirnhälfte abwechselnd einsetzen

Das Trichter-Modell in Abbildung 8.1 legt nahe, dass man anfangs kreativ ist und möglichst viele Ideen erzeugt, die anschließend systematisch und unkreativ analysiert, geprüft und sortiert werden. Das stimmt aber nicht, denn während der Auswahl werden die Ideen auch konkretisiert, verfeinert und Probleme gelöst. Man startet oft im Problemraum, also mit einem zu lösenden Problem, und wechselt immer mehr in den Lösungsraum, also ins Technische, und entwirft eine technische Lösung mit der Festlegung von Komponenten, verwendeten Technologien, Ergänzungen und Lösung von technischen Herausforderungen. Dabei kommt regelmäßig auch wieder die kreative Gehirnhälfte zum Einsatz.

V-Modell: Ideen auf mehreren Abstraktionsebenen

Gerade bei komplexen Produkten oder Problemen benötigen Sie Ideen auf mehreren Abstraktionsebenen. Beispielsweise entscheiden Sie in der ersten Phase mit dem Trichter-Modell, was für eine Art von Produkt Sie entwickeln möchten. Als Nächstes gibt es dann zahlreiche grundlegende Entscheidungen über die zu verwendenden Technologien zu treffen. Auf einer dritten Abstraktionsebene dann Detailentscheidungen für die einzelnen Komponenten und so weiter. Genauso wie die Ingenieurin das Produkt immer weiter in Teilsysteme und Komponenten aufteilt, um die Komplexität zu beherrschen, kann auch der kreative Prozess diesem Aufbau folgen und es treten kreative Aufgaben auf allen Abstraktionsebenen auf. Sie kennen dieses Prinzip vielleicht aus dem V-Modell, einem Vorgehensmodell für den Entwicklungsprozess, das bei der Spezifikation vom Groben zum Feinen folgende Phasen vorsieht:

- ✔ Ermittlung und Spezifikation der Kundenanforderungen im Problemraum,
- ✔ Spezifikation auf Systemebene im Lösungsraum,
- ✔ Spezifikation der System-Architektur (also Komponenten und Schnittstellen) im Lösungsraum,
- ✔ Spezifikation der Komponenten im Lösungsraum,
- ✔ Umsetzung.

Auf jeder dieser Ebenen muss dann auch getestet werden, ob die Spezifikationen durch das Produkt erfüllt werden, also durch Komponententest, Integrationstest, Systemtest und Abnahmetest. Wir werden später die Spezifikationen im Problemraum noch auf zwei Abstraktionsebenen aufsplitten.

Ingenieurmäßige Problemlösung

Zum ingenieurmäßigen Arbeiten gehört ein systematisches Vorgehen ungefähr nach diesem Schema:

1. Problemdefinition
2. Ist-Analyse: Sammeln von Daten, Fakten, möglichen Lösungen, Fallstudien

3. Bilden von Hypothesen darüber, woher das Problem stammen und wie es gelöst werden könnte
4. Herleiten von Lösungen aus den Hypothesen
5. Umsetzen, Testen und Bewerten der Lösungen (als Prototyp, Gedankenexperiment oder Simulation)
6. Iterative Verbesserung der Lösung(en)
7. Dokumentation und Kommunikation der besten Lösung

Iterationen

Unter einer Iteration versteht man eine Wiederholung. So werden Sie beispielsweise die Schritte 5 und 6 des ingenieurmäßigen Vorgehens so lange wiederholen, bis Sie mit dem Ergebnis zufrieden sind oder bis das Budget aufgebraucht ist. Wie viele Wiederholungen Sie bis zur idealen Lösung benötigen, hängt von der Komplexität des Problems, der Professionalität der Beteiligten und der angestrebten Qualität ab. Grundsätzlich ist es darum gut, wenn Budget und Lieferdatum fix sind, um eine unnötige Perfektionierung zu verhindern. Man kann nämlich immer noch besser werden, während gleichzeitig völlige Perfektion praktisch unmöglich bleibt. Allerdings sollte der Druck nicht zu hoch werden, um ein verantwortbares Qualitätsniveau zu erreichen.

Bauen, Testen, Lernen

Ein ausgefeiltes iteratives Vorgehen für das schnelle marktorientierte Entwickeln von Softwareprodukten gemeinsam mit experimentierfreudigen Endkundinnen beschreibt der Lean-Startup-Ansatz von Eric Ries. Der Kern dieses Vorgehens besteht aus schnellen Iterationen aus Bauen, Testen und Lernen.

- ✔ **Bauen:** Die Software wird (weiter)entwickelt und intern auf Fehler getestet.
- ✔ **Testen:** Die Endanwender benutzen die Software und geben über Fragebögen Rückmeldung. Auch Messungen und die Auswertung von Logfiles und Kennzahlen sind hilfreich.
- ✔ **Lernen:** Die Rückmeldungen werden ausgewertet und daraus Schlussfolgerungen gezogen darüber, welche Erweiterungen und Verbesserungen an der Software in der nächsten Iteration durchgeführt werden sollen. In der nächsten Bauen-Phase werden diese dann umgesetzt und so weiter …

Das Produkt wird möglichst schnell als Minimum Viable Product (MVP) zu den Anwendern gebracht. Das MVP ist ein Produkt mit gerade genug Funktionen und Qualität, um Rückmeldung zu erhalten oder Annahmen (Hypothesen) zu prüfen wie »Den Anwendern gefällt unsere innovative Navigationsleiste«. Wichtig ist ein wohlüberlegtes Vorgehen, bei dem jede Iteration einige konkrete Arbeitsfragen beantwortet.

So kann man schnell die Geschäftsidee oder das Produkt prüfen und anpassen, ohne unnötig viel Geld in die falsche Richtung zu investieren. »Das gesamte Experiment kann in wenigen Wochen abgeschlossen sein, in weniger als einem Zehntel der Zeit, die der traditionelle Strategieplanungsprozess in Anspruch nimmt« (Ries 2012, S. 62). Jedoch sind nicht bei jeder Produktart unausgereifte Prototypen einsetzbar oder zumutbar. Und auch nicht jedes Material erlaubt eine so schnelle und flexible Weiterentwicklung und Anpassungen wie der Software-Code. Das bedeutet nicht, dass dann keine Iterationen möglich sind, aber diese dauern dann eher Monate statt Tage.

Eric Ries: Lean Startup: Schnell, risikolos und erfolgreich Unternehmen gründen. Redline Verlag, 2012

Arten von Aktivitäten und Meetings

Bei jedem kreativen Projekt gibt es analytische und kreative Aktivitäten, also Aktivitäten der linken und rechten Gehirnhälfte. Für jedes Arbeitspaket oder Meeting muss den Beteiligten klar sein, wie das zu lösende Problem oder die zu beantwortende Frage lautet. Es muss auch klar sein, um welche Art von Aktivität es sich handelt und welche Methode angewendet werden soll. Bei den analytischen Aktivitäten verwenden Sie die ganz normalen Ingenieurmethoden Ihres Fachbereichs, also Konstruktionsmethoden, Analysemethoden und dergleichen. Die möglichen Methoden für die kreativen Aktivitäten lernen Sie in Teil IV dieses Buchs kennen. Es kann durchaus hilfreich sein, für jede dieser Aktivitäten einen Projektsteckbrief zu erstellen, insbesondere dann, wenn Sie im Team daran arbeiten.

BEISPIEL

Ein Beispiel, in dem gerne der Zufall als wichtigste Zutat dargestellt wird, ist die Entdeckung des Penicillins durch Alexander Fleming. Am Montag den 3. September 1928 kehrte er nach einem längeren Urlaub ins Labor zurück und stellte fest, dass sich dort in seiner Abwesenheit Bakterien und Schimmelpilze nicht nur vermehrt, sondern auch Krieg gegeneinander geführt hatten. Der penicillinproduzierende Schimmelpilz hatte gewonnen und um sich herum einen bakterienfreien Ring desinfiziert. Fleming fand heraus, welcher Stoff genau die Bakterien getötet hatte, und andere Forscher entwickelten ein Verfahren, um diesen Stoff in größeren Mengen zu erzeugen. Nun muss man aber sehen, dass in diesem kreativen Prozess verschiedene wichtige unkreative Elemente eine Rolle gespielt haben, die gerne übersehen werden:

- ✔ **Kompetenz:** Fleming war ein Bakteriologe mit dem Ziel, Gegenmittel gegen Bakterien zu entdecken. Wäre in meiner Küche nach meinem Urlaub in einem Glasschälchen ein runder Schimmelfleck von einem Bakterienteppich umzingelt gewesen, hätte ich dieses Arrangement ohne zu zögern in den Müll geworfen. Eventuell wäre mir sogar aufgefallen, dass hier etwas Interessantes passiert ist, ich hätte aber die Bedeutung nicht verstanden und selbst falls ich es verstanden hätte, hätten mir die Mittel und Kompetenzen gefehlt, um aus diesem Aha-Erlebnis ein Medikament zu entwickeln.

- ✔ **Vorbereitung:** Dieses eher zufällige Aufeinandertreffen der zwei feindlichen Lebensformen war zwar keine gezielte Versuchsanordnung, und die Versuchsdauer ergab sich zufällig durch die Länge von Flemings Urlaub. Aber durch seine wissenschaftliche Arbeit im Labor war überhaupt erst das Umfeld geschaffen worden für dieses Aufeinandertreffen, nämlich saubere Petrischalen mit einer überschaubaren Anzahl von Bewohnern. Eine gewöhnliche Messiewohnung führt ja ebenfalls verschiedene Lebensformen zusammen, jedoch unter unkontrollierten Bedingungen.

- ✔ **Fleißige Nachbereitung:** Fleming machte sich Gedanken über seine Beobachtung und führte Experimente durch, um herauszufinden, wie der Schimmelpilz die Bakterien tötet, nämlich durch Absondern von Penicillin. Aber damit war erstmal nur das Prinzip verstanden. Weder er selbst noch andere Forscher, die seine wissenschaftliche Publikation über die Entdeckung lasen, planten zunächst die Entwicklung eines bakterienabtötenden Medikaments.

- ✔ **Weitere Kompetenzen:** Vermutlich hätte Fleming das Medikament Penicillin auch dann nicht allein entwickeln können, wenn er es gewollt hätte. In allen Disziplinen gibt es einen Unterschied zwischen Grundlagenforschung und angewandter Forschung. Ein Forscherteam in Oxford um Howard Florey und Ernst Chain zeigte 1940 im Tierversuch, dass Penicillin aggressive Bakterieninfektionen heilen kann, ohne den Patienten zu töten. Erst nach zehn Jahren erfolgten erste Tests an todkranken Patienten. Doch das Medikament konnte nach anfänglicher Verbesserung das Leben des ersten Patienten nicht retten, weil nur für fünf statt der nötigen zehn Tage Penicillin vorhanden war. Das nächste zu lösende Problem bestand also darin, Penicillin in größeren Mengen herzustellen. Das Militär unterstützte durch die Entnahme von Bodenproben an verschiedenen Orten. Die Lösung war dann zunächst eine schimmelnde Melone und später die Herstellung durch Fermentation.

- ✔ **Bedarf:** Der Zweite Weltkrieg erhöhte den Bedarf an Mitteln, die bei infizierten Wunden eingesetzt werden können, um eine Amputation oder den Tod eines verwundeten Soldaten zu verhindern. Der erste große und erfolgreiche Einsatz von Penicillin erfolgte 1943 auf den Schlachtfeldern Nordafrikas.

Ich denke, es wird klar, dass die Entwicklung des Penicillins als Medikament nur zu einem sehr kleinen Teil dem Zufall zu verdanken ist, sondern eben doch durch einen systematischen, gezielten und aufwendigen mehrjährigen Prozess entstanden ist.

Double-Diamond-Modell

Ein generischer kreativer Prozess wird durch das Double-Diamond-Modell vorgegeben, siehe Abbildung 8.2. Dieses wurde 2005 vom British Design Council als Abstraktion real existierender erfolgreicher Kreativitätsprozesse entwickelt.

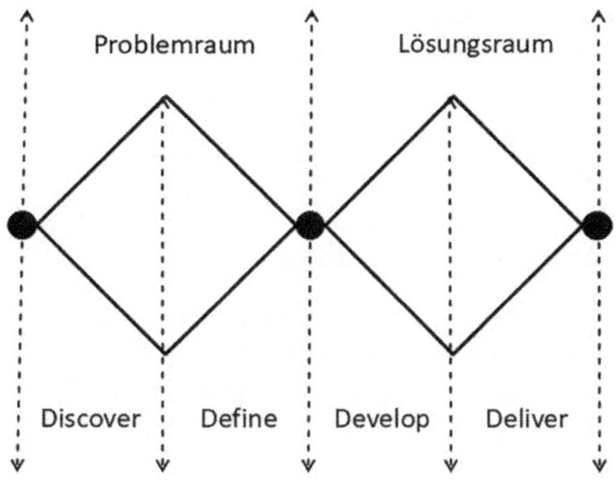

Abbildung 8.2: Double-Diamond-Modell

Hier wechseln »divergentes Denken« und »konvergentes Denken« miteinander ab. Wir hatten diese Aktivitäten bisher als »kreativ« versus »analytisch« bezeichnet, was praktisch dasselbe ist. Außerdem wird zwischen Problemraum und Lösungsraum unterschieden. Dadurch entsteht das vierphasige Modell mit den beiden Rauten, die englisch »Diamond« genannt werden.

Die Arbeit beginnt links mit einem mehr oder weniger klar definierten Problem, Herausforderung, Chance, Frage oder Hypothese. Nach der divergenten (kreativen) Discover-Phase und der konvergenten (analytischen) Define-Phase ist dann das Problem auf den Punkt gebracht. Das ist nicht trivial. Oft ist das ursprünglich formulierte Problem oder Ziel, mit dem man gestartet ist, noch nicht konkret genug, um sofort im Lösungsraum eine Lösung zu erarbeiten. Innerhalb des Problemraums sind zuvor folgende Fragen zu klären.

- ✔ Ist das formulierte Problem das eigentliche Problem oder steckt eigentlich ein anderes dahinter? Durch eine Root-Cause-Analyse werden Ursachen und Folgen des Problems betrachtet. Durch mehrfaches Fragen nach dem »Warum?«
- ✔ Ist das Problem vollständig verstanden? Zum Verständnis tragen die acht W-Fragen bei: Wer, was, wann, wo, wie, wie viel, warum und wozu?
- ✔ Wer hat hier welches Problem und was müsste sich aus seiner Sicht ändern, damit er es als gelöst ansieht?
- ✔ Wie sieht das geplante Nutzungsszenario aus?
- ✔ Welche Eigenschaften soll die Lösung haben?
- ✔ Welche Lösungen gibt es und welche wäre die beste?

Definition: Use Case beziehungsweise Nutzungsszenario

Ein Use Case (deutsch: Anwendungsfall oder Nutzungsszenario) beschreibt Schritt für Schritt die Zusammenarbeit eines Menschen mit einem System oder auch zwischen verschiedenen Systemen oder Komponenten: Eingaben,

Verarbeitungsschritte, Ausgaben. Der Use Case beginnt üblicherweise mit einem Trigger (auslösendes Ereignis) und endet damit, dass ein Mehrwert erzeugt wurde.

BEISPIEL

Nehmen wir ein Beispiel aus dem Bereich der Künstlichen Intelligenz (KI). Es passiert, dass die Verwendung von KI zu unethischen Ergebnissen führt. Aus wissenschaftlicher Neugier wollten wir in einer Masterarbeit an der Universität Heidelberg explorieren, ob es einer KI möglich ist, ethische Entscheidungen zu treffen.

Mit meinem Studenten Alexander Römelt habe ich 2019 beschlossen, dass wir dies anhand eines Chatbots untersuchen möchten. Dieser Chatbot sollte auf ethischen Entscheidungsmethoden basieren und selbst keine Situationen ethisch bewerten, sondern diese Bewertungen vom Benutzer erfragen. Wir hatten zahlreiche andere Optionen diskutiert und uns dabei für diese entschieden. Alternativ hätten wir beispielweise einen Satz an festen Regeln oder einen Entscheidungsbaum vorgeben können, die definieren, was eine ethische Handlungsweise ist. Dies ist jedoch schlichtweg nicht möglich, allein wegen der Komplexität des Themas, aber auch wegen subjektiver Einschätzungen. Beispielsweise: Ist es unethisch, einen Hasen zu essen? Es macht einen Unterschied, ob es das geliebte Haustier der eigenen Kinder ist oder ein fremder Hoppler aus der Natur, der wegen einer Hasenplage gejagt werden musste. Es macht auch einen Unterschied, ob man den Hasen tötet, um ihn zu essen, oder ob er gerade durch einen Unfall gestorben ist. Abgesehen davon hielten wir es für grundsätzlich unethisch, eine KI ethisch relevante Entscheidungen treffen zu lassen.

Darum bestand die Discover-Phase in einer umfangreichen Recherche zu Ethik, Entscheidungstheorien und KI, um verschiedene Optionen aufzulisten. In der Define-Phase haben wir nach und nach Optionen eliminiert, bis nur noch eine übrig blieb.

Die Frage, wer so einen Chatbot benutzen würde, lief auf drei Typen von Benutzergruppen hinaus:

- ✔ Menschen, die geschult sind, um Nutzwertanalysen zu erstellen und ethische Entscheidungen zu treffen. Diese würden das Prinzip des Chatbots und dessen Dialogführung schnell verstehen.
- ✔ Menschen, die mit solchen Modellen nicht vertraut sind und durch den Chatbot zielstrebig und schrittweise durch den Entscheidungsprozess gelotst werden.
- ✔ Menschen, die gerade in einer Schulung Methoden der ethischen Entscheidungsunterstützung erlernen. Der Chatbot kann also im Lernprozess in einem Seminar oder auch in einem Selbstlernkurs eingesetzt werden. Die Lernenden spielen mehrere Übungen durch, bis sie den Prozess verstanden haben und selbständig durchführen können.

Im Idealfall erzeugt man in der Define-Phase schon ein abgestimmtes Lastenheft für das geplante Ergebnis, beispielsweise für den Chatbot oder für die Sprachlern-App. Es geht also nicht nur darum, abzuklären, ob wir das Problem richtig erkannt und ausformuliert haben, sondern bereits um einen detaillierten Vorschlag für die Problemlösung im Problemraum, also technikunabhängige Anforderungen an die Lösung aus Sicht der Anwenderinnen oder anderer Interessensgruppen.

Dann folgt im Lösungsraum der zweite Diamant (oder die Raute) mit dem Ziel, im Lösungsraum eine Lösung zu erstellen. Hier wird es also technisch. Die divergente, kreative Develop-Phase entwickelt alternative technische Lösungen, die in der Deliver-Phase getestet, aussortiert und verbessert werden.

Wie schon gesagt, arbeitet man bei komplexen Produkten oft auf mehreren Abstraktionsebenen. Den Double-Diamond-Prozess kann man also auf mehreren Ebenen erneut durchführen. Tabelle 8.1 beschreibt noch etwas detaillierter die Aktivitäten und Methoden der vier Phasen.

Phase	Aktivitäten	Methoden
Discover – Entdecken	Exploration des Problemraums, um herauszufinden, worin konkret das Problem besteht, einschließlich Ursachen und Folgen	Literaturrecherche Onlinerecherche Befragung von Kunden, Anwendern, Passanten, möglichen Kunden, Händlern und so weiter Beobachten oder Messen von Anwendern bei der Benutzung Benchmarking: Vergleich mit ähnlichen Produkten
Define – Definieren	Synthese der Rechercheergebnisse zu einer Problembeschreibung	Lastenheft-Erstellung
Develop – Entwickeln	Exploration und Ausarbeiten von alternativen technischen Lösungen	Kreativitätsmethoden Anwenden von Mustern Wiederverwenden von Konzepten und Architekturen
Deliver – Umsetzen	Testen und Bewerten der technischen Lösungen	Pflichtenheft-Erstellung Prototyping und Testen Entwickeln und Verbessern des Produkts

Tabelle 8.1: Die Aktivitäten und Methoden der vier Phasen

Trennung von Problem- und Lösungsraum

Einerseits ist die Trennung von Problemraum und Lösungsraum so wichtig, dass man sie nicht genug betonen kann. Sie müssen jederzeit wissen, in welchem Raum Sie gerade arbeiten. Im Problemraum dürfen keine technischen Festlegungen getroffen werden, maximal technische Lösungen für später vorgeschlagen und notiert. Im Problemraum müssen aber die Entscheidungen getroffen werden, die dort möglich sind, statt sich herauszureden mit »Lassen wir die Technik mal machen und warten ab, was die liefern.«

In Problem- und Lösungsraum tragen unterschiedliche Personen kreative Ideen bei oder bewerten sie, weil sie unterschiedliche Kompetenzen benötigen. Im Problemraum arbeiten vor allem Betroffene, Anwenderinnen und Experten des Problemraums mit, beispielsweise das Marketing bei der Entwicklung eines neuen Produkts, Hausärzte bei der Spezifikation einer Software für Arztpraxen und so weiter. Im Lösungsraum sind die Ingenieure, Software Engineers, Qualitätssicherung, Produktion und andere technische Experten gefragt.

Andererseits lassen sich beide Räume nicht vollständig trennen. Auch bei der Analyse beziehungsweise Define-Phase im Problemraum spielen natürlich Machbarkeitsüberlegungen und Kostenschätzungen eine Rolle, und um die Machbarkeit einer Funktionalität zu bewerten, muss man sich im Lösungsraum schon Gedanken zu einer möglichen Lösung machen.

Dieser Widerspruch ist allgemein bekannt, im Double-Diamond-Modell aber nicht grafisch dargestellt. Es ist aber klar, dass man durchaus gedanklich ein wenig hin und her springt zwischen den beiden Sichten. Ausdrücklich dargestellt wird dies im Twin-Peaks-Modell, das nun folgt.

Twin-Peaks-Modell

Das Twin-Peaks-Modell hat seinen Namen von den Zwillingsbergen in seiner grafischen Darstellung wie in Abbildung 8.3. Bashar Nuseibeh veröffentlichte 2001 dieses Modell und gab ihm seinen Namen. Die Grundidee besteht darin, dass sich die Diskussion im Problemraum und die im Lösungsraum nicht voneinander trennen lassen. Entscheidungen im Lösungsraum schränken die wählbaren Möglichkeiten im Problemraum ein, weswegen es aus praktischer Sicht nicht funktioniert, zuerst vollständig technikunabhängig und frei die

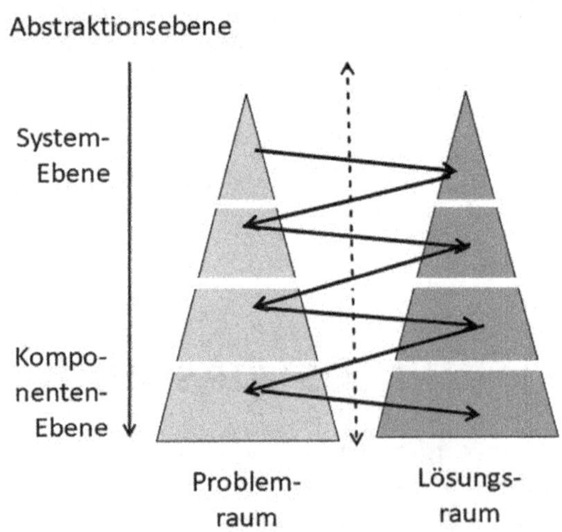

Abbildung 8.3: Twin-Peaks-Modell

Anforderungen auszudetaillieren, die dann eventuell so nicht umsetzbar sind. Stattdessen beginnt man den Entwurfsprozess mit groben Anforderungen und entwickelt daraus eine grobe technische Architektur. Anschließend kann man die Anforderungen im Problemraum verfeinern, danach die technische Lösung im Lösungsraum und so weiter. Man springt also zwischen Problem- und Lösungsraum iterativ abwechselnd hin und her.

Auf wie vielen Ebenen man dies tun muss, hängt von der Komplexität des zu entwickelnden Produkts ab und auch davon, wie innovativ es ist: Je komplexer und je innovativer, umso mehr Iterationen und Ebenen sind nötig.

Dieses Modell scheint dem Double-Diamond-Modell zu widersprechen, das Problem- und Lösungsraum strikt voneinander trennt. Tatsächlich lassen beide sich jedoch gut kombinieren, indem man das Double-Diamond-Modell auf jeder der Twin-Peaks-Ebenen erneut durchführt. Abbildung 8.4 zeigt dies grafisch. Sie arbeiten sich von links oben immer an der Zickzack-Linie entlang nach unten, von der Systemebene bis zu den Details.

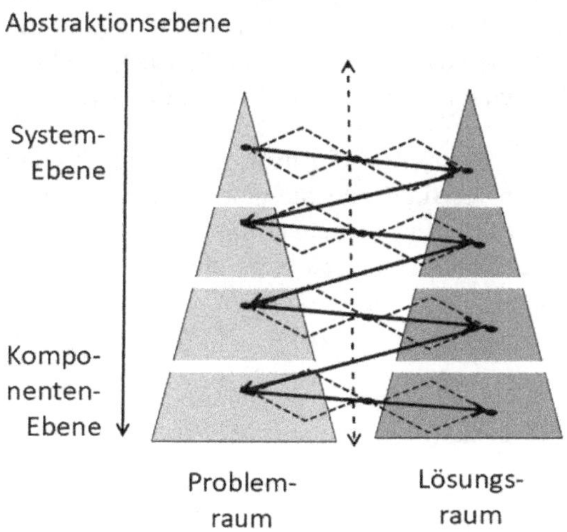

Abbildung 8.4: Twin Peaks mit Double Diamond auf jeder Abstraktionsebene

Design Thinking

Design Thinking ist ein siebenphasiges Vorgehensmodell, das einen kreativen Prozess strukturiert und innerhalb dessen jegliche Kreativitäts- und Designmethode ausgeführt werden kann. Es bietet also einen Rahmenprozess für die Durchführung eines kreativen Projektes. Die sieben Phasen lauten:

1. **Verstehen:** Hier werden das Problem, sein Umfeld, die Interessensgruppen und deren Wünsche ermittelt und konkretisiert. Verschiedene Interview- und Workshopformate und Darstellungsformen für die Ist- und Soll-Analyse kommen hier zum Einsatz.

2. **Beobachten:** Anschließend oder parallel dazu werden Menschen im Alltag beobachtet, die Benutzung eines Produkts, Dokumente und Statistiken gesammelt und analysiert. Dies liefert weitere und andere Informationen über Ist und Soll als die Befragung.

3. **Standpunkt definieren:** Aus den Ergebnissen der ersten beiden Phasen wird durch Konsolidieren und Priorisieren ein Ziel und/oder eine Vision entwickelt und formuliert.

4. **Ideen finden:** Nach den ersten drei analytischen Phasen folgt nun die kreative Phase, in der nicht nur möglichst viele Ideen erzeugt werden, sondern diese auch priorisiert werden. Außer der Anwendung von Kreativitätsmethoden kann hierzu auch eine Inkubationsphase gehören, in der man bewusst das Thema ruhen und dem Gehirn Zeit lässt, unterbewusst weiterzuarbeiten.

5. **Prototyp:** Ein oder auch mehrere Prototypen werden entwickelt. Das können physische, grafische oder simulierte sein, je nach Machbarkeit und Bedarf.

6. **Testen:** Die Prototypen werden durch die echte Zielgruppe getestet und bewertet.

7. **Reflektieren:** Die bisher erzielten Ergebnisse werden bewertet und über das weitere Vorgehen entschieden. Dies muss nicht die Entscheidung sein, das entworfene Produkt sofort zu bauen und auszuliefern. Auch hier sind Iterationen möglich und üblich. Man geht also zu einer früheren Phase zurück, beispielsweise der kreativen Phase 4 und behebt aufgetretene Probleme, um den Prototypen zu verbessern und erneut zu testen.

Wenn man systematisch die von verschiedenen Autoren und Autorinnen empfohlenen kreativen Prozesse miteinander vergleicht, sehen letztlich alle dieselbe Reihenfolge vor, wobei einzelne Phasen zusammengefasst oder weiter unterteilt sein können. Die ersten beiden Phasen des Design-Thinking-Prozesses entsprechen der Discover-Phase des Double Diamond, Phase 3 = Define, Phase 4 + 5 = Develop, Phase 6 + 7 = Deliver.

M. Lewrick, P. Link und L. Leifer: Das Design Thinking Playbook: Mit traditionellen, aktuellen und zukünftigen Erfolgsfaktoren. Vahlen, 2017.

Ein ausführlicher Beispiel-Projektplan

Nun haben Sie verschiedene Prinzipien kennen gelernt, die beim Erstellen eines Projektplans zu beachten sind, außerdem die beiden einander widersprechenden und ergänzenden Modelle des Double Diamond und der Twin Peaks. Wie bekommen Sie das nun in einen anständigen Projektplan integriert? Das klingt wie die Quadratur des Kreises.

Machen wir darum ein Beispiel: Es soll eine Online-Lernplattform mit interaktiven Sprachkursen in verschiedenen Sprachen entwickelt werden. Die aus dem Marketing stammende Grundidee, basierend auf einer Marktrecherche und durch die Geschäftsleitung begeistert begrüßt und durch ein entsprechendes Budget unterstützt, ist diese: Die Benutzeroberfläche soll besonders einfach zu bedienen sein, interaktive Übungen, personalisierte Lernpfade und Gamification zur Motivation enthalten. (**Gamification** bedeutet, dass das Lernen zu einem Spiel gemacht wird.)

Da es sich um eine enorme Investition handelt, die nicht schiefgehen darf, soll besonders systematisch vorgegangen werden. Es sollen sowohl die vier Phasen des Double-Diamond-Modells als auch das Twin-Peaks-Modell als auch die oben genannten Prinzipien umgesetzt werden. Wir entscheiden, dass das Twin-Peaks-Modell mit drei Abstraktionsebenen umgesetzt wird: Systemebene, Szenarioebene und Detailebene. Die ersten beiden gehören zum Problemraum, die Detailebene zum Lösungsraum. Durch Multiplikation von vier Phasen mal drei Ebenen kommen wir auf zwölf Arbeitspakete, die hintereinander durchzuführen sind, nämlich der komplette Double-Diamond-Prozess auf allen drei Abstraktionsebenen. Die Durchführung in dieser Reihenfolge ist natürlich nur ein grobes Muster. Tatsächlich lässt sich auf Aufgabenebene durchaus parallelisieren, beispielsweise können die ersten Aufgaben von Arbeitspaket 12 schon ausgeführt werden, bevor die letzte Aufgabe aus Arbeitspaket 11 abgeschlossen ist. Es können auch jederzeit Iterationen (also Wiederholungen) auftreten, wenn eine spätere Phase Fehler in einer früheren Phase entdeckt. Diese werden dann natürlich behoben. Bei ordentlicher Arbeitsweise sollte das keinen großen Aufwand und keine große Verzögerung verursachen.

Tabelle 8.2 stellt die zwölf Arbeitspakete inklusive deren Aktivitäten, Ergebnissen und geschätztem Aufwand sowie Dauer dar.

Arbeitspaket	Aktivitäten	Ergebnisse	Aufwand und Dauer
1 Discover auf Systemebene	Kick-Off-Meeting Umfragen, Interviews und Workshops zur Ermittlung von Problemen, Wünschen und Bedürfnissen Kreativworkshops mit interdisziplinären Teams Analyse bestehender Sprachlern-Apps Zusammenfassen der Ergebnisse aus Umfragen und und so weiter Definition des Kernproblems, das gelöst werden soll Skizzierung erster Ideen und Konzepte auf Systemebene	Projektziele Liste der Interessensgruppen Personas und Nutzungsszenarien Kernproblem Ideen und Konzepte	Dreißig Tage, auf zwei Monate verteilt
2 Define auf Systemebene	Bewertung der Ideen anhand von Kriterien wie Machbarkeit, Innovationsgrad und Wert für die Nutzer Auswahl der besten Ideen zur weiteren Verfolgung Erstellen von Low-Fidelity-Prototypen Iterative Verfeinerung der Personas, Nutzungsszenarien und Prototypen	Liste von Ideen zur Lösung des identifizierten Kernproblems und Auswahl Low-Fidelity-Prototypen	Zehn Tage in drei Wochen

Arbeitspaket	Aktivitäten	Ergebnisse	Aufwand und Dauer
3 Develop auf Systemebene	Recherche zu Technologien Anwenden von Architekturmustern	Grobe Architektur mehrerer technischer Lösungen	Vier Tage in zwei Wochen
4 Deliver auf Systemebene	Bewerten der alternativen Architekturen hinsichtlich Machbarkeit, Kosten, Sicherheit und Unterstützen der Nutzungsszenarien	Grobe Architektur der technischen Lösung (Komponenten und Schnittstellen)	Vier Tage in einer Woche
5 Discover auf Szenarioebene	Detaillierte Ausarbeitung der funktionalen und nicht-funktionalen Anforderungen	Nutzungsszenarien als Aktivitätsdiagramme Abnahmetestfälle und -kriterien Offene Fragen	Zwanzig Tage in einem Monat
6 Define auf Szenarioebene	Klären der offenen Fragen	Finalisierte und priorisierte Nutzungsszenarien und Abnahmetestfälle und -kriterien	Fünf Tage in einer Woche
7 Develop auf Szenarioebene	Systementwurf	Modelle der Schnittstellen zwischen den Komponenten als Sequenzdiagramme Offene Fragen	Zehn Tage in drei Wochen
8 Deliver auf Szenarioebene	Klären der offenen Fragen	Finalisierte Sequenzdiagramme	Fünf Tage in einer Woche
9 Discover auf Detailebene	Entwickeln von High-Fidelity-Prototypen	High-Fidelity-Prototypen (als Pflichtenheft)	Zwanzig Tage in einem Monat
10 Define auf Detailebene	Verbessern der Prototypen durch Usability-Experten Durchführen von Usability-Tests mit echten Nutzern Iterative Anpassungen basierend auf dem Feedback	Finalisierte High-Fidelity-Prototypen	Fünfzehn Tage in zwei Monaten
11 Develop auf Detailebene	Programmierung der Lernplattform	Funktionsfähige Lernplattform	HundertTage in drei Monaten
12 Deliver auf Detailebene	Testen auf Komponentenebene und Systemebene Abnahmetests Verbesserung der Lernplattform Rollout	Abgenommene Lernplattform in Betrieb	Dreißig Tage in einem Monat

Tabelle 8.2: Die zwölf Phasen eines kreativen Projektes auf drei Abstraktionsebenen

Ich habe oben nicht ausdrücklich diskutiert, wie der Projektplan die Prinzipien umsetzt:

- ✔ Trichtermodell
- ✔ Wechsel zwischen rechter und linker Gehirnhälfte
- ✔ Trennung von Problem- und Lösungsraum
- ✔ Arbeiten auf mehreren Ebenen
- ✔ Ingenieurmäßige Problemlösung
- ✔ Iterationen von Bauen, Testen und Lernen

Sehen Sie sich den Projektplan in Tabelle 8.2 genauer an: Wie wird jedes dieser Prinzipien konkret berücksichtigt?

Ein einfacher Beispiel-Projektplan

Jetzt habe ich Sie wahrscheinlich erschreckt? Nicht jedes Projekt ist ein Millionenprojekt. Darum schlage ich Ihnen hier alternativ einen leichtgewichtigeren Plan für ein ganz ähnliches Projekt vor. Auch hier soll eine Onlineplattform für das Sprachenlernen entwickelt werden. Als Grundlage wird jedoch eine Standardsoftware verwendet. Das heißt, es geht vor allem darum, diese Standardsoftware an die geplanten Abläufe anzupassen und hochwertige Inhalte zu erstellen. Hier ist dieses Vorgehen auf drei Abstraktionsebenen unnötig. Zwei genügen auch.

Der Projektplan in Tabelle 8.3 stellt also eine vereinfachte Variante des vorherigen dar. Insbesondere investieren wir weniger Aufwand in die Arbeit im Problemraum, weil durch die Standardsoftware ohnehin Look & Feel, Usability, Abläufe, Stabilität, Datenschutz und Sicherheit im Wesentlichen schon festgelegt sind. Darum entfällt die Szenarioebene beziehungsweise die Szenarien werden auf Systemebene mit behandelt. Da es möglich ist, diese Software »out of the box« zu installieren und innerhalb kurzer Zeit zum Laufen zu bringen, verwenden wir die Software statt grafischer Prototypen und arbeiten somit vermehrt im Lösungsraum mit der halbfertigen Lösung. Der Beitrag des Problemraums (und der zugehörigen Interessensgruppen) liegt also vor allem in der Priorisierung von Anforderungen.

BEISPIEL

Um den richtigen Arbeitsprozess gibt es regelrechte Glaubenskriege. Soll man streng nach Wasserfall oder iterativ vorgehen? Ein Kollege von mir weigerte sich, mit der Softwareentwicklung zu beginnen, bevor der Kunde im Detail seine Anforderungen im Problemraum festgelegt hatte. Damit schob er die Verantwortung komplett auf den Kunden ab, was seine Vorteile haben kann. Die Stimmung im Projekt war aber nicht gut. Kunden sind grundsätzlich überfordert damit, detaillierte Anforderungen abzuliefern.

Arbeitspaket	Aktivitäten	Ergebnisse	Aufwand und Dauer
1 Discover auf Systemebene	Kick-Off-Meeting Umfragen, Interviews und Workshops zur Ermittlung von Problemen, Wünschen und Bedürfnissen Kreativworkshops mit interdisziplinären Teams Analyse bestehender Sprachlern-Apps Zusammenfassen der Ergebnisse aus Umfragen und so weiter Definition des Kernproblems, das gelöst werden soll Skizzierung erster Ideen und Konzepte auf Systemebene	Projektziele Liste der Interessensgruppen Personas und Nutzungsszenarien Kernproblem Ideen und Konzepte	Dreißig Tage, auf zwei Monate verteilt
2 Define auf Systemebene	Bewertung der Ideen anhand von Kriterien wie Machbarkeit, Innovationsgrad und Wert für die Nutzer Auswahl der besten Ideen zur weiteren Verfolgung Iterative Verfeinerung der Personas und Nutzungsszenarien	Liste von Ideen zur Lösung des identifizierten Kernproblems und Auswahl	Fünf Tage in zwei Wochen
3 Develop auf Systemebene	Erstellen eines Prototypen, der die Nutzungsszenarien so weit möglich unterstützt	Prototyp auf der Grundlage der Standardsoftware Offene Fragen, insbesondere zu alternativen Umsetzungsmöglichkeiten eines Nutzungsszenarios	Zwanzig Tage in vier Wochen
4 Deliver auf Systemebene	Bewerten der alternativen Umsetzungsmöglichkeiten hinsichtlich Machbarkeit, Kosten, Sicherheit und Unterstützen der Nutzungsszenarien Entscheidung und Umsetzen der Nutzungsszenarien	Prototyp	Fünf Tage in einer Woche
5 Discover auf Detailebene	Durchführen von Usability-Tests mit echten Nutzern Kreativitätsmethoden	Lücken in der Umsetzung Kreative Ideen für Verbesserungen	Zehn Tage in zwei Wochen

Arbeitspaket	Aktivitäten	Ergebnisse	Aufwand und Dauer
6 Define auf Detailebene	Auswahl der besten Ideen für die Verbesserung Analyse des Prototypen durch Usability-Experten	Liste von Verbesserungsmöglichkeiten	Drei Tage in einer Woche
7 Develop auf DetaileEbene	Verbessern des Prototypen auf der Grundlage des Feedbacks	Verbesserter Prototyp	Fünfzehn Tage in drei Wochen
8 Deliver auf Detailebene	Abnahmetests Verbessern der Lernplattform Rollout	Abgenommene Lernplattform in Betrieb	Dreißig Tage in einem Monat

Tabelle 8.3: Die acht Phasen eines kreativen Projektes auf zwei Abstraktionsebenen

Mein Ansatz war eher eine Art Twin-Peaks-Vorgehen. Die Kunden sollten sich erstmal auf grober Ebene darauf festlegen, was sie denn mit der Software machen wollen. Beispielsweise wollte die Marketingabteilung Rundmails versenden an Kunden, die sie nach bestimmten Kriterien auswählen konnten, wie zum Beispiel Neukunde versus Stammkunde oder nach Postleitzahl.

Wir machten uns dann daran, in der Standardsoftware herauszufinden, wie man diese Funktionalitäten umsetzen kann, präsentierten die alternativen Möglichkeiten, diskutierten die Vor- und Nachteile und trafen die Entscheidung gemeinsam. Dabei machte es dann auch nichts, wenn die Diskussion und Umsetzung von manchen Funktionalitäten schneller voran ging als die von anderen. Hauptsache, es ging voran und alle waren produktiv beschäftigt. Effizient waren wir auch. Wir mussten nur selten irgendetwas wegwerfen, weil der Kunde sagte: »Das hatte ich mir anders vorgestellt.«

Vor allem entstand durch die regelmäßige Kommunikation und das Präsentieren von Zwischenergebnissen eine kooperative Stimmung, im Gegensatz zu dem Projekt, in dem man auf dem strikt sequenziellen Vorgehen beharrte, in dem sich erst der Kunde im Problemraum festlegen muss, bevor etwas vorangehen konnte. Juristisch gesehen war mein Kollege natürlich sicherer dran, denn wenn unser Kunde sich etwas anders überlegte, mussten wir das leider auch umbauen, mangels abgenommener Anforderungen, auf die wir uns berufen konnten. Zum Glück wurde dies nicht überstrapaziert, hätte aber passieren können.

Bei der Planung Ihres kreativen Projektes sollten Sie folgende Prinzipien beachten:

- ✔ Trichter-Modell
- ✔ Wechsel zwischen rechter und linker Gehirnhälfte
- ✔ Trennung von Problem- und Lösungsraum

- ✔ Arbeiten auf mehreren Ebenen
- ✔ Ingenieurmäßige Problemlösung
- ✔ Iterationen von Bauen, Testen und Lernen

Außerdem können folgende Modelle als Rahmen gelten:

- ✔ V-Modell,
- ✔ Double Diamond,
- ✔ Twin Peaks und
- ✔ Design Thinking.

In diesem Kapitel finden Sie zwei Beispiel-Projektpläne – der eine mit zwölf Phasen, der andere mit nur acht.

IN DIESEM KAPITEL ...

Warum ein Team für das kreative Projekt verschiedene Kompetenzen benötigt

Überblick über die benötigten Kompetenzen

Open-Innovation-Ansätze

Werkzeuge (etwa KI)

Kapitel 9
Das Team

Im Penicillinbeispiel konnten wir schon sehen, dass mehr als eine einzige Person nötig war, um dieses wichtige Medikament zu entwickeln:

- ✔ Der Bakteriologe findet heraus, welcher Wirkstoff die Bakterien töten kann.
- ✔ Ein Forscher entwickelt mögliche Medikamente aus dem Wirkstoff.
- ✔ Weitere Forscher testen das Medikament an Tieren sowie Menschen.
- ✔ Ein Unternehmen produziert im großen Umfang dieses Medikament.
- ✔ Ärzte verwenden das Medikament.

Das Team benötigt verschiedene Kompetenzen

Bei jedem anderen nichttrivialen Produkt oder auch Dienstleistung oder Projekten wie der Mondlandung sieht es entsprechend aus. Man benötigt immer verschiedenste Kompetenzen aus Grundlagenforschung, anwendungsorientierter Entwicklung, Anwendungsbereich, Produktion, Marketing, Management. Da wir uns im eigenen Wissensbereich im Detail auskennen und in den anderen Bereichen nur oberflächlich, neigen wir dazu, unseren Wissensbereich für den wichtigsten zu halten, der Rest ist trivial. Aber tatsächlich ist jeder der nötigen Wissensbereiche ungefähr gleich schwierig, und darum sollte das kreative Team auch Experten aus jedem nötigen Bereich umfassen. Bei welchen Aktivitäten und Besprechungen sie benötigt werden und wie viel Zeit sie beitragen müssen, kann sich unterscheiden. Auch die Frage, ob sie selbst etwas entwickeln oder nur ein bereits erstelltes Konzept begutachten, kommentieren oder genehmigen, wird sich finden.

Dies ist ein weiterer Grund, warum Sie einen Projektplan für Ihr kreatives Projekt benötigen: Jedes Teammitglied sollte einplanen können, wann er oder sie für wie lange und für welche Aktivitäten benötigt wird.

Die benötigten Kompetenzen

Welche Fähigkeiten muss das Team insgesamt vereinen? Sie benötigen folgende Zutaten:

- ✔ **Motivation:** Mindestens eine Person muss das Projekt durch ihre eigene Motivation antreiben und die anderen motivieren. Das kann der Projektleiter sein, aber im Prinzip kann jedes Teammitglied diese Rolle übernehmen, die in der Literatur auch Projekt-Champion genannt wird.
- ✔ **Domänenwissen:** Wissen über den Anwendungsbereich, die sogenannte Anwendungsdomäne. Wenn Sie beispielsweise ein medizinisches Gerät für den mobilen Einsatz im Urwald entwickeln, sollte sich jemand im Team mit den Einsatzbedingungen im Urwald auskennen. Dies könnte ein zukünftiger Anwender sein oder ein Experte. Alle der zukünftigen Benutzergruppen sollten im Team direkt beteiligt werden, soweit das möglich ist.
- ✔ **Technisches Wissen, Produktwissen, Prozesswissen:** Hier sind Sie als Ingenieurin oder Software Engineer gefragt. Bei komplexen Produkten kommen mehrere Technologien zum Einsatz, und darum sind dann auch interdisziplinär mehrere Technikexpertinnen nötig, die sowohl theoretisches Wissen als auch praktische Erfahrung mitbringen. Bei strategisch wichtigen Innovationen werden auch das Management, die Rechtsabteilung und das Patentmanagement, das Wissensmanagement, das Produktmanagement, die Beschaffung, die Produktion, die Qualitätssicherung und/oder der Vertrieb am Innovationsprozess beteiligt.
- ✔ **Moderation:** Jemand, der den Arbeitsprozess einschließlich der Kreativitätsmethoden anleiten kann. Dazu muss er oder sie die verwendeten Methoden gut kennen. Am besten auch proaktiv den kreativen Prozess planen und antreiben.

In einem eingespielten Team haben sich alle durch die jahrelange Zusammenarbeit einander angenähert und sind alle gleichermaßen motiviert sowie kompetent bezüglich des Anwendungsbereichs, der Technik und des Vorgehens, plus ihrer jeweiligen Spezialisierung. Aber wenn Sie ein Team neu zusammenstellen, müssen Sie darauf achten, dass jeder dieser Wissensbereiche durch mindestens eine Person vertreten wird.

Open Innovation

Ein wichtiger Begriff im Zusammenhang mit Kreativität ist »Open Innovation«. Bei der »Closed Innovation« werden am Kreativitäts- und Innovationsprozess nur firmeninterne Personen beteiligt. Der Grund dafür liegt in der Geheimhaltung. Allein schon die

Information, dass an einem bestimmten Thema gearbeitet, eine bestimmte Innovation geplant oder das Produkt sich in eine bestimmte Richtung entwickeln soll, kann eine vertrauliche Information sein. Grundsätzliche strategische Visionen oder Ziele wie »Unsere Produkte sollen zukünftig umweltfreundlicher werden« veröffentlichen Firmen gerne, um ihr Image zu pflegen und die Konkurrenz unter Druck zu setzen. Aber je detaillierter der Plan, umso vertraulicher, beispielsweise der patentierungswürdige technische Bauplan. Da steht natürlich »streng vertraulich« quer darüber. Darin steckt umfangreiche, oft jahrelange Entwicklungsarbeit, die nun in Umsatz und Gewinn umgewandelt werden soll.

Wozu Open Innovation?

Allerdings bringt die Closed Innovation die Gefahr mit sich, dass nicht alle im vorigen Abschnitt genannten Kompetenzen und Perspektiven vertreten sind, insbesondere die der späteren Benutzer, aber auch Lieferanten und anderer Geschäftspartner. Darum hat es sich bewährt, in gut ausgewählten Fällen Open-Innovation-Projekte durchzuführen, bei denen firmenexterne Personen einbezogen werden, um ihre Ideen beizutragen. Auch hier besteht der Prozess aus einem Wechsel von analytischen und kreativen Tätigkeiten. Die Externen können in beiden Arten von Tätigkeiten einbezogen werden, sowohl im Problemraum als auch im Lösungsraum. Nur ein paar Beispiele:

- ✔ Befragung der Benutzer/innen durch Onlinefragebögen zur Ermittlung von Problemen und Verbesserungspotenzialen eines Produkts,
- ✔ Erzeugen von Ideen durch Gruppenworkshops, Einzelbefragungen oder Onlinefragebögen,
- ✔ Bewerten von Ideen und Prototypen durch Präsentationen und Feedbackbögen, Benutzerfreundlichkeitstests und Pilotnutzungen.

Ziel, Umfang, Zielgruppen, Kommunikationswege, Termine, Prioritäten und die jeweils zu beantwortenden Fragen müssen vom Unternehmen selbst vorgegeben werden.

Crowdsourcing

Manchmal spricht man auch von Crowdsourcing oder CrowdRE (RE = Requirements Engineering) als einem Element des Open-Innovation-Prozesses. Das englische Wort »Crowd« (Menschenmenge) steht nicht nur für eine große Anzahl von Menschen, sondern in diesem Zusammenhang auch für die Verwendung von modernen Kommunikationstechnologien wie Internet, Videokonferenz, Onlinefragebögen und dergleichen. Üblicherweise sind die Mitglieder der Crowd Menschen mit möglichst vielfältigem Hintergrund, physisch verteilt und die man vorher nicht kannte. Es handelt sich also nicht um eine Befragung von bekannten Kunden, sondern um die Einbeziehung neuer Kooperationspartner. Hintergrund ist unter anderem die wissenschaftlich belegte Erfahrung, dass eine Gruppe immer bessere Ergebnisse erzielt als einzelne oder wenige Personen. Man denke nur an den Publikumsjoker bei Spielshows. Auch wenn jede einzelne Person im Publikum sich unsicher ist, ermittelt die Abstimmung im Schnitt fast immer die richtige Lösung. Da jede Person andere Erfahrungen hat, erzielt man sehr vielfältige Ideen, wenn man einer »Crowd« eine kreative

Aufgabe stellt. Ideenwettbewerbe sind nicht die einzige Möglichkeit, die Crowd als Ressource zu nutzen, sondern die Crowd kann auch Ideen oder Probleme priorisieren oder Prototypen bewerten.

Bei **CrowdRE** handelt es sich um eine Unterform des Crowdsourcing, wo es speziell darum geht, halbautomatisiert die Anforderungen der Crowd an ein Produkt zu ermitteln, meistens auf der Grundlage ohnehin vorhandenen Datenmaterials wie Benutzerfragen oder Benutzerfeedback zu einem existierenden Produkt, Beiträge in Social Media oder Daten wie Logdateien aus der tatsächlichen Nutzung einer Software. Text-Mining-Technologien sind dafür nötig, um das umfangreiche Material automatisch oder halbautomatisiert zu analysieren und konkrete Anforderungen daraus zu extrahieren.

Co-Creation bezieht sich auf die gemeinsame Durchführung der kreativen Tätigkeiten im Rahmen von Open Innovation, wo man mit externen Personen gemeinsam Ideen erzeugt und weiterentwickelt.

Lead User

Während man bei der Crowd auf Menge und Vielfalt setzt, um die beste Lösung zu finden, konzentriert man sich manchmal stattdessen auf die Lead User. Das sind wenige, gut ausgewählte Kunden oder Anwenderinnen, die besonders motiviert sind, sich in der Entwicklung neuer Produkte, Dienstleistungen oder Ähnlichem zu engagieren, weil sie ein besonders drängendes oder spezifisches Problem oder einen Bedarf haben, besonders kompetent oder fortschrittlich sind oder gerne Neues ausprobieren. Die Lead User können Sie unter Ihren Bestandskunden auswählen, aber auch Trendsetter oder Influencer kämen infrage sowie Zwischenhändler.

Open Source und Open Data

Auch Open Source und Open Data kann man als Spezialfälle der Open Innovation sehen, wo entweder Softwarecode oder Daten, manchmal auch Baupläne oder andere Unterlagen der Öffentlichkeit zur freien Verwendung bereitgestellt werden. Gerade in der Informatik hat die Open-Source-Lizenz eine lange Tradition, sie ist fast so alt wie das Internet selbst. Zahllose Programmierer auf der ganzen Welt arbeiten kostenlos und hochengagiert an Open-Source-Projekten, um richtig gute Software zu entwickeln und anderen bereitzustellen. Gemeinsam erreichen sie so mehr als jeder alleine und sorgen damit dafür, dass jeder die Vorteile der Digitalisierung mit Hilfe von hochwertiger und transparenter Software nutzen kann.

Diese Vielzahl an Begriffen zeigt schon an, wie beliebt und vielversprechend diese Ansätze sich entwickelt haben. Gerade durch die Digitalisierung der Bevölkerung und das Internet kann heutzutage ein großer Teil der Zielgruppe in die kreativen Prozesse einbezogen werden. Natürlich kann die Normalbürgerin nur für solche Themen herangezogen werden, in denen sie kompetent ist. Aber Open Innovation funktioniert auch dort, wo Spezialwissen erforderlich ist. Beispielsweise kann man bei der Auswahl der Beteiligten eine bestimmte Qualifikation voraussetzen, insbesondere bei bezahlter Teilnahme, oder selbst für hochkomplexe Aufgaben wie die Lösung eines chemischen Problems eine Ausschreibung machen, an der sich dann logischerweise nur Laborinhaber beteiligen können.

Einsatz von Werkzeugen wie Künstlicher Intelligenz

Als im November 2022 der Chatbot namens chatGPT der Öffentlichkeit vorgestellt wurde, begann ein neues Zeitalter für die Nutzung von Künstlicher Intelligenz (KI) in allen möglichen Bereichen, auch in der Kreativität. Ich persönlich nutze chatGPT vor allem als Kreativitätsmaschine.

ChatGPT – ein Beispiel für einen vortrainierten Chatbot

Das GPT im Namen steht für »generative pre-trained transformer«. Ein »Transformer« ist eine spezielle Art von neuronalem Netz. Wichtig sind für uns aber eher die anderen beiden Buchstaben.

Dieser Chatbot ist generativ, kann also neue Texte erzeugen, statt nur aus einer begrenzten Anzahl von vorgefertigten Antworten die wahrscheinlich passendste auszuwählen, wie das bei nicht-intelligenten Chatbots üblich ist. Und er ist vortrainert (pre-trained) mit sehr umfangreichem Material. Das heißt, wenn er Texte erzeugt, dann kann er auf einen großen Fundus an Wörtern und Sätzen zugreifen und diese zu sinnvollen Texten kombinieren.

Dies betrifft sehr viele Wissensbereiche, eben auch technische. ChatGPT kann für uns neue Ideen erzeugen, aber auch Ideen bewerten. Das Bewerten würde ich im technischen Bereich immer noch den menschlichen Experten überlassen, aber chatGPT kann einen ersten Entwurf einer Bewertung generieren, den die Experten dann prüfen und ergänzen. Man kann dabei »Text« sehr weit interpretieren. Dazu gehören auch HTML-Dokumente, JavaScript und viele andere Programmiersprachen. Auch Tabellen und grobe Strichgrafiken gehören dazu, beispielsweise Mockups für Benutzeroberflächen von Software.

Inzwischen gibt es noch zahlreiche weitere intelligente Chatbots, aber auch Künstliche Intelligenzen, die ansprechende Grafiken erzeugen wie der Copilot Designer.

KI und Urheberrecht

Problematisch für den professionellen Einsatz sind allerdings die Themen Vertraulichkeit und Urheberrecht. Sie können nicht ohne Weiteres vertrauliche Daten Ihres Unternehmens in einen öffentlich zugänglichen Chatbot einfüttern, denn dieser lernt weiter und übernimmt Ihre Informationen in seinen Fundus. Wenn Sie also beispielsweise eingeben »Die Schraube XC17 der Firma König bricht ab einer Belastung von 10 Newton. Was können wir dagegen tun?« und später fragt ein potenzieller Kunde »Wann bricht die Schraube XC17 der Firma König?«, bekommt er (vielleicht) die korrekte Antwort. Das ist ein simples Beispiel, aber Sie verstehen sicher das Problem.

Das Thema Urheberrecht ist auch generell noch nicht geklärt. Wenn ein Textbot oder ein Bilderzeugungsprogramm für Sie etwas Neues erzeugt, ist dieses nicht wirklich neu, sondern zusammengesetzt aus dem Trainingsmaterial, das wiederum urheberrechtlich geschützt ist. Die Ähnlichkeit mit dem Original kann hoch ausfallen, sodass die Autorin des

Originals Sie auf Urheberrechtsverletzung verklagen könnte. Darum ist manchmal laut Nutzungsbedingungen die kommerzielle Nutzung des KI-Outputs untersagt oder es wird zumindest davon abgeraten.

Bei Texten löse ich das Problem so, dass ich entweder chatGPT als Urheber angebe und den Text als Zitat markiere, oder die Formulierungen nachträglich gründlich überarbeite. Bei Grafiken kann man die Gesamtkomposition, Farbgebung und so weiter übernehmen und nach diesem Vorbild eine eigene Grafik neu erstellen. Das ist rechtlich gesehen sicherer. Grundsätzlich sind nur Texte und Bilder als solche urheberrechtlich geschützt, nicht die dahinterliegende Idee.

Genauso ist es auch mit technischen Geräten. Patentrechtlich geschützt ist nur die Maschine, deren Bauplan oder deren technische Umsetzung selbst, nicht ihre grundlegende Idee.

Falls Sie noch kein Konto bei einer generativen KI wie chatGPT haben, dann wird es jetzt Zeit, eines einzurichten. Sie können für diese und die folgenden Übungen auch jeden anderen Chatbot verwenden.

- Verwenden Sie zur Einrichtung besser ein privates, anonymes E-Mail-Konto und nicht Ihre Firmen-Mailadresse. So können Ihre Eingaben nicht direkt mit Ihrem Arbeitgeber in Verbindung gebracht werden.

- Lassen Sie chatGPT eine Lösung oder mehrere Lösungen für Ihr Problem erzeugen. Versuchen Sie es mit folgendem Prompt:

  »Finde eine Lösung für das Problem, das durch den folgenden Projektsteckbrief beschrieben wird: [Und hier nun der Projektsteckbrief].«

- Falls Ihr Beispielproblem zu vertraulich ist, nehmen Sie stattdessen den Projektsteckbrief für das Apollo 13 Projekt. Als ich es versuchte, erkannte chatGPT sofort, um welches historische Ereignis es sich handelt, obwohl ich den Namen nicht nannte. ChatGPT schreibt: »Ein ähnliches Szenario ereignete sich bei der Apollo 13 Mission im Jahr 1970, als ein runder CO2-Filter für ein viereckiges System adaptiert werden musste, um das Leben der Astronauten zu retten.« Anschließend wird die damals tatsächlich erstellte Lösung beschrieben.

- Da wir eventuell mehrere Lösungen möchten, gerne auch mit Bewertungen, versuchen Sie es auch mit diesem Prompt: »Entwirf für das oben genannte Problem mehrere Lösungen und bewerte sie hinsichtlich Machbarkeit und Sicherheit.«

- Oder gleich von Anfang an so:

  »Finde mehrere Lösungen für das Problem, das durch den folgenden Projektsteckbrief beschrieben wird und bewerte diese Lösungen hinsichtlich Machbarkeit und Sicherheit: [Und hier nun der Projektsteckbrief].«

ChatGPT wird jedes Mal etwas anderes antworten, darin liegt ja seine Kreativität. Bei mir fand er insgesamt vier Alternativen, jede mit einer anderen

Kombination der vorhandenen Materialien, die bezüglich Machbarkeit und Sicherheit auf der Skala niedrig/mittel/hoch bewertet und die Bewertungen sinnvoll begründet wurden. Man sieht schön, dass die letztlich gewählte Lösung tatsächlich den idealen Kompromiss zwischen einfacher Machbarkeit und guter Sicherheit darstellte.

Ich hoffe, Sie sind jetzt genauso ein Fan von chatGPT wie ich. (Anmerkung: Ich habe keine Aktien an dem Unternehmen und werde nicht vom Hersteller für mein Lob bezahlt.)

Werkzeuge für die Kreativitätsunterstützung können aber auch viel bescheidener und weniger intelligent aussehen. Beispielsweise können spezielle Werkzeuge für die verschiedenen Kreativitätsmethoden entwickelt und genutzt werden.

In den 90ern schrieb ich beispielsweise ein kleines Programm, das die Reizwortanalyse für das Schreiben von Märchen umsetzte. Ich drückte auf »Los geht's« und das Programm würfelte mir aus vorab von mir erstellten Listen eine Hauptperson, ein zu lösendes Problem und einen beliebigen dritten Begriff zusammen und meine Aufgabe bestand darin, ein Märchen zu schreiben, in dem alle drei Elemente eine wichtige Rolle spielten. Dabei kamen sehr unkonventionelle neuartige Märchen heraus!

Ein solches Programm unterstützt natürlich nur das Vorgehen, aber die eigentlichen kreativen Inhalte erzeugt immer noch der Mensch.

Sie benötigen im kreativen Projekt eine große Vielfalt an **Kompetenzen**:

- ✔ Motivation
- ✔ Domänenwissen
- ✔ Technisches Wissen, Produktwissen, Prozesswissen
- ✔ Moderation

Darum ist – gerade bei komplexen technischen Produkten – ein **Team** nötig, das alle diese Kompetenzen abdeckt.

Open Innovation bedeutet, dass man Firmenexterne in den Innovationsprozess einbezieht. Dafür gibt es verschiedene mögliche Formen wie Crowdsourcing, CrowdRE, Co-Creation, Lead User, Open Source, Open Data.

Die **Künstliche Intelligenz** wird die Kreativität revolutionieren. Wir werden später im Buch noch sehen, wo und wie Sie KI in Ihrem Projekt nutzen können.

Teil III
Vorbereitung

IN DIESEM TEIL …

Zur Vorbereitung sind folgende Aufgaben zu erledigen:

- ✔ Team zusammenstellen und Projektplan konkretisieren
- ✔ Recherchen durchführen
- ✔ Technische Vorbereitung und Infrastruktur bereitstellen
- ✔ Rechtliches und Vertragliches regeln

IN DIESEM KAPITEL

Gleichen Sie Ziele, Projektplan und verfügbares Team miteinander ab

Erstellen und nutzen Sie einen Projektplan

Kapitel 10
Team zusammenstellen und Projektplan konkretisieren

Jetzt geht es los! Nachdem wir in Teil II das Ziel und den Ablauf des kreativen Projekts grob geplant haben, beginnen wir nun die Vorbereitung. Die kreativen Aktivitäten behandeln wir in Teil IV, die analytischen Aktivitäten in Teil V. Während der Vorbereitungsphase besteht unser Ziel darin, den Projektplan realistisch zu konkretisieren, das Team und sonstige Ressourcen zu organisieren, um am Ende der Vorbereitung mit dem Projekt-Kickoff und der ersten Aktivität im Projektplan starten zu können.

In diesem Teil werden vier Tätigkeiten beschrieben, die Sie während der Vorbereitung des kreativen Projektes durchführen müssen. Für diese Tätigkeiten gibt es keine feststehende Reihenfolge, sondern sie werden parallel durchgeführt und gemeinsam fertig.

Bisher haben Sie im Steckbrief das Ziel und Problem festgelegt, einen groben Projektplan erstellt und die Ressourcen abgeschätzt, die Sie laut Projektplan benötigen. Eventuell war das noch fröhliche Theorie. Nun müssen Sie die nötigen Teammitglieder organisieren, mit den passenden Kenntnissen und Fähigkeiten, mit genügend verfügbarer Arbeitszeit genau dann, wo sie im Projektplan vorgesehen sind. In Zeiten von Fachkräftemangel sind gerade die besten Leute schon eng verplant. Das heißt für Sie praktisch, dass Sie nun die Auslastungspläne der Fachkräfte mit Ihrem Projektplan abgleichen. Eventuell müssen Sie nun Arbeitspakete vorverlegen oder verschieben. In dieser Vorbereitungsphase kann bereits die erste Ernüchterung eintreten. Doch besser jetzt als später! Es macht wenig Sinn, als Tiger loszuspringen und als Kätzchen abzustürzen. Planen Sie lieber von Anfang an realistisch.

Abgleich von Ziel, Projektplan und Ressourcen

Bisher war der Projektplan noch sehr grob und bestand aus den Beschreibungen der Arbeitspakete, insbesondere der auszuführenden Aktivitäten samt Aufwänden, um die geplanten End- und Zwischenergebnisse zu erzeugen.

Um ihre verschiedenen Pläne abzugleichen und realistisch zu konkretisieren, tun Sie am besten Folgendes:

- ✔ **Ziel versus Plan:** Treten Sie nochmal einen Schritt zurück und prüfen, ob die Zwischenergebnisse der Arbeitspakete dazu geeignet sind, um das im Steckbrief beschriebene Ziel zu erreichen. Falls nein, muss das eine oder andere angepasst werden.

- ✔ **Voraussetzungen prüfen:** Nehmen Sie sich die Checkliste für die Voraussetzungen am Ende von Kapitel 5 in Teil II nochmal vor und prüfen Sie, ob alles vorhanden ist. Falls nein, müssen Sie das Fehlende besorgen.

- ✔ **Arbeitspaket-Verantwortliche:** Nun benötigt jedes Arbeitspaket eine verantwortliche Person. Diese Arbeitspaket-Verantwortliche prüft für ihr Arbeitspaket, ob die Liste der Aktivitäten und Ergebnisse zueinander passen, ob alles vollständig und nichts überflüssig ist. Anschließend schätzt sie nochmal den Aufwand und auch die nötige Dauer. Sie ermittelt auch die Abhängigkeiten zwischen den Arbeitspaketen oder Aktivitäten.

- ✔ **Projektplanung:** Nun haben Sie alle Informationen bereit, um den Projektplan mit konkreten Zeitangaben festzulegen. Ich empfehle einen Balkenplan wie in Abbildung 10.1. Jeder Balken zeigt die kalendarische Bearbeitungsdauer eines Arbeitspaketes oder einer Aufgabe an. Berücksichtigt werden bei der Planung Abhängigkeiten zwischen den Arbeitspaketen (AP) wie »AP 2 kann erst starten, nachdem AP 1 abgeschlossen« ist, außerdem die geschätzte Dauer und der geschätzte Aufwand sowie die Verfügbarkeit der Mitarbeitenden (Anzahl, Urlaub, Teilverfügbarkeiten). Der Übersichtsplan in Abbildung 10.1 gibt einen Gesamtüberblick des Projektes auf der Ebene der Arbeitspakete von Anfang Januar bis Ende Juni. Die Arbeitspaket-Verantwortlichen erstellen noch detailliertere Balkenpläne für die Aufgaben in ihrem jeweiligen Arbeitspaket.

Arbeitspaket	MA	KW 2	3	4	5	6	7	8	9	10	11	12	13	14	15	16	17	18	19	20	21	22	23	24	25	26	Summe	Plan	Fertigstellung
1 Discover auf Systemebene	AH, BJ	4	3	3	3	4	4	4	5																		30	30	0 %
2 Define auf Systemebene	AH, BJ, CK									2	3																5	5	0 %
3 Develop auf Systemebene	CK, DL, AH											6	4	4	6												20	20	0 %
4 Deliver auf Systemebene	CK, DL, AH															5											5	5	0 %
5 Discover auf Detail-Ebene	AH, BJ																5	5									10	10	0 %
6 Define auf Detail-Ebene	AH, BJ, CK																		3								3	3	0 %
7 Develop auf Detail-Ebene	CK, DL, AH																			5	5	5					15	15	0 %
8 Deliver auf Detail-Ebene	CK, DL, AH																						8	7	7	8	30	30	0 %
		4	3	3	3	4	4	4	5	2	3	6	4	4	6	5	5	5	3	5	5	5	8	7	7	8	118	118	0,00

Abbildung 10.1: Balkenplan für die Arbeitspakete – die anfängliche Planung. MA steht für Mitarbeiter/in, KW für Kalenderwoche.

- **Ressourcen prüfen:** Jedes Arbeitspaket benötigt Ressourcen. Dies sind insbesondere die in Spalte »MA« mit persönlichem Kürzel genannten Mitarbeitenden. Sie sollten nun prüfen, ob diese Personen zur geplanten Zeit auch verfügbar sind. Andere Projekte oder ein schon genehmigter Urlaub sind jetzt schon abzusehen und einzuplanen. Notfalls müssen Sie umplanen. Falls beispielsweise Person BJ in Kalenderwoche 2 noch im Skiurlaub wäre, können Sie dessen zwei Tage aus KW 2 auf KW 3 und 4 umverteilen. Person AH beginnt in KW 2 schon mal mit der Organisation der Meetings und Workshops.

Ein paar Erklärungen zur verwendeten Vorlage und zur Detailliertheit der Planung

Die Vorlage in Abbildung 10.1 verwende ich seit Jahrzehnten für die Planung von Projekten. Im Projektmanagement gibt es zahlreiche komplexere Darstellungsformen, aber darin sehe ich wenig Mehrwert. Beispielsweise macht eine tageweise Vorausplanung aller Aufgaben für ein halbes Jahr überhaupt keinen Sinn. Man muss sich auf das Wesentliche konzentrieren, und das ist immer die Gesamtübersicht wie in Abbildung 10.1 und die Detailplanung für die nächsten Arbeitspakete. Einige Termine muss man Monate im Voraus festlegen, etwa wenn es um die Reservierung von gemeinsam genutzten Spezialräumen, Laboren, Messinstrumenten, Teststrecken oder Ähnlichem geht oder wenn eine Großveranstaltung, Fernsehwerbung oder Marketingkampagne geplant werden soll. Für die regelmäßige Abstimmung im Projektteam legt man Jour Fixes fest, also vorab reservierte Besprechungstermine, beispielsweise jeden zweiten Montag um 11 Uhr.

Sehen wir uns die einzelnen Elemente der Vorlage an

- **Spalte Arbeitspaket:** Hier werden die Arbeitspakete aufgelistet. Es könnten auch Projektphasen sein. Fünf bis zwölf ist eine übersichtliche Anzahl. Für die detailliertere Planung kann man weitere Zeilen hinzufügen, die man bei Bedarf ein- und ausblendet.

- **Spalte MA:** Hier sind die im Arbeitspaket Mitarbeitenden aufgelistet. Die erste Person in der Liste sollte immer der oder die Arbeitspaketverantwortliche sein. Verplant werden hier üblicherweise nur die Mitglieder des Kernteams, also die fünf bis zehn Personen, die hauptsächlich an dem Projekt arbeiten. Irgendwelche Produktmanager oder Lead User, die in Kreativitätsworkshops Ideen liefern, werden hier der Übersichtlichkeit halber nicht mit aufgeführt. Auch sie müssen sich natürlich die nötige Zeit freihalten. Diese Planung gehört den Aufgaben der Arbeitspaketverantwortlichen.

- **Waagerechte Balken:** Die waagerechten Balken zeigen an, in welcher Kalenderwoche welches Arbeitspaket und damit auch welche Mitarbeiter/innen an dem Projekt wie viele Tage arbeiten. Bei kleineren Projekten könnten Sie statt Arbeitstagen Arbeitsstunden angeben.

- ✔ **Spalte Kalenderwoche:** Hier wird wochenweise geplant. Tageweise wäre zu detailliert, monatsweise zu grob. Falls es sich um ein umfangreiches, mehrjähriges Projekt handelt, können Sie auch monatsweise planen, außer für die nächsten Monate oder Arbeitspakete, wo Sie dann die jeweiligen Wochen anzeigen. Ganz unten in der Spalte summiert die Tabelle automatisch die geplanten Tage auf und zeigt die pro Woche geplanten Tage an.
- ✔ **Spalte Plan:** Hier stehen die Planwerte für jedes Arbeitspaket, also der geplante Gesamtaufwand.
- ✔ **Spalte Summe:** Hier summiert die Tabelle automatisch über die Zeile auf, um die gesamten Aufwände für dieses Arbeitspaket zu berechnen. Momentan, am Projektanfang, sind diese noch identisch mit dem Planwert. Immer wenn eine Woche vergangen ist, trage ich als Projektleiterin in die entsprechende Wochenspalte pro Arbeitspaket die tatsächlich gearbeiteten Tage ein und überschreibe damit die Planwerte. Wurde weniger gearbeitet als geplant, verschiebe ich die entsprechenden Tage in die nächste oder spätere Woche, je nachdem was realistisch erscheint. Wurde mehr gearbeitet, liegt das meist nicht daran, dass Aktivitäten vorgezogen wurden. Falls doch, kann man die Aufwände in der nächsten Woche abziehen. Normalerweise hat man allerdings die geplanten Ergebnisse mit mehr Aufwand erzielt als prognostiziert. Dann trage ich in die Spalte dieser Woche den Ist-Aufwand ein. Wenn man das jede Woche macht, dann driften Summe und Plan immer weiter auseinander. Der Wert in der Spalte Summe ist ein Prognosewert für den voraussichtlichen Gesamtaufwand des Arbeitspaketes. Es ist hilfreich für die Projektleiterin, den Unterschied zwischen Summe und Plan immer vor Augen zu haben, um steuernde Maßnahmen zu ergreifen.
- ✔ **Spalte Fertigstellung:** Hier wird der Fertigstellungsgrad in Prozent eingegeben. Momentan stehen wir natürlich noch bei 0 %. Später stehen hier Schätzwerte der Arbeitspaket-Verantwortlichen, aus denen die Tabelle automatisch den Gesamtfertigstellungsgrad des Projektes berechnet.

Was verrät uns dieser Projektplan?

Der Projektplan in Abbildung 10.1 liefert der geübten Projektleiterin einige Informationen:

- ✔ **Wasserfall-Vorgehen:** Es ist kein Zufall, dass ein Arbeitspaket erst startet, nachdem das vorherige abgeschlossen ist. Das soll so sein. Das entspricht dem Vorgehensmodell des sogenannten Wasserfalls. Falls es Probleme und Verzögerungen gibt, besteht jedoch durchaus die Möglichkeit zur Parallelisierung, beispielsweise indem für das nächste Arbeitspaket schon die Vorbereitung von Meetings beginnt, während das vorherige Arbeitspaket noch seine Arbeitsergebnisse zusammenschreibt. Das geht meistens, verursacht aber manchmal Hektik und Mehraufwände.

- **Das Tempo nimmt mit der Zeit zu:** Auch das ist Absicht. Vorne beginnt man mit einer vagen Fragestellung, vielen Möglichkeiten, vielen Beteiligten, arbeitet explorativ und kreativ. Hier müssen Sie am wahrscheinlichsten damit rechnen, dass es zu Verzögerungen kommt, weil beispielsweise die Teilnehmenden für einen Workshop erst zwei Wochen später als geplant zusammenkommen können, weil die Ideen zunächst nicht sprudeln, weil die Vielfalt an Möglichkeiten ungeplante Recherchen und zusätzliche Iterationen verlangt. Ich habe hier also implizit Puffer eingeplant, das heißt die Verschiebung von Aktivitäten nach hinten kann noch abgefangen werden, indem geplante Aufwände in einer späteren Woche erbracht werden.
- **Problemraum versus Lösungsraum:** Die Experten für den Problemraum sind offensichtlich AH und BJ, während der Lösungsraum durch CK und DL vertreten werden. Für die meisten Arbeitspakete ist jeweils auch eine Person aus dem anderen »Raum« eingeplant, um die Kommunikation zwischen beiden abzusichern.

Briefing des Teams

Der Begriff des Briefings bezeichnet eine strukturierte und zielgerichtete Informationsvermittlung an eine Person oder Gruppe von Personen. Dieser coole Begriff stammt aus dem Dunstkreis militärischer Operationen, wird aber auch gerne im Bereich des Projektmanagements verwendet. Dieses Briefing findet beispielsweise im Rahmen eines Kickoff-Meetings statt, das den Startpunkt des Projektes markiert und das gesamte Team – oder auch nur das Kernteam – an einen Tisch bringt und die Mitglieder informiert über die Ziele, Aufgaben und Termine, Verantwortlichkeiten und Kommunikationswege, Randbedingungen, Strategien sowie erwartete Ergebnisse. Für später hinzukommende Teammitglieder dient das Briefing der Einarbeitung.

Blick in die Zukunft

Wir greifen hier schon etwas vor und blicken in die zehnte Woche des Projektes, um zu sehen, wofür unser Projektplan gut ist. Abbildung 10.2 zeigt den ständig aktuell gehaltenen Projektplan zu diesem Zeitpunkt. Sie sehen hier gut:

- Arbeitspaket 1 ist bereits wie geplant zu 100 % abgeschlossen, hat aber fünfunddreißig Tage Aufwand verursacht statt dreißig.

Arbeitspaket	MA	KW 2	3	4	5	6	7	8	9	10	11	12	13	14	15	16	17	18	19	20	21	22	23	24	25	26	Summe	Plan	Fertigstellung
1 Discover auf Systemebene	AH, BJ	2	4	4	4	5	5	5	6																		35	30	100 %
2 Define auf Systemebene	AH, BJ, CK									4	4																8	5	50 %
3 Develop auf Systemebene	CK, DL, AH											6	4	4	6												20	20	0 %
4 Deliver auf Systemebene	CK, DL, AH															5											5	5	0 %
5 Discover auf Detail-Ebene	AH, BJ																5	5									10	10	0 %
6 Define auf Detail-Ebene	AH, BJ, CK																		3								3	3	0 %
7 Develop auf Detail-Ebene	CK, DL, AH																			5	5	5					15	15	0 %
8 Deliver auf Detail-Ebene	CK, DL, AH																						8	7	7	8	30	30	0 %
		2	4	4	4	5	5	5	6	4	4	6	4	4	6	5	5	5	3	5	5	5	8	7	7	8	126	118	27,54

Abbildung 10.2: Balkenplan für die Arbeitspakete nach der zehnten Woche. MA steht für Mitarbeiter/in, KW für Kalenderwoche.

- ✔ Arbeitspaket 2 ist zu 50 % abgeschlossen. Allerdings wurden in KW 10 daran vier statt zwei Tage gearbeitet. Das bedeutet leider nicht, dass dafür in KW 11 weniger zu tun wäre. Voraussichtlich werden die weiteren 50 % ebenfalls vier Tage Aufwand bereiten, sodass momentan die Prognose für Arbeitspaket 2 lautet, dass acht statt fünf Tage aufgewendet werden müssen.
- ✔ In dem Feld rechts unten wurde der Gesamtfertigstellungsgrad des Projektes ermittelt. Dieser entspricht dem Anteil des bisher erbrachten Earned Value, also des erzeugten Wertes. Der Earned Value orientiert sich am ursprünglichen Budget. Wenn Arbeitspaket 1 mit Planwert dreißig Tagen fertiggestellt wurde, beträgt der Earned Value dreißig Tage. Arbeitspaket 2 mit fünf Plan-Tagen ist zur Hälfte fertig, also beträgt dessen Earned Value zweieinhalb Tage. Diese zweiunddreißigeinhalb Tage geteilt durch das Budget von hundertachtzehn Tagen ergibt einen Gesamtfertigstellungsgrad von 27,54 Prozent. Das ist immerhin schon über ein Viertel.
- ✔ Man sieht allerdings auch beim Vergleich der untersten Werte in den Spalten Summe und Plan, dass das Budget bereits um acht Tage überzogen ist. Wenn man davon ausgeht, dass die restliche Arbeit ebenfalls um ein Viertel zu aufwendig wird, kann man jetzt schon abschätzen, dass am Ende voraussichtlich rund hundertfünfzig Tage Aufwand entstanden sein würden.
- ✔ Immerhin sind wir noch im Zeitplan, d.h. die geplanten Zwischenergebnisse wurden rechtzeitig fertiggestellt.

Sie sehen also: Der Projektplan dient während des gesamten Projektes dazu, den Projektfortschritt zu überwachen und quantifizierte Prognosen zu erstellen.

Nun sind Sie dran:

1. Erstellen Sie einen Balkenplan für Ihr kreatives Projekt.
2. Prüfen Sie, ob Ziel, Plan und verfügbare Ressourcen zusammenpassen.

Steckbrief, Projektplan und Ressourcen müssen zusammenpassen. Prüfen Sie darum:

- ✔ Sind die Zwischenergebnisse der Arbeitspakete dazu geeignet, um das im Steckbrief beschriebene Ziel zu erreichen?
- ✔ Sind die Voraussetzungen erfüllt?
- ✔ Hat jedes Arbeitspaket eine verantwortliche Person?
- ✔ Ist der Projektplan vollständig?
- ✔ Sind die nötigen Mitarbeiter/innen, Materialien, Räume und Technologien zum geplanten Zeitpunkt verfügbar?
- ✔ Hat jede Arbeitspaket-Verantwortliche die Machbarkeit ihres Arbeitspaketes und des Projektplans bestätigt?

IN DIESEM KAPITEL ...

Marktanalysen und Erkundung des Anwendungsbereichs im Problemraum

Technische Recherchen im Lösungsraum

Kapitel 11
Recherchen

Ich hatte schon betont, dass man für eine erfolgreiche, zielgerichtete Kreativität möglichst viel Wissen haben oder sammeln sollte. Dies betrifft sowohl den Problemraum als auch den Lösungsraum. Führen Sie darum bereits während der Vorbereitung Recherchen durch. Gemeint sind damit nicht nur Bücher in der Bibliothek und irgendwelche Onlinequellen, sondern konsultieren Sie auch Experten, probieren Sie etwas aus, analysieren oder testen Sie Konkurrenzangebote. Jede Informationsquelle ist willkommen.

Im **Problemraum** sollten Sie sich mit dem Markt beschäftigen, aber auch mit Themen, die den Anwendungsbereich Ihres Produkts betreffen. Im Zusammenhang mit unserer Sprachlern-App beschäftigen wir uns nicht nur mit dem Markt der Sprachlern-Apps, sondern auch mit traditionellen Sprachkursen, mit Lehrbüchern für Autodidakten oder mit anderen Lern-Apps. Wir recherchieren auch zu den Preismodellen der Konkurrenz und dem üblichen Preisniveau, aber auch zu gängigen Lerntheorien und Lernmethoden, zu Sprachniveaus und Sprachzertifikaten.

Im **Lösungsraum** sind technische Lösungen interessant, die bisher für diesen oder einen ähnlichen Zweck eingesetzt werden, aber auch neue Technologien, die eventuell zu einer Verbesserung führen. Das könnten hier die Künstliche Intelligenz oder die Spracherkennung und Spracherzeugung sein.

Sehen wir uns im Folgenden Informationsquellen, Recherchemöglichkeiten und Darstellungsformen kurz an, speziell am Beispiel mit der Sprachlern-App. Wo man wonach sucht, hängt stark vom Projekt ab.

Recherchen im Problemraum

Im Problemraum geht es zum einen um eine Marktanalyse, um Zielgruppen und Preismodelle, aber im Beispiel der Sprachlern-App auch um Lernmethoden, Sprachenlernen und E-Learning im Allgemeinen.

Marktanalyse

Bei Ihrer Marktanalyse suchen Sie folgende Informationen:

- ✔ **Ziel des Produkts:** Das Ziel sollte messbar sein. Achtung: Das Produktziel ist nicht unbedingt dasselbe wie das Ziel Ihres Projektes.
- ✔ **Zielgruppe:** Benutzer, Käufer oder andere Interessenten des Produkts mit ihren Aufgaben, Wünschen, Bedürfnissen, Befürchtungen. Gibt es verschiedene Marktsegmente und welche sind für dieses Produkt am relevantesten?
- ✔ **Marktgröße und Wachstumspotenzial:** Wie groß ist der Markt aktuell und wie wird er sich voraussichtlich entwickeln?
- ✔ **Vertriebs- und Absatzkanäle:** Was sind die sinnvollsten?
- ✔ **Produktmerkmale:** Funktionalitäten und auch Qualitätseigenschaften des Produkts, die es haben muss, soll oder haben könnte
- ✔ **Unique Selling Point:** Was ist der Hauptnutzen des Produkts und was wäre der Hauptgrund für die Käufer/innen, das Produkt zu kaufen? Womit wird sich dieses Produkt von den anderen abheben?
- ✔ **Wettbewerbsanalyse:** Wer bietet dieses Produkt oder diese Dienstleistung bereits an, was ist deren Unique Selling Point jeweils, aber auch deren Schwäche? Was kostet dieses Produkt? Was ist deren Preismodell?
- ✔ **Risiken:** Was könnte bei der Entwicklung, Vermarktung oder Nutzung schiefgehen?
- ✔ **Regulierungen** und rechtliche Rahmenbedingungen, die zu beachten sind.
- ✔ **Einnahmen:** Wie werden von welcher Zielgruppe Einnahmen generiert? Einmalig oder regelmäßig oder nach Bedarf, zum Beispielabhängig von der Benutzung? Wie hoch können diese Einnahmen sein?

Wir wollen hier nicht zu tief in die Methoden der Marktforschung eintauchen, denn dafür gibt es Spezialisten in der Marketingabteilung. Im Folgenden ein paar Ideen.

Recherche im Internet

Vielleicht finden Sie eine aktuelle Liste von Sprachlern-Apps, oder eventuell hat eine Zeitschrift oder ein Beratungsunternehmen neulich einen Vergleich durchgeführt, welche Apps bereits verfügbar sind, welche Funktionen sie bieten und welche Stärken und Schwächen sie auszeichnen. Sie können die beliebtesten Apps selbst herunterladen und intensiv testen: Welche Methoden verwenden diese Apps, um ihre Benutzer zu motivieren? Sind sie eher auf spielerische Ansätze (Gamification) oder auf akademische Vorgehensweisen ausgelegt?

Achten Sie auch auf die angebotenen Sprachen sowie die Preisstrukturen. Darüber hinaus sollten Sie sich mit den Bewertungen und Kommentaren der Benutzer in den App-Stores auseinandersetzen. Dies ist eine Goldgrube für wertvolle Informationen. Lesen Sie sowohl positive als auch negative Rezensionen. Was gefällt den Nutzern? Welche Frustrationen werden häufig geäußert? Vielleicht stellen Sie fest, dass viele Benutzer Schwierigkeiten haben, die Motivation über längere Zeit aufrechtzuerhalten, oder dass bestimmte Apps bei fortgeschrittenen Lernenden versagen.

Diese Erkenntnisse helfen Ihnen, die Schwächen der Konkurrenz zu identifizieren und bieten die Chance, Ihre eigene App entsprechend zu optimieren und sich abzuheben.

Zielgruppenanalyse

Wer sind Ihre potenziellen Nutzer? Für wen ist diese App gedacht? Wollen Sie eine breite Masse ansprechen – von Schülern bis hin zu Geschäftsleuten – oder zielen Sie auf eine spezifische Nische ab? Definieren Sie Ihre Zielgruppe. Üblicherweise wählt man eine, die zahlungskräftig oder groß ist oder auch bisher von anderen Anbietern vernachlässigt wurde. Möglicherweise möchten Sie sich auf bestimmte Sprachlerner konzentrieren, wie zum Beispiel Reisende, die schnell die Grundlagen einer neuen Sprache erlernen müssen, oder auf Fortgeschrittene, die sich intensiv mit einer Sprache auseinandersetzen wollen, um beruflich erfolgreich zu sein.

Demografische Analyse

Welche Altersgruppen möchten Sie ansprechen? Welches Bildungsniveau haben die potenziellen Nutzer? In welchem geografischen Raum bewegen Sie sich? Wie groß ist diese Zielgruppe? Dies sind Fragen, die Ihnen helfen, Ihre App benutzerzentriert zu gestalten. Eine gut geplante Umfrage oder ein Workshop mit potenziellen Nutzern könnten Ihnen tiefe Einblicke in deren Bedürfnisse und Erwartungen geben. Oft hat auch schon ein Markt- oder Meinungsforschungsinstitut oder ein wissenschaftliches Institut eine entsprechende Befragung durchgeführt und veröffentlicht, die Sie nun nutzen können.

Ganz wichtig ist, dass Ihr Angebot nicht nur attraktiv zu nutzen ist, sondern auch preislich für die Zielgruppe passt. Ein beliebter Ansatz für Apps ist das Freemium-Modell, bei dem grundlegende Funktionen kostenlos angeboten werden, während fortgeschrittene Inhalte oder Features kostenpflichtig sind. Alternativ könnten Sie ein reines Abonnementmodell einführen, bei dem Benutzer monatlich zahlen, um auf alle Inhalte zuzugreifen. Oder es kostet jede Lerneinheit eine bestimmte Gebühr.

Auch hier lohnt sich ein Blick auf den Wettbewerb: Welche Preisstrategien nutzen Ihre Konkurrenten und wie reagieren deren Kunden darauf? Überlegen Sie auch, ob Werbung in Ihrer App Platz finden könnte, oder ob dies das Benutzererlebnis beeinträchtigen würde.

Denken Sie stets daran, dass das gewählte Modell sowohl für die Benutzer attraktiv als auch für den langfristigen finanziellen Erfolg Ihres Projekts tragfähig sein muss.

Wissen aus dem Anwendungsbereich

Darüber, wie man Sprachen am besten lernt, gibt es jede Menge Wissen, das Sie sich zu eigen machen sollten. Beschäftigen Sie sich mit bewährten pädagogischen Konzepten und aktuellen wissenschaftlichen Erkenntnissen zum Sprachenlernen, insbesondere durch selbstgesteuertes E-Learning. Welche Methoden sind nachweislich effektiv? Wie oft sollte man einen Inhalt wiederholen, bis man ihn beherrscht? Wie wird Immersion (Eintauchen in die Sprache) am besten erreicht?

Lesen Sie Fachliteratur und Studien zu Sprachdidaktik und Psycholinguistik. Sie sollten sich mit unterschiedlichen Lernstilen und -theorien vertraut machen, um zu verstehen, wie Menschen Sprachen aufnehmen und wie diese Prozesse durch digitale Tools unterstützt werden können. Gibt es neue Forschungsergebnisse zu KI-gestütztem Sprachenlernen oder zu personalisierten Lernpfaden? Möglicherweise finden Sie hierbei Inspiration, um Ihrer App einen innovativen pädagogischen Ansatz zu verleihen, der sie von der Konkurrenz abhebt.

Recherchen im Lösungsraum

Führen Sie eine Recherche darüber durch, welche Technologien für die Entwicklung von Apps normalerweise verwendet werden: Programmiersprache, Entwicklungsumgebung und weitere Hilfsmittel.

Die technologische Grundlage Ihrer App ist entscheidend für deren Funktionalität, Qualität und Erfolg. Sie müssen sicherstellen, dass die verwendete Technologie nicht nur den Anforderungen der Benutzer entspricht, sondern auch flexibel genug ist, um zukünftige Erweiterungen und Updates zu ermöglichen. Die Wahl der Programmiersprache, der Frameworks und der Softwarearchitektur ist eine der ersten Entscheidungen, die Sie in Zusammenarbeit mit Ihrem technischen Team treffen werden. Sammeln Sie bereits erste Ideen.

Hierbei sollten Sie sich fragen:

- ✔ Welche Endgeräte, Betriebssysteme und Browser möchten oder müssen Sie unterstützen? Wird die App für iOS, Android oder beide Betriebssysteme entwickelt?
- ✔ Welche Datenbanken und Cloud-Services eignen sich für die Speicherung von Daten und den Betrieb Ihrer App?
- ✔ Welche Datenmengen und Nutzerzahlen sind durchschnittlich und maximal zu erwarten?
- ✔ Ist es sinnvoll, den Einsatz moderner Technologien wie Künstliche Intelligenz (KI) und Machine Learning in Betracht zu ziehen? Möchten Sie mit Hilfe von KI personalisierte Lernpfade erstellen, die sich den individuellen Fortschritten des Nutzers anpassen? Diese technologischen Möglichkeiten könnten den Mehrwert Ihrer App erheblich steigern.
- ✔ Designrecherche: Was macht eine Sprachlern-App benutzerfreundlich?

BEISPIEL

Das Design Ihrer App spielt eine zentrale Rolle für das Benutzererlebnis. Es lohnt sich, intensiv zu recherchieren, welche Designelemente den Lernprozess fördern. Eine Sprachlern-App sollte übersichtlich, intuitiv und ästhetisch ansprechend sein, um die Motivation des Benutzers zu fördern.

Hierbei können Sie sich von anderen erfolgreichen Apps inspirieren lassen, nicht nur aus dem Bereich Sprachenlernen, sondern auch aus anderen Kategorien. Ziehen Sie Beispiele aus der User-Experience-Design-Literatur heran und analysieren Sie die Nutzerführung etablierter Apps. Besonders in Bezug auf Sprachenlernen ist es wichtig, dass der Nutzer schnell versteht, wie er vorgehen muss, um Fortschritte zu erzielen. Lange, verwirrende Menüs oder unnötige Ablenkungen können kontraproduktiv sein.

Die Benutzeroberfläche sollte klar und selbsterklärend sein, mit einer durchdachten Farbpalette und intuitiven Icons. Auch die Positionierung von Buttons, Fortschrittsanzeigen und Belohnungssystemen sollte darauf abzielen, den Lernprozess zu unterstützen, ohne den Nutzer zu überfordern.

✔ Finden Sie heraus, was die Entwicklung einer App dieser Größe und Komplexität normalerweise kostet.

Nun ist es Ihre Aufgabe, sowohl im Problem- als auch im Lösungsraum entsprechende Recherchen zu Ihrem kreativen Projekt durchzuführen. Verlassen Sie sich dabei auf keinen Fall nur auf Suchmaschinen! Konsultieren Sie stattdessen:

✔ Büchereien, beispielsweise die Universitätsbücherei, falls vorhanden die Bibliothek Ihres Arbeitgebers.

✔ Webseiten von einschlägigen Vereinen und Berufsverbänden wie VDI (Verein deutscher Ingenieure) `www.vdi.de`, Gesellschaft für Informatik `https://gi.de`, Bitkom (Bundesverband Informationswirtschaft, Telekommunikation und neue Medien) `https://www.bitkom.org/` oder ähnliche.

✔ Webseiten von Forschungsinstituten von Universitäten, Fraunhofer-Instituten, Max-Planck-Instituten oder Technologie-Transfer-Instituten.

✔ Statista, Statistisches Bundesamt `www.destatis.de` oder Webseiten der Ministerien für passende Statistiken.

✔ Webseiten von Herstellern.

✔ Artikel mit Produktvergleichen in Fachzeitschriften.

✔ Erfahrungsberichte in Fachzeitschriften, auf Konferenzen oder in Vorträgen.

✔ Arbeitskreise, Fachgruppen oder Ähnliches innerhalb von Vereinen.

✔ Datenbank des Europäischen Patentamtes: `www.epo.org/de` `https://worldwide.espacenet.com`

✔ Online-Datenbank des DPMA (Deutsches Patent- und Markenamt): `www.dpma.de`

✔ Google Patentsuche: `http://www.google.de/patents`

- Die Datenbank des US-Patent- und Markenamtes (USPTO) finden Sie unter `http://www.uspto.gov` unter *Patents* und dann *Search our patent database.*
- Japanisches Patentamt JPO: `https://www.jpo.go.jp/e`
- Weltorganisation für geistiges Eigentum: `www.wipo.org`

IN DIESEM KAPITEL ...

- Die technischen Voraussetzungen schaffen
- Auswahl von Betriebssystem, Infrastruktur und Entwicklungsumgebung
- Wahl der im Produkt zu verwendende Technologien

Kapitel 12
Technische Vorbereitung und Infrastruktur

Den technischen Entwurf des geplanten Produkts erstellen wir ja erst später, aber ein wenig Vorausplanung kann nicht schaden. Schließlich sind wir nicht die Ersten, die eine App entwickeln. Bei wirklich innovativen Market-Pull-Projekten wissen wir zum momentanen Zeitpunkt noch nicht, welche Technologie später nötig sein wird, um die Anforderungen der Zielgruppen zu erfüllen. Sie müssen die technische Planung vielleicht auch aus anderen Gründen auf später verschieben. Bei Spezialhardware mit langen Lieferzeiten ist eine frühe Planung jedoch zeitkritisch.

Lassen Sie uns nun gemeinsam einige wichtige Schritte durchgehen, die bei der technischen Vorbereitung und der Planung der Infrastruktur beachtet werden müssen. Auch hier verwenden wir wieder die Sprachlern-App als Beispiel, denn jede Art von Produkt verwendet andere Technologien.

Auswahl der Plattformen und des Betriebssystems

Die Zielgruppe haben wir bereits definiert, aber welche Plattformen und Betriebssysteme benutzen diese?

Soll unsere App für iOS, Android oder für beide Plattformen entwickelt werden? Eine sogenannte Cross-Plattform-Entwicklung (mit Tools wie Flutter oder React Native) könnte Ihnen helfen, Kosten zu sparen, da Sie damit eine einzige Codebasis für mehrere Plattformen erstellen können. Diese Wahl wird die Infrastruktur beeinflussen, da unterschiedliche

Plattformen unterschiedliche Anforderungen an die Entwicklungsumgebung stellen. Eventuell können Sie Statistiken darüber besorgen, welche Betriebssysteme und Browser momentan am angesagtesten sind.

Technologiewahl

Nun, da die Zielgruppe und Plattformen feststehen, sollten Sie die technologischen Grundlagen Ihrer App festlegen. Sie müssen sich im Softwareprojekt Gedanken über die Programmiersprachen und Frameworks machen, die Sie verwenden möchten.

Datenbanken sind ebenfalls eine fundamentale Entscheidung. Sie müssen eine Wahl zwischen relationalen Datenbanken wie MySQL oder PostgreSQL und NoSQL-Lösungen wie MongoDB treffen, je nachdem, wie strukturiert Ihre Daten sind. Wenn Ihre App hauptsächlich Text- und Audioinhalte bereitstellt, könnten NoSQL-Datenbanken eine flexiblere Option sein.

Wenn Sie ein anderes Produkt entwickeln, das keine Software ist, dann diskutieren Sie an dieser Stelle natürlich andere Technologien.

Infrastrukturplanung: Skalierbarkeit und Sicherheit

Eine oft unterschätzte Komponente der technischen Vorbereitung ist die Planung der Infrastruktur. Bei einer Sprachlern-App ist es essenziell, eine skalierbare Infrastruktur zu haben, die in der Lage ist, eine wachsende Nutzerzahl zu bewältigen. Tools wie Kubernetes oder Docker ermöglichen es Ihnen, Ihre Anwendung auf mehrere Server zu verteilen und Ressourcen dynamisch zuzuweisen, was insbesondere bei einem plötzlichen Anstieg der Nutzerzahlen nützlich ist. Auch über eine Cloud-Lösung könnte man nachdenken.

Entwicklungs-, Test- und Produktivumgebung sowie Continuous Integration/Continuous Delivery (CI/CD)

Letztlich benötigt man nicht nur die Produktivumgebung, auf der die Benutzer/innen arbeiten, sondern zusätzlich eine separate Entwicklungsumgebung, auf der die Programmiererinnen nach Herzenslust herumprobieren können sowie eine Testumgebung, auf der die App gründlich getestet wird, bevor Sie sie veröffentlichen und verwenden. Eine automatisierte Testpipeline mit Unit Tests, Integrationstests und Systemtests wird Ihnen helfen, Fehler frühzeitig zu erkennen.

Die Einrichtung eines CI/CD-Systems sorgt dafür, dass jede Änderung am Code automatisch überprüft, getestet und eventuell in die Produktionsumgebung überführt wird. Entsprechende Werkzeugketten ermöglichen es, diese Prozesse weitgehend zu automatisieren, was nicht nur den Entwicklungszyklus beschleunigt, sondern auch die Qualität der App verbessert.

Für die App-Entwicklung benötigen Sie also eine umfangreiche Entwicklungsumgebung mit zahlreichen Werkzeugen. Für Projekte in anderen Bereichen benötigen Sie für die Entwicklung mechanischer, elektronischer oder anderer Komponenten entsprechend eine andere technische Infrastruktur, beispielsweise ein Labor oder eine Werkstatt mit Schweißbrennern, Widerstände in verschiedenen Größen, Motoren und Transformatoren, Messgeräte, Bauteile für Roboter, Kameras, CAD-Software und 3D-Drucker, Simulationssoftware, Prüfstände und Testgelände für das Prototyping, Ethernet für Ihr Internet of Things, aber auch Sicherheitstechnologien wie Firewalls, Schutzzäune, Schutzkleidung, Bewegungsmelder.

Eine Liste der benötigten Materialien unterstützt die frühzeitige Kostenprognose.

IN DIESEM KAPITEL ...

Verträge mit Mitarbeitern, Partnern und Dritten

Geheimhaltung

Urheberrecht, Lizenzen und Nutzungsrechte

Datenschutz und Nutzervereinbarungen

Kapitel 13
Rechtliches und Vertragliches

Gerade wenn Sie mit anderen Unternehmen oder Einzelpersonen zusammenarbeiten, muss vor Beginn, bereits bei der Vertragsunterzeichnung, das Rechtliche und Vertragliche geklärt werden als Fundament für den rechtlich abgesicherten Erfolg. Denn ein kreatives Projekt wird ja im besten Fall etwas entwickeln, das neu und nützlich ist, also gewinnbringend vermarktet werden kann. Darum muss glasklar festgelegt sein, wer dann was mit der Erfindung später tun darf. Aber auch im Misserfolgsfall sollte klar sein, wie das Projekt notfalls abgebrochen werden kann und was dann mit dem finanziellen Verlust, dem übrig gebliebenen Material, den Nutzungsrechten und den Zwischenergebnissen geschieht.

Es geht nicht nur um die Beziehung zwischen den Projektpartnern, sondern auch um die Beziehung zu den Kunden. Wie werden Support und Wartung geregelt, wenn das Projekt gestoppt wird und bereits zahlende Kunden das Produkt nutzen? Wer übernimmt bereits geschlossene Wartungsverträge? Hier brauchen die Kunden zumindest sinnvolle Übergangsregelungen und -fristen, um beispielsweise ihre Daten zu exportieren und einen anderen Dienstleister zu suchen.

Dieses Kapitel kann eine Rechtsberatung natürlich nicht ersetzen.

Verträge mit Mitarbeitern, Partnern und Dritten

Wenn mehrere Partner an der App arbeiten, könnten Sie ein Konsortium, eine gemeinsame GmbH oder ein Joint Venture gründen, um auf gleicher Augenhöhe zusammenzuarbeiten. Oder ein Unternehmen initiiert und finanziert das Projekt, während alle anderen Partner als Lieferanten, Dienstleister, Unterauftragnehmer oder Vertriebspartner zuarbeiten, entweder mit Werkvertrag, Dienstvertrag, Miet- oder Lizenzvertrag oder Honorarvertrag. Dieser Vertrag sollte nicht nur die Vergütung regeln, sondern auch die Rechte am geistigen Eigentum. Es ist entscheidend, dass in den Verträgen festgehalten wird, wem die Nutzungsrechte an den im Rahmen des Projektes erstellten Ergebnissen gehören.

✔ Beim **Werkvertrag** laden Sie einen Teil des Risikos auf den Lieferanten ab, der nur dann bezahlt wird, wenn er erfolgreich ein vereinbartes Ergebnis liefert. Gelingt ihm das nicht, wird auch nicht bezahlt. Gestaltet sich die Arbeit aufwendiger als erwartet, trägt er die Mehrkosten. Grundlage für einen Werkvertrag muss eine vollständige und verbindliche Spezifikation sein, entweder ein Lastenheft oder Pflichtenheft. Hier muss vereinbart werden, wie weit die Rechte an kreativen Innovationen auf den Auftraggeber übergehen. Beispielsweise: Darf der Auftragnehmer den entwickelten Softwarecode auch bei anderen Kunden einsetzen oder nicht? Darf der Auftraggeber den Code selbst weiterentwickeln oder nicht?

✔ Beim **Dienstvertrag** bekommt der Dienstleister jede Arbeitsstunde nach Aufwand bezahlt. Bei innovativen Projekten wird das seltener gemacht. Am ehesten wird man noch einen Experten stunden- oder tageweise für bestimmte Arbeitspakete dazu mieten, wo die interne Expertise fehlt. Auch hier muss geklärt werden, was mit kreativen Ideen geschieht, die während dieser Arbeitszeit entstehen. Wem gehören dann welche Nutzungsrechte? Sind die Nutzungsrechte mit dem Stundenhonorar abgegolten oder gibt es eine Erfolgsprämie?

✔ **Miet- oder Lizenzvertrag:** Bei beiden Vertragsarten bezahlt ein Kunde für die Nutzung von etwas. Das könnte ein Labor sein, eine Software, eine Maschine. Sowohl die für das Projekt nötigen Ressourcen können gemietet werden als auch das erzeugte Produkt. Typisch im Vergleich zum Kauf ist, dass der Besitzer der Mietsache bei der Nutzung mitzureden hat: Dürfen im Labor Wände eingerissen werden? Darf die Software kopiert und weiterverkauft werden? Darf man den Source Code weiterentwickeln? Dürfen an der Maschine selbst Wartungsarbeiten durchgeführt werden beziehungsweise welche? Aber auch die Rechte des Vermieters können eingeschränkt werden, etwa wenn es sich um exklusive Nutzungsrechte handelt oder Kündigungsfristen bestehen.

✔ **Honorarvertrag:** Vertriebspartner erhalten oft ein anteiliges Vermittlungshonorar, wenn sie etwas verkaufen in der Größenordnung von 10–20 %. Verkauft er nichts, gibt es auch kein Honorar. Rechte am Produkt erwerben sie damit natürlich nicht.

Hierbei handelt es sich natürlich ausdrücklich nicht um eine Rechtsberatung, sondern nur um eine Übersicht, um Ihnen die Vielfalt der Möglichkeiten aufzuzeigen.

Geheimhaltung

Bei den meisten kreativen Projekten geht es darum, etwas Neues zu entwickeln, mit dem ein Unternehmen sich gegenüber der Konkurrenz abhebt und somit Kunden abwerben kann. Da die Mitbewerber erfolgreiche Neuerungen sofort nachahmen, spielt hier die Zeit eine wichtige Rolle: Je mehr zeitlichen Vorsprung Sie gegenüber Ihrem Konkurrenten haben, umso länger können Sie dem Kunden alleine dieses innovative Produkt oder Dienstleistung anbieten, bis die Konkurrenz nachgezogen hat. Dies macht es besonders wichtig, die Ideen, an denen Sie arbeiten, so lange wie möglich geheim zu halten.

Besonders wichtig sind darum Geheimhaltungsvereinbarungen (Non-Disclosure Agreements NDAs) mit allen, die während des Projektes vertrauliche Informationen erhalten. Vertraulich ist hier alles, was den Nachbau des Projektes erlauben oder beschleunigen würde. Diese NDAs schützen Ihre Ideen und vertraulichen Informationen vor unberechtigter Weitergabe und stellen sicher, dass alle Beteiligten sich dazu verpflichten, Stillschweigen über erfolgskritische Projektdetails zu bewahren.

BEISPIEL

Apple wollte Chefdesigner von IBM abwerben

Ein bekannt gewordenes Beispiel für einen Streit um vertrauliches technisches Wissen und vertragliche Vereinbarungen war 2008 der angedachte Wechsel des Chefdesigners Mark Papermaster von IBM zu Apple.

Mark Papermaster hatte sechsundzwanzig Jahre lang für IBM gearbeitet und war bis zum Vice President der Mikroprozessor-Entwicklungsabteilung aufgestiegen. Als Ingenieur hatte er IBMs PowerPC-Prozessoren mitentwickelt. Papermaster war bei IBM für die Servertechnologie und das Power-Chip-Design verantwortlich und wurde als einer der Top-Technikexperten des Unternehmens angesehen.

Papermaster wurde von Apple abgeworben und sollte die Hardwaretechnologie von Apple voranbringen, insbesondere im Bereich der Prozessor- und Hardwareentwicklung für zukünftige mobile Geräte. Für Apple war die Anwerbung von Papermaster strategisch entscheidend. Das Unternehmen hatte zu dieser Zeit starkes Interesse an der Entwicklung eigener Prozessoren für iPhones und andere mobile Geräte. Papermasters Expertise im Bereich der Hardwareentwicklung und Prozessorarchitektur passte perfekt zu Apples langfristiger Vision, unabhängiger von externen Lieferanten zu werden.

Als IBM von Papermasters geplantem Wechsel zu Apple erfuhr, reichte das Unternehmen sofort eine Klage gegen ihn ein. IBM argumentierte, dass Papermaster tief in vertrauliche, firmeneigene Informationen eingeweiht war, insbesondere in Bezug auf die Server- und Prozessorentwicklung, die IBM als essenziell für das Unternehmen betrachtete. IBM machte geltend, dass Papermasters Wechsel zu Apple gegen eine Wettbewerbsklausel verstoße, die in seinem Arbeitsvertrag enthalten war. Die Wettbewerbsklausel sollte verhindern, dass er innerhalb von zwölf Monaten nach seinem Ausscheiden bei IBM zu einem direkten Konkurrenten wechselte. Solche Klauseln sind durchaus üblich. Papermaster argumentierte, dass er bei Apple nicht als Ingenieur, sondern als Manager arbeiten würde.

Nach einer längeren juristischen Auseinandersetzung einigten sich IBM und Papermaster 2009 auf einen Vergleich, der es ihm ermöglichte, bei Apple zu arbeiten, jedoch unter der Bedingung, dass er für sechs Monate eine »Freistellungsphase« durchlief, bevor er tatsächlich seine Arbeit aufnahm. Diese Zeit diente dazu, mögliche negative Auswirkungen auf IBM zu verringern, indem verhindert wurde, dass er sofort seine Kenntnisse und Fähigkeiten bei einem Konkurrenten einsetzte.

Der Wechsel von Papermaster zu Apple und die darauffolgenden Entwicklungen in der Chiptechnologie sind ein Teil der Geschichte, die Apple letztlich zu seiner eigenen Prozessorunabhängigkeit führte. Papermaster leitete die Entwicklung des iPhone 4 und arbeitete direkt mit Steve Jobs zusammen. Der Fall ist daher ein Beispiel dafür, wie das Abwerben hochrangiger Technikexperten nicht nur technologische Vorteile, sondern auch komplexe rechtliche Herausforderungen mit sich bringen kann.

Später verhalf Papermaster als Technikchef (Chief Technology Officer) dem Chiphersteller AMD zu neuem Schwung im Bereich der Hochleistungsprozessoren und brachte ihn auf Augenhöhe mit dem Konkurrenten Intel.

Ein solcher Wechsel eines wertvollen Wissensträgers zur Konkurrenz ist für jedes Technologieunternehmen ein Risiko. Selbst wenn der Mitarbeiter keinerlei Unterlagen mitnimmt, was ein sehr schweres arbeitsrechtliches Vergehen wäre, so nimmt er doch seine Erfahrung und Expertise mit, die durch jahrelange Arbeit und vielleicht durch teure Fehlversuche gewonnen hat. Der Konkurrent erspart sich damit Monate oder sogar Jahre des Ausprobierens.

Urheberrecht, Lizenzen und Nutzungsrechte

Ein wichtiger Aspekt bei der Entwicklung innovativer Produkte ist der Schutz des geistigen Eigentums. Dabei geht es zum einen darum, die Rechte anderer zu respektieren, zum anderen auch, Ihre eigenen Ergebnisse zu schützen. Dies betrifft beispielsweise bei der Sprachlern-App den Quellcode, das Benutzeroberflächendesign, aber auch die Lerninhalte und Audiodaten, die in der App bereitgestellt werden.

Rechte der von Ihnen genutzten Komponenten

Stellen Sie sicher, dass alle Inhalte, die Sie von Dritten verwenden, den urheberrechtlichen Bestimmungen entsprechen. Sie sollten durch klare vertragliche Regelungen absichern, dass Ihnen der Schöpfer der Inhalte die Rechte zur Nutzung, Veränderung und Verbreitung einräumt. Dies gilt sowohl für Bilder von einem Portal als auch für speziell für Sie geschriebene Texte oder Codes.

Wenn Sie eine Software kommerziell vertreiben, achten Sie darauf, dass Sie alle verwendeten Bibliotheken und Inhalte entsprechend der Lizenzbedingungen nutzen dürfen, um keine rechtlichen Probleme zu provozieren. Wenn Sie auf freie Inhalte zurückgreifen, beispielsweise Texte oder Audiodateien, die unter einer Creative-Commons-Lizenz stehen, achten Sie darauf, die Bedingungen dieser Lizenzen korrekt zu erfüllen – beispielsweise durch die Nennung des Urhebers. Inhalte, deren Lizenz die kommerzielle Nutzung verbietet, können Sie nicht kommerziell verwenden. Kritisch kann auch sein, wenn Sie Quellcode aus GPL-lizenzierten Bibliotheken verwenden möchten, die von Ihnen das Offenlegen des eigenen Quellcodes verlangen. Wenn Sie dazu nicht bereit sind, dürfen Sie diesen Code nicht verwenden.

Schützen Sie Ihre eigenen kreativen Ergebnisse

Auch Ihre eigenen Kreationen sind schützenswert. Schließlich haben Sie viel Aufwand hineininvestiert. Nachahmen ist billiger als Selbstentwickeln! Für den Schutz haben Sie zahlreiche rechtliche und technische Möglichkeiten.

Texte sind automatisch durch das Urheberrecht geschützt. Software gilt ebenfalls als Text. Trotzdem können Sie noch ein paar technische Maßnahmen ergreifen, beispielsweise indem Sie PDF- oder Mediendaten durch Digital Rights Management schützen, so dass sie nicht beliebig kopiert werden können. Software liefern Sie nicht als lesbaren Quellcode aus, sondern in kompilierter Form. Weisen Sie in Ihren Lizenzbedingungen auf Urheberrecht und erlaubte Nutzungsformen hin. Diese Lizenzbedingungen formulieren Sie sorgfältig, denn es gilt, die richtige Balance zwischen Schutz Ihres geistigen Eigentums und Nützlichkeit für den Kunden zu finden. Beispielsweise: Wollen Sie in der Sprachlern-App erlauben, dass Anwender sich Videos herunterladen, um sie offline betrachten zu können? Oder überwiegt Ihre Sorge, dass die kostenpflichtigen und wertvollen Filme dann an Freunde weitergegeben oder auf ausländischen Downloadservern kostenlos zur Verfügung stehen?

Sie können Ihr Produkt, einen Entwurf oder eine Idee auch in Form eines Patents, eines Gebrauchsmusters, eines Geschmackmusters oder einer Marke anmelden und offiziell anmelden. Die ersten beiden sind technische Schutzrechte, die letzten beiden nichttechnische. Natürlich kostet das Zeit und Geld. Aber es erlaubt Ihnen auch, Ihre Rechte nachzuweisen, zu verteidigen und zu vermarkten. Beispielsweise können Sie Lizenzgebühren damit einnehmen, wenn andere eine von Ihnen patentierte Technologie für die Herstellung ihrer Produkte verwenden. Tabelle 13.1 stellt die deutschen Schutzrechte einander gegenüber. Natürlich können Sie Ihre Innovation auch in anderen Ländern schützen, aber dazu konsultieren Sie am besten einen Experten.

Gewährleistung, Garantie und Haftung für physische Produkte

Als Hersteller müssen Sie ein fehlerhaftes Produkt innerhalb der Gewährleistungsfrist von üblicherweise zwei Jahren reparieren oder ersetzen. Zusätzlich können Sie noch eine Garantie anbieten. Außerdem haften Sie als Hersteller laut Produkthaftungsgesetz für die Schäden, die Ihr fehlerhaftes Produkt verursacht. Bei mechanischen oder elektrischen Anlagen oder Geräten stellt sich grundsätzlich die Frage, wie weit die Garantie noch gilt, wenn der Benutzer selbst Veränderungen oder Reparaturen durchführt. Dies regeln Sie in den Garantiebedingungen. Auch Wartungsverträge oder Service-Level-Agreements sind ein wichtiger Punkt, wo Sie zwischen Ihren eigenen Kosten und den Bedürfnissen der Kunden einen gesunden Kompromiss finden müssen.

	Patent	Gebrauchs-muster	Marke	Geschmacks-muster	Urheberrecht
Schützbarer Gegenstand	Technische Erfindung	Technische Erfindung (außer Verfahren)	Marke für Ware oder Dienstleistung	Design	Kulturelle Leistung
Beginn des Schutzes	Veröffentlichung im Patentblatt	Mit der Eintragung in das jeweilige Register			Automatisch mit der Schöpfung des Werkes
Ende des Schutzes	Zwanzig Jahre	Zehn Jahre	Unbegrenzt verlängerbar (alle zehn Jahre)	Fünfund-zwanzig Jahre	Ab Schöpfung bis siebzig Jahre nach dem Tod des Schöpfers

Tabelle 13.1: Gegenüberstellung der Schutzrechte

Schutz durch hohe Geschwindigkeit

Um die illegale Verbreitung von kostenpflichtigem Material oder auch der Nachahmung von Produkten durch Konkurrenten quasi »davonzulaufen«, legen viele Unternehmen bewusst ein hohes Tempo vor: Im kurzen Rhythmus werden neue Versionen entwickelt, neues Design, neue Inhalte. Dies jedoch erhöht den Druck, ständig erneut kreativ sein zu müssen, sogar bei eigentlich bewährten Themen und Technologien, die über Jahrzehnte sinnvoll genutzt werden könnten.

Erschreckend viele technische Produkte erfüllen nur einen Spezialbedarf. Man denke an unnötige Küchengeräte, Wellness-Innovationen oder Werkzeuge für Einsatzbereiche, für die jahrtausendelang auch einfache Hilfsmittel ausreichten. Oder funktionierende Endgeräte wie Fernseher oder Computer müssen ersetzt werden, weil neue Formate, Betriebssysteme, ressourcenfressende Anwendungen oder größere Dateien die alten überfordern. Manche kreative Neuerung kurbelt einfach nur den Umsatz an, ohne den Kunden echten Mehrwert zu bieten.

Datenschutz und Nutzervereinbarungen

Da Ihre Sprachlern-App personenbezogene Daten sammelt – sei es für Benutzerkonten, Sprachtests oder Lernfortschritte – sind Sie gesetzlich verpflichtet, die Datenschutzgrundverordnung (DSGVO) zu befolgen. Die DSGVO sieht strenge Richtlinien zum Schutz personenbezogener Daten vor, einschließlich der Notwendigkeit einer Datenschutzerklärung, die die Nutzer darüber informiert, welche Daten gesammelt, wie sie verwendet und wie lange sie gespeichert werden. Zudem müssen Sie sicherstellen, dass die Nutzer ausdrücklich und wissentlich in die Datenerhebung und -verarbeitung einwilligen. Natürlich müssen Sie die Versprechen in Ihrer Datenschutzerklärung auch einhalten. Unter anderem müssen Sie auch darauf achten, dass von Ihnen beauftragte Unterauftragnehmer sich ebenfalls an die DSGVO halten.

Ebenfalls wichtig sind Nutzervereinbarungen, wie die Allgemeinen Geschäftsbedingungen (AGB) und Nutzungsbedingungen. In diesen Dokumenten regeln Sie die Rechte und Pflichten der Nutzer im Umgang mit Ihrer App. Sie sollten auch Haftungsfragen klären, zum Beispiel in Fällen, in denen die App nicht korrekt funktioniert oder Daten verloren gehen.

Ein Beispiel, in dem rechtlich einiges schiefging, war der Rechtsstreit zwischen Thomas Alva Edison und George Westinghouse beziehungsweise zwischen den Firmen General Electric und Westinghouse Electric, ein Drama mit fünf Akten. In den späten 1880er Jahren entbrennt der sogenannte **Stromkrieg** zwischen diesen beiden Parteien. Beide streben danach, der Stromversorger Nummer 1 der USA zu werden. Bisher werden die wenigen elektrischen Geräte wie beispielsweise Glühbirnen noch mit Batterien gespeist. Aber die kürzlich erfolgte Erfindung von Dynamos und Transformatoren lässt es möglich erscheinen, dass Dienstleister Strom im großen Stil erzeugen und direkt an die Verbraucher liefern, so wie bisher das Gas. Da Edison auf Gleichstrom setzt und Westinghouse auf Wechselstrom, kann nur einer von beiden siegen. New York hat Edison schon für sich gewonnen und beliefert die Stadt mit Gleichstrom. Westinghouse entwickelte einst eine Luftdruckbremse für Züge und will das damit verdiente Vermögen neu investieren.

1. **Akt:** Der Ingenieur Nikola Tesla verbessert als Mitarbeiter Edisons die Gleichstromgeneratoren. Edison versprach ihm dafür eine Erfolgsprämie, löst das Versprechen aber nicht ein, sondern bezeichnet die mündliche Zusage als Scherz. Enttäuscht kündigt Tesla.

2. **Akt:** Tesla entwickelt mit Hilfe von Investoren das Wechselstromsystem und patentiert verschiedene damit verbundene Technologien. Tesla verkauft einige dieser Patente an Westinghouse, der somit keinen eigenen Generator entwickeln muss.

3. **Akt:** Die Hersteller von Glühbirnen, zu denen Edison gehört, beschränken die Nutzungsrechte dieser Lichterzeuger oft auf bestimmte Stromnetze. Hotels und Büros mit eigenen Generatoren werden erfolgreich von Glühbirnenherstellern mit gerichtlichen Verfügungen dazu gezwungen, die weitere Nutzung ihrer Glühlampen zu unterlassen. Um das Wechselstromsystem zu diskreditieren, führt Edison eine massive Kampagne gegen Tesla und Westinghouse. Edison versucht, die öffentliche Meinung zu beeinflussen, indem er das Wechselstromsystem als gefährlich und unsicher darstellt. Er lässt Informationen über Unfälle mit Wechselstrom zusammentragen und bedrängt Politiker. Sie sollen ein Gesetz erlassen, das die zulässige Spannung in Stromleitungen auf 300 Volt beschränkt. Das wäre das Ende für Westinghouse, dessen System nur mit Hochspannung wirtschaftlich ist. Dies gipfelt in geschmacklosen Demonstrationen, bei der Edison öffentlich Hunde und sogar einen Elefanten mit Wechselstrom tötet, um dessen Gefährlichkeit aufzuzeigen. Zeitgleich findet 1890 die erste Hinrichtung eines Menschen auf dem elektronischen Stuhl statt – mit Wechselstrom. Während dieser Auseinandersetzung versuchen Edison und andere Gegner des Wechselstroms mehrfach, Teslas Patente zu untergraben. Allerdings gelingt es Tesla und

Westinghouse, ihre Patente zu verteidigen. Westinghouse kauft eine mit Edison konkurrierende Glühlampenfabrik und bricht damit Edisons Monopol. Zwar führt Edison seit 1885 einen Patentrechtstreit gegen diese Firma, doch wegen der Prozessverschleppung durch Westinghouse erhält Edison erst 1892 Recht. Während das Verfahren noch läuft, kann Edison die Patentrechtsverletzungen nicht verhindern. Westinghouse lässt eine neue Glühbirne entwickeln, die Edisons Patente umgeht.

4. **Akt:** Binnen zweier Jahre hat Westinghouse mehr als dreißig Kraftwerke fertiggestellt und versorgt 1890 bereits hundertdreißig amerikanische Städte mit Wechselstrom. Am Ende setzt sich das Wechselstromsystem durch, und Teslas Technologien bilden die Grundlage für das moderne Stromnetz. Ein großer Vorteil des Wechselstroms ist, dass er sich leichter und verlustärmer über weite Distanzen transportieren lässt. Hilfreich ist auch eine Demonstration anlässlich der Internationalen Elektrotechnischen Ausstellung 1891 in Frankfurt am Main, wo erstmals größere Mengen Wechselstrom per Fernübertragung genutzt werden: vom hundertsechsundsiebzig Kilometer entfernten Kraftwerk in Lauffen am Neckar nach Frankfurt. Westinghouse erhält auch den Zuschlag für die Stromversorgung der Weltausstellung in Chicago 1893. 1896 geht nach fünf Jahren Entwicklungszeit das Niagarafälle-Wasserkraftwerk in Betrieb und versorgt zunächst die vierzig Kilometer entfernte Stadt Buffalo mit Strom, später auch New York.

5. **Akt:** 1896 gründen Edison und Westinghouse gemeinsam eine Organisation, die Patentstreitigkeiten zwischen den beiden Unternehmen außergerichtlich regelt und die Patentinteressen beider Unternehmen gegenüber Dritten vertritt. Sie sammelt Informationen über Patentverletzungen und führt mehr als sechshundert Verfahren gegen Dritte. Somit kontrollieren sie gemeinsam den Strommarkt. Leider profitiert Tesla aufgrund ungünstiger Verträge und Fehlinvestitionen finanziell wenig von seinen Patenten. Überliefert ist auch eine Anekdote, dass in einer Krise die Banken Westinghouse weitere Kredite verweigerten mit der Begründung, dass er Tesla noch zwölf Millionen schulde. Daraufhin zerriss Tesla den Vertrag und verzichtete.

   Dieses Beispiel zeigt, wie entscheidend die Frage der Nutzungsrechte und des geistigen Eigentums in der Innovationsgeschichte sein kann.

Am Ende der Vorbereitungsphase haben Sie folgende Zwischenergebnisse:

- ✔ Einen realistischen Projektplan
- ✔ Ein kompetentes, gebrieftes Team
- ✔ Die Ergebnisse von Recherchen im Problemraum und Lösungsraum
- ✔ Die Entscheidungen über und Vorbereitungen von Technologien, Entwicklungswerkzeugen, Prüfständen und dergleichen
- ✔ Regelungen für Rechtliches und Vertragliches innerhalb des Teams, des Projektes, gegenüber Geschäftspartnern und Kunden

Teil IV
Kreative Aktivitäten

IN DIESEM TEIL ...

- ✔ Lernen Sie, wie Sie kreative Aktivitäten am besten durchführen. Das sind vor allem die Aktivitäten in der Discover- und Develop-Phase des Diamant-Modells.
- ✔ Erfahren Sie, wie Sie sich selbst dabei organisieren.
- ✔ Finden Sie heraus, wie Künstliche Intelligenz Sie bei kreativen Aktivitäten unterstützen kann.
- ✔ Erhalten Sie Tipps, wie Sie Gruppen moderieren.
- ✔ Lernen Sie Kreativitätsmethoden für inkrementelle oder radikale Innovationen kennen und erfahren Sie, wie Sie sie anwenden und moderieren.

IN DIESEM KAPITEL

Kreativität gezielt steuern

Wie Sie Ihre kreative Gehirnhälfte antriggern

Kreativität ist kein linearer und planbarer Prozess – was tun?

Kapitel 14
Tipps für die Selbstorganisation

Dies ist der Hauptteil des Buchs. Hier lernen Sie, die Ideen sprudeln zu lassen. Wir werden uns dafür verschiedenste Vorgehensweisen und Methoden ansehen, aus denen Sie auswählen und die Sie verwenden können. Da ist bestimmt das Richtige für Sie dabei!

Ideen, die sowohl neu als auch nützlich sind, fallen nicht zufällig im richtigen Augenblick vom Himmel. Eine solch zielgerichtete Kreativität kann und muss gesteuert werden. Auch Künstler müssen, wenn sie von ihrer Kunst leben wollen, sehr diszipliniert arbeiten und Randbedingungen einhalten wie Termine und die Erwartungen der Zielgruppe.

Sie arbeiten nur dann vollständig alleine, wenn Sie als einsamer Erfinder in Ihrem Keller einen geheimen Geniestreich vorbereiten. Zumeist werden technische Innovationen jedoch durch interdisziplinäre Teams entwickelt. Doch auch zu diesen Gemeinschaftsprojekten gehören Phasen oder Arbeitspakete, in denen Sie alleine arbeiten. Die richtige Mischung aus Gruppen- und Alleinarbeit führt zum bestmöglichen Ergebnis.

Die Analysefunktion des Gehirns ausschalten

Nun besteht die Kunst darin, in der jeweiligen Phase des kreativen Prozesses die entsprechende Gehirnhälfte zu aktivieren, also zum Arbeiten zu bringen: Während der kreativen Aktivitäten benötigen Sie die kreativen Gehirnteile, während der analytischen Aktivitäten die rationalen.

Es ist möglich, verlangt aber etwas Übung, in kurzer Zeit üppige Mengen an wilden Ideen zu generieren, ohne sie sofort zu analysieren. Bei solchen Sitzungen können Sie als Moderator die Analysefunktion des Gehirns gezielt durch Zeitdruck abschalten. (Wir hatten ja schon festgestellt, dass die Analyse zum langsamen Denken gehört.) In den verfügbaren Minuten können die Teilnehmenden gerade noch spontan stichwortartig Ideen notieren, aber nicht außerdem noch grübeln und bewerten. Auch Spaß, Lachen, ungewohnte Werkzeuge und Interaktion mit anderen Teammitgliedern können vom Analysieren ablenken.

Auch das iterative Arbeiten befreit Sie von der Pflicht, perfekte Konzepte auf Anhieb zu produzieren. Wenn Sie sich auf ein iteratives Arbeiten eingestellt haben, dann ist die erste Ideenliste oder ein erster Entwurf nicht mehr als das, nämlich das Material, mit dem Sie weiterarbeiten werden. Das Wissen, dass Sie später noch sortieren und bewerten werden, verfeinern und Fehler korrigieren, lässt fürs Erste die Ideen ungehindert(er) sprudeln. Probieren Sie es aus und schreiben Sie fröhlich ins Unreine!

Das Gehirn und seine Kreativitätstrigger

Es gibt typische Trigger, also Schlüsselreize oder Startimpulse, welche die eine oder andere Gehirnhälfte ansprechen. Methoden – also Schritt-für-Schritt-Beschreibungen für das Vorgehen – gibt es sowohl für die Analyse als auch für das Anregen von Kreativität, die sogenannten Kreativitätsmethoden. Dabei funktioniert aber jedes Gehirn ein wenig anders. Manche Impulse oder Methoden triggern Sie persönlich vermutlich besser als andere. Das müssen Sie ausprobieren. Beispielsweise wirkt Teamarbeit auf manche inspirierend, während es bei anderen eher Konkurrenzgefühle oder Kritikangst verursacht, und darum arbeiten sie lieber in ungestörter Einsamkeit.

In diesem Buch widmen wir uns vor allem den Kreativitätsmethoden. Dafür gibt es zwei Gründe: Zum einen haben Sie als Ingenieurin die Analysemethoden im Studium oder in der Ausbildung erlernt und auch im Berufsleben genug Erfahrung damit gesammelt. Für solche Vorgehensweisen gibt es in jedem Unternehmen oft ganz spezielle Varianten, die sich genau für die eigene Technologie ideal eignen. Zum anderen sind Kreativitätsmethoden technologieübergreifend gleichermaßen anwendbar, wohingegen die analytischen Methoden sich unterscheiden. Die Idee für eine App bewertet man anders als einen Brückenentwurf oder eine elektrische Schaltung.

Finden Sie heraus: Welche Gehirnhälfte dominiert bei Ihnen? Benutzen Sie die folgende Tabelle und zählen Sie, wie oft Sie rechts oder links Ihr Kreuz machen:

	Linke Gehirnhälfte	Rechte Gehirnhälfte
Händigkeit	Rechtshänder	Linkshänder
Was kann ich mir leichter merken?	Zahlen	Bilder
	Einzelne Vokabeln	Ganze Sätze, Eselsbrücken, Merksätze
	Details einer Geschichte	Die Pointe und Botschaft einer Geschichte
	Was ich gelesen habe.	Was mir jemand erzählt hat.
Was fällt mir leichter?	Pläne erstellen und umsetzen.	Ideen erzeugen.

	Linke Gehirnhälfte	Rechte Gehirnhälfte
Wie stelle ich mir elektrischen Strom vor?	Als Formel	Bildlich, als Wasserstrom
Wie stehe ich zu Formeln und Bildern?	Eine Formel sagt mehr als ein Bild.	Ein Bild sagt mehr als eine Formel.
Träume sind für mich ...	... wirres Zeug.	... bedeutungsvoll.
Rote Rosen sind ...	... teuer, kitschig, stachlig.	... schön, romantisch, duftig.
Wenn ich Musik höre ...	... frage ich mich, wer das Stück wohl geschrieben hat.	... gehe ich im Takt mit.
Moderne Gedichte sind ...	... unklar und reimen sich nicht.	... ausdrucksstark und inspirierend.
Am liebsten drücke ich mich aus ...	in Wort und Schrift.	mit Musik oder Bildern.
Mein Schreibtisch ist ...	aufgeräumt.	chaotisch.
Selbstorganisation	To-do-Listen arbeite ich der Reihe nach ab.	Ich mache gerne mehrere Dinge gleichzeitig und kann mich schlecht an Pläne halten.

Die linke Gehirnhälfte aktivieren

Die linke, analytische Gehirnhälfte aktivieren Sie beispielsweise mit Listen, Tabellen, Skalen, Statistiken, Formeln, Berechnungen, Prozessmodellen, Ursache-Wirkungs-Modellen. Dadurch schaffen Sie emotionale Distanz und Objektivität. Im Studium habe ich gelernt, dass man jede praktische Aufgabe nach demselben Schema angeht: Man schreibt auf: »Was ist gegeben?« und »Was soll das Ergebnis sein?«, dann sucht man die Methode und die Formel, mit der man von dem Gegebenen zu dem Gesuchten gelangt. Anschließend wendet man sie an. Fertig. Das ist exakt die Arbeitsweise der analytischen linken Gehirnhälfte.

Typische Analysewerkzeuge des Ingenieurs sind auch Modelle, Diagramme und Simulationen. Sie prüfen die Plausibilität von Ideen und Erwartungen. Diese Erkenntnis ist nicht neu: Schon Aristoteles sagte: »Denken ist unmöglich ohne Bilder.«

Die rechte Gehirnhälfte aktivieren

Die rechte Gehirnhälfte aktivieren Sie beispielsweise mit einem weißen Blatt Papier, der Farbe Grün (oder Ihrer Lieblingsfarbe), Musik, Kritzeln, vernetzten Zeichnungen, Übersichtsmodellen, willkürlichen Inspirationen, dem Blick in die Ferne. Auch Visualisierungen und das Nachdenken über Gefühle triggern das Eintauchen in das Thema an. Ich persönlich werde kreativ, wenn ich direkt an der Seine oder in einem Zug sitze oder im Wald wandere. Manche Schriftsteller berichten, dass sie nur bei Kerzenschein schreiben, andere nach einem Glas Rotwein oder mit klassischer Musik im Hintergrund. Manche brauchen absolute Ruhe, damit die Ideen fließen, andere werden von dem unruhigen, belebten Umfeld in einem Straßencafé oder der konzentrierten Atmosphäre der Bahnhofslounge inspiriert.

Hilfreich ist auch ein Geisteszustand des Tagträumens, der im Gehirn eintritt, sobald wir nichts Spezielles (Intellektuelles) tun oder uns sogar langweilen wie beispielsweise in Wartezeiten oder beim Sport. Kreativ sind Sie aber auch im Flow, wenn Sie hochkonzentriert arbeiten, wenn eine Idee ganz von selbst die nächste nach sich zieht. Beide Zustände erreichen wir selten in einer Gruppensitzung, sondern eher in einer ruhigen Stunde.

Rechte und linke Gehirnhälfte aktivieren

Planen Sie Ihren nächsten oder übernächsten Urlaub. Auch dabei wechseln Kreativität und Bewertung einander ab. Trennen Sie dabei ganz bewusst die Aktivitäten der rechten und linken Gehirnhälfte, indem Sie dazwischen eine Pause einlegen. Mit der rechten Gehirnhälfte sammeln Sie Ideen, mit der linken bewerten und planen Sie. Gehen Sie dabei so vor:

- ✔ ***Rechte Gehirnhälfte:*** Nehmen Sie ein weißes Blatt Papier und einen Buntstift und schreiben oder malen Sie alles auf, das Ihnen zu dem Thema »Urlaub« einfällt. Möglich viel, möglichst neu, möglichst bunt. Sie können auch Bilder aus Zeitschriften oder aus dem Internet verwenden.
- ✔ **Linke Gehirnhälfte:** Sortieren und clustern Sie die gefundenen Ideen nach Themen wie »Zeitpunkt«, »Ort«, »Unterkunft«, »Anreise« und so weiter. Tippen Sie diese Listen in den Computer ein und drucken Sie sie aus. Fehlt noch etwas?
- ✔ ***Rechte Gehirnhälfte:*** Sehen Sie sich Ihre Listen an und streichen Sie mit einem Buntstift alles heraus, worauf Sie keine Lust haben. Markieren Sie alles bunt, was Ihnen besondere Freude verspricht. Ergänzen Sie gerne noch weitere Ideen.
- ✔ **Linke Gehirnhälfte:** Sehen Sie sich an, was Sie bunt markiert haben. Welche Reise ergibt sich aus diesen Vorgaben? Beurteilen Sie: Können Sie damit eine Reise vollständig planen? Was ist Ihr nächster Schritt für die Planung und wann wollen Sie ihn durchführen?

Beobachten Sie sich selbst beim Wechselspiel zwischen rechts und links. Wie fühlen Sie sich jeweils? Bei welcher Aktivität fühlen Sie sich wohler?

Kreativitätsmethoden

Kreativitätsmethoden, auch Kreativitätstechniken genannt, erschaffen gezielt Situationen, in denen Ihr Gehirn kreativ arbeitet. Aber auch in Ihrem normalen Alltag schweifen die Gedanken oft herum. Bei mir während des sonntäglichen Joggens, des Zähneputzens oder des Wartens an einer Bushaltestelle. Immer etwas zum Schreiben dabei zu haben, sollte für Sie selbstverständlich werden, weil spontane Ideen erschreckend flüchtig sein können. Alternativ können Sie auf Ihrem Smartphone auch Sprachmemos aufnehmen oder handschriftliche Notizen fotografieren. Gerade war man noch Feuer und Flamme von einer genialen Idee, ein paar Stunden später sind nur nebelartige Rauchwölkchen davon übrig.

Nun ist es Ihre Aufgabe, herauszufinden, wann Sie üblicherweise kreativ sind.

Überlegen Sie: Wann hatten Sie Ihre letzten guten Ideen oder Eingebungen (egal ob privat oder beruflich)?

- ✔ An welchem Ort befanden Sie sich?
- ✔ Was haben Sie da gerade getan?
- ✔ Waren Sie alleine, von Menschen umgeben oder haben Sie mit anderen gemeinsam über das Thema nachgedacht?
- ✔ Gab es einen Trigger, also Anstoß von außen, beispielsweise einen Zeitschriftenartikel oder etwas, das jemand gesagt hat?
- ✔ War es laut oder leise, ruhig oder unruhig um Sie herum?
- ✔ Welche Tageszeit war es?
- ✔ Gab es etwas, das die Situation für Sie besonders angenehm, entspannend oder anregend gemacht hat?
- ✔ Haben Sie eine Routine, die Sie kreativ macht, zum Beispiel ein Getränk?
- ✔ Wie lange war es schon her, dass Sie über dieses Thema gegrübelt haben?
- ✔ War das die Situation, in der Sie typischerweise gute Ideen haben?

Ich halte wenig davon, bunte Wattebällchen, Konfetti oder Luftschlangen herumzuwerfen oder mit anderen Kinderspielchen die Kreativität anzuregen. Kreativität im Software Engineering und Ingenieurwesen funktioniert gerade im Lösungsraum auch auf eine sachliche, trockene Art, die nahe bei den Fakten bleibt. Also: Sie müssen keine Sorge haben, dass wir albern werden!

Nun probieren Sie einige mögliche Kreativitätstrigger aus. Ihre Aufgabe besteht darin, sich für Ihr kreatives Projekt konkrete Anwender/innen und Nutzungsszenarien vorzustellen:

Wer benutzt Ihr Produkt (oder Dienstleistung oder was auch immer) mit welchem Ziel?

Denken Sie darüber nach. Versuchen Sie jeweils ungefähr fünf Minuten lang jeden der folgenden Kreativitätstrigger und schreiben Sie Ihre Ideen auf. (Sie brauchen also für die gesamte Übung eine halbe Stunde.) Es müssen nicht genau fünf Minuten sein, denn das Auf-die-Uhr-Schielen wirkt kontraproduktiv. Darum übernimmt in Gruppen-Kreativitätssitzungen ein Moderator die Zeitmessung. Probieren Sie dies:

- ✔ Der Blick aus Ihrem Fenster oder auf eine Postkarte mit einer schönen Aussicht.
- ✔ Ihre Lieblingsmusik.
- ✔ Kritzeln auf einem weißen Blatt Papier, also wahllos Schnörkel, Striche und andere Formen zeichnen.
- ✔ Legen Sie sich auf den Rücken und betrachten Sie die Zimmerdecke.
- ✔ Eine eintönige, wenig anspruchsvolle Tätigkeit wie Nägelfeilen, Geschirrspülen, Fensterputzen, Unkrautjäten, Zähneputzen, leichte Gymnastik.
- ✔ Schlagen Sie ein Wörterbuch an einer beliebigen Stelle auf, suchen Sie einen Begriff heraus und überlegen Sie, was dieser mit Ihrem Thema zu tun hat.

Was hat am besten funktioniert und am meisten Ideen hervorgerufen?

Das bewusste Aktivieren der rechten Gehirnhälfte muss nicht sofort funktionieren. Vielleicht haben Sie sie schon lange nicht mehr benutzt, weil Sie normalerweise nur Listen abarbeiten, Vorlagen ausfüllen und Gleichungen lösen. Aber wir haben ja noch ein paar Seiten Buch vor uns. Versuchen Sie es einfach immer wieder. Ihre Kreativität kann nicht sterben, sie schläft höchstens.

Nicht-Linearität der Kreativität

Die Neurowissenschaften legen nahe, dass das menschliche Gehirn nicht linear funktioniert. Auch das Modell von der rechten und linken Gehirnhälfte ist eine starke Vereinfachung. Die Verknüpfungen der Neuronen untereinander und die ganze Struktur des neuronalen Netzes in unserem Gehirn ist keine sequenzielle Maschine, die deterministisch Input in Output umrechnet.

Das Gehirn denkt vernetzt, weil seine Struktur vernetzt ist: Die beim Denken aktiven Nervenzellen (Neuronen) sind netzartig miteinander verknüpft. Dieses vernetzte Arbeiten des Gehirns ermöglicht einige nützliche Fähigkeiten:

- ✔ **Filtern:** Wichtige Informationen können von unwichtigen unterschieden werden.
- ✔ **Fähigkeit zu Abstraktion:** Aus mehreren ähnlichen Einzelfällen kann das Gehirn allgemeine Regeln herleiten, die es dann wiederum auf Einzelfälle anwenden kann.
- ✔ **Fehlertoleranz:** Auch bei lückenhaften oder sogar falschen Informationen kann gerade die rechte Gehirnhälfte zu einem korrekten Gesamteindruck kommen.
- ✔ **Das Gehirn arbeitet assoziativ,** das heißt über Verknüpfungen. Darum können wir uns Fakten leichter merken, wenn wir sie mit einem Bild verknüpfen, einer Eselsbrücke. Überhaupt können wir auch Unzusammenhängendes irgendwie logisch verknüpfen.

Ganz besonders die Ergebnisse kreativer Übungen hängen von den Sinneseindrücken der letzten Tage, der Tagesform, dem Biorhythmus und dem aktuellen Umfeld ab. Wenn Sie mehrmals dieselbe Arbeitsfrage mit derselben Kreativitätstechnik bearbeiten, dann kommt etwas anderes dabei heraus. Noch vielfältiger werden die Ergebnisse, wenn Sie dieselbe Frage mit unterschiedlichen Techniken angehen. Darum lohnt es sich, gerne auch mehrmals über dieselbe Arbeitsfrage zu sinnieren.

Cluster und Mindmaps

Je besser Ihr vernetztes Denken, umso produktiver Ihre Kreativität. Üben Sie also das vernetzte Denken! Weiter oben habe ich Ihnen bereits das Kritzeln empfohlen. Eine Idee (Symbol oder Wort) fügt sich an die andere, entsprechend der Gedankenkette, in der sie entstanden ist. Es gibt auch besprechungsraumtaugliche Kritzeltechniken, beispielsweise Clustering und Mindmapping. Beide Methoden funktionieren ähnlich, nur dass das Mindmap eine spezielle Notation verwendet, die durch entsprechende Malwerkzeuge unterstützt wird, wie beispielsweise das kostenlose FreePlane. Sie können aber jedes Zeichenwerkzeug verwenden. Auch Flipchart oder Tafel stehen Ihnen offen.

Die Methode funktioniert so: Schreiben Sie in die Mitte eines Blattes oder elektronischen Dokuments den zentralen Begriff oder die zu beantwortende Frage. Notieren Sie nun alles, was Ihnen dazu einfällt. Die Ideen kommen in beliebiger Reihenfolge, auch Gedankensprünge sind erwünscht. Sortieren Sie bereits beim Notieren zu einem Cluster, was inhaltlich zusammengehört. Die Stichwörter in einem elektronischen Dokument oder Kärtchen an einer Magnettafel können Sie auch nachträglich noch verschieben.

Abbildung 14.1 zeigt ein Mindmap für die Planung einer Reise, einfach hinnotiert, was mir gerade einfiel.

Erstellen Sie ein Mindmap zu Ihrem eigenen Projekt. Ob Sie auf Papier zeichnen oder auf dem Computer, das bleibt Ihnen überlassen.

Kreativität lässt sich nicht anordnen

Es ist eine Tatsache, dass sich Kreativität nicht anordnen lässt. Es nutzt wenig, fünf kompetente Fachkräfte in einen fensterlosen Kellerraum zu sperren und ihnen anzudrohen: »Ihr kommt erst wieder hier heraus, sobald ihr mich mit einer genialen Idee überzeugt.« Auch wenn es natürlich Beispiele wie das Apollo-13-Projekt gibt, wo unter Zeitdruck die rettende Idee geboren wurde, wirkt doch im Großen und Ganzen Druck eher hemmend als fördernd.

Die besten Ideen sprudeln nicht auf Befehl, sondern müssen oft in Ruhe reifen. Gerade bei radikalen Innovationen werden zunächst zahlreiche nutzlose Ideen erzeugt, bevor es realistischer wird. Da hier dann zur Bewertung oft physische Prototypen nötig sind, wechselt der kreative Prozess zwangsläufig iterativ zwischen Problem- und Lösungsraum hin und her. Das kostet Arbeitszeit und verzögert das finale Ergebnis. Hatte man nicht damit gerechnet, verursacht die lange Dauer auch noch Stress.

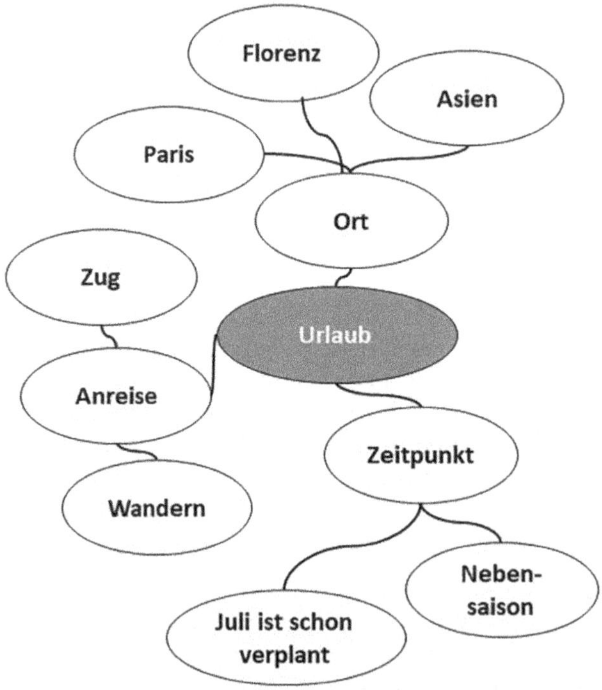

Abbildung 14.1: Mindmap

Zeit einplanen!

Ein nicht zu ehrgeizig geplanter iterativer Prozess hilft den Beteiligten, entspannt kreativ sein können. Am besten plant man von vorne herein mehrere kreative und analytische Phasen ein. Paradoxerweise führt nämlich gerade das Wissen, dass die ersten Ideen nicht die besten sein müssen, zu einer sprudelnden Ideenfülle. Abwechseln sollten sich auch Gruppensitzung und Einzelarbeitszeiten.

Erfolgsfaktor Zufall

Nicht unterschätzen darf man auch den »Erfolgsfaktor Zufall«, wie Christian Busch in seinem gleichnamigen Buch schreibt. Viele erfolgreiche Ideen entstanden durch zufällige Begegnungen mit Experten ganz anderer Disziplinen, durch das Einbringen von Hobbywissen in den Beruf, Expertenwissen des Lebenspartners, abteilungsübergreifende Gespräche beim Betriebsausflug und dergleichen. Busch (2023, S. 7) schreibt: »Studien zufolge sind etwa 30 bis 50 Prozent der großen wissenschaftlichen Durchbrüche das Ergebnis von Unfällen oder Zufällen.« Busch (2023, S. 20) definiert **Serendipität** als »das Zusammenkommen von Zufall und menschlichem Handeln, das zu einem (in der Regel positiven) Ergebnis führt«.

Das bedeutet für uns praktisch, dass wir Gelegenheiten für solche Zufälle schaffen sollten, bei denen unser Problem auf eine unerwartete Lösung oder unsere Lösung auf ein neues Problem treffen kann. Da Kreativität oft bedeutet, vorhandene Technologien, wissenschaftliche

Erkenntnisse und so weiter neu zu kombinieren, müssen wir möglichst viele Puzzleteile sammeln, was die Wahrscheinlichkeit erhöht, dass das richtige dabei ist.

Das heißt: Lesen Sie auch Fachartikel, die nicht direkt zu Ihrem Spezialgebiet gehören, streifen Sie willkürlich auf einer Messe herum, besuchen Sie Konferenzen zu benachbarten Themen, lernen Sie möglichst viele Experten kennen, engagieren Sie sich in Arbeitskreisen und Vereinen, seien Sie offen für neue Trends und Technologien. »Glück ist eine Frage der Vorbereitung« schreibt Busch (2023, S. 8) mit Verweis auf Seneca. Glückliche Zufälle nutzen zu können, verlangt gute Vorarbeit.

Gleichzeitig sind aber auch Geduld und ein gutes Gedächtnis nötig, weil die verschiedenen Puzzleteile zu unterschiedlichen Zeitpunkten eintrudeln. Manchmal ist auch die Idee schon da, aber es fehlt noch die Gelegenheit zur Umsetzung. Früher haben Wissenschaftler Laborbücher geführt, in die sie tagebuchartig auch unausgegorene Ideen oder offene Fragen notierten, auf die sie später wieder zurückgreifen konnten. Heutzutage lohnt es sich, in den eigenen früheren Notizen und E-Mails zu wühlen. Die eine oder andere gute Idee ging im Alltagstrubel vielleicht unter, konnte aus Zeitmangel erstmal nicht bearbeitet werden, liefert später aber Stoff für einen Forschungsantrag oder die Idee für eine Kooperation. Wesentlich ist nämlich, zum richtigen Zeitpunkt die richtigen Fragen und Antworten miteinander zu verknüpfen. Ich empfehle einen nach Themen sortierten Ideenspeicher, der weiter unten noch genauer beschrieben wird.

Kommt Zeit, kommt Rat

Ist Ihnen schon manchmal am Tag nach einem Gespräch eine noch bessere Antwort eingefallen als Sie damals gegeben hatten? Typischerweise haben Sie die besten Ideen nicht zuerst und auch nicht unbedingt in der ersten Sitzung. Ihre Kreativität arbeitet, sobald angestoßen, unterbewusst und nebenher weiter. Darum entstehen bei mir gute Cluster so, dass ich in der ersten Sitzung nur überlege, worin das zu lösende Problem besteht, und ein paar erste Einfälle auf Papier notiere. Dann stecke ich den Zettel in die Mappe, die ich stets bei mir trage. Jederzeit können mir neue Ideen kommen und dann muss ich sie sofort notieren, selbst wenn ich dafür nachts nochmal das Licht anmachen muss. Ideen muss man buchstäblich festhalten, weil sie oft flüchtig sind.

Auch informelle Gespräche, Fernsehsendungen und jede andere Anregung von außen kann neue Ideen antriggern oder das fehlende Puzzleteil liefern. Dabei muss es in dem Gespräch oder dem Film gar nicht unbedingt um Ihr aktuelles Thema gehen, sondern die Anregung kommt oft aus unerwarteter Richtung, zum Beispiel aus einem ganz anderen Wissensbereich. Beispiel: Sie arbeiten gerade an einem technischen Problem, sehen dann aber zur Entspannung mit Ihrer Vierjährigen gemeinsam eine Kindersendung über das Leben der Faultiere. Und dabei kommt Ihnen die fehlende Idee, weil die energiesparende Langsamkeit des Faultiers eine längere Gedankenkette bei Ihnen auslöst.

Wann ist man fertig? Im Grunde nie. Sein Leben lang kann man zu einer Frage weitere Antworten finden. Aber irgendwann muss man mit der Umsetzung anfangen. Und diese beginnt, sobald Sie befinden, dass die richtige Idee dabei ist.

Ideenspeicher

Normalerweise gehen wir davon aus, dass Sie ein Problem haben und die Lösung dafür suchen. Das ist die übliche naturwissenschaftlich-ingenieurmäßige Reihenfolge. Tatsächlich hält sich die Kreativität nicht daran. Manchmal fallen uns Lösungen zu Themen ein, an denen wir gerade gar nicht arbeiten, oder Lösungen, bei denen wir nicht wissen, wie das zugehörige Problem lauten könnte. Manchmal fehlt gerade aber auch nur die Zeit oder das Budget oder ein passender Auftraggeber, um eine Idee umzusetzen.

Darum führen hochproduktive Menschen einen Ideenspeicher. Das ist eine Liste oder ein Büchlein aus Papier oder digital, wo alle Ideen notiert werden, auch unausgegorene. Bei Bedarf, wenn zum Beispiel zur Lösung das Problem hereinschneit, können sie darauf zurückgreifen. Oder wenn Sie mal Zeit haben oder für eine Bewerbung ein paar Antworten brauchen auf die Frage »Wenn wir Ihnen eine Million Budget geben würden, was würden Sie damit machen?« Ich jedenfalls habe während meiner Karriere regelmäßig über diese Frage nachgedacht, weil man ja vorbereitet sein sollte, falls das Schicksal einem eine Chance eröffnet! Oft ergeben sich Möglichkeiten ganz spontan. Irgendwo ist noch Budget übrig oder man hat eine hochmotivierte Studentin, die eine Masterarbeit schreiben möchte.

Warum muss man sich die Idee aufschreiben, wenn sie doch so genial ist? Ideen sind genauso flüchtig wie die Erinnerung an die Träume der letzten Nacht. Man weiß noch, dass da etwas war, das einen begeistert hat, aber eben nicht mehr, was!

Ganz von selbst passiert Kreativität aber auch nicht

Leider funktioniert es im modernen Leben mit seiner Hektik und Ablenkungen auch nicht, dass man sich darauf verlässt, dass das Gehirn zwischen den Sitzungen die richtigen Ideen schon automatisch generieren würde. Das Gehirn muss an die von ihm erwartete Aufgabe immer wieder neu erinnert werden.

Darum trage ich, wenn ich an einem kreativen Projekt arbeite, immer einen Zettel bei meinen Unterlagen, auf denen Aufgabe, vorläufige Ideen und Termin notiert stehen. Wenn ich im Zug oder auch im Büro eine ruhige halbe Stunde habe, ziehe ich diese Zettel heraus (meistens sind es mehrere), blicke darauf und horche in mich hinein, welches Thema mich gerade am meisten anspricht.

Oft stelle ich tatsächlich fest, dass mein Gehirn im Hintergrund schon etwas ausgebrütet hat. In vielen Fällen hatte ich dieses Projekt oder zumindest diese Aufgabe aber in der operativen Hektik völlig vergessen. Dann nehme ich mir einige Minuten Zeit, um meine Notizen zu lesen und mir selbst ein paar Fragen zu stellen, wie »Was hat mir an meinen bisherigen Ideen nicht gefallen? Was fehlte?« oder »Wie müsste die ideale Lösung aussehen? Wem müsste sie gefallen?«

Wichtig sind aber auch ruhige Zeiten, wo Sie nicht abgelenkt oder gehetzt werden und sich mal zwei Stunden am Stück mit Ihrem kreativen Projekt beschäftigen können, um Ihre Puzzleteile auf den Tisch zu legen und zu sortieren: »Was habe ich, was fehlt mir noch?« Wo Sie konzentriert recherchieren und analysieren. In der heutigen hektischen Zeit, wo alle paar Minuten eine E-Mail, SMS, Whatsapp- oder andere Nachricht eintrudelt, leiden wir weniger an einem Mangel an Inspiration als vielmehr an einem Mangel an Konzentration. Cal Newport (2016) behandelt in seinem Buch »Deep Work« dieses Zeitmanagement-Problem.

Deep Work versus Shallow Work

Im Verlauf des Tages erledigen wir zwei Typen von Arbeit: Shallow Work und Deep Work – seichte Arbeit und »tiefe« Arbeit. Cal Newport definiert sie so:

- ✔ **Deep Work:** berufliche Aktivitäten, die in einem Zustand ablenkungsfreier Konzentration ausgeübt werden und Ihre geistigen Kapazitäten an ihre Grenzen bringen. Diese Leistung schafft neuen Wert, verbessert Ihre Fähigkeiten und ist schwer zu kopieren.

- ✔ **Shallow Work:** kognitiv anspruchslose, logistikorientierte Aufgaben, die häufig unter Ablenkung durchgeführt werden. Diese Tätigkeiten schaffen tendenziell nicht viel neuen Wert in der Welt und sind leicht zu kopieren oder delegieren.

Leider ziehen wir intuitiv die seichte Arbeit vor: Sie ist wenig anspruchsvoll, bringt schnelle Erfolge, erlaubt das Prokrastinieren, ist oft auch dringend oder macht Spaß. Das Zeitmanagement-Problem von Deep Work ist, dass es lange Phasen verlangt, in denen wir störungsfrei arbeiten können. Wo und wann findet man das heutzutage noch? Großraumbüro, Teamarbeit, zahlreiche Besprechungen, digitale und schnelle Kommunikation, soziale Netzwerke, zu viele E-Mails, eine Kultur der ständigen Erreichbarkeit behindern Deep Work.

Rückzugsstrategien

Der ständige Wechsel der Aufmerksamkeit durch Internet, Fernsehen und andere Medien wirkt sich negativ auf das Gehirn aus und führt zu einer Ablenkungssucht. Das heißt, eventuell benötigen Sie sogar einen Entzug, auf Neudeutsch »Digital Detox« genannt, um sich (wieder) besser konzentrieren zu können. Newport empfiehlt einen Internet-Sabbat: Halten Sie einen Tag pro Woche oder einen Monat pro Jahr oder zwei Stunden pro Tag internetfrei. Umgekehrt wird regelmäßige Deep Work Ihre Konzentrationsfähigkeit verbessern.

Die Gelegenheit für Deep Work muss jede/r sich bewusst schaffen. Newport beschreibt vier mögliche Strategien, wie Sie Deep Work in Ihr Leben integrieren können:

1. **Mönchisches Deep Work:** Sie ziehen sich weitgehend von der Welt zurück, auf eine einsame Insel, in eine Hütte ohne Telefon und Internet. Das können Sie tun, wenn Ihre Arbeit hauptsächlich darin besteht, ein Denker zu sein.

2. **Bimodales Deep Work:** Wenn Sie Ihren Lebensunterhalt durch Shallow Work verdienen, dann ziehen Sie sich nur für klar definierte Zeitabschnitte (mindestens einen Tag am Stück) zum konzentrierten Arbeiten zurück. In dieser Zeit leben Sie mönchisch.

3. **Rhythmisches Deep Work:** Sie machen sich Deep Work zu einer regelmäßigen täglichen Übung, am besten immer zur selben Uhrzeit. Diese Strategie ist auch mit einem Vollzeitjob vereinbar, beispielsweise indem Sie die Morgen- oder Abendstunden nutzen.

4. **Journalistisches Deep Work:** Sie arbeiten zwischendurch hochkonzentriert, wenn Sie gerade Zeit dafür finden. Diese Strategie ist für Neulinge nicht geeignet, weil es Übung verlangt, schnell vom Oberflächlichen ins Vertiefte zu wechseln. Ich nutze gerne Fahrtzeiten im Zug für Deep Work.

Die gute Nachricht ist aber, dass sich Deep Work und das Umschalten dahin üben lässt. Hilfreich sind dabei Rituale. Beispielsweise können Sie sich an einen besonderen Ort zurückziehen: in eine Schreibhütte, in eine Bücherei, ins Café. Hier fallen die üblichen Störungen weg. Auch Gewohnheiten wie beispielsweise ein bestimmtes Getränk zuzubereiten oder zuerst die Werkzeuge zu ordnen können als Ritual Ihrem Gehirn signalisieren: Deep Work steht an. Messen Sie regelmäßig Ihren Erfolg: Wie viel Zeit haben Sie tatsächlich mit Deep Work verbracht und wie sehen die Arbeitsergebnisse aus? Zeitmanagement unterstützt einen solchen bewussten Umgang mit Ihrer Zeit.

Denken Sie an Ihre eigenen größten Erfolge im Leben, beruflich oder privat:

- ✔ Wie sind diese zustande gekommen?
- ✔ Welchen Anteil (in Prozent) spielten hier Zufall und Planung jeweils?
- ✔ Wie hat es sich als nützlich erwiesen, dass Sie vielfältige Interessen und Kontakte haben?
- ✔ Welche Rolle spielte Deep Work?

Zeiten einplanen, aber nicht Ergebnisse

Ich würde sagen, dass Sie für die kreativen Aktivitäten Zeit einplanen müssen, obwohl Sie nicht die Ergebnisse planen können. Trotzdem brauchen Sie eine Vorstellung davon, bis wann Sie welche Idee benötigen. Wenn ich beispielsweise die Schulungsunterlagen am 30. April liefern muss und zwei Wochen für die Erstellung benötige, dann brauche ich die Idee für die Fallstudie bis zum 15. April.

Also fange ich mehrere Wochen vorher schon an, mir auf einen Zettel zu notieren, was ich bis wann brauche. Immer wieder ziehe ich diesen Zettel heraus, zum Beispiel wenn ich im Zug sitze oder abends noch ein wenig Zeit habe. Fehlt nach einer 20-Minuten-Kreativitäts-Sitzung immer noch die zündende Idee, brauche ich eine weitere Sitzung. Genau darum muss man gerade für die kreativen Phasen großzügig Zeit einplanen und frühzeitig zu grübeln beginnen.

Der Bedarf an Arbeitszeit und Kalenderzeit hängen hier wenig zusammen. Wenn ich für eine Routineaufgabe vier Tage benötige, kann ich ja vier Tage vor Abgabefrist daran zu arbeiten beginnen und es immer noch schaffen. Bei kreativen Aufgaben benötige ich meist wenige Minuten an Arbeitszeit, um die Idee zu erzeugen, brauche aber eventuell mehrere Anläufe im Abstand von Tagen.

Kreativität kann nicht leicht geplant werden, weil sie nichtlinear und sprunghaft geschieht. Folgendes müssen Sie darum beachten:

- Für die Durchführung von kreativen Aktivitäten müssen Sie gleichzeitig Ihre kreative rechte Gehirnhälfte antriggern und die linke, analytische Gehirnhälfte ignorieren. Das lässt sich üben, aber Sie müssen erst die richtigen Routinen und Trigger für Ihr Gehirn finden.
- Kreativität lässt sich nicht anordnen, muss aber durch Gelegenheiten und vielfältiges Fachwissen vorbereitet und ermöglicht werden.
- Sie müssen für die Kreativität und für Iterationen Zeit einplanen, können aber nicht unbedingt Ergebnisse versprechen.

IN DIESEM KAPITEL

Einsatzmöglichkeiten der Künstlichen Intelligenz für kreative und analytische Aktivitäten

Grenzen der Künstlichen Intelligenz

Kapitel 15
Möglichkeiten und Grenzen von Künstlicher Intelligenz

Die Unterstützung durch Künstliche Intelligenz (KI) eröffnet neue Möglichkeiten bei der Kreativität im technischen Bereich. Diese sind naturgemäß aber auch begrenzt, weil Sie von einem künstlichen neuronalen Netzwerk kein echtes technisches Fachwissen oder gar Verständnis oder Intuition erwarten können. Nicht umsonst haben Sie sich als Ingenieur/in jahrelang oder jahrzehntelang fortgebildet und praktische Erfahrungen gesammelt. Vieles davon wurde nie aufgeschrieben, sondern blieb implizites Erfahrungswissen oder gehörte nicht zum Trainingsmaterial der KI dazu. Die Künstliche Intelligenz eignet sich aber gut als inspirierender Diskussionspartner, und zwar sowohl bei den kreativen als auch bei den analytischen Aktivitäten.

Allerdings muss ich gleich darauf hinweisen, dass alles, was man über KI schreibt, heutzutage schon veraltet ist, sobald man den Punkt hinter den Satz setzt. Tatsache ist aber, dass die Möglichkeiten sich rasant entwickeln und es zahlreiche Arten von KI gibt. Sie sollten nicht auf die Unterstützung der KI verzichten. Im Zusammenhang mit Kreativität sind generative KI und Large-Language-Modelle die relevantesten KI-Spielarten.

Generative KI: Das Wort »generativ« bedeutet »erzeugend«. Generative KI umfasst also Künstliche Intelligenz, die Texte, Bilder, Videos oder auch Musik erzeugen kann.

Large-Language-Modell: Dies ist eine KI, die speziell für das Verarbeiten von Sprache und Erzeugen von Texten gedacht ist. Es handelt sich also um eine Unterkategorie der generativen KI. Der Begriff »large« bezieht sich sowohl auf die Größe des dahinterliegenden neuronalen Netzes als auch die Größe des Datenschatzes, mit dem diese KI trainiert wurde.

Dies führt dazu, dass das Large-Language-Modell auf ein umfangreiches Wissen und vielfältige Texte zurückgreifen kann und daraus recht intelligent, kompetent und eloquent klingende Texte zu allen möglichen Themen erzeugen kann.

Allerdings steckt natürlich kein echtes Wissen dahinter, sondern es wird nur derjenige Text erzeugt, der statistisch gesehen am besten zur eingegebenen Anfrage (englisch »Prompt« genannt) passt. ChatGPT ist eines von zahlreichen solcher Large-Language-Modellen.

Wie und wie gut Künstliche Intelligenz unterstützen kann, diskutieren wir am besten anhand der Phasen des Double-Diamond-Modells, das wir in Teil II dieses Buches kennengelernt haben.

Discover

Die Anforderungen im Problemraum recherchieren Sie in der Realität, also bei Zielgruppen und aus zahlreichen anderen Quellen. Denn: Die Anforderungsspezifikation ist nicht einfach ein lästiges, unnötiges Dokument, das man pro forma erstellt, weil man muss, dann abheftet und nie wieder öffnet. Die Anforderungen stellen die Grundlage für die Planung des Produkts, die Auswahl der Technologie, die Strukturierung des Produkts, Programmierung, Testen, Qualitätssicherung, Handbucherstellung, Marketing und Verträge dar.

Die dokumentierten Anforderungen müssen darum unbedingt tatsächlich denjenigen realen Anforderungen entsprechen, die zu erfüllen sind, um ein erfolgreiches Produkt zu erzeugen. Diese Erfolgskriterien müssen Sie von Anfang an kennen und darauf zuarbeiten. Sie müssen unbedingt wissen: Wer will das Ding für welchen Zweck und unter welchen Bedingungen so sehr, dass er dafür Geld bezahlen würde, es gerne benutzt und dann noch seinen Freunden weiterempfiehlt?

Ja, das hat etwas von Hellseherei. Selbst die potenziellen Käufer wissen oft vorab nicht genau, was sie brauchen oder kaufen würden, oder falls sie es wissen, erzählen sie es uns nicht unbedingt. Beispielsweise kann es sein, dass wir ihnen eine neue Produktidee vorstellen und sie aus Höflichkeit sagen: »Ähm, ja, gute Idee, würd' ich kaufen.« Weil sie uns nicht enttäuschen oder ausbremsen wollen oder weil sie denken: »Naja, ich brauche das nicht, aber ich denke schon, dass es jemanden geben könnte, der vielleicht Geld dafür ausgibt.« Aus Nettigkeit.

Über die Kunst der Anforderungsermittlung und der Marktforschung, also wie man zu korrekten Anforderungen gelangt, wurden ganze Bücher geschrieben. Das wollen wir hier nicht wiederholen, sondern müssen Sie dort nachlesen. Uns interessiert hier, wie KI uns dabei unterstützen kann.

Hier einige Beispiele für den Einsatz einer KI:

- ✔ Recherche nach Marktdaten, Statistiken und existierenden Produkten mit einer KI-basierten Suchmaschine
- ✔ Diskussionspartner für Ideen und Spezifikationen
- ✔ Erzeugen eines ersten Entwurfs einer Anforderungsspezifikation und anderer Dokumente
- ✔ Verbessern von Formulierungen in der Spezifikation oder anderen Texten
- ✔ Vorschlagen von kreativen Funktionen für das Produkt, von Zielgruppenbeschreibungen und vieles mehr

KI-basierte Suchmaschine

Viele Anforderungen sind gar nicht so kreativ. Wir müssen sie darum nicht erfinden, sondern nur finden. Für jedes Produkt gibt es grundlegende Funktionen, die alle solche Produkte haben und haben müssen. Ohne diese Basisfunktionen würde der Kunde das Produkt nicht benutzen können oder wollen, ja, sogar zurückgeben.

Welche das sind, finden Sie durch eine Recherche heraus, falls es schon Konkurrenzprodukte gibt: Sie suchen vergleichbare Produkte und erstellen eine Tabelle mit deren Funktionalitäten. Diejenigen Funktionen, die alle aufweisen, sind Basisfunktionen und diese braucht auch Ihr Produkt. Mindestens. Diese Tabelle kann ein Mensch oder eine KI erstellen. Nach dem Vier-Augen-Prinzip sollte diese Liste noch von einer weiteren Person qualitätsgesichert werden.

Auf jeden Fall ist menschliche Intelligenz hier nötig, weil nämlich verschiedene Produkte unterschiedliche Bezeichnungen für dieselbe Funktion verwenden oder die Funktionalitäten mehr oder weniger detailliert aufgeschlüsselt sind. Das bringt nur ein Mensch zusammen in eine sinnvolle, konsolidierte Liste wie in Tabelle 15.1.

Funktionalität	**Duolingo** `https://de.duolingo.com/`	**Babbel** `https://de.babbel.com/`	**Basisfunktion?**
Anlegen eines Benutzerkontos	x	x	x
Passwortschutz für das Konto	x	x	x
Vokabellernen	x	x	x
Lernen von Redewendungen	x	?	x
Erklären von Grammatikregeln	x	x	x
Grammatikübungen		x	
Sofortiges Feedback		x	
Personalisierter Lernpfad	x	x	x
Testfragen	x	?	x
Fortschrittsanzeige	?	x	
Spracherkennungsfunktion für Feedback zu gesprochener Sprache		x	
Offlinenutzung		x	
Kostenloses Ausprobieren einer Probelektion	x	x	x
Optional Live-Online-Schulung mit menschlichen Dozenten		x	

Tabelle 15.1: Vergleich von Produkten am Beispiel einer Sprachlern-App (Stand: 2025)

Die Liste der Funktionen entstand dadurch, dass ich auf der Webseite des jeweiligen Sprachenlernportals die dort genannten Funktionen extrahiert habe. Da keine ausdrückliche Liste von Funktionen zu finden war, musste ich diese aus dem Marketing-Blabla herausanalysieren. Ein Kreuz zeigt an, dass die Funktionalität unterstützt wird. In manchen Feldern steht ein Fragezeichen, weil ich mir nicht sicher war.

In der rechten Spalte zeigt ein Kreuz an, dass es sich um eine Basisfunktion handelt. Dies sind vor allem diejenigen, die von beiden Apps unterstützt werden. Es sind aber auch die, von denen ich denke, dass ein Produkt ohne diese Funktionalität im Vergleich zu den Marktführern keine Chance hätte. Das Zusammenstellen der Liste hat also menschliche Intelligenz benötigt und ist auch nicht ganz objektiv.

Für die Suche nach passenden Apps habe ich die Suchmaschine Andi verwendet, die auf KI basiert. Es ist nur eine von zahlreichen KI-basierten Suchmaschinen. Natürlich gibt es noch mindestens zehn weitere Sprachlern-Apps, aber ich habe mich hier auf zwei beschränkt, um das Beispiel übersichtlich zu halten. Im Berufsleben versucht man natürlich, alle starken Konkurrenten in die Analyse einzubeziehen und ist damit zwei, drei Tage beschäftigt.

Die Suchmaschine Andi finden Sie hier: `https://andisearch.com/`

BEISPIEL

Testweise habe ich chatGPT die Aufgabe gestellt: »Analysiere diese Webseite und suche die Funktionalitäten der App heraus: `https://de.babbel.com/`«. Dabei fand die KI tatsächlich noch Babbel Live, die Option, einen Onlinekurs bei einem Dozenten zu buchen, die ich erst übersehen hatte. ChatGPT hat aber auch eine Funktionalität dazu erfunden, die auf der Webseite nicht erwähnt wird.

Ein ganz typisches Ergebnis, wenn man eine KI für eine solche analytische Aufgabe heranzieht. Die Kombination aus manueller Analyse und KI-Analyse kostet mehr Zeit als die manuelle allein. Aber das Ergebnis ist besser. Ich musste unbedingt die KI-Ergebnisse manuell noch prüfen.

Basisfunktionen immer als Erstes suchen

Wichtig ist, dass Sie solche Basisfunktionen immer als Erstes auflisten. Die Grundfunktionen und der Zweck des Produkts müssen klar sein, bevor Sie sich kreativ betätigen, damit die innovativen Funktionalitäten zum Zweck passen und es erlauben, ihn noch besser zu erfüllen. Ohne diese Liste hätte Ihre Kreativität gar keine Grundlage, auf der sie aufsetzen kann. Oder abheben.

Die Problemsicht zählt

Letztlich entscheidet natürlich weder die KI noch die Marktrecherche, was Basisfunktionen sind. Basisfunktionen sind per Definition diejenigen Funktionen, ohne die das Produkt aus Sicht der Anwender oder Käuferinnen seinen Zweck nicht erfüllen würde. Welche das sind, wissen nur diese Personen selbst.

Unser Vorgehen, verschiedene käufliche Produkte miteinander zu vergleichen, würde nur dann verlässlich die Basisfunktionen liefern, wenn die Hersteller exakt die Benutzerwünsche kennen würden. Tatsächlich sind aber viele Produkte komplexer als nötig und erfüllen auch Bedürfnisse anderer Interessengruppen. Beispielsweise diese unsäglichen Cookies, Überwachungs- und Statistik-Tools, deren Verwendung wir bei jeder noch so simplen Webseite zustimmen sollen oder nicht. Nicht jeder Internetsurfer will die wirklich. Personalisierte Werbung brauche ich nicht. Wenn ich etwas kaufen will, weiß ich, wie ich danach suche. Ich brauche darum überhaupt keine Werbung. Dass ich trotzdem damit bombardiert werde, erfüllt die Bedürfnisse der Verkäufer, möglichst ihre Markennamen in mein Gehirn einzubrennen und mich zu Spontankäufen zu animieren, und die Bedürftigkeit der Webseitenanbieter, ihre kostenlosen Angebote durch Werbeeinnahmen zu finanzieren. Aus Anbietersicht ist die Finanzierung natürlich eine Basisanforderung, ohne die er nicht weiterbestehen kann.

Die Liste der Basisanforderungen würde also aus Sicht verschiedener Interessengruppen auch unterschiedlich aussehen! Am Ende müssen alle Basisanforderungen aller erfolgsentscheidenden Personen erfüllt werden. Die Gesamtliste ist also eine Vereinigung der Listen.

Erzeugen eines ersten Entwurfs einer Anforderungsspezifikation und anderer Dokumente

Die Erstellung von Spezifikationen für Software und andere technische Produkte erfordert detailliertes Wissen über die Anwenderinnen und deren Arbeitsabläufe und Vorlieben, über Zielgruppen sowie deren Ziele und Anforderungen, über Konkurrenzprodukte und deren Vor- und Nachteile, sowie über technische Rahmenbedingungen, technische Machbarkeit, Normen, Sicherheitsaspekte und so weiter. Normalerweise erfordert es zahlreiche Gespräche mit zahlreichen Interessengruppen, um eine wasserfeste Spezifikation zu erstellen.

Man würde nicht erwarten, dass KI dabei unterstützen kann, denn letztlich ist sehr viel menschliches Wissen und Erfahrung dafür nötig. Aber: Das Schreiben und Ausformulieren ist eine aufwendige Aufgabe, die oft nicht mal sonderlich kreativ ist. Feste Budgets begrenzen die Kreativität. Die KI kann das Schreiben deutlich beschleunigen, indem Sie sie einen ersten Entwurf für die Spezifikation erstellen lassen. Die menschlichen Trägerinnen echten Wissens fungieren als Gutachterinnen und Korrektoren. Es kostet sie deutlich weniger Zeit, ein vorformuliertes Dokument zu begutachten, zu korrigieren und zu ergänzen, als zunächst Selbstverständliches und Bekanntes auszuformulieren. Leider ist die Gefahr sehr groß, dass jemand aus Unaufmerksamkeit die wohlformulierten und plausibel klingenden Anforderungen aus KI-Feder einfach durchwinkt, ohne zu merken, dass sie inhaltlich doch nicht passen. Die Verantwortung für den Inhalt müssen nach wie vor die Menschen tragen, und sie müssen die schriftlichen Anforderungen mit den tatsächlichen Anforderungen der Betroffenen abstimmen. Die KI darf nur als Hilfskraft dienen, die erste Formulierungen und Listen liefert.

Das Kano-Modell

Nach dem Kano-Modell unterscheidet man verschiedene Kategorien von Produktmerkmalen. Beim Spezifizieren suchen Sie vor allem die Basismerkmale, Leistungs- und Begeisterungsmerkmale. Für jede Merkmalskategorie benötigen Sie ein anderes Vorgehen.

Laut dem **Kano-Modell** kann man die Funktionen und Eigenschaften eines Produkts (und auch einer Dienstleistung) in fünf Kategorien einteilen:

- ✔ **Basismerkmal:** Ein Basismerkmal ist unabdingbar dafür, dass das Produkt seinen Zweck erfüllt. Fehlt dieses Merkmal, wird das Produkt abgelehnt. Ist das Merkmal vorhanden, wird es die Kunden aber auch nicht begeistern, weil typischerweise alle ähnlichen Produkte diese Eigenschaft haben. Beispielsweise ist jedes Telefon zum Telefonieren geeignet, jede Heizung heizt und jeder Akku liefert Energie. Diese Merkmale ergeben sich offensichtlich aus dem Zweck des Geräts oder sind erkennbar daran, dass alle Produkte dieser Art diese Eigenschaft haben.
- ✔ **Leistungsmerkmal:** Ein Leistungsmerkmal bringt der Zielgruppe einen spürbaren Nutzen. Je besser dieses Merkmal erfüllt ist, umso zufriedener die Zielgruppe. Beispielsweise wenn das Telefon die Stimme des Gesprächspartners besonders realitätsnah wiedergibt, die Heizung sparsam ist oder der Akku eine kurze Ladedauer hat. Die Zielgruppe selbst ist die beste Quelle für diese Art von Produktanforderungen.
- ✔ **Begeisterungsmerkmal:** Ein Begeisterungsmerkmal kommt für die Zielgruppe unerwartet, stellt aber eine positive Überraschung dar. Die Reaktion lautet dann: »Wenn ich gewusst hätte, dass das technisch machbar ist, hätte ich schon früher danach gesucht« oder »Zuerst wusste ich nicht, was das soll, aber nun komme ich ohne gar nicht mehr aus!« Da diese Merkmale weder in den Konkurrenzprodukten enthalten sind noch so offensichtlich wie die Leistungsmerkmale, ist Kreativität nötig, um sie zu entwickeln oder zu entdecken.
- ✔ **Unerhebliches Merkmal:** Ob dieses Merkmal gegeben ist oder nicht, ist für die Zielgruppe unerheblich. Beispielsweise die Farbe eines Akkus.
- ✔ **Rückweisungsmerkmal:** Dieses Merkmal ist ein Fehler oder ein Risiko des Produkts, richtet also Schaden oder zumindest Unzufriedenheit an. Es wäre besser, dieses Merkmal wäre nicht vorhanden. Solche Merkmale erfahren Sie aus Kundenfeedback wie »Diese Form dieses Smartphones ist unhandlich, es fällt mir ständig runter« oder besser vorbeugend durch Risikoanalysen, Simulationen und Tests.

Basismerkmale finden

Die recht offensichtlichen Basismerkmale findet eine KI eventuell auf der Grundlage ihres Trainingsmaterials, das auch zahlreiche Produktbeschreibungen enthielt. Fragen Sie die KI: »Nenne mir alle Basismerkmale einer Sprachlern-App« oder »Nenne mir alle Funktionalitäten und Eigenschaften, die eine Sprachlern-App üblicherweise besitzt.«

Da es bei den Basismerkmalen darauf ankommt, eine vollständige Liste zu erstellen, empfehle ich, dass Sie sowohl die KI befragen als auch selbst eine Recherche durchführen, indem Sie die verbreitetsten Konkurrenzprodukte betrachten. Anschließend gleichen Sie die beiden Listen miteinander ab und sehen dann, dass keine von beiden vollständig war.

- Lassen Sie durch die KI eine Liste von Basismerkmalen für Ihr Übungsbeispiel erstellen und führen Sie selbst eine Recherche durch.
- Stellen Sie die drei wichtigsten Konkurrenzprodukte Ihres Produkts tabellarisch gegenüber wie in Tabelle 15.1.
- Prüfen Sie dann, ob die Liste der KI noch neue Elemente hinzufügt.
- Achten Sie aber auch darauf, ob sie tatsächlich Teil des Produkts sind und ob sie wirklich zu den Basismerkmalen gehören oder doch eher zu den Leistungsmerkmalen.

Leistungsmerkmale finden

Leistungsmerkmale bringen der Zielgruppe einen spürbaren Nutzen. Je besser dieses Merkmal erfüllt ist, umso zufriedener ist die Zielgruppe.

Versuchen Sie es beim LLM mit folgenden Prompts:

> »Welche Schwächen haben aktuelle Sprachlern-Apps?«
>
> »Worüber beklagen sich die Nutzer von Sprachlern-Apps am häufigsten?«
>
> »Mit welchen Eigenschaften könnte sich eine Sprachlern-App von den aktuellen unterscheiden?«

Mit der letzten Frage erhalten Sie durchaus auch schon Begeisterungsmerkmale.

Begeisterungsmerkmale finden

Auch kreative Begeisterungsmerkmale kann ein Large-Language-Modell oder eine generative KI leicht durch Kombination von Bekanntem erzeugen, zum Beispiel die Übertragung von Merkmalen aus ähnlichen Produkten, neuartige Verwendungsmöglichkeiten bekannter Produkte, Kombination von Bedürfnissen mit Produkteigenschaften. Verwenden Sie einen Prompt wie diesen: »Bitte schlage innovative Eigenschaften für eine Sprachlern-App vor.«

Besonders begeistert haben mich diese drei Vorschläge von chatGPT:

- **Sprachlerntagebuch mit KI-Feedback:** Die App generiert täglich personalisierte Schreibimpulse (»Erzähl von deinem Tag«, »Wie würdest du einem Kind den Klimawandel erklären?«). Eine integrierte KI gibt semantisches und stilistisches Feedback, analysiert die Fehlerentwicklung über Wochen hinweg und schlägt individuelle Übungen vor.
- **Sprachlern-Kino mit Interaktion:** Echte Filmszenen in Originalsprache, in denen der Lernende einzelne Sprecher ersetzt. Die App stoppt, wenn der Nutzer an der Reihe ist – mit Spracherkennung und Aussprachetraining.
- **Konversationstraining mit KI-Synchronsprechern:** Simulierte Dialoge mit synthetischen Stimmen, die realen Personen nachempfunden sind – emotionsfähig, reaktiv, sprachlich nuanciert. Lernende können Kontexte und Gesprächspartner frei wählen (zum Beispiel »sarkastischer Kellner«, »hilfsbereite Bibliothekarin«).

Large-Language-Modelle finden

ChatGPT ist natürlich nicht das einzige Large-Language-Modell, das wir für das Erzeugen von Spezifikationen einsetzen können. Es war aber 2022 das erste richtig gute Modell und der Hersteller openAI investiert viel, um die Marktposition zu halten. Sie können aber jederzeit auch Alternativen finden, indem Sie im Internet nach »chatGPT Alternative« suchen oder nach »chatGPT Open Source Alternative«.

Ich fragte chatGPT: »Wurdest Du auch mit Beschreibungen von technischen Produkten trainiert?«

Die Antwort von chatGPT lautete: »Ja, ich wurde mit einer Vielzahl von Texten trainiert, darunter auch Beschreibungen technischer Produkte, Dokumentationen, Handbücher und Spezifikationen. Dieses Training ermöglicht es mir, komplexe technische Konzepte zu erklären, Vergleiche anzustellen oder Funktionen und Eigenschaften präzise zu beschreiben. Allerdings stützt sich mein Wissen auf öffentlich zugängliche Daten bis zu meinem letzten Trainingszeitpunkt, ergänzt durch allgemeine Muster und Best Practices. Falls Sie spezifische technische Details benötigen, können Sie diese gerne anfragen – ich helfe Ihnen gerne dabei, technische Produkte oder Konzepte zu beschreiben, zu verstehen oder einzuordnen!«

Der Witz hierbei ist, dass diese Behauptung vollständig erlogen sein könnte. Die Large-Language-Modelle erzeugen meistens diejenige Antwort, die sich am besten anhört, redet uns also quasi nach dem Mund. Vermutlich stimmt es aber.

Der Trainingszeitpunkt der ersten Version von chatGPT lag ursprünglich Anfang 2022. Inzwischen kann chatGPT auch auf das Internet zugreifen, aber natürlich nur auf veröffentlichte Texte. Grundsätzlich werden die KIs von ihren Herstellern immer weiter verbessert und mit weiterem Material trainiert.

Prompts für LLMs

Die textuelle Anweisung an ein LLM nennt man Prompt. Entscheidend ist es, die KI mit einer klaren Problemstellung loszuschicken. Das heißt, die Zielgruppen und deren Wünsche sollten bereits einigermaßen bekannt oder festgelegt sein. Es ist auch wichtig, der KI die gewünschte Form, Umfang und Detailtiefe der Spezifikation vorzugeben. Möchten Sie nur eine Liste möglicher Produkt-Features, ein Datenmodell, eine Liste von Benutzeroberflächen, eine Schnittstellen-Spezifikation und so weiter? Gängige Formate wie User Stories sind chatGPT bekannt. Am besten haben Sie bereits eine Vorlage für die Spezifikation, also konkrete Kapitel und Inhalte, deren Umfang und Format festgelegt sind. So können Sie einheitliche, für ihren Zweck passende Spezifikationen erstellen (lassen).

Die Grundlage für gute und konkrete Prompts sind ein strukturiertes Vorgehen und eine klare Vorstellung von den Inhalten einer guten Spezifikation.

Das Ergebnis muss natürlich als Entwurf gekennzeichnet und mit sämtlichen Interessensgruppen abgestimmt werden. Zuvor macht aber auch eine Qualitätsprüfung auf Vollständigkeit, Konsistenz und weitere Qualitätskriterien Sinn. Es ist durchaus nicht selten, dass die KI sich selbst widerspricht, weil nämlich hinter ihrem Text kein mentales Modell steckt. Dieses sollten Sie nachträglich noch erstellen.

Generative KI ersetzt nicht die Expertise von Fachleuten, sondern ergänzt sie, indem sie Routinearbeiten automatisiert und kreative Anstöße liefert. So wird die Erstellung von Software-Spezifikationen effizienter und eröffnet gleichzeitig Raum für innovative Ideen.

Verbessern von Formulierungen

KI ist im Prinzip auch in der Lage, Ihre Spezifikationen hinsichtlich Formulierung und Vollständigkeit zu verbessern. Aber auch hierbei ist sie eine reine Vorschlagsmaschine. Ob Sie den KI-Vorschlag annehmen, müssen Sie als Experte entscheiden. Die KI kann jedoch erstaunlich gute Vorschläge unterbreiten, sodass Sie diese Möglichkeit nicht ungenutzt lassen sollten.

Vorschlagen von kreativen Funktionen

Ein gewisser Teil der Anforderungen, nämlich die Begeisterungsmerkmale, (er)finden Sie unterstützt durch Kreativitätsmethoden oder Kreativitätsworkshops. Hierbei kann generative Künstliche Intelligenz unterstützen. Sie kann nicht nur anschließend zusätzliche kreative Funktionalitäten vorschlagen. Am besten verwenden Sie die KI in einer gemeinsamen Kreativitätssitzung von Mensch mit Maschine. Dafür müssen Sie die gängigen Kreativitätsmethoden kaum anpassen, wie wir noch sehen werden.

Ist KI wirklich kreativ?

Man liest und hört oft die Behauptung, KI könne gar nicht kreativ sein. Schließlich basieren alle ihre Ausgaben auf den Lerndaten und Texten, mit denen sie trainiert wurde. Vorhandenes wird neu kombiniert und variiert. Das stimmt. Aber: Viel mehr als das machen Menschen in Kreativitätsworkshops auch nicht! Der einzige Unterschied besteht darin, dass bei uns Menschen beim Neukombinieren von Konzepten bereits eine bildliche Vision des Endprodukts vor unserem inneren Auge entsteht, während ein LLM nur Sätze bildet, die bekannte Wörter neu kombinieren. Das ist nicht dasselbe. Wir verstehen, was wir tun, die KI nicht. Das heißt, die Nützlichkeit im Problemraum und die Machbarkeit im Lösungsraum müssen für jede KI-erzeugten Vorschlag erst noch bewertet werden. Und diese Bewertung darf nicht die KI erstellen!

Der Prompt entscheidet

Grundsätzlich führt ein vager Prompt im Stil von »Denke dir Funktionalitäten für eine Sprachlern-App aus« zu allgemeineren und trivialeren Ergebnissen als eine konkretere Aufforderung. Solche konkreteren Prompts wären: »Denke dir Funktionalitäten für eine Sprachlern-App aus, die besonders für eine hochbegabte Fünfjährige nützlich wären« oder die Frage nach der Lösung eines konkreten Problems, wie »Wie kann die App jemanden unterstützen, der immer wieder dieselben Wörter vergisst?« Aber auch die schlichte

Aufforderung »Bitte noch ein paar kreativere Funktionalitäten!« führt zu kreativeren Ergebnissen! Versuchen Sie es mal. Für die Fünfjährige haben mir die von chatGPT vorgeschlagenen Rhythmusübungen und eine Karaokefunktion am besten gefallen. Für den Vergesslichen wurde die automatische Erzeugung von Eselsbrücken oder kleinen Geschichten vorgeschlagen. Also, wenn das nicht kreativ ist …

Die Grundlage für solche konkreten Fragen ist eine saubere Vorarbeit wie beispielsweise die Analyse und Konkretisierung der Zielgruppen, für die das Produkt geeignet sein soll. Auch die Basisfunktionalitäten sollen als Erstes ermittelt sein, bevor die kreativen Zusatzfunktionalitäten ergänzt werden.

Experimentieren Sie in chatGPT (oder einer anderen generativen KI) mit verschiedenen Prompts, mit deren Hilfe Sie Anforderungen an Ihr Beispielprodukt erzeugen lassen:

1. Geben Sie nur Zweck und Zielgruppe an und bitten Sie die KI: »Bitte schreibe eine Liste von Anforderungen an dieses Produkt.«
2. Geben Sie auch noch ein Format für die Anforderungen an, beispielsweise: »Die Anforderungen sollen die Form einer User Story haben.« Oder nehmen Sie eine Vorlage, die in Ihrem Unternehmen üblich ist. Sie können auch Beispiele liefern.
3. Nennen Sie Zweck und Zielgruppe des Produkts sowie eine Liste der Basisfunktionen. Bitten Sie die KI: »Nenne mir zahlreiche kreative weitere Funktionen für dieses Produkt.«
4. Suchen Sie sich eine Zielgruppe mit speziellen Bedürfnissen aus und bitten Sie die KI, für diesen Fall hilfreiche Produkteigenschaften vorzuschlagen. Wie im obigen Beispiel: »Denke dir Funktionalitäten aus, die besonders für eine hochbegabte Fünfjährige wichtig wären.«
5. Nachdem wir oben auf Funktionalitäten fokussiert haben, fragen Sie direkt auch nach nichtfunktionalen Anforderungen: »Nenne auch einige Qualitätsanforderungen, die für dieses Produkt besonders wichtig sind, und beschreibe, wie ihre Erfüllung sichergestellt werden kann.«

Develop

In der Develop-Phase werden unter anderem Prototypen erstellt. Beim Erstellen von Prototypen kann eine generative Künstliche Intelligenz ganz wunderbar unterstützen, insbesondere wenn der Prototyp sich in einer formalisierten, textuellen Sprache beschreiben lässt. Sehr gute Erfahrungen habe ich selbst mit Software-Prototypen gesammelt. Aber auch Produktmodelle für 3D-Drucker, CAD-Modelle (CAD = Computer-Aided Design), CAE-Modelle (CAE = Computer Aided Engineering) für die Produktsimulation und CNC-Programme (CNC = Computerized Numerical Control) für Werkzeugmaschinen können durch KI erstellt werden. Dafür gibt es bereits jetzt Dutzende von speziellen KIs, wenn auch manche selbst noch im Prototypstadium sind.

Tools wie GitHub Copilot unterstützen beim manuellen Schreiben von Code, schlagen aber auch neue Architekturkonzepte oder Refactoring-Strategien vor – ein analytischer und kreativer Prozess, bei dem KI als »kollaborativer Partner« agiert.

Wenn es um physische Produkte geht, können auch KI-Bildgeneratoren interessante und inspirierende realistische Prototypen zeichnen, die sich auf das Aussehen konzentrieren. Dabei muss der Prompt folgende Informationen enthalten:

- ✔ Das Objekt (beispielsweise »Stuhl«),
- ✔ das Material (Holz, Metall, …),
- ✔ die Darstellungsweise (Fotoqualität, Skizze) und
- ✔ eventuell Zweck und Stil.

ChatGPT erzeugt prima alles Textuelle, beispielsweise eine Liste der für eine bestimmte Software nötigen Benutzeroberflächen.

BEISPIEL

Für die Sprachlern-App erzeugte chatGPT folgende Liste:

1. Startseite/Dashboard: Begrüßungstext, Fortschrittsanzeige, Schnellzugriff auf Kurse und Lektionen, Tages-Challenges
2. Kursübersicht
3. Lektionen
4. Benutzerprofil: persönliche Statistiken, Einstellungen, Fortschrittsanzeige
5. Wörterbuch
6. Chatbot
7. Community-Bereich: Diskussionsgruppen, Matching-Börse für Tandempartner

Ich lasse mir auch gerne Bildschirmprototypen erstellen. Je nach verwendeter generativer KI und je nach Version fallen diese inhaltlich mehr oder weniger sinnvoll aus und sehen mehr oder weniger realistisch aus. Die besten Ergebnisse erhielt ich mit Large-Language-Modellen, die mir die Benutzeroberfläche als Strichgrafik darstellen. KI-Bildgeneratoren erzeugen oft Benutzeroberflächen mit Unsinnstext darauf, jedenfalls Stand heute.

BEISPIEL

In chatGPT gebe ich im Prompt das Format folgendermaßen an:

»Kannst du mir das Dashboard für die Sprachlern-App als einfache Strichgrafik aus Ascii-Zeichen erstellen?«

Das Ergebnis von chatGPT sehen Sie in Abbildung 15.1.

```
+-------------------------------------------------------+
|            WELCOME BACK TO LANGUAGE MASTER!            |
|                Progress: [#######---] 70%              |
+-------------------------------------------------------+
|                                                       |
|  [1] Vocabulary          [2] Grammar                  |
|                                                       |
|  [3] Speaking Practice [4] Daily Challenge            |
|                                                       |
+-------------------------------------------------------+
|                                                       |
|  Daily Challenge: "Learn 5 new words today!"          |
|                                                       |
|  [ Start Now ]                                        |
|                                                       |
+-------------------------------------------------------+
|  Quick Stats:                                         |
|  - Words learned: 150                                 |
|  - Daily streak: 5 days                               |
|  - Next milestone: Complete Lesson 10                 |
+-----------------------------------------------------|-+
```

Abbildung 15.1: Bildschirmprototyp in Ascii-Format für das Dashboard der Sprachlern-App

Natürlich handelt es sich hierbei wie bei allen Ergebnissen der KI um einen Vorschlag, der noch zu prüfen und zu verbessern ist, insbesondere auch ins Deutsche zu übersetzen und mit den erwünschten Funktionen abzugleichen ist. Doch für einen ersten Entwurf ist es doch nicht schlecht, und man spart sich einiges an Aufwand.

Define- und Deliver-Phase

Die Bewertung der Anforderungen, Prototypen oder technischen Lösungen überlassen wir den Experten und Expertinnen. Intelligente Chatbots können zwar Texte erzeugen, die wie schlüssige Bewertungen klingen, doch bei genauer Betrachtung stellen sich diese als das heraus, was sie sind: Texte, die ohne Sachverstand generiert wurden und eine echte Bewertung nur imitieren. Da mit dieser Bewertung die Verantwortung für Leib und Leben von Menschen übernommen wird, sollten wir die Künstliche Intelligenz hier nicht einsetzen. Das wäre verantwortungslos.

Etwas anderes ist es, wenn Sie eine wissenschaftlich fundierte Simulationssoftware verwenden, die Ihnen hilft, Entwürfe zu bewerten, beispielsweise die Stabilität einer Brücke oder den Spannungsverlauf einer elektrischen Schaltung zu berechnen. Diese liefern üblicherweise verlässliche Ergebnisse und sind im Gegensatz zur Künstlicher Intelligenz deterministische Systeme, das heißt, dieselbe Eingabe führt immer zur selben Ausgabe, derselbe Entwurf immer zur selben Bewertung.

Typisch für Künstliche Intelligenz dagegen ist, dass sie heute diese und morgen jene Bewertung oder Empfehlung formuliert. Diese Nichtdeterminiertheit ist überhaupt nicht ingenieurmäßig. Hinzu kommt, dass Large-Language-Modelle für die Textverarbeitung optimiert wurden und darum nicht rechnen können. Zahlen sind für sie reine Sonderzeichen.

Aber auch mit qualitativen Inhalten bekommen sie Probleme. Da hinter dem, was ein Large-Language-Modell von sich gibt, üblicherweise kein semantisches Modell und keine Ontologie steckt, entstehen schnell Inkonsistenzen und inhaltliche Widersprüche. Insbesondere ist das Wörtchen »nicht« für die KI oft von geringer Bedeutung, da einfach nur ein Bindewort. Auch logische Begriffe wie »und« und »oder« werden nicht unbedingt im mathematischen Sinne interpretiert.

BEISPIEL

Ich habe es erlebt, dass in einer KI-generierten Wegbeschreibung regelmäßig »rechts« und »links« vertauscht waren. Aus Sicht eines Large-Language-Modells handelt es sich dabei um keinen großen Fehler, weil beide Wörter in den Trainingsdaten in ähnlichen Satzkontexten verwendet werden.

Ich empfehle für Ihre Arbeit darum die Künstliche Intelligenz als reine Kreativitätsmaschine, die Vorschläge erzeugt.

Ethische Bedenken

Ist es ethisch gesehen in Ordnung, als Ingenieur seine Arbeit an eine KI zu delegieren, die nicht versteht, was sie tut und welche Folgen das hat? Natürlich ist es das überhaupt nicht! Genauso wenig wie Sie wichtige Aufgaben an einen Praktikanten abgeben dürfen. Sie bleiben verantwortlich für das, was Sie produzieren, liefern und absegnen. Die KI kann nur Vorschläge generieren oder vorläufige Entwürfe liefern. Sie als Experte oder Expertin behalten die Verantwortung für die Qualität der Ergebnisse.

Rechtliche Bedenken

Die automatisierte Erzeugung kreativer Ergebnisse wie Texte, Diagramme, Benutzeroberflächen und Zeichnungen wirft Fragen zur Urheberschaft und zum geistigen Eigentum auf. Wer besitzt die Rechte an einem Design, das eine KI erstellt hat? Gerade weil die KI nur existierendes Material neu kombiniert, kann es schlimmstenfalls geschehen, dass sie ein Bild erzeugt, das einem zum Trainieren verwendeten verblüffend ähnlich sieht. Dieses Bild für eigene Zwecke zu nutzen, wäre eine Urheberrechtsverletzung gegenüber dem Ersteller des fürs Training verwendeten Bildes, obwohl die KI diese Quelle gar nicht nennt und Sie als Benutzer sie darum nicht kennen.

Allein das ist ein guter Grund, um Texte und Abbildungen, die eine KI erzeugt hat, manuell zu überarbeiten. Beispielsweise können Sie sich eine Grafik erzeugen lassen, deren Komposition und Grundidee übernehmen und manuell in einem eigenen Entwurf nachbauen. Viel Zeit sparen Sie damit nicht, haben aber die Möglichkeit, sich mehrere Entwürfe generieren zu lassen und den besten auszuwählen, sodass das Ergebnis bei fast gleichem Aufwand besser ausfällt.

Gerade im Bereich des Urheberrechts wird es im Zusammenhang mit KI noch zahlreiche Neuerungen und Konkretisierungen geben. Momentan ist die rechtliche Regelung der Urheberschaft von KI-Erzeugnissen noch nicht ganz ausgegoren.

- ✔ Die KI erweitert Ihre Möglichkeiten, um mit wenig Zusatzaufwand bessere und kreativere Ideen zu entwickeln.
- ✔ KI hilft bei Recherchen, beim Erzeugen von Ideen, Erstellen von Vorschlägen und Verbessern von Anforderungsspezifikationen, Prototypen und anderen Dokumenten.
- ✔ Die KI kann und darf aber nur Vorschläge erarbeiten, sowohl im Problemraum als auch im Lösungsraum, die von Experten und Expertinnen zu prüfen sind.
- ✔ Ein strukturierter Entwurfsprozess sowie strukturierte Ergebnisdokumente sind entscheidend, um die KI sinnvoll einzusetzen. Beispielsweise das Double-Diamond-Modell oder eine Spezifikation, die ausdrücklich Basis-, Leistungs- und Begeisterungsmerkmale, funktionale und nichtfunktionale Anforderungen enthält. Diese Strukturierung hilft dabei, sowohl konkrete Arbeitsfragen an menschliche Teilnehmer als auch konkrete Prompts an die KI zu erstellen, was zu detaillierteren und konkreteren Ergebnissen führt.

IN DIESEM KAPITEL ...

Wie Kreativitätsworkshops optimal funktionieren

Wie Sie Gruppen moderieren und anleiten

Hilfreiche Tricks für das Moderieren

Kapitel 16
Moderation von Gruppen

Sie haben jetzt einige kluge Köpfe zusammengetrommelt, um in einem Workshop gemeinsam Anforderungen an die Sprachlern-App zu sammeln. Eingeladen haben Sie dazu verschiedene Typen von möglichen Benutzern und Expertinnen: eine Studentin, einen Schüler, eine Managerin, die sich auf einen Auslandsaufenthalt vorbereitet, einen reisefreudigen Rentner, die hochbegabte Fünfjährige mit ihren Eltern, einen Didaktikexperten, eine Französischlehrerin und eine Expertin für Benutzerfreundlichkeit.

Das macht schonmal zehn völlig verschiedene Individuen in einem Raum. Sehr schnell werden sie sich vermutlich zu kleinen Grüppchen zusammenfinden. Der Schüler fragt die Benutzerfreundlichkeits-Expertin, wie man diesen Beruf studiert, die Französischlehrerin fachsimpelt mit dem Didaktikexperten und das Elternpaar ist damit beschäftigt, ihre Fünfjährige zu bändigen, während die Managerin noch schnell auf dem Smartphone ihre E-Mails checkt und der Rentner der Schülerin von seiner Thailandreise erzählt.

Regeln für die Moderation

So, und jetzt ist es Ihre Aufgabe als Moderatorin, aus diesen Menschen ein Team zu machen, das wie ein gemeinsamer Organismus nur einer einzigen Aufgabe dient: die richtigen und vollständigen Anforderungen an die App zu ermitteln.

Bei der Organisation und Moderation eines Workshops sind folgende Grundsätze wichtig:

- **Agenda:** Es muss eine Agenda geben. Diese wird vorab den Teilnehmern in der Einladung mitgeteilt. Auch am Anfang des Workshops wird sie verkündet und dann eingehalten.
- Die **Ziele** des Workshops müssen klar sein. Ist das Ziel ein erster Entwurf oder schon eine fertige Spezifikation? Was wurde bisher gemacht und was passiert nach dem Workshop? Sollen schon Entscheidungen getroffen werden oder nur Meinungen

eingeholt? Entscheidungsprozesse müssen definiert sein, beispielsweise Bewertungen durch Punktekleben.

- ✔ **Jede und jeder muss zu Wort kommen.** Dafür sind sie eingeladen! Es kann auch eine schriftliche Beteiligung sein.
- ✔ Es wird **respektvoll** miteinander kommuniziert. Jeder Beitrag ist willkommen und wird ernst genommen. Destruktive Kommentare wie »Das ist Quatsch« sind tabu.
- ✔ Am Ende des Workshops werden die **Ergebnisse zusammengefasst** (um gegebenenfalls Missverständnisse zu entdecken) und die nächsten Schritte besprochen. Diese müssen dann auch nachverfolgt werden.

Zwischen Vielfalt und Harmonie

Das Moderieren einer Gruppe ist recht schwierig, denn Gruppen neigen zur sogenannten Gruppendynamik. Menschen verhalten sich in der Gruppe anders als im Dialog. Einerseits will jeder zur Gruppe gehören und dort seine Rolle finden, andererseits führt die Nähe auch zu Konflikten. Manche rangeln um die Rangordnung und wollen die Gruppe anführen, andere spalten sich als Kleingruppe von der großen Gruppe ab. Es entsteht ein gewisser Gruppen- und Konformitätsdruck, während gleichzeitig jeder auch etwas Besonderes sein will.

Und Sie stehen vor dieser Gruppe von Menschen, die von widersprüchlichen Gefühlen geleitet zusätzlich zu den von Ihnen als Moderator/in definierten Zielen noch ihre eigenen verfolgen. Sie versuchen stets, zwischen verschiedenen Extremen die richtige Balance zu finden:

- ✔ Ihnen muss es gelingen, die Vielfalt der Meinungen und Erfahrungen für die Ideenfindung oder -bewertung zutage zu fördern und zu nutzen, gleichzeitig aber auch das »Wir« zu betonen, gemeinsame Ziele, Arbeitsprozesse und moralische Werte zu beachten.
- ✔ Die Teilnehmenden sollen sich zuversichtlich und zugehörig und entspannt fühlen, aber auch nicht zu sehr, denn die Konkurrenz untereinander regt sie auch zu Hochleistungen an.
- ✔ Sie wollen für Zwischenergebnisse gelobt werden, sollen dabei aber nicht stehen bleiben, sondern weiter gefordert werden.
- ✔ Verschiedene Ansichten sollen zum Zweck der Wahrheitsfindung kontrovers ausdiskutiert werden, aber am Ende soll ein Konsens entstehen, ein gemeinsam erarbeitetes Ergebnis, hinter dem alle stehen können.
- ✔ Verrückte Ideen sollen gefördert und nachverfolgt werden, ohne sich zu verzetteln und zu sehr ins Unrealistische abzugleiten.
- ✔ Die Stimmung soll fröhlich und kreativitätsfördernd sein, aber man sollte sich auch diszipliniert an den Zeitplan und ans Thema halten.

Gerade weil die Rolle des Moderators so widersprüchliche Ziele verfolgt und an die Gruppe konträre Botschaften sendet, macht es oft Sinn, für die Moderation zwei Personen einzusetzen: einen kreativen Spinner und einen minutenzählenden Organisator, einen Good Guy, der alle lobt und alles super findet, aber auch einen Bad Guy, der als Spielverderber wieder zum Ernst, Thema und Zeitplan zurücklenkt und Störer zur Ordnung ruft.

Vielleicht kennen Sie den Film »Der Flug des Phönix«? Ein Flugzeug muss in der Wüste Sahara notlanden und wird dabei teilweise zerstört. Am Ende müssen die Überlebenden sich selbst retten, indem sie aus den noch brauchbaren Bauteilen ein kleineres, flugfähiges Flugzeug bauen.

Dies ist eine kreative Lösung, die allerdings erst umgesetzt wird, nachdem alle anderen Hoffnungen buchstäblich im Sand verlaufen sind. Niemand hat die Flugschiffsbrüchigen gerettet, weil sie weit von ihrem geplanten Kurs abgekommen waren. Es ist ihnen nicht gelungen, in der Nähe Wasser oder eine Siedlung zu finden, und die Nomaden haben sich als feindselig erwiesen. Erst dann bekommt der Ingenieur Dorfmann Erlaubnis und Hilfe zum Flugzeugbau. Warum?

Die Gruppe von zwölf Überlebenden ist in sich zerstritten und in mehrere Parteien zerbrochen, und die Möchtegernanführer führen erbitterte Konkurrenzkämpfe. Alles, was diese zwölf Männer gemeinsam haben, ist, dass sie zufällig im selben Flugzeug saßen. Dorfmann hält sich aus diesen Streitereien heraus und ist eher der sachliche, kompetente, aber wenig beliebte Typ. Er schlägt die letztlich erfolgreiche Lösung dem Piloten als Anführer vor, drängt aber nicht darauf. Leider ist es ein typisches Verhaltensmuster, dass der Kompetenteste nicht der Lauteste in der Gruppe ist und auch nicht nach der Führungsposition strebt. Gleichzeitig wird sein guter Vorschlag vom dominanten Anführer oft erstmal ignoriert.

Die Gruppe wendet sich erst dann der schwierigen, aber kreativen Lösung zu, als alle anderen Rettungsmöglichkeiten ausfallen. Dann werden sie erst zum Team, das gemeinsam ein Flugzeug baut.

Das Tuckman-Modell: Forming, Storming, ...

Ihre Aufgabe besteht bei der Moderation darin, aus einer Gruppe von Leuten innerhalb kurzer Zeit ein Team zu machen. Im Beispiel des Phönix blieb den Leuten nach mehreren Tagen Hunger, Durst und Hitze nichts anderes übrig, um zu überleben. Im Kreativitätsworkshop muss das schneller und selbstverständlicher gehen.

- **Team:** Ein Team ist eine Gruppe aus zwei oder mehr Menschen, die zusammenarbeiten, deren Aufgaben voneinander abhängen und die auf ein gemeinsames Ziel hinarbeiten. Typisch für Teams sind einander ergänzende Fähigkeiten, Arbeitsteilung, Abstimmung untereinander und Zusammenhalt.
- **Team-Building:** Dies sind Maßnahmen, mit deren Hilfe eine Gruppe von Menschen zu einem Team zusammengeschweißt werden soll oder die Zusammenarbeit innerhalb eines Teams verbessert werden. Obwohl die

Definition gemeinsamer Arbeitsweisen und die Aufteilung von Aufgaben und Rollen für die Zusammenarbeit im Team wesentlich sind, geht es beim Team-Building vor allem um die soften Faktoren: Vertrauen, Gemeinschaftsgefühl, bessere Kommunikation und Abbau von Vorbehalten und Konflikten.

Wir orientieren uns am Tuckman-Modell, das fünf aufeinander folgende Phasen des Team-Building-Prozesses unterscheidet:

- ✔ Forming (Kennenlernen und Orientierung),
- ✔ Storming (Konflikte und Rollenklärung),
- ✔ Norming (Festlegung von Regeln und Normen),
- ✔ Performing (effiziente Zusammenarbeit),
- ✔ Adjourning (Auflösung der Gruppe).

Bauen Sie die Agenda Ihres Kreativitätsworkshops doch danach auf!

Forming

Die Teilnehmer und Teilnehmerinnen eines Kreativitätsworkshops wählen Sie nach ihren Kompetenzen und ihrer Persönlichkeit aus. Sie sollen alle Sichten und nötigen Kenntnisse abdecken: Benutzersicht (alle möglichen Zielgruppen), technische Sicht, Managementsicht.

Die Teilnehmenden sollten aber auch irgendetwas gemeinsam haben. In unserem Fall ist es das Interesse an Fremdsprachen. Das ist schon mal eine gemeinsame Basis. Sie sollen aber auch offene, optimistische Persönlichkeiten sein, die gerne kreativ sind und Ideen ausspinnen.

Die Forming-Phase am Anfang des Workshops dient dem Kennenlernen und der Orientierung. Die Teilnehmenden müssen alles über die Vorarbeiten erfahren und auf einen gemeinsamen Wissensstand gebracht werden: Was ist das Problem? Was ist bekannt? Was ist das heutige Ziel? Welche Randbedingungen sind einzuhalten?

Jeder Workshop, an dem einander Fremde teilnehmen, beginnt mit einer Vorstellungsrunde. Da es sich nicht um eine trockene Besprechung, sondern um einen Kreativitätsworkshop handelt, sollten Sie hier den Teilnehmenden schon eine kleine kreative Aufgabe stellen. Diese erfüllt den dreifachen Zweck, dass die Teilnehmenden einander kennenlernen, sich schon mal warmlaufen und Sie als Moderatorin einen ersten Eindruck von den Einzelnen und der sich anbahnenden Gruppendynamik bekommen.

Typische kreative Kennenlernspiele sind:

- ✔ Sie verteilen Postkarten mit verschiedensten Motiven auf einem Tisch oder auf dem Boden. Jeder nimmt sich eine und erklärt, warum er beziehungsweise sie genau diese Karte ansprechend fand.
- ✔ Jede/r nennt eine wahre Tatsache über sich und eine Lüge. Die anderen müssen raten, welche der beiden Aussagen wahr und welche falsch ist.

- ✔ Die Teilnehmenden werfen einander einen Ball zu und stellen eine Frage wie »Was ist dein Lieblingsfilm?« oder »Was isst du am liebsten?«.
- ✔ Jeweils zwei nebeneinander sitzende Teilnehmerinnen bilden ein Paar. Sie haben wenige Minuten Zeit, um eine Gemeinsamkeit und einen Unterschied zu entdecken. Danach stellt jede/r reihum den anderen vor.

So weit das Kennenlernen. Sie als Moderator/in stellen sich natürlich auch vor oder nehmen an dem Kennenlernspiel teil.

Storming

Wenn mehrere Personen sich zu einem Kreativitätsworkshop treffen, dann führt das nicht selbstverständlich dazu, dass sie einander unterstützen und inspirieren. Sie können einander auch blockieren.

Es kann im Workshop jederzeit zu Konflikten kommen, die von der eigentlichen Aufgabe ablenken. In einer Gruppe von Leuten, die einander noch nicht kennen, müssen diese sich erst aufeinander einspielen. Eine Gruppe von Personen, die einander schon lange kennen, ist aber nicht unbedingt besser, weil sie frühere Konflikte in den Workshop mitbringen oder sich Rollen und Gruppendynamiken eingefahren haben, welche die Ideenfindung behindern. Während Fremde erst mal einigermaßen höflich miteinander umgehen, kann es bei schon existierenden Gruppen auch sehr grob zugehen.

Das Storming, also Konflikte zwischen den Beteiligten, führt zu unproduktiven Phasen, die ohne Moderation sehr lange dauern und sehr schmerzhaft werden können wie im Beispiel des Phönix-Teams. Das zu verhindern, ist Ihre Aufgabe als Moderator oder Moderatorin!

Sie können das Storming bewusst provozieren, indem Sie alle reihum ihre Ziele für den Workshop oder ihre Sicht auf das zu lösende Problem darlegen lassen. Dabei werden sich fast immer unterschiedliche Sichten zeigen. Indem Sie einen Lösungsweg für diesen Konflikt aufzeigen, setzen Sie den Standard, wie im Workshop mit Konflikten umgegangen werden soll. Alle Meinungen kommen auf den Tisch und werden in Ruhe angehört. Hilfreich für Konfliktlösungen ist ein gemeinsames Ziel, auf das sich alle einigen können. Der Workshop soll beispielsweise Lösungen für ein Problem vorschlagen. Diesem Ziel hat sich alles andere unterzuordnen. Ein Konflikt besteht normalerweise darin, dass verschiedene Parteien unterschiedliche Lösungen für ein Problem oder Handlungsalternativen vorschlagen. Für die Auswahl müssen klare Kriterien definiert werden, insbesondere die Erreichung des gemeinsamen Ziels. Stellen Sie darum sicher, dass ein solches Ziel definiert ist und alle bestätigen, dass sie dieses Ziel unterstützen. Schreiben Sie dieses Ziel gerne auf ein Flipchart-Papier und hängen Sie es gut sichtbar irgendwo auf, wo es für die gesamte Workshop-Dauer sichtbar bleibt.

Das Storming ist nicht per se schlecht. Es sorgt dafür, dass Konflikte offen ausgesprochen und so gelöst werden können. Es darf nur nicht zu Chaos, Verletzungen oder Stehenbleiben führen, sondern Sie als Moderator/in lenken die Diskussion immer in sachliche Bahnen, um eine Lösung herbeizuführen.

Eine andere Idee für die Storming-Phase wäre ein zum Workshop-Thema passendes Rollenspiel oder eine Impro-Theater-Übung, bei der bewusst Konflikte provoziert und gelöst werden. Dafür ist jedoch Extrazeit nötig.

Norming

Das wichtigste Ziel der Moderation besteht darin, eine entspannte, konstruktive Atmosphäre zu schaffen, in der die Gedankenströme der Teilnehmer störungsfrei fließen können. Das Norming, das heißt das Vorgeben und Umsetzen von einzuhaltenden Regeln, ist ein Mittel, um dies zu erreichen. Dazu gehören beispielsweise Vertraulichkeit und Verbot von voreiligem Verurteilen von Ideen. Die Teilnehmenden sollen sich sicher und wohl fühlen. Sie sollen entspannt genug sein, um jederzeit ihre Ideen äußern zu wollen. Fördern Sie dies. Grundsätzlich sollten zunächst die Ideen strömen und gesammelt werden, erst anschließend in einem separaten Schritt werden sie bewertet und ausgearbeitet. Jegliche unsachliche oder persönliche Kritik muss die Moderatorin sofort unterbinden.

Auch das Definieren von Rollen gehört dazu, beispielsweises indem Sie bei der Kleingruppenarbeit entweder einen Schriftführer ernennen oder der Gruppe sagen, sie solle selbst einen auswählen.

Später in diesem Teil werden Sie zahlreiche Kreativitätsmethoden kennenlernen. Diese geben hilfreiche Regeln und Vorgehensweisen vor und unterstützen Sie dabei, eine Agenda zu erstellen und das Team anzuleiten. Es kommt aber auch vor, dass – passend zur Aufgabe – das Team entscheidet, die Regeln der Technik anzupassen. Da spricht überhaupt nichts dagegen, falls es der Sache dient.

Je verständlicher und überzeugender Sie die Regeln kommunizieren, umso eher können Sie unnötiges Storming vermeiden oder verkürzen.

Performing

Nachdem das Norming stattgefunden hat, kann das Team performen, also produktiv arbeiten. Alle konzentrieren sich auf die zu lösende Aufgabe und wissen genau, was sie als Nächstes zu tun haben. Idealerweise kommen sie dabei in Flow und inspirieren einander gegenseitig. Die Idee eines Kreativitätsworkshops besteht ja darin, dass sechs Personen als Team mehr und bessere Ideen erzeugen, als wenn jede der sechs Personen in ihrem stillen Kämmerchen überlegt und man anschließend ihre Ideen zusammenschreibt. Das ist Ihr hohes Ziel als Moderator!

Adjourning

Irgendwann ist der schöne Workshop zu Ende. Wichtig ist dann die Ergebnissicherung, das heißt Sie fassen die erzielten Ergebnisse zusammen, auch die noch offenen Punkte. Sie teilen der Gruppe mit, was als Nächstes mit ihren Ergebnissen passiert, wer sie wofür nutzt und wie sie gegebenenfalls wieder davon hören. Und natürlich danken Sie allen Teilnehmenden für ihr Engagement!

Da Ideen oft hinterher noch eintrudeln, wäre es auch gut, wenn Sie eine Möglichkeit anbieten, wie und bis wann jemand im Nachhinein noch Ideen einreichen kann.

Im Team nicht immer ideal

Das gemeinsame Brainstormen im Team gilt als ein klassisches Vorgehen, um gemeinsam kreativ zu sein. Die Teilnehmer/innen inspirieren einander mit ihren Ideen, die immer spritziger werden, die Stimmung kocht hoch und treibt die Beteiligten zu Höchstleistungen an, von denen sie selbst noch nicht ahnten, dass sie dazu fähig sind.

Leider funktioniert das oft eben überhaupt nicht. Kennen sich die Beteiligten nicht, müssen sie erst durch die Storming-Phase, bevor sie gemeinsam performen. Kennen sie sich schon, bringen sie schlimmstenfalls schon eingespielte Hierarchien und destruktive Gruppendynamiken mit oder es ist von vornherein klar, wer reden darf und wer schweigen muss. Denn selbst wenn alle Beteiligten gleichzeitig kreativ wären, kämen doch nicht alle zu Wort und der Moderator vorne an der Tafel könnte gar nicht schnell genug schreiben, um alles zu notieren, was zehn Personen an Ideen produzieren.

Gruppen sind auch nicht immer dazu fähig, die beste Lösung zu wählen, selbst wenn sie von einem Gruppenmitglied vorgestellt wurde. Außerdem kann die Arbeit in einer Gruppe demotivieren, weil der Beitrag des Einzelnen wenig wichtig zu sein scheint oder weil Trittbrettfahrer mitfahren. Auch andere gruppendynamische Effekte können die Produktivität des Einzelnen in der Gruppe verringern. Der einzige hilfreiche Synergieeffekt in der Gruppe entsteht, wenn die Ideen der anderen in einer Person neue Ideen provozieren, die sie sonst nicht gehabt hätte.

Diesen Synergieeffekt verspielen Sie, wenn Sie als Moderator/in die Gruppenmitglieder zunächst in einer ersten Phase auf Karten ihre Ideen sammeln lassen und dann reihum erklären und an einer Pinnwand aufhängen.

In einem späteren Kapitel lernen Sie Kreativitätstechniken kennen, die wirklich funktionieren.

Ihre Erfahrungen mit Teamarbeit

- ✔ Denken Sie an Ihre eigenen Erfahrungen mit Teamarbeit.
- ✔ Denken Sie an eine besonders gut gelungene Arbeit in einem Team und an eine misslungene.
- ✔ Erinnern Sie sich zurück: Haben Sie damals jeweils die Phasen des Tuckman-Modells durchlaufen?
- ✔ Ab welcher Phase ging es warum schief?

BEISPIEL

Mir fiel spontan ein Arbeitskreis ein, der nie richtig zum Laufen kam. Der Organisator hatte, vielleicht um möglichst viele Mitglieder zu finden, Ziel und Thema des Arbeitskreises offengelassen und so völlig unterschiedliche Experten zusammengebracht. Seine Vorstellung war, dass die Mitglieder des Arbeitskreises sich selbst ein Ziel geben. Als Erstes sollte aber eine Vertraulichkeitserklärung unterschrieben und Kommunikationsregeln festgelegt werden. Wir verbrachten drei Meetings damit, über mögliche Ziele zu diskutieren. Der Eine wollte unverbindlich Erfahrungen austauschen, die Nächste gemeinsam irgendetwas erarbeiten und publizieren und der Dritte Kunden für seine Dienstleistungen finden. Danach verlief sich das Ganze im Sande.

Was war schiefgegangen? Mithilfe des Tuckman-Modells bekommen wir Klarheit:

✔ **Forming:** Aufgrund der undefinierten Ziele des Arbeitskreises waren Gruppenmitglieder mit unvereinbaren Vorstellungen zusammengekommen. Es wäre besser gewesen, der Organisator hätte ein Ziel vorgegeben und genau die dazu passenden Leute angeworben. Ein Team muss ein gemeinsames Ziel verfolgen. Das ist nicht optional!

✔ **Storming:** In der Storming-Phase versuchten wir vergeblich, ein gemeinsames Ziel zu finden.

✔ **Norming:** Das hat vorbildlich funktioniert und es wurde professionell diskutiert.

✔ **Performing:** So weit kam es nicht, mangels eines gemeinsamen Ziels.

✔ **Adjourning:** Das ist nie formal passiert. Der Arbeitskreis wurde einfach nicht mehr zusammengerufen.

Protokollierung

Das Ziel eines Kreativitätsworkshops besteht – schlicht ausgedrückt – darin, möglichst viele Ideen zu sammeln. Alle Ideen müssen zuverlässig protokolliert werden. Nichts darf verloren gehen!

Im Workshop können sowohl zu viele als auch zu wenige Ideen entstehen. Sprüht die Gruppe nur so vor Inspiration, kommen Sie als Moderator und Protokollant eventuell mit dem Schreiben nicht nach.

Während manche Methoden wie die später noch vorgestellte 635-Methode schriftlich durchgeführt werden, erfolgen andere Methoden mündlich und in der Gruppe, sodass der Protokollant schnell mitschreiben muss. Übersieht er eine Idee, dann fühlt sich auch ihr Schöpfer übersehen und zieht sich demotiviert zurück. Idealerweise protokolliert nicht der Moderator, sondern eine andere Person, weil es so gut wie unmöglich ist, alles mitzuschreiben und gleichzeitig den Gesprächsfluss zu steuern.

Das Ergebnisprotokoll

Üblich ist eher ein Ergebnisprotokoll als ein Verlaufsprotokoll. Das heißt, Sie als Protokollant schreiben nicht in Echtzeit mit, wer was wann gesagt hat. Sie halten nur die Ergebnisse fest. Dazu gehören:

- ✔ Tafelaufschriebe, Informationen auf Flipcharts und angepinnte Karten auf Pinnwänden,
- ✔ in der kreativen Phase die geäußerten Ideen, gerne auch nach Themen geclustert, aber ansonsten unbewertet,
- ✔ in der Analyse-Phase alle vorgebrachten Argumente, dagegen und dafür,
- ✔ Kernaussagen möglichst wörtlich zitiert.

Protokollstruktur

Ein übersichtliches Protokoll lebt von einer guten Struktur. Ganz oben stehen die Informationen zum Workshop:

- ✔ Titel
- ✔ Datum, Uhrzeit, Dauer
- ✔ Ort (physischer oder virtueller Veranstaltungsort)
- ✔ Teilnehmende (Namen, Rollen und ggf. Firma beziehungsweise Organisation)
- ✔ Moderator/en

Phasen des Workshops und der Kreativitätsmethode werden klar voneinander unterscheidbar dargestellt. Eventuell werden sie durch waagerechte Linien voneinander abgetrennt. Eine gut lesbare, fette Überschrift zeigt an, um welche Phase es sich handelt.

In der Briefing-Phase erhalten die Teilnehmenden zahlreiche Informationen, die auch im Protokoll dokumentiert sein sollen:

- ✔ Workshop-Ziel: Welche Fragestellung oder welches Problem soll bearbeitet werden?
- ✔ Hintergrund: Relevante Informationen zum Projektkontext, den einzuhaltenden Randbedingungen und den schon stattgefundenen Vorarbeiten.
- ✔ Erwartete Ergebnisse: Welche Art und Form von Ergebnissen wird angestrebt? Wie endgültig, wie vollständig, wie abgestimmt?

Auch die gestellte Arbeitsaufgabe, Frage oder Problemdefinition jeder Phase ist im Wortlaut dokumentiert, weil die genaue Formulierung die Kreativität der Teilnehmenden beeinflusst.

Die Inhalte sind möglichst gut strukturiert. Aufzählung oder Tabellen sind hilfreich und übersichtlich.

Am Ende jeder Phase steht die Antwort auf die gestellte Frage, die getroffene Entscheidung, die nächsten Aufgaben samt Verantwortlichem und vereinbartem Erledigungstermin. Auch offen gebliebene Fragen sollen dokumentiert werden.

Die Rolle des Protokollanten

Am besten führt das Protokoll nicht der Moderator, weil es sehr schwierig ist, gleichzeitig das gerade Gesagte zu notieren und den weiteren Verlauf zu steuern. Ein eigener Protokollant oder eine Protokollantin ist hilfreich. Diese Person sollte sich auch fachlich auskennen. Nicht nur, um die Fachbegriffe korrekt zu schreiben, sondern weil auch der Protokollant zur Moderation beiträgt, indem er darauf hinweist, dass ein Thema nicht zu Ende diskutiert wurde, eine Entscheidung nicht getroffen, eine geäußerte Idee nicht weiter beachtet wurde. Weder Moderator noch Protokollant sollten inhaltliche Beiträge beitragen, sondern eine objektive, organisatorische, ergebnisorientierte Position einnehmen.

Hilfsmittel für die Protokollierung

Es gibt verschiedene Hilfsmittel für die Protokollierung:

- ✔ handschriftliche Notizen
- ✔ Fotos
- ✔ Video- und Audioaufnahmen
- ✔ digitaler Mitschrieb auf Laptop
- ✔ digitale Tafel
- ✔ geteiltes Dokument in der Cloud

Handschriftliche Notizen

Handschriftliche Notizen haben zahlreiche Nachteile. Darum notiere ich nur noch dann von Hand, wenn ich unterwegs bin und keinen Laptop dabeihabe oder ihn wegen einer kurzen Notiz nicht extra hochfahren will. Auf Wanderungen trage ich oft ein kleines Notizbüchlein bei mir. Auch in ganz frühen Phasen eines kreativen Projektes sammle ich noch meine Ideen auf Papier. In allen anderen Situationen, insbesondere in einem Kreativitätsworkshop, eignen sich handschriftliche Notizen aus folgenden Gründen nicht gut:

- ✔ Sie müssen später noch ins Reine getippt werden, was zusätzlichen Aufwand bereitet.
- ✔ Oft kann die Handschrift nur die Autorin selbst lesen. Manchmal leider nicht mal sie selbst!
- ✔ Sie sind keine gute Grundlage, um mit den Teilnehmenden noch im Workshop abzustimmen, ob die Notizen vollständig sind. Man müsste sie also nach dem Eintippen noch mal an alle zur Bestätigung und Vervollständigung zuschicken, verursacht also bei den Teilnehmenden auch vermeidbaren Extraaufwand.

✔ Die Notizen existieren in einem einzigen Exemplar. Werden sie irgendwo vergessen, nass oder vom Hund gefressen, gibt es keine Sicherungskopie. (Kleiner Scherz. Wenn es nach den Ausreden von Schülern und Studenten geht, fressen Hunde sehr gerne größere Mengen Papier, insbesondere ausgezeichnete Aufsätze und Hausaufgaben.)

Fotos

Im Workshop wird gerne an Tafel, Pinnwand oder Flipchart gearbeitet. Die handschriftlichen, physischen Ergebnisse sind dann ratzfatz abfotografiert. Genauso wie die handschriftlichen Notizen müssen diese Fotos anschließend noch ins Reine getippt werden für die Weiterverarbeitung. Immerhin wurden sie im Workshop noch vor Ort mit den Teilnehmenden abgestimmt. Leider besteht auch hier die Gefahr, dass die Fotos verloren gehen oder die Handschrift nicht gut lesbar ist. Als zusätzliche Gefahr im Vergleich zu den handschriftlichen Notizen kann es außerdem vorkommen, dass die Beleuchtung oder Auflösung nicht gut genug ist, dass Lichtpunkte oder Spiegelungen den Tafelaufschrieb unlesbar machen. Darum stecke ich grundsätzlich immer auch die Kärtchen von der Pinnwand und die großen Papiere vom Flipchart mit ein, um später das Original abzutippen. Dafür muss man natürlich schon beim Packen Platz im Koffer einplanen.

Video- und Audioaufnahmen

Eher selten werden Video- und Audioaufnahmen gemacht. Zum einen bereiten sie für die Durchführung des Workshops zusätzliche Schwierigkeiten. Zum anderen ist hier die Auswertung besonders aufwendig.

Aus rechtlichen Gründen benötigen Sie gerade für solche Aufnahmen ein durchdachtes Datenschutzkonzept und eine schriftliche Einwilligung aller Teilnehmenden. Sobald eine einzige Person Bedenken hat, können Sie entweder nicht filmen oder müssen diese Person in einen toten Winkel schieben oder später verpixeln. Das Datenschutzkonzept muss beschreiben, wer zu welchem Zweck Zugriff auf die Aufnahmen erhält und was damit tut. Wer bekommt die Aufnahmen zu sehen oder zu hören? Werden sie anonymisiert? Wann werden sie wieder gelöscht? Das muss alles vor dem Workshop geklärt, ausformuliert und hinterher eingehalten werden.

Das schwerwiegendere Argument dagegen ist jedoch, dass die meisten Menschen sich dabei unwohl fühlen, wenn sie aufgenommen werden. Die Angst, Fehler zu machen, erhöht sich, ebenso auch weitere Kreativitätsblockaden. Menschen verhalten sich vor der Kamera nicht mehr natürlich. Sie beobachten sich selbst und fragen sich, wie dies oder das auf der Aufnahme aussehen wird. Das wollen wir im Kreativitätsworkshop nicht, wo die Menschen aus sich herausgehen und sich nicht selbst bewerten sollen!

Nach dem Workshop verursachen die Aufnahmen einen enormen Aufwand für die Auswertung. Man benötigt mehrere Stunden, um eine Stunde Film oder Tonspur abzutippen. Dafür gibt es natürlich Hilfskräfte oder Künstliche Intelligenzen, so dass Sie nur noch das Transkript Korrektur zu lesen brauchen, doch genau das muss im Datenschutzkonzept ebenfalls schon vorher festgelegt sein. Zukünftig wird der Nachbearbeitungsaufwand sinken, da die Qualität von KI-generierten Transkripten steigt.

Qualitätsmängel können die Transkription erschweren. Eine schlechte Tonqualität, ein Hall im Raum, ein Räuspern oder Stühlerücken und schon geht ein Halbsatz oder ein Schlüsselbegriff verloren.

Digitaler Mitschrieb auf dem Laptop

Es bringt einige Vorteile mit sich, das Protokoll gleich in der Sitzung digital zu erstellen. Sie tippen als Protokollant nicht nur auf Ihrem Laptop Ihre Notizen ein, sondern projizieren sie am besten auch noch per Beamer an die Wand, damit alle Beteiligten in Echtzeit nachvollziehen können, ob sie korrekt zitiert wurden und ob inhaltlich alles vollständig ist. Dies erspart im Nachgang des Workshops eine E-Mail-Abstimmungsrunde, in der die Teilnehmenden das Protokoll noch freigeben oder ergänzen müssten. Wenn niemand widerspricht, gilt das Protokoll direkt am Ende der Veranstaltung als abgestimmt. Der Text kann so, wie er ist dann weiterverarbeitet werden zu Berichten, Präsentationen und als Ausgangspunkt für die Folgeaktivitäten der kreativen Sitzung.

Dies kann noch dadurch vereinfacht werden, dass man den verschickten Entwurf der Tagesordnung als Struktur des Protokolls nutzt. Diese Tagesordnung sollte sowieso die zur Bearbeitung oder Entscheidung stehenden Punkte differenziert dokumentieren, sodass die Ergebnisse gleich den Tagesordnungspunkten zugeordnet werden können.

Falls Sie vertrauliche oder kritische Beobachtungen über den Ablauf notieren wollen, welche die Teilnehmenden nicht sehen sollen, dann halten Sie diese zusätzlich von Hand auf einem Notizblock neben der Tastatur fest.

Digitale Tafel

Ein nicht immer verfügbares, jedoch sehr nützliches Hilfsmittel ist eine digitale Tafel. Sie sieht aus wie eine normale weiße Wandtafel und wird auch als solche verwendet, um Ergebnisse zu notieren, abzuwischen und umzustrukturieren. Sie kann aber noch mehr. Ihre Notizen kann die Tafel nicht nur auf Knopfdruck als Grafikdatei auf einen USB-Stick oder auf einen Laptop kopieren, sondern bei integrierter Schrifterkennung auch gleich in Text digitalisieren. Dies ist ein guter Ausgangspunkt für die Weiterverarbeitung der Workshop-Ergebnisse, ohne dass handschriftliche Tafelanschriebe abgetippt werden müssen.

Geteiltes Dokument in der Cloud

Die bisherigen Vorschläge gehen davon aus, dass man nur entweder beitragen oder protokollieren kann. Haben die Teilnehmenden jedoch ihren Laptop dabei oder sitzen sie gar während eines virtuellen Workshops physisch an verschiedenen Orten, dann hat es sich bewährt, wenn alle in ein gemeinsames, geteiltes Dokument schreiben können. Einen Protokollanten gibt es dann entweder gar nicht oder dieser überwacht nur den Ablauf, strukturiert die Notizen, unterstützt die Teilnehmenden bei der Benutzung des Werkzeugs, entdeckt und beseitigt Dubletten und andere Qualitätsmängel. Jede und jeder Teilnehmer kann selbst Ideen notieren. So arbeitet die Gruppe flüssiger, ohne den Protokollanten als »Nadelöhr«, durch dessen Hände alle Ideen und Notizen gehen müssen, um ins Protokoll zu gelangen. Gerade in einer kreativen Phase, wo bei den Teilnehmenden die Ideen sprudeln, kann jede und jeder alles sofort notieren.

Dafür kann man beliebige Dokumente verwenden, die in der Cloud, auf einem geteilten Laufwerk, im Internet oder Intranet für alle verfügbar sind. Tools für Online-Meetings enthalten meist auch etwas, das sich Whiteboard nennt, das für alle Teilnehmenden zum Schreiben freigeschaltet werden kann. Sehr beliebt ist auch das Miro-Board (siehe Kasten), das sowohl für grafische Notizen als auch für Text geeignet ist und ohne spezielle technische Voraussetzungen per Internetbrowser von allen genutzt werden kann. Es gibt unzählige solcher Werkzeuge und es werden zukünftig immer mehr entwickelt werden, weil ein großer Bedarf daran besteht, in der Gruppe gemeinsame Arbeitsergebnisse zu erstellen, zu denen jede und jeder fröhlich betragen kann. Das gilt ja nicht nur für Kreativitätsworkshops, sondern für sehr viele Aufgaben im Berufsleben.

Das **Miro-Board** als Beispiel für ein grafisches Whiteboard, an dem übers Internet alle mitarbeiten können, finden Sie hier: `https://miro.com/de/`

Die besten Ideen müssen reifen

Die besten Ideen entstehen nicht nur spontan in der Sitzung. Diese reifen oft auch noch im Nachgang. Schaffen Sie eine Möglichkeit, wie die Teilnehmer und Teilnehmerinnen in den folgenden Tagen nach einem Workshop noch Ideen nachliefern können. Sie brauchen dafür Kontaktdaten. Es muss auch vorgesehen sein, nachgelieferte Ideen noch in die Sammlung zu integrieren. Diese Nachlieferungen sind nämlich eventuell besser als das, was während der Workshops entstand. Planen Sie darum auch noch eine gewisse Zeit in ihren kreativen Prozess ein, wo noch Ergänzungen möglich sind. Eine einfache Möglichkeit besteht darin, das gemeinsame Dokument noch eine Zeit lang verfügbar zu halten.

Kreativitätsblockaden vermeiden

Wie schon gesagt: Ursprünglich ist jedes menschliche Gehirn dafür begabt, kreativ zu sein. Trotzdem produzieren die meisten Menschen nicht ständig geniale, neuartige Ideen, nicht allein und schon gar nicht in der Gruppe. Der Grund dafür sind Kreativitätsblockaden.

Wenn die eigene Idee Urängste auslöst

Erziehungsfehler während unserer Kindheit und spätere schlechte Erfahrungen führen dazu, dass für viele Menschen Kreativität mit Angst behaftet ist. Jede eigene, neue Idee könnte von anderen als blöd bezeichnet werden, ausgelacht und verhöhnt. Dass eine Gruppe von Menschen über uns lacht und uns dadurch ausschließt, berührt eine der ganz großen Urängste des Menschen. Das ist kein Wunder, denn ganz instinktiv fühlen wir uns als Gruppenmitglied sicherer denn als Einzelgänger oder gar als Mobbingzielscheibe.

BEISPIEL

Der Schneider von Ulm – Ins Wasser gefallen

Anfang des 19. Jahrhunderts beschäftigten sich Tüftler und Erfinder mit dem Fliegen. Erste Heißluftballons und andere Fluggeräte wurden entworfen und gebaut, unter anderem durch Albrecht Ludwig Berblinger in Ulm. Besser bekannt ist er als »Der Schneider von Ulm«. Schneider war er nur erzwungenermaßen, da er sich als Waisenkind den Beruf nicht selbst aussuchen konnte. Doch in seinem Herzen war er Erfinder und Ingenieur. So erfand er erfolgreich ein neuartiges Holzbein mit Gelenken. Das Fliegen war sein großer Traum. Auch hier hatte er den Bogen raus. Er baute einen zweiflügeligen Gleitflieger, den er erfolgreich in den Weinbergen testete. Mehrere Meter weit trugen ihn die Aufwinde.

Bekannt geworden ist er trotzdem als Versager. Er sollte nämlich am Tag des Königsbesuchs sein Fluggerät vorführen. Überzeugt von seinen Flugkünsten, wollte er vom Ulmer Münster springen. Doch die Organisatoren der Veranstaltung wählten einen risikoärmeren Absprungort, nämlich das Ufer der Donau. Falls die Überquerung schiefginge, würde Berblinger in den Fluss stürzen und überleben.

Leider war dieser Ort denkbar schlecht geeignet, weil hier Fallwinde statt Aufwinde vorherrschen. Berblinger spürte das Fehlen des Aufwinds, als er am Startpunkt stand. Darum verschob seinen Flug vom 30. Mai 1811 auf den 31. Mai. Er hoffte vergeblich auf eine Windänderung. Am 31. Mai stand er unschlüssig am Ufer, verschob den Start um eine weitere Stunde. Die Berichte sind sich nicht einig, ob er dann selbst sprang oder gestoßen wurde. Jedenfalls stürzte er wie ein Stein in die Donau und wurde von Fischern herausgezogen.

Danach war er nicht nur eine Witzfigur, sondern verlor auch die Kunden seiner Schneiderei und verarmte völlig. Und das zu Unrecht, denn sein Gleitflieger funktionierte ja, nur eben nicht an jenem Tag über der Donau.

Genau vor so etwas fürchten wir uns, und das hemmt die Kreativität!

Ihre Kreativitätsblockaden

»Das kannst du nicht!« An welche eigenen Erfahrungen denken Sie dabei? Wessen Kritik klingt Ihnen noch heute in den Ohren? Warum hat Sie das damals verletzt? Bremst Sie das heute noch aus?

Welche der folgenden Kreativitätsblockaden sind bei Ihnen besonders stark? Mit welchen der folgenden Aussagen können Sie sich gut identifizieren?

✔ **Verdrängung:** Ich kann mich an meine Kindheit kaum noch erinnern. Ganze Jahre meines Lebens sind in meinem Gedächtnis ausgelöscht. Die Erinnerung an lange Strecken meiner Vergangenheit sind zu schmerzhaft.

✔ **Routine:** Mein Tagesablauf verläuft immer nach demselben Schema. Ich brauche bei dem was ich tue nicht viel nachzudenken. Alles läuft automatisch ab.

✔ **Denkschienen und Vorurteile:** Es ist doch egal, warum die Dinge so sind wie sie sind. Warum alles hinterfragen? Es ist eben so und damit muss man leben. Meistens weiß ich schon vorher, was passieren wird. Es gibt nichts Neues unter der Sonne.

- ✔ **Unbehagen bei Neuem und Unbekanntem:** Reisen sind mir ein Gräuel. Ich finde es immer sehr stressig, irgendwohin zu fahren, wo ich mich nicht auskenne. Im Leben ändern sich die Dinge viel zu schnell, man kommt kaum nach.

- ✔ **Starke Selbstkritik und Perfektionismus:** Die meisten Menschen geben sich nicht genügend Mühe. Aber mir verzeiht ja auch keiner meine Fehler! Wir müssen alle unser Bestes gehen. Fehler machen mich angreifbar.

- ✔ **Erschöpfung, Krankheit, Liebeskummer, Trauer, Traumata:** Ich bin oft müde und krank. Ich habe viele Sorgen und kann oft nachts nicht schlafen deswegen. Ich finde es sehr schwierig, mich auf etwas längere Zeit zu konzentrieren.

- ✔ **Zeitdruck oder anderer Druck:** Nur unter Druck kann ich richtig kreativ arbeiten. Deshalb ist es gut, dass mein Leben so hektisch ist. Ohne Druck würde ich gar nichts zustande bringen.

Vier Ängste als Kreativitätsblockaden

Natürlich gibt es auch physische Kreativitätsblockaden wie niedrigen Zuckerspiegel oder Kopfschmerzen. Insbesondere auch Liebeskummer und Trauer ziehen Energie von der kreativen Tätigkeit ab. Aber oft blockieren uns Ängste bei der Kreativität. Wir wollen im Folgenden diese vier Ängste betrachten und wie Sie als Moderatorin solche Ängste mildern oder vermeiden können:

1. Die Angst vor dem leeren Blatt
2. Die Angst vor Kritik aus der Gruppe
3. Die Angst vor dem Moderator
4. Die Angst vor Fehlern

Die Angst vor dem leeren Blatt

Ein weißes Blatt liegt vor Ihnen oder der Cursor blinkt in einer leeren Textdatei namens »Neues Dokument«. Das ist an sich nicht stressig, aber wenn Sie selbst oder Ihr Chef von Ihnen erwartet, dass Sie innerhalb kurzer Zeit preisverdächtige Ideen erzeugen, dann wirft das die Frage auf: »Was, wenn mir nichts einfällt?« Das ist möglich. Es ist sehr gut möglich, dass Ihnen bei der ersten Kreativitätssitzung gar nichts Passendes einfällt. Schon allein die Angst davor, einem könne nichts einfallen, kann Ideenflüsse blockieren. In aller Farbigkeit malt man sich die schrecklichen Folgen aus. Und dann geht gar nichts mehr.

Was tun? Dagegen gibt es mehr als nur ein Mittel und bei hartnäckigen Leeres-Blatt-Phobikern kann man gerne mehrere davon einsetzen.

- ✔ In der Gruppe genauso wie alleine sollte das kreative Projekt damit beginnen, dass Sie die Fakten zusammentragen: Was haben wir schon? Wo wollen wir hin? Was fehlt dafür? Mit dieser Analyse stecken Sie das Feld ab und gewinnen schon mal eine gewisse Kontrolle über das Projekt. Die Frage beziehungsweise das Problem ist klar formuliert. Dann wird es leichter.

- ✔ Man denkt sich nichts Neues aus, sondern startet vom aktuellen Produkt und verbessert es inkrementell. Das ist eine seriöse, ingenieurmäßige Vorgehensweise, die Sie schon mal warmlaufen lässt.
- ✔ Der Moderator hat erste Vorschläge vorbereitet. Der Workshop startet also gar nicht mit einem leeren Blatt. Den meisten Menschen fällt es leichter, erste Anstöße anderer weiterzuspinnen als selbst ohne Ankerpunkt ins Blaue hinein kreativ zu werden.
- ✔ Sie lassen eine Künstliche Intelligenz erste Vorschläge erzeugen. Das wirkt ebenfalls inspirierend und bildet einen Ausgangspunkt.
- ✔ Menge geht über Qualität: Es gilt zu betonen, dass man möglichst viel Material sammeln will. Je mehr Ergebnisse zusammenkommen, umso mehr Goldkörner werden sicher mit dabei sein. Der Rest wird später ausgesiebt. Habt Spaß! Seid wild!
- ✔ Ideen werden nicht in Stein gemeißelt: Die Kreativität fließt leichter, wenn man sich bewusst ist, dass alle Ideen nur erste Entwürfe sind. Sie werden später noch geprüft, verfeinert und verbessert. Gerade zunächst unrealistisch erscheinende Ideen können bei Tageslicht betrachtet als Anstoß für eine nützliche Innovation dienen. Gesammelt wird während der Kreativitätssitzung nur grobes Rohmaterial. Also locker ans Werk! Es kann gar nichts schiefgehen!

Ihre verrückten Ideen

- ✔ Welche verrückten Ideen hatten Sie als Kind oder Teenager? Aus heutiger Sicht betrachtet: Waren diese Ideen wirklich so verrückt? Oder vielleicht sogar machbar?
- ✔ Haben Sie denn immer noch eine verrückte Idee? Warum ist sie verrückt? Könnten Sie sie wenigstens teilweise umsetzen?
- ✔ Haben Sie jemandem von diesen Ideen erzählt? Wenn ja: Wie war die Reaktion? Wenn nein: Warum nicht?

Die Angst vor Kritik aus der Gruppe

Vor oder durch eine Gruppe kritisiert zu werden, löst Urängste aus. Das fühlt sich instinktiv bedrohlich an. Kein Wunder, wenn wir manchmal Ideen zurückhalten und in der Gruppe nicht äußern. Insbesondere vorherige schlechte Erfahrungen machen vorsichtig.

Die Angst vor Kritik ist besonders dann berechtigt, wenn man in einer Gruppe von Menschen kreativ zu arbeiten versucht, die einander schon lange kennen, beispielsweise ein eingespieltes Team in einer Firma sind. Bei Fremden benimmt man sich ja üblicherweise anständig, aber wenn sich die Teilnehmer zu gut kennen, gibt es keine Hemmungen, oft sogar konkrete Gründe (Konkurrenz, Feindschaft, Rache), die Ideen anderer bewusst destruktiv zu kommentieren und schlimmstenfalls auch deren Autor persönlich zu beleidigen. Die schon bestehende Hackordnung wird auch bei der harmlosesten Übung wieder bestätigt, und das, obwohl gerade die Stillen, Nachdenklichen, Langsamen die besten Ideen ausbrüten. Konkurrenz schadet dem Gesamtergebnis!

Leider kann man sich seine Teilnehmer nicht vollständig aussuchen, aber solch eine Konstellation sollte man vermeiden. Besser man setzt – weil bei verschiedenem Kenntnishintergrund die Teilnehmer einander besser inspirieren – Mitarbeiter aus verschiedenen Abteilungen zusammen. Das mildert hoffentlich auch ungesunde Gruppendynamik. Hat der Moderator ein eingespieltes destruktives Team erwischt, wird sein Job hart. Er muss unbedingt auf den Regeln beharren: Kritik ist grundsätzlich während der Phase der Ideensammlung verboten, nur in der Bewertungsphase erlaubt und auch hier hat sie sachlich zu bleiben, sich also auf die Idee und nicht die Person zu beziehen, und außerdem gut begründet oder begründbar zu sein. Unsachliche Kritik und Kritik zur falschen Zeit muss der Moderator ahnden, sonst entwickelt sich eine Stimmung, in der die Teilnehmer/innen zu Recht ihre Ideen für sich behalten, weil sie sich damit verletzlich machen. Leider kann der Moderator nur schwer leises Stirnrunzeln und Augenrollen verhindern.

Hilfreich sind auch schriftliche Methoden, bei denen alle Gruppenmitglieder in Ruhe ihre Gedanken sammeln und niederschreiben. Ein richtig schlechtes Team schafft es jedoch sogar dann noch, die Kontemplation der anderen zu stören. Beispielsweise indem der Möchtegernanführer anderen ihr Blatt während des Schreibens unter dem Stift wegzieht, laut deren Notizen vorliest und veralbert. Möglich ist auch, dass Zeitdruck aufgebaut wird, indem Blätter zu früh weitergegeben werden oder jemand nach der halben Zeit verkündet, er sei fertig, wie es mit den anderen stehe. Hier muss der Moderator die Denkzeit der Teilnehmer unbedingt schützen. Ein Kreativitätsworkshop ist kein Wettkampf, sondern eine gemeinsame Übung.

In einer Gruppe von einander fremden Personen fällt es leichter, freundlich und konstruktiv kreativ zu arbeiten. Allerdings gibt es Teilnehmer, die gezielt jede Chance nutzen, um sich in der neu zusammengestellten Gruppe als Anführer zu etablieren. Was auch immer sie sagen, dient ihrer Selbstdarstellung und der Konkurrenz gegen die anderen Gruppenmitglieder oder sogar den Moderator. Hier ist disziplinierte Strenge angesagt. Die Führung der Gruppe muss in den Händen des Moderators bleiben. Es darf auf gar keinen Fall eine Atmosphäre entstehen, in der es nicht um die Sache, sondern um die Macht geht. Ein Störer muss entweder zur Ordnung gebracht oder entfernt werden. Nutzlos verhallt ein sachlicher Hinweis auf »Wir wollen bei der Sache bleiben« und »Bitte halten Sie sich an die Regeln«, wenn der Provokateur absichtlich stört. Oft lässt sich mit mehr oder weniger harmlosem Humor die Situation retten. Dem Störer muss klar werden, dass er mit seinem unsachlichen Ablenken seinen sozialen Status nicht hebt, sondern senkt. Ansonsten: vor die Tür mit ihm!

Die Angst vor dem Moderator

Natürlich sollen die Teilnehmerinnen auch den Moderator der Sitzung nicht fürchten müssen. Wenn sie bei jeder Äußerung mit ängstlichem Blick auf den Kommentar des Moderators warten, dann läuft etwas schief. Der Moderator selbst geht kommunikativ als leuchtendes Vorbild voran, indem er Kritik in der falschen Phase vermeidet und zur rechten Zeit konstruktive Kritik übt. Die Gruppe achtet genau auf sein Verhalten und ahmt ihn nach. Der Moderator lobt und triggert durch Nachfragen weitere Ideen an oder treibt eine Konkretisierung der Idee voran.

Leider widerspricht sich die Netter-Onkel-Strategie (oder nette Tante) mit dem im vorigen Abschnitt genannten Führungsanspruch des Moderators. Hat er einen Störer wegen Fehlverhaltens gemaßregelt, fürchten ihn die Teilnehmer anschließend. Darum muss er erklären, welche Regel der Störer verletzt hat. Sinnvoll kann es sein, im Kreativitätsworkshop zwei Moderatoren einzusetzen: den Good Guy, der alle Ideen toll findet und die Teilnehmerinnen inspiriert, und einen Bad Guy, der streng auf die Einhaltung der Regeln pocht und notfalls mit einem Störer vor die Türe geht, während die anderen weiterarbeiten.

Die Angst vor Fehlern

Neues und Unbekanntes löst instinktiv Angst aus. Gerade solche Ideen sind den Beteiligten gar nicht willkommen, die ihre Arbeitsweise ändern oder gar ihre Expertise unnötig machen werden. Ich fühle mich beispielsweise auch nicht wohl bei dem Gedanken, dass Künstliche Intelligenz billiger und schneller als ich gute Ideen erzeugen, Kursunterlagen erstellen, studentische Fragen beantworten oder Bücher schreiben kann. Ich habe jahrelange Erfahrung gesammelt, um immer besser zu werden. Und bald sind diese Fähigkeiten vielleicht nur noch wenig wert.

Das ist nur ein Beispiel, wo unser Verstand Probleme vorhersieht und damit die Kreativität ausbremst. Die verschiedenen Teile des Gehirns arbeiten dann gegeneinander. Es ist die Aufgabe des Verstands, unsere Intuition und Gefühle zu beobachten, zu bewerten und eventuell zu zensieren. Grundsätzlich ist es ja gut, dass wir nicht jedem Impuls und jeder dummen Idee nachgeben. Manche davon sind lebensgefährlich, peinlich oder für andere verletzend und nicht sozialkompatibel. Nur im Kreativitätsworkshop sollte diese Bremse deaktiviert werden. Das ist schwer.

Alles was man sagt, könnte ja falsch sein oder negative Folgen haben, die man nicht bedacht hat. Vielleicht wird durch eine schlechte Idee die gesamte Firma ruiniert? Oder die eigene Karriere? Vielleicht muss man sich nachher noch zwölf Jahre lang anhören, was für einen unbedachten Vorschlag man damals einbrachte? In manchen Firmenkulturen ist das leider üblich!

Der Moderator muss klarmachen, dass bei der kreativen Sitzung Fehler gar nicht möglich sind. Jede Idee kann nützlich werden. Später im Workshop oder danach werden die Ideen von Experten auf Herz und Nieren geprüft, Machbarkeitsuntersuchungen, Kostenschätzungen und Einflussanalysen durchgeführt. Derart gefiltert und verfeinert kommen nur die besten Ideen in die Umsetzung. Die Machbarkeit spielt momentan, in der Kreativitätssitzung, noch gar keine Rolle. Perfektionismus und Selbstkritik sind hier nicht gefragt. Menge geht in dieser Phase noch über Qualität.

Bewährt hat sich in diesem Fall, die Frage umzudrehen. Wenn den Teilnehmern schon nicht einfällt, wie sie das Produkt nützlicher oder sicherer machen können, dann fällt ihnen – gerade weil sie so viele negative Szenarien im Kopf haben – ganz sicher ein, wie man das Produkt zerstören könnte. Brainstorming Paradox heißt das, aber auch jede andere Kreativitätstechnik kann mit einer auf den Kopf gestellten Arbeitsfrage starten. Die Schwarzseher haben ihren Spaß daran und müssen nicht fürchten, dass die Katastrophen, die sie sich ausdenken, so umgesetzt werden. Sie dienen dazu, Fehler zu verhindern.

Auch eine systematische, schrittweise Vorgehensweise dient dazu, sich im kreativen Prozess sicher zu fühlen. Viele Kreativitätsmethoden oder Methoden des Requirements Engineerings bieten einen guten Rahmen für ein schrittweises Vorgehen mit konkreten Arbeitsfragen und für zielgerichtete Kreativität. Jeder Einzelschritt stellt eine kleine, gut abgegrenzte Aufgabe, die leicht lösbar ist. Das ist auch für die Teilnehmerinnen risikoärmer.

Mut zu Neuem

Mittelfristig trainieren Sie die Offenheit Ihres Gehirns für neue Erfahrungen und kreative Ideen, wenn Sie es sich Gewohnheit machen, regelmäßig Neues auszuprobieren:

- ✔ Ein Kochrezept kochen, das dubios klingt.
- ✔ Eine neue Sportart oder eine ungewohnte Gymnastikübung testen.
- ✔ Erfinden Sie Wörter oder eine neue Sprache und sprechen Sie sie laut aus.
- ✔ Malen oder zeichnen Sie etwas, das es gar nicht gibt.
- ✔ Besuchen Sie einen Kurs oder Vortrag über ein Thema, von dem Sie gar keine Ahnung haben (mittelalterliche Tänze, Vogelbestimmung, Tupaia, der polynesische Navigator von James Cook, sakrale Geometrie in den Tempeln von Angkor Wat …

Weitere Kreativitätsblockaden

Stellen wir uns vor, der Moderator erschafft eine angstfreie Atmosphäre, die Gruppe fühlt sich wohl … fließen jetzt die Ideen automatisch? Meistens schon! Allerdings darf es auch nicht ins Gegenteil umschlagen und die Stimmung zu ausgelassen werden. Viele laute, unrealistische Ideen sind in Ordnung. Aber bei fehlender Disziplin kommt man zu schnell vom Thema ab und das sollte nicht passieren. Darum sind natürlich das A und O der Moderation eine klare Arbeitsfrage, eine Agenda und ein strenger Zeitplan, gerne auch eine Kreativitätsmethode, die die Teilnehmer Schritt für Schritt anleitet. Natürlich wird eine kreative Gruppe gerne auch Ideen zum Ablauf äußern (»Können wir den Workshop nicht in den Garten verlegen?«, »Nehmen wir uns hierfür doch zehn Minuten mehr Zeit!«, »Warum notieren wir das nicht auf der grünen Tafel statt auf dem Flipchart?«). Alles bestens, solange das Ziel des Workshops erreicht wird!

Zeitdruck würgt die Kreativität ab. Wenn Sie unter Druck stehen, innerhalb weniger Minuten die rettende Idee zu haben, kann das funktionieren, wird es aber meistens nicht. Ich hatte ja schon betont, dass Kreativität ein schlecht planbarer iterativer Prozess ist, für den man genug Zeit einplanen muss. Timeboxing dagegen kann sehr wohl Sinn machen. Das heißt, man gibt sich eine halbe Stunde Zeit, um Ideen zu sammeln. Danach macht man wieder etwas anderes und lässt das Unterbewusstsein nebenbei arbeiten, bis man in einer späteren Kreativitätssitzung erneut das Thema anpackt und sich wundert, wo die vielen neuen Ideen herkommen.

Denkschienen und Vorurteile behindern ebenfalls die Fähigkeit, »out of the box« zu denken. Je mehr Sie es gewohnt sind, eine Sache auf immer dieselbe Weise zu sehen, umso weniger sind Sie offen für neue Sichtweisen. Oft sind wir gewöhnt, für selbstverständlich zu halten, was es gar nicht ist. »Das machen wir schon immer so« oder »Das ist halt so« ohne Begründung sind Anzeichen für etwas, das Sie nicht mehr hinterfragen. Die Praktikantin mit ihren scheinbar dummen Fragen erkennt noch viel mehr Möglichkeiten als der erfahrene Kollege. Bei der Kreativität geht es ja nicht nur darum, Bestehendes kleinschrittig zu optimieren oder schlicht dasselbe wie immer zu machen, nur in Grün. Die Gedanken müssen mutig in bisher unerforschtes Gelände springen, Unbekanntes explorieren, Neues wagen. Gedanken wie »Das haben wir noch nie so gemacht« und »Das funktioniert bei uns sowieso nicht« behindern die Kreativität. Grundsätzlich ist es möglich, dass etwas aus gutem Grund bisher nicht so gemacht wurde, nämlich weil es nicht funktionieren würde. Genauso kann es aber auch ein haltloses Vorurteil sein. Das zu beurteilen ist während der kreativen Phase gar nicht das Ziel. Verbieten Sie darum als Moderator ausdrücklich solche destruktiven Sätze. Falls Sie doch einen zu hören bekommen, erinnern Sie nochmal an die aufgestellte Regel.

Kurz und knapp: Der Moderator eines Kreativitätsworkshops balanciert immer auf dem schmalen Grat zwischen Angst und Spaß, Kontrolle und Loslassen.

Kreativitätsblockaden nicht nur in der Gruppe

Oben klang das so, als müsse man unbedingt einen Kreativitätsworkshop in der Gruppe durchführen. Das ist nicht immer nötig, möglich oder ratsam. Wie wir gesehen haben, bringt das Nachdenken in der Gruppe auch seine eigenen Herausforderungen und Kreativitätsblockaden mit sich. Sie können natürlich auch Ideen alleine sammeln. Allerdings funktioniert das nicht so gut nebenher und von selbst. Sie sollten sich auch dann Zeit nehmen, am besten im Kalender einen Zeitslot reservieren für eine Anfangsanalyse, Erstellen des Steckbriefs und gelegentliche gezielte Kreativitätssitzungen mit einer Arbeitsfrage.

Kreativitätskiller sind nämlich auch die tägliche Arbeit, Routine und Zeitdruck. Wenn Sie nur im Akkord Ihre Listen abarbeiten, von Besprechung zu Besprechung hetzen und zwischendurch versuchen, mit den E-Mails auf dem Laufenden zu bleiben, dann findet Ihr Gehirn nicht die Ruhe, um gute Ideen auszutüfteln, sich seiner guten Ideen bewusst zu werden oder sie aufzuschreiben. Sie benötigen also ein »Rendezvous mit sich selbst«. Machen Sie es sich zum Ideengenerieren gemütlich und konzentrieren Sie sich nur auf das Problem, das Sie lösen wollen. Das führt nicht unbedingt zum sofortigen Erfolg, aber sobald Sie Ihrem Gehirn eine wohlformulierte Frage präsentiert haben, wird es sich damit zu beschäftigen beginnen und bei Ihrer nächsten Sitzung hoffentlich mit der Lösung aufwarten.

Betrachten Sie Ihr eigenes kreatives Projekt:

- ✔ Was behindert Sie speziell bei diesem Projekt in Ihrer Kreativität?
- ✔ Welche Ideen hatten Sie oder hätten Sie spontan und warum mögen Sie diese nicht?
- ✔ Ließe sich eine der scheinbar schlechten Ideen noch verbessern?

Es ist essenziell wichtig, dass Sie genau ausformulieren können, warum die bisherigen Ideen nicht passen. Auf der Grundlage einer klaren Problemdefinition kann Ihr kreatives Unterbewusstsein eine Lösung dafür finden und die Idee verbessern. Es gibt für alles eine oder sogar mehrere Lösungen!

Julia Camerons »Weg des Künstlers« ist ein zwölfwöchiger Kreativitätskurs in Buchform, der Ihnen hilft, durch zahlreiche Übungen Ihre eigenen Kreativitätsblockaden zu erkennen und zu überwinden.

Julia Cameron: Weg des Künstlers. Knaur MensSana, 2019.

Künstliche Intelligenz bei der Workshop-Moderation

Bei der Moderation eines Kreativitätsworkshops können Sie nicht nur auf die eingeladenen Experten bauen, auf deren Erfahrung, Intuition und Kreativität, sondern auch auf die »Kollegin KI« als kreative oder kritische Teilnehmerin. Egal welche Moderationstechnik oder Kreativitätsmethode Sie für die Strukturierung der gemeinsamen Arbeit und der Agenda gewählt haben, so können Sie bei jedem Schritt von dem Einsatz von Künstlicher Intelligenz profitieren. Dabei dient die Künstliche Intelligenz als Unterstützerin und Ideengeberin, aber nicht als Ersatz für die Expertinnen. Die Künstliche Intelligenz unterstützt das Team dabei, in einem hybriden Mensch-Maschine-Entwicklungsprozess die Qualität der Ergebnisse zu verbessern.

Sie können die Künstliche Intelligenz sowohl bei den kreativen als auch bei den analytischen Aktivitäten als Impulsgeberin einsetzen. Bei jedem einzelnen Schritt des Vorgehens können Sie …

- ✔ die Künstliche Intelligenz explorativ erste Vorschläge erstellen lassen, die dann von den Expertinnen bewertet und ergänzt werden,
- ✔ die Künstliche Intelligenz die Liste der Vorschläge der Expertinnen ergänzen oder variieren lassen,
- ✔ die Künstliche Intelligenz die bisherigen Ergebnisse bewerten und diskutieren lassen,
- ✔ der Künstlichen Intelligenz offene Fragen stellen.

Auch hierbei sind systematische Kreativitäts- und Analysetechniken hilfreich, weil sie Sie dabei unterstützen, der Künstlichen Intelligenz konkrete Fragen statt offene, vage Fragen zu stellen. Analog wie Menschen kann auch die Maschine auf konkrete Fragen sehr konkret antworten, bei offenen Fragen eher schwafeln oder auch mal das Thema verfehlen.

Beispiel: KI für die Anforderungsermittlung

Machen wir ein Beispiel. Sie haben Ihre zehn Experten zum Workshop eingeladen und möchten gemeinsam Anforderungen an die Sprachlern-App sammeln.

Die schlechteste Vorgehensweise wäre, in die Runde zu fragen: »Hat jemand eine Idee, welche Funktionalitäten die App haben soll und welche Qualität?« Die spontane Reaktion wären wohl ratlose Blicke. Die KI kann mit solchen Fragen besser umgehen. Sie bleibt nie eine Antwort schuldig.

Viel besser ist jedoch ein strukturiertes Vorgehen. Ohne zu tief in die Kunst der Anforderungsermittlung einzusteigen: Es gibt strukturierte Vorgehensweisen, bei denen man sich zunächst fragt, wer die Zielgruppe und was für diese jeweils wichtig ist. Dann listet und beschreibt man alle Basisfunktionen und Nutzungsszenarien. Und so weiter …

Bei jedem einzelnen Schritt kann die KI entweder einen ersten Vorschlag erarbeiten und die Expertenrunde bewertet und vervollständigt. Oder umgekehrt erarbeitet die Gruppe einen ersten Vorschlag und bittet die KI um Ergänzungsvorschläge.

Bei der Moderation eines Kreativitätsworkshops müssen Sie einiges beachten:

- ✔ Sie brauchen eine Arbeitsfrage und eine Agenda, außerdem die richtigen Teilnehmer/innen.
- ✔ Alle müssen zu Wort kommen und respektvoll miteinander kommunizieren.
- ✔ Alle Ergebnisse werden protokolliert und am Ende zusammengefasst.
- ✔ Sie balancieren dabei ständig zwischen widersprüchlichen Werten: Spaß versus Angst, Vielfalt versus Harmonie, Lob und Antreiben, Kontrolle und Loslassen.
- ✔ Nehmen Sie sich Zeit für die Kreativität und um in Flow zu kommen, definieren Sie aber auch Zeitziele für Zwischenergebnisse, lassen Sie verrückte und abwegige Ideen zu, ohne vom Weg abzukommen, sorgen Sie für eine konstruktive, freundliche Atmosphäre mit Disziplin, vermeiden und ahnden Sie destruktive Äußerungen, überbrücken Sie Ideenflauten mit eigenen Anstößen oder KI-generierten Entwürfen.
- ✔ Das Tuckman-Modell für den Team-Building-Prozess hat fünf aufeinander folgende Phasen: Forming, Storming, Norming, Performing, Adjourning. Auch die Workshop-Agenda kann sich daran orientieren.
- ✔ Wählen Sie gut das oder die Hilfsmittel für die Protokollierung: handschriftliche Notizen, Fotos, Video- und Audioaufnahmen, digitaler Mitschrieb auf Laptop, digitale Tafel oder geteiltes Dokument in der Cloud.
- ✔ Es gibt zahlreiche Kreativitätsblockaden, die dafür sorgen, dass selbst bei kreativen Menschen vorübergehend oder sogar dauerhaft die Ideen nicht sprudeln. Tun Sie Ihr Bestes, um diese zu mildern.
- ✔ Die Künstliche Intelligenz kann Sie auf vielerlei Arten bei der Moderation unterstützen. Sie kann jedoch die Expertise von Menschen nicht ersetzen, sondern nur unterstützen.

IN DIESEM KAPITEL

Kreativitätsmethoden für den Entwurf inkrementeller Verbesserungen existierender Produkte, Dienstleistungen oder Arbeitsprozesse

Ingenieurmethoden

Managementmethoden

Prognosetechniken

Konfigurationstechniken

Kapitel 17
Kreativitätsmethoden für inkrementelle Verbesserungen

Die inkrementelle Innovation entwickelt ein Produkt nur um wenig weiter, ergänzt beispielsweise eine Funktion, optimiert oder variiert wenige Eigenschaften. Im Wesentlichen bleibt es aber dasselbe Produkt. Solche inkrementellen Innovationen kosten wenig und bringen einen vorhersehbaren Nutzen. Genau genommen sollten inkrementelle Verbesserungen zur täglichen Gewohnheit werden. Bei jedem Handgriff sollte jeder Mitarbeiter und jede Mitarbeiterin darüber nachdenken, wie man das Produkt verbessern oder ein bekanntes Problem lösen könnte.

Da das in der Hektik des Alltags oft nicht funktioniert oder gute Ideen wieder vergessen werden, müssen wir dann doch hin und wieder eine Kreativitätssitzung allein oder in der Gruppe durchführen und den Innovationszyklus antreiben.

Unterschied zwischen inkrementeller und radikaler Innovation

Was in der einschlägigen Fachliteratur gerne übersehen wird: Die Herangehensweise ist eine andere – ob Sie inkrementelle Verbesserungen oder radikal neue Ideen suchen. Fragestellung, Vorbereitung, Teilnehmerkreis, Durchführung und Nachbereitung sind völlig verschieden. Sie arbeiten auch auf unterschiedlichem Detailgrad.

- **Arbeitsfrage:** Ob es auf eine inkrementelle oder radikale Innovation hinausläuft, steuern Sie über die Formulierung der Arbeitsaufgabe. Je konkreter die Frage, umso geringer der Innovationsgrad der Antworten. Inkrementelle Arbeitsfragen wären beispielsweise: »Die Kunden melden folgendes Problem. Wie können wir es lösen?«, »Konkurrent X bietet neuerdings Y. Wie können wir etwas Gleichwertiges anbieten?«, »Die Grenzwerte für die Abgaswerte wurden gesenkt. Wie können wir sie einhalten?«
- **Vorbereitung:** Um nach inkrementellen Neuerungen zu suchen, müssen Sie zunächst alle Informationen über das vorhandene Produkt zusammentragen als Wissensbasis für die Verbesserung. Für die radikale Innovation benötigen Sie ganz andere Informationen.
- **Teilnehmer/innen:** Auch der Teilnehmerkreis kann beim inkrementellen Kreativitätsworkshop kleiner sein, passend zur begrenzteren Arbeitsfrage. Nicht alle, die irgendwie betroffen und kompetent sind bezüglich des Produkts, müssen zum Workshop eingeladen sein. Manche sind von der geplanten Änderung nicht betroffen, weil nur ein Teilaspekt geändert wird, oder sie haben ihren Beitrag schon geleistet.
- **Durchführung:** Je konkreter und begrenzter die Arbeitsfrage, umso weniger Zeit ist nötig. Offene Arbeitsfragen benötigen eventuell mehrere Sitzungen und Iterationen. Vor allem jedoch brauchen Sie gleich von Anfang an eine andere Kreativitätsmethode.
- **Nachbereitung:** Die inkrementellen Verbesserungsideen können Sie direkt in Ihren Produktwartungsprozess hineinfüttern, während die radikal neue Produktidee umfangreiche Entscheidungsprozesse, Machbarkeits- und Marktstudien und zahlreiche Iterationen eines umfassenden Produktentwicklungsprozesses nach sich ziehen, bis daraus tatsächlich etwas wird, das man verkaufen kann. Im Extremfall muss man zum neuen Produkt auch neue Herstellungsmethoden und -maschinen entwickeln.

BEISPIEL

Die Arbeitsfrage »Die Grenzwerte für die Abgaswerte wurden gesenkt. Wie können wir sie einhalten?« wurde fälschlicherweise für eine reine inkrementelle Optimierungsaufgabe gehalten. Ich vermute, Ressourcen- und Zeitplan orientierten sich dann auch an dieser Fehleinschätzung. Allerdings stellte es sich dann heraus, dass stattdessen eine radikale technische Innovation nötig gewesen wäre, um die Grenzwerte einzuhalten. Diese Fehleinschätzung wurde zum Katalysator des weltbekannten **Abgasskandals**.

Normale Ingenieurmethoden

Von Goethe stammt das Zitat: »Willst du ins Unendliche schreiten, geh nur im Endlichen nach allen Seiten!« (Johann Wolfgang Goethe: Gedichte, 1827)

Daran orientiere ich mich tatsächlich oft in meinem Berufsleben. Ich beginne an dem Punkt, wo ich gerade stehe, und dann geht es Schritt für Schritt weiter. Natürlich benötigt man für die Orientierung ein Ziel und einen Kompass, das heißt: Die einzelnen Schritte müssen einer Strategie folgen. Aber jede noch so weite Reise beginnt mit dem ersten Schritt.

Genauso kann auch ein Produkt oder Arbeitsprozess, der inkrementell immer wieder verbessert wird, irgendwann ein Niveau erreichen, von dem man vielleicht niemals geträumt hätte.

Langer Rede, kurzer Sinn: Ingenieure und Ingenieurinnen haben in ihrem Studium bereits einige Techniken erlernt, die als Ausgangspunkt oder erster Schritt des kreativen Prozesses dienen können. Denn Sie können nur verbessern, was Sie kennen, und Sie kennen nur, was Sie analysiert und modelliert haben. Darum betrachten wir im Folgenden verschiedene Methoden im Hinblick auf ihre Rolle im Kreativitätsprozess:

- ✔ Methoden zur Analyse des Ist-Zustands
- ✔ Anforderungsermittlung
- ✔ Problem- und Risikoanalyse

Analyse des Ist-Zustands

Bevor wir unsere ersten inkrementell-kreativen Schritte in Richtung Problemlösung oder besseres Produkt machen, analysieren wir erst mal, was wir haben. So habe ich das jedenfalls im Chemie-, Physik- und Elektronik-Praktikum im Studium gelernt. Wo stehe ich? Wo will ich hin? Was fehlt? Und wie komme ich auf der Grundlage des Vorhandenen zum Ziel?

Nutzen der Ist-Analyse

Die Analyse des Ist-Zustands dient in der kreativen Produktentwicklung nicht allein der Feststellung der Fakten. Schon beim Analysieren fallen erste Mängel, Verbesserungsmöglichkeiten, Schwachstellen oder Inkonsistenzen auf.

Darum fragen Sie sich als Erstes: Wie sieht das aktuelle Produkt oder der zu verbessernde Prozess aus? Zahlen, Fakten und vor allem visuelle Modelle sind hier gefragt.

Projektsteckbrief

Als ein Mittel für die Ist-Analyse haben wir ja schon in Teil II den Projektsteckbrief kennengelernt, den wir nun weiter verfeinern.

Sehen Sie sich erneut Ihren Projektsteckbrief an. Gibt er Aufschluss darüber, mit welcher Arbeitsfrage Sie in eine Kreativitätssitzung hinein gehen würden?

Wir nehmen als Beispiel den Projektsteckbrief für die Sprachlern-App:

- ✔ **Umfeld:** Einsatz der App durch Privatpersonen für das Erlernen von Sprachen zu Hause und unterwegs.
- ✔ **Vision:** Die beste Sprachlern-App auf dem Markt.
- ✔ **Ziel:** Eine Sprachlern-App, die alle wichtigen Basisfunktionen enthält und zusätzlich durch innovative Funktionalitäten und hohe Benutzerfreundlichkeit innerhalb von drei Jahren mindestens 30 % Marktanteil erreicht.

- ✔ **Problem:** Es gibt schon viele sehr gute Sprachlern-Apps.
- ✔ **Motivation:** Sprachenlernen macht Spaß und bringt Menschen einander näher!
- ✔ **Was schon vorliegt:** Wir haben schon eine Sprachlern-App entwickelt, die wir nun inkrementell weiterentwickeln möchten.
- ✔ **Was fehlt:** Es fehlen einige Funktionalitäten, die die Anwenderinnen bei den Konkurrenten schätzen. Die Benutzerfreundlichkeit unserer App bekommt von den Anwenderinnen schlechte Bewertungen. Es fehlt ein Unique Selling Point (USP), also eine Eigenschaft, durch die unsere App sich so deutlich von der Konkurrenz unterscheidet, dass Kunden darum zu unserer wechseln würden.
- ✔ **Daraus leite ich folgende Aufgaben her:**
  - Vergleich der in der App vorhandenen Funktionen mit den Basisfunktionen, die wir bereits in Tabelle 15.1 identifiziert haben. Diejenigen Basisfunktionen, die bisher fehlen, sollen ergänzt werden. (Dies ist keine kreative Aufgabe, aber trotzdem wichtig.)
  - Recherche nach Studien oder Durchführen einer Umfrage darüber, welche Funktionen und Qualitätseigenschaften Anwenderinnen von Sprachlern-Apps besonders schätzen. Diejenigen, die hoch geschätzt werden und in unserer noch fehlen, sollen ergänzt werden. (Dies ist keine kreative Aufgabe, aber trotzdem wichtig.)
  - Entwickeln von Prototypen der Benutzeroberfläche, die eine bessere Benutzerfreundlichkeit haben. Anschließend Bewertung durch repräsentative Anwenderinnen. (Die kreative Tätigkeit ist hier die Entwicklung der Prototypen. Dabei können Checklisten, Styleguides und Best Practices aus dem Usability Engineering sowie generative KI unterstützen.)
  - Kreativitätsworkshop, um Ideen für einen Unique Selling Point zu entwickeln. Anschließend Entscheidung darüber, welcher davon umgesetzt werden soll. (Der Kreativitätsworkshop ist sehr kreativ, die anschließende Bewertung und Entscheidung analytisch und systematisch.)

Sie sehen, dass eine klare Problembeschreibung schon jede Menge Hinweise für das weitere Vorgehen liefert. Allerdings setzt dieser Steckbrief seinerseits wieder Analysen und Recherchen voraus. Woher sollten wir sonst wissen, dass uns Funktionalitäten und ein Unique Selling Point fehlen und außerdem die Benutzerfreundlichkeit unserer App zu wünschen übrig lässt?

Unser Beispiel der Sprachlern-App zeigt, dass Sie die Methoden für die Ist-Analyse einfach aus dem Methodenkoffer Ihrer Zunft entnehmen können: Marktrecherchen, Kundenbefragungen, aber auch Prototypen, Modellierung und Messung.

Modellierung

Ich liebe Modelle. Die Nützlichkeit von Modellen kann man nicht überschätzen.

René Descartes, französischer Philosoph und Naturwissenschaftler, formulierte: »Imagination oder Visualisierung und besonders die Benutzung von Diagrammen haben einen entscheidenden Anteil an der wissenschaftlichen Forschung.«

Ein **Modell** ist eine abstrakte Darstellung eines Ausschnitts einer existierenden oder zu schaffenden Realität (nach dem Online-Glossar des IREB, siehe: `https://cpre.ireb.org/de/downloads-and-resources/glossary?first-letter=M`).

Modelle dienen im Ingenieurwesen als Grundlage von Analysen. Die Abstraktion besteht darin, sich bei der Darstellung auf diejenigen Inhalte zu konzentrieren, die für den vorliegenden Zweck benötigt werden. Alle unwesentlichen Details werden weggelassen. Das bedeutet auch:

- ✔ Ein Modell dient nur für den Zweck, für den es erstellt wurde.
- ✔ Sie brauchen mehrere Modelle, um die gesamte Wahrheit über ein Produkt darzustellen.

Beispielsweise gibt es von einem Haus den Grundriss, einen oder mehrere Aufrisse, einen oder mehrere Schnitte, einen Lageplan, einen Installationsplan, ein Statikmodell, ein bauphysikalisches Modell und eine Ansicht von der Vorderfront.

Gerade Modelle für noch nicht erstellte Arbeitsergebnisse erlauben es, alternative Entwürfe zu durchdenken und miteinander zu vergleichen, um den besten auszuwählen. Modelle von Existierendem unterstützen Überlegungen zu Erweiterungen und Veränderungen. Auch hierbei sind oft mehrere Alternativen zu durchdenken. Besonders nützlich, aber auch aufwendig zu erstellen, sind dynamische Modelle, die nicht nur Gedankenexperimente, sondern realitätsnahe Simulationen erlauben.

In unserem Beispiel der Sprachlern-App haben wir bereits eine funktionsfähige Software und modellieren einige ihrer Aspekte, um diese näher zu betrachten. Abbildung 17.1 stellt den Ablauf des Anwendungsfalls »Kunde wählt neuen Kurs« als UML-Aktivitätsdiagramm dar. Auf dieser Grundlage könnte man bereits Themen diskutieren wie die Benutzerfreundlichkeit dieses Ablaufs, wie man Benutzerfehler abzufangen gedenkt, welche Betrugsmöglichkeiten es gibt, wie viele Testfälle man für diese Funktionalität benötigt und vieles mehr.

Messen

Modellieren und Messen sind zwei Aktivitäten des Ingenieurwesens, die zur Analyse und Produktverbesserung beitragen. Ohne Messen gibt es keine belastbaren Daten – und ohne Daten keine objektive Information über den aktuellen Zustand, Qualität und vorhandene Mängel, keine fundierte Verbesserung. Das Messen dient der Qualitätskontrolle, Zustandsüberwachung, Regelung und Steuerung sowie Prüfung, ob eine Maßnahme zur erwünschten Verbesserung geführt hat.

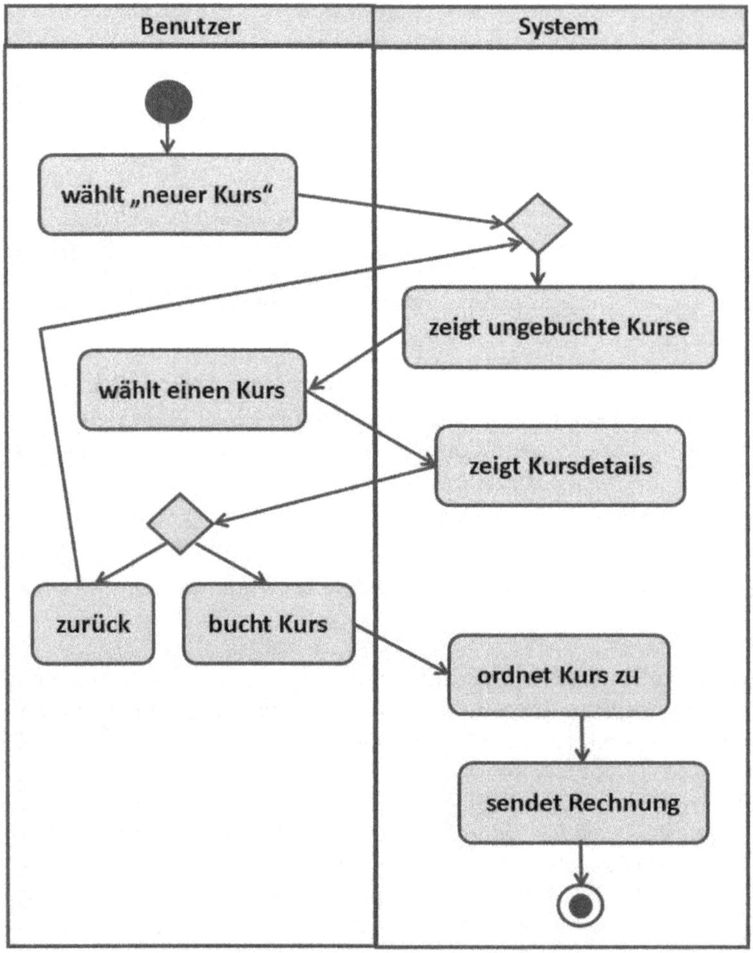

Abbildung 17.1: Aktivitätsdiagramm des Anwendungsfalls »Kunde wählt neuen Kurs« der Sprachlern-App

Messen ist die objektive, quantitative Erfassung von Zuständen und Eigenschaften eines Produkts oder Prozesses in Form von Zahlen.

Ein Ingenieur, der ein Produkt verbessern will, steht immer vor denselben Fragen:

- ✔ Wie gut ist das Produkt aktuell? (Ist-Zustand)
- ✔ Wie gut soll es sein? (Soll-Zustand)
- ✔ Welche Abweichungen gibt es? (Delta)
- ✔ Welche Maßnahmen müssen wir umsetzen, um den Soll-Zustand zu erreichen?

Die kreativen Fragen sind nur die beiden über den Soll-Zustand und die Maßnahmen, falls der Soll-Zustand nicht durch Standards oder Kunden schon vorgegeben wird. Ohne präzise Messwerte kann der Ingenieur nur vermuten, interpretieren oder nach Gefühl entscheiden – was im technischen Umfeld unprofessionell und riskant wäre.

Hat man Maßnahmen zur Produktverbesserung ergriffen, dann erlaubt die Messung herauszufinden, ob und wie weit sich die Qualität tatsächlich verbessert hat. Bei Verschleiß wird sich die Qualität im Verlauf der Nutzung wieder verschlechtern, und auch dies lässt sich messen.

Durchführung des Messens

Die Durchführung des Messens in der Produktverbesserung folgt einem strukturierten Prozess, der meist diesen Schritten entspricht:

1. **Zieldefinition:** Was soll gemessen werden und warum?

   Beispiel: Uns interessiert die Benutzerfreundlichkeit des Anwendungsfalls »Kunde wählt neuen Kurs«. Dazu tragen einerseits Wartezeiten bei, die wir objektiv in Sekunden messen können, andererseits der subjektive Eindruck, den nur typische Benutzer beurteilen können.

   Oder: Ein Ingenieur will bei einem Elektromotor den Wirkungsgrad verbessern.

2. **Auswahl der Messgröße und Messeinheit:** Die zu messende Größe wird definiert.

   Beispiel: Die Zeit zwischen dem Moment, in dem der Benutzer im Menü »neuer Kurs« wählt bis zu dem Zeitpunkt, wo das System die Liste aller Kurse anzeigt. Diese Zeit wird in Sekunden gemessen.

   Für das Messen der subjektiv empfundenen Benutzerfreundlichkeit wählt man gerne Kennzahlen wie den prozentualen Anteil der Benutzer, die diese Funktion auf einer vorgegebenen Skala als »gut nutzbar« bewerten.

   Es kann sich aber auch um physikalische Größen handeln wie Temperatur oder Drehmoment, um Luftdruck oder elektrische Spannung. Um den Wirkungsgrad des Elektromotors zu ermitteln, muss unser Ingenieur den elektrischen Input und den mechanischen Output messen und daraus den Wirkungsgrad berechnen.

3. **Auswahl des Messinstruments:** Hier entscheidet der Ingenieur, welches Instrument geeignet ist.

   Beispiel: Für die Messung der Zeit können wir uns mit der Stoppuhr vor den Bildschirm setzen, aber auch eine Logdatei auswerten. Für die subjektive Benutzerfreundlichkeit können wir Testbenutzer befragen oder in unserem Fall auch echte Benutzer. Sie bekommen, sobald der neue Kurs ihnen zugewiesen wurde, einen Fragebogen angezeigt, in dem sie die Benutzerfreundlichkeit bewerten können.

4. **Durchführen der Messung:** Die Messung erfolgt nach festgelegten Regeln durch zuverlässig geeichte Messinstrumente, oft unter standardisierten Bedingungen, um Umwelt- und Bedienungseinflüsse zu minimieren.

5. **Dokumentation und Analyse:** Die Ergebnisse werden erfasst, zum Beispiel. in einem Messprotokoll, und mit dem Soll-Wert verglichen. Statistische Methoden wie Mittelwertbildung, Standardabweichung, Trend- oder Regressionsanalyse kommen hier gegebenenfalls zum Einsatz.

6. **Interpretation und Handlung:** Aus den Messwerten leitet der Ingenieur Schlussfolgerungen ab.

   - Wo genau liegt der Mangel oder die Schwachstelle?
   - Welche Parameter müssen geändert werden?
   - Wie könnte eine konstruktive oder prozesstechnische Verbesserung aussehen?

Messen ist der erste Schritt von der Vermutung zur Gewissheit. Ohne Messen keine Verbesserung, nur Meinung. Erst durch präzise Messdaten erkennt der Ingenieur, ob sein Produkt den gewünschten Anforderungen entspricht und welche Schrauben er drehen muss, um es zu optimieren.

Anforderungsermittlung

Um inkrementelle Ideen zu entwickeln, benötigen Sie nicht unbedingt eine spezielle Kreativitätstechnik. Die üblichen Methoden und Fragestellungen aus dem klassischen Requirements Engineering beziehungsweise der Anforderungsanalyse triggern oft von sich aus kreative Ideen an – ganz ohne dass explizit von Kreativität oder Innovation die Rede wäre:

✔ Die Analyse von **Interessengruppen und Benutzern** sowie deren Bedürfnissen und Zielen (beispielsweise in Form von Personas) gibt Ihnen ein klares Bild von der Vielfalt der Zielgruppe und deren Wünschen. Gerade exzentrische Personas bringen Sie auf neue Nutzungsmöglichkeiten und Schwerpunkte.

✔ **Nutzungsszenarien,** dargestellt durch Use Cases, Aktivitätsdiagramme, Storyboards oder Prototypen, offenbaren ungünstige Abläufe und Verbesserungsmöglichkeiten.

✔ **Perspektivenwechsel** verweisen auf neue Seiten des Produkts: vom Käufer zum Verkäufer, vom Benutzer zum Administrator, vom Benutzer zum Hacker oder Betrüger, von einer Persona zur anderen. Man kann pro Benutzerrolle mehrere Personas erschaffen und jeweils mit deren Augen auf das System blicken.

✔ Für eine **Risiko- und Sicherheitsanalyse** fragen Sie sich nicht nur, wie das Produkt idealerweise genutzt werden soll (Use Case), sondern auch, was dabei schiefgehen könnte (Misuse Cases).

✔ Man fragt sich bezüglich einer bestimmten Lösung, welches **Problem** sie lösen soll, und sucht für dasselbe Problem eine noch bessere Lösung. Beispielsweise sind Menschen eigentlich gar nicht so erpicht darauf, Vokabeln auswendig zu lernen. Sie wollen nur am Ende, wenn Sie die Zielsprache sprechen oder schreiben sollen, alles sagen können, was sie möchten, ohne dass ihnen wichtige Worte fehlen. Wenn sie dieses Ziel ohne Vokabelpauken erreichen könnten, wäre ihnen das auch recht. Fragen Sie also gerne mehrmals hintereinander: »Wozu?« Angeblich erreicht man nach fünfmal Wozu-Fragen den Kern der Sache.

✔ Oder man geht eine **Abstraktionsebene nach oben** und rekonstruiert zu der vorhandenen Lösung die Ziele und Visionen, die dahinterstecken. Könnten wir diese auch durch eine andere Lösung erreichen?

Anforderungsermittlung als unterschätzte Ideenquelle

Requirements Engineering verfolgt den Anspruch, präzise, systematisch und methodisch zu arbeiten – doch diese Strukturierung birgt auch ein unterschätztes kreatives Potenzial. Wer systematisch fragt, wer ein System wofür nutzen wird, was genau dabei geschieht und was eventuell schiefgehen könnte, bewegt sich bereits auf einem Weg, der von der Analyse zur Idee führt. Hier wird nicht nur ermittelt, was objektiv bereits vorhanden und bekannt ist, sondern es werden auch neue Ideen erschaffen. Anforderungen an das Produkt werden nicht nur gefunden, sondern auch erfunden.

Die kreative Kraft der Personas

Eine **Persona** ist ein fiktiver, aber detaillierter und realitätsnaher Stellvertreter für eine Zielgruppe. Sie geben ihm einen sprechenden Namen (eher »Ludwig Langsam« als »Max Mustermann«), Ziele, Bedürfnisse, Eigenschaften und manchmal sogar ein Lebensmotto und Hobbys.

Das Durchdenken von Nutzungsszenarien aus der Perspektive einer Persona zwingt Teams dazu, aus der eigenen Betriebsblindheit auszubrechen. Perspektivenwechsel gelten ganz allgemein als ein Kreativitätsauslöser.

Die einfache Frage: »Wie würde unsere Persona dieses Feature nutzen?« führt fast zwangsläufig zu neuen Ideen, Verbesserungen oder auch zu kritischen Nachfragen, die die ursprüngliche Anforderung schärfen. Manchmal bringt diese Perspektivenverschiebung sogar Aspekte ans Licht, die ohne diesen Kunstgriff unentdeckt geblieben wären.

Für jede Benutzergruppe wie zum Beispiel »Lerner« oder »Dozent« entwickeln Sie mehrere Personas, beispielsweise eine typische Vertreterin und einen oder mehrere Extremfälle, beispielsweise den DAU (Dümmsten Anzunehmenden User).

Beispiele: Personas für die Sprachlern-App

Denken wir an unsere Sprachlern-App. Da unterscheiden wir zwei Benutzergruppen, nämlich die Lerner und die Dozenten. Für die Lerner hatten wir zuvor schon an Untergruppen wie die Studentin, den Schüler, die Managerin, die sich auf einen Auslandsaufenthalt vorbereitet, einen reisefreudigen Rentner und die hochbegabte Fünfjährige gedacht. Nun formulieren wir einige Personas aus, siehe Tabelle 17.1. Zur Veranschaulichung kann man den Personas noch ein Foto hinzufügen.

Name	Emma	Leon	Nicole	Wolfgang
Alter	5 Jahre	22 Jahre	37 Jahre	69 Jahre
Geschlecht	Weiblich	Männlich	Weiblich	Männlich
Physische Eigenschaften	Hochbegabt und hyperaktiv	Farbenblind	Legasthenikerin	Rüstiger Rentner, aber kurz- und weitsichtig
Beruf	Schülerin	Student	Managerin	Rentner
Aufgaben	Sprachenlernen	Sprachenlernen	Sprachenlernen	Sprachenlernen
Ziele & Motivation	Lernt Sprachen zum Spaß	Möchte am Ende ein Zertifikat und möglichst auch eine Sprachprüfung ablegen	Möchte im Beruf verhandlungssicher und eindeutig kommunizieren können; will von jedem Wort die exakte Bedeutung kennen und die Abgrenzung zu ähnlichen Begriffen	Möchte schnell alles lernen, was er für seine Reise benötigt; möchte gerne alles korrekt aussprechen
Bedürfnisse	Kurze Lerneinheiten und Abwechslung	Abdeckung des Stoffs für Sprachprüfungen nach Europäischem Referenzniveau	Fachspezifische Begriffe für Maschinenbau, Verträge und Arbeitsanweisungen	Themen: Small Talk, Einkaufen und Wegbeschreibungen; Aussprache-Korrektur
Frust	Langeweile	Zeitverschwendung mit unnötigem Lernstoff	Missverständnisse im Beruf	Fehlendes Feedback über Aussprache
Umgebung	Kinderzimmer und Wohnzimmer	Freistunden an der Uni oder im Zug	Einzelbüro	Wohnzimmer und Garten
Ausrüstung	Älteres Tablet	Smartphone	Laptop mit Headset	PC mit Flachbildschirm, externes Mikro

Tabelle 17.1: Vier Personas für die Gruppe der Lerner für die Sprachlern-App

Empathy Map

Die Empathy Map hilft Ihnen, sich noch tiefer in eine Persona hineinzuversetzen. Entwickelt wurde sie von Dave Gray, Alex Osterwalder und Holger Nils Pohl.

Die Empathy Map ist typischerweise in sechs Felder unterteilt:

- ✔ **Sehen:** Was sieht die Person in ihrem Umfeld? Welche Eindrücke, Trends, Produkte, Mitmenschen beeinflussen sie?
- ✔ **Hören:** Was hört sie von Freunden, Kolleg/innen, Medien? Welche Stimmen und Meinungen prägen ihr Denken?

- ✔ **Sagen & Tun:** Was sagt die Person laut? Was tut sie tatsächlich? Gibt es Widersprüche zwischen Worten und Handlungen?
- ✔ **Denken & Fühlen:** Was geht in ihr vor? Welche Gedanken, Emotionen, Sorgen oder Hoffnungen bestimmen ihr Inneres?
- ✔ **Sorgen/Herausforderungen (Pains):** Welche Ängste, Herausforderungen oder Frustrationen erlebt die Person?
- ✔ **Bedürfnisse (Gains):** Welche Wünsche, Ziele und Bedürfnisse hat sie? Was wäre für sie ein echter Fortschritt?

In Tabelle 17.2 vertiefen wir beispielhaft die Sicht von Nicole als Empathy Map.

Feld	Inhalt
Sehen	✔ Komplexe Fachtexte, Vertragsklauseln, Maschinenbau-Dokumentationen ✔ Kolleg/innen, die scheinbar mühelos kommunizieren ✔ Sprachlern-Apps mit unpräzisen Erklärungen ✔ Schulungsunterlagen voller Fachjargon
Hören	✔ »Du musst einfach mehr üben.« ✔ Fachgespräche im Team oder mit internationalen Partnern ✔ Podcasts oder Onlinekurse, in denen wichtige Begriffe nicht klar voneinander abgegrenzt werden ✔ Kommentare wie: »Das ist doch fast dasselbe!«
Sagen & Tun	✔ »Ich will es wirklich gründlich verstehen.« ✔ Fragt gezielt nach Definitionen und Unterschieden zwischen ähnlichen Begriffen ✔ Nutzt Tools wie Wörterbücher, Glossare, Fachlexika ✔ Schreibt sich eigene Definitionen und Übersichten
Denken & Fühlen	✔ »Wenn ich ein Wort nicht 100 % verstehe, kann ich es nicht nutzen.« ✔ Frustration über unklare Kommunikation anderer ✔ Angst vor Missverständnissen in E-Mails oder Meetings ✔ Stolz, wenn sie Begriffe exakt anwenden kann ✔ Sehnsucht nach sprachlicher Kontrolle und Präzision
Sorgen/ Herausforderungen	✔ Verwechslung ähnlicher Begriffe (zum Beispiel »tolerieren« versus »akzeptieren«) ✔ Kognitive Belastung durch Legasthenie bei schriftlichem Material ✔ Überforderung durch unstrukturierte Lerninhalte ✔ Stress in Verhandlungen durch unklare Ausdrucksweise
Bedürfnisse	✔ Exakte Begriffsdefinitionen, am besten mit visueller oder kontextueller Unterscheidung ✔ Strukturiertes Lernsystem für Fachsprache (zum Beispiel Maschinenbau, Vertragsrecht) ✔ Tools, die Audio und visuelle Hilfen kombinieren Feedback zur korrekten Verwendung von Begriffen im beruflichen Kontext ✔ Sicherheit im Ausdruck, besonders schriftlich

Tabelle 17.2: Empathy Map für Persona Nicole (Managerin) für die Sprachlern-App

Nutzungsszenarien beziehungsweise Use Cases

Auch die Erarbeitung von Nutzungsszenarien (Use Cases) ist mehr als bloß ein nüchternes Dokumentieren von festgelegten Abläufen. In dem Moment, in dem man diese Einzelschritte aufschreibt oder zeichnet, stellt sich automatisch die Frage: »Ist das schlüssig?« oder »Ginge das auch einfacher?« Meist gibt es hier mehr oder weniger Spielraum, den man kreativ nutzen kann. Gerade während der Szenarienentwicklung entstehen häufig Verbesserungsideen, etwa Vereinfachungen, Automatisierungen oder gänzlich neue Funktionsideen.

Misuse Cases: Wenn etwas schiefläuft

Ein **Misuse Case** hat dieselbe Form wie ein Use Case, nur mit dem Unterschied, dass hier das Ziel nicht darin besteht, das System wie vorgesehen zu nutzen, sondern es zu missbrauchen. Das heißt, ein unberechtigter Benutzer (beispielsweise Hacker) versucht das System zu benutzen oder ein berechtigter Benutzer versucht, es auf unvorhergesehene Weise falsch zu benutzen. Dies kann auch versehentlich passieren, beispielsweise wenn er die Benutzeroberfläche falsch versteht.

Betrachtet man zusätzlich zu den Use Cases auch noch die Fehler- und Missbrauchsszenarien, also Misuse Cases, ergeben sich neue, kreative Ansichten. Hier stellt man sich vor, wie Hacker, Saboteure oder auch ungeschickte Benutzer das System absichtlich oder versehentlich aus dem Takt bringen könnten.

Dieser gedankliche Perspektivenwechsel auf Schwächen und Angriffspunkte eines Systems fördert nicht nur die Sicherheitsanforderungen zutage – häufig offenbaren sich dabei auch kreative Lösungsansätze, wie ein System robuster, sicherer und zugleich benutzerfreundlicher gestaltet werden kann.

Der Ausgangspunkt für die Misuse Case Analyse sind üblicherweise Use Cases, also Nutzungsszenarien. Diese beschreiben, wie das System genutzt werden soll. Und bei jedem Schritt kann irgendetwas schiefgehen und das Szenario eine ungewollte Richtung einschlagen. Idealerweise werden diese Abschweifungen sauber vom System abgefangen. Tippe ich beispielsweise beim Login mein Passwort falsch ein, erhalte ich eine zweite und auch dritte Chance. Habe ich diese erfolgreich genutzt, geht es mit dem Idealszenario (»Happy Path«) weiter, als sei ich nicht irgendwo erst mal falsch abgebogen. Das nennt sich Alternativszenario. Damit genau das funktioniert und fehlgeleitete Dumm-User »eingefangen« und auf den richtigen Pfad zurückgeführt werden können, müssen Sie diese Misuse Case vorhersehen. Darauf aufbauend spezifizieren Sie dann die optimale Reaktion des Systems.

BEISPIEL

In einem Workshop wählten wir zur Illustration der Misuse Case Technik das Anwendungsbeispiel eines Fahrkartenautomaten. Wir sammelten von den Teilnehmenden ihre Erfahrungen und Ideen: »Was kann bei der Benutzung eines solchen Automaten schiefgehen oder was ist bei Ihnen schon schiefgegangen?« Es entspann sich ein fröhlicher Austausch von Reiseanekdoten, bei denen eine Geschichte die nächste nach sich zog. Dabei entstand vor dankbarem Publikum ein gewisser Wettkampf um die haarsträubendste oder lustigste Geschichte und den meisten Beifall.

Überhaupt entwickeln sich Missgeschicke im Nachhinein gerne zu einem Small-Talk-Schatz. Das gewählte Beispiel erleichterte die Anwendung der Misuse-Case-Technik natürlich, weil jeder schon Erfahrungen gesammelt hat, auch mit verschiedenen Modellen von Automaten. Da kommt einiges an tatsächlich eingetretenen Misuse Cases zusammen. Alles was schiefgehen kann, geht irgendwann mal schief, besagt ja Murphys Gesetz.

Perspektivenwechsel: Den Blick des Anderen einnehmen

Die Technik des Perspektivenwechsels, die im Requirements Engineering häufig eingesetzt wird – sei es durch Personas, Zielgruppenanalysen oder Misuse Cases – ist eine klassische Kreativitätstechnik. Sie zwingt das Entwicklungsteam, die eigenen Annahmen zu hinterfragen und neue Denkwege zu beschreiten. Der Perspektivenwechsel bricht kognitive Fixierungen auf und öffnet die Tür für unkonventionelle Ideen. Wechseln Sie also regelmäßig die Perspektive!

Begeisterungsfaktoren: Wenn kreative Anforderungen gefragt sind

Wenn es darum geht, nicht nur die grundlegenden, sondern auch begeisternde, innovative Funktionalitäten zu entdecken – sogenannte Begeisterungsfaktoren im Sinne des Kano-Modells – stoßen auch die klassischen Requirements-Engineering-Methoden an Grenzen. Genau hier kommen darum gezielt Kreativitätsmethoden zum Einsatz.

Das International Requirements Engineering Board (IREB) empfiehlt in solchen Fällen den Einsatz von Methoden wie Brainstorming, Analogietechnik und Design Thinking. Diese ergänzen den methodischen Werkzeugkasten des Requirements Engineers besonders dann, wenn es darum geht, ein System nicht nur nützlich und fehlerfrei, sondern auch begeisternd zu gestalten.

Unter `www.ireb.org` finden Sie im Bereich CPRE im Download Center zahlreiche Handbücher über das Requirements Engineering für technische Projekte kostenlos zum Download. Für unser Thema Kreativität ist besonders das *Advanced Level Requirements Elicitation* relevant, das sich mit der Ermittlung von Anforderungen beschäftigt.

Fazit: Requirements Engineering als Kreativitätswerkzeug im Alltagsgewand

Requirements Engineering und Kreativität sind kein Gegensatzpaar, sondern zwei Seiten derselben Medaille. Die klassischen Techniken des Requirements Engineering – Personas, Nutzungsszenarien, Misuse Cases und Perspektivenwechsel – sind keine Kreativitätsmethoden im engeren Sinn, aber sie wirken oft genauso: Sie strukturieren den Denkprozess so, dass alternative Ideen fast zwangsläufig entstehen.

Wenn es um das Auffinden von echten »Begeisterungsfaktoren« geht, lohnt sich dann aber doch der Blick in die methodische Trickkiste der Kreativitätsmethoden. So ergänzen sich systematische Analyse und freies Assoziieren auf produktive Weise.

Problem- und Risikoanalysen als kreatives Werkzeug

Gerade dort, wo sicherheitskritische Produkte entstehen, gehört eine Risikoanalyse standardmäßig zum Entwicklungsprozess. Sie ist oft aus Haftungsgründen Pflicht und muss dokumentiert werden. Das ist aber kein Grund, sie lustlos auszuführen. Der Perspektivenwechsel auf die dunkle Seite der Produktnutzung ist wichtig, kann Spaß machen und kreative Ideen provozieren. Dies haben wir ja schon im Zusammenhang mit den Misuse Cases diskutiert.

Misuse Cases, die auf der Grundlage von Use Cases gefunden werden, sind nur eine von mehreren Möglichkeiten, wie Sie Risiken vorhersehen können. Als Moderatorin können Sie aus einer Vielzahl an Vorgehensweisen auswählen, um Ihren Risikoanalyse-Workshop zu organisieren.

Ein **Risikoereignis** ist ein Ereignis, das zukünftig mit einer gewissen, eventuell unbekannten Wahrscheinlichkeit eintreten wird und bewirken könnte, dass ein angestrebtes Ziel nicht erreicht wird. Dabei entsteht ein Schaden.

Als **Risiko** bezeichnet man den Wert, der durch Multiplikation von Auftretenswahrscheinlichkeit und Schaden berechnet wird und den statistischen Erwartungswert des voraussichtlichen Schadens quantifiziert.

Risikoanalysen behindern nicht die Kreativität, sondern fördern sie

In der Welt der technischen Produktentwicklung arbeiten Ingenieure und Softwareentwicklerinnen unter einem doppelten Erwartungsdruck: Einerseits verlangt der Markt nach immer innovativeren, intelligenteren Lösungen – andererseits müssen diese Lösungen zuverlässig, sicher und wirtschaftlich sein. Kreativität scheint in diesem Umfeld auf den ersten Blick den systematischen Risiko- und Problemanalysen zu widersprechen. So schränken doch die Vorkehrungen gegen das, was schlimmstenfalls passieren könnte, den Lösungsraum deutlich ein. Nicht jedes Material ist geeignet, so mancher dekorative Schnörkel muss aus Sicherheitsgründen weg. Doch gerade diese strengen Randbedingungen können die Schöpferkraft von Ingenieuren nicht nur unterstützen, sondern sie freisetzen. Manche Kreativitätstechnik provoziert bewusst einen Mangel an Ressourcen und Möglichkeiten, um Innovationen anzutriggern.

Kreativität in der Technik ist nicht das freie Spiel der Fantasie, sondern zielgerichtetes, oft regelbasiertes Denken unter Unsicherheit, ein konstruktiver Umgang mit dem Unbekannten und mit Randbedingungen.

BEISPIEL

Der Zirkus Barnum: Aus der Not eine Tugend machen

Dieses Beispiel verwende ich gerne in meinen Kursen. Hier hat jemand eine Vision verfolgt, trotz aller Widerstände und Missgeschicke. Also ein typischer Hollywood-Stoff, verfilmt als »The Greatest Showman«. Herr Barnum hatte 1841 in New York die Vision, die Menschen gleichzeitig zu unterhalten und zu bilden. Darum gründete er zunächst ein Kuriositätenkabinett mit diversen außergewöhnlichen Exponaten wie beispielsweise ausgestopften exotischen Tieren. Die Besucher blieben jedoch aus.

Also konsultierte er Top-Expertinnen, nämlich seine Töchter. Die erklärten ihm, das sei alles sehr langweilig, weil sich gar nichts bewege. Also wurde die Ausstellung durch lebende Exponate ergänzt. Was die Besucher am meisten begeisterte, war ein kleinwüchsiger Mann in einer französischen Uniform, der Napoleon Bonaparte verkörperte und auf einem Pferd durch das Museum ritt.

Also machte Barnum sich auf die Suche nach weiteren besonderen Menschen und fand einen sehr großen Mann, einen sehr dicken Mann sowie eine Frau mit Bart. Abends fanden im Museum Vorstellungen statt, bei denen Napoleon über die Bühne ritt, die Dame mit Bart im Sopran sang, der dicke Mann auf die Waage stieg und so weiter. Ob es sich um ein künstlerisch wertvolles Varieté handelte, darüber widersprechen sich die Quellen. Für die Vorstellung wurde extra eine Bühne gebaut. Das Geschäft lief gut. Im Jahr 1865 brannte allerdings das Museum ab und Barnum musste einen Kredit aufnehmen, um es neu aufzubauen.

Leider brannte der Neubau 1868 erneut ab. Und es war definitiv kein Budget vorhanden, um es wieder aufzubauen. Der alte Kredit war ja noch nicht mal abbezahlt. Die nächsten Vorstellungen waren bereits ausverkauft. Was tun?

Barnum dachte nach und präsentierte seine Idee: Wir kaufen ein Zelt. Das Zelt sollte rund sein, was auch das vorher schon beobachtete Problem behob, dass nicht alle Zuschauer/innen gleich gute Sicht hatten. Statt dass sie von unten auf die Bühne hochblicken mussten, konnten sie nun von den aufsteigenden Rängen aus hinabsehen. Und alle waren gleich weit vom Geschehen entfernt. Es gab nun keine schlechten Plätze mehr.

Da das Zelt transportierbar war, tourte Barnums Zirkusshow ab 1871 auch durch das Land. Obwohl das runde Zelt ursprünglich nur ein durch finanzielle Not bedingtes Provisorium war, kam es so gut an, dass es bis heute nachgeahmt wird.

Risiko als Störfaktor?

Das Ziel und das Bezugssystem der Ingenieurin ist das perfekte System, in dem sie das Risiko praktisch auf null reduziert. Ich schreibe hier bewusst »praktisch«, denn ein völlig risikoloses technisches System gibt es nicht. Jeder Tacker kann gefährlich werden. (Ich habe es neulich tatsächlich geschafft, mir eine Klammer so tief wie möglich in den Daumen zu tackern.) Es gibt aber doch in allen Bereichen ein tolerierbares Risiko. Beispielsweise erwartet niemand, dass seine elektrische Heckenschere vollständig ungefährlich ist. Sie muss aber für einen typischen Benutzer bei vernünftiger Handhabung ohne signifikante Gefahr für Leben und Gliedmaßen benutzbar sein. Gleichzeitig trägt natürlich der Benutzer ebenfalls Verantwortung für die Risikoverminderung und wird sich mit der elektrischen Heckenschere natürlich nicht selbst den Bart stutzen! Auch für mein Daumen-Tacker-Debakel trage ich selbst als Benutzerin die volle Verantwortung wegen unsachgemäßer Wartung.

Die Relevanz eines Risikos ergibt sich aus seiner Auftretenswahrscheinlichkeit und dem möglichen (durchschnittlichen oder maximalen) Schaden, manchmal auch aus der Entdeckungswahrscheinlichkeit. Besonders in sicherheitskritischen Bereichen wie der Medizintechnik, dem Fahrzeugbau, der Luft- und Raumfahrt und Steuerungssoftware von kritischen Infrastrukturen wie Energieversorgung oder gar Atomkraftwerken, kann der Schaden sehr hoch bis unmessbar werden. Ein Menschenleben ist unbezahlbar, und niemand kann realistisch den durch einen GAU (Größten Anzunehmenden Unfall) verursachten Schaden in irgendeiner Geldwährung beziffern.

BEISPIEL

Den Schaden eines GAU (= Größter Anzunehmender Unfall) eines Atomkraftwerks kann man nicht wirklich seriös beziffern. Aufgrund von Erfahrungswerten lässt sich aber die Wahrscheinlichkeit ermitteln. Man rechnet beispielsweise so: Bisher kamen die weltweit 440 Atomkraftwerke auf 14.500 Betriebsjahre. Dabei traten vier GAUs ein: einmal Tschernobyl und dreimal Fukushima. Somit beträgt die mittlere Zeit zwischen GAUs rund zehn bis zwanzig Jahre. Diese Wahrscheinlichkeit war vor 2012 um zweihundertmal geringer eingeschätzt worden. Genau diese Risikokorrektur war der Auslöser, um in Deutschland den Atomausstieg zu beschließen.

Nachzulesen ist diese Berechnung bei: J. Lelieveld, D. Kunkel, M. G. Lawrence: Global risk of radioactive fallout after major nuclear reactor accidents. Atmospheric Chemistry and Physics 12, S. 4245–4258, 2012.

Ziel der Produktentwicklung, Produktion und Wartung ist das möglichst risikoarme Produkt. Jede Abweichung von dieser Perfektion gilt als Störfaktor. Risikoanalysen dienen dazu, die möglichen Fehlerquellen frühzeitig zu identifizieren und das Eintreten der Risiken weitgehend auszuschließen.

Methoden wie die FMEA (Failure Mode and Effects Analysis, deutsch: Fehlermöglichkeits- und Einflussanalyse) oder HAZOP (Hazard and Operability Study) wurden erfunden, um Schwachstellen systematisch zu ermitteln, dokumentieren und präventiv zu beheben (vgl. Standard IEC 60812 beziehungsweise DIN EN 60812). Kurz: Das Risiko ist böse und muss weg!

Eine solch defensive Herangehensweise verspielt jedoch Chancen, wie wir auf den nächsten Seiten sehen werden. Natürlich muss das Risiko so gering wie möglich gehalten werden, aber kreativ. So hat beispielsweise der Atomausstieg nicht nur die Wahrscheinlichkeit für einen GAU auf deutschem Boden deutlich reduziert, sondern auch die Energiewirtschaft unter Druck gesetzt und dadurch bisher ungenutzte Potenziale aktiviert.

Die Schritte der Risikoanalyse

Risikoanalysen werden üblicherweise in einzelne Phasen und Schritte unterteilt, die dann auch die Arbeit innerhalb eines Workshops strukturieren und leiten. Das typische Vorgehen bei Risikoanalysen besteht generisch aus folgenden Schritten:

1. Zerlegen des zu analysierenden Produkts oder Prozesses in seine einzelnen Komponenten und Definition von deren Funktion und Bedeutung

2. Identifizieren (Auflisten) und Quantifizieren der Relevanz der möglichen Risiken, die darin bestehen, dass diese Komponente ihre Funktion gar nicht oder falsch ausführt, sodass die Funktion nicht gewährleistet wird.

3. Finden und Erfinden von Gegenmaßnahmen, die diese Risiken verhindern, die Auftretenswahrscheinlichkeit oder den Schaden verringern oder zumindest das Eintreten melden oder vorhersehen.

Für die systematische Analyse gibt es vier Richtungen, denen Sie folgen können:

- ✔ **Von der Folge zur Ursache:** Man analysiert auf Systemebene welche Risikozustände beziehungsweise Schäden eintreten könnten und verfolgt dann über die verschiedenen Abstraktionsebenen vom Groben zum Feinen (top-down) und von der Folge zur Ursache (Root-Cause-Analyse) nach, welche Ursachen auf der Ebene der kleinsten Analyseeinheit dieses Fehlverhalten verursachen könnten. Dabei kommt man üblicherweise zu einer Vielzahl an alternativen Risikoereignissen. Viele Schäden haben mehrere mögliche Ursachen und diese wiederum mehrere alternative Ursachen und so weiter. Es kann aber auch sein, dass mehrere Ursachen nicht alternativ sind (also oder-verknüpft), sondern gemeinsam auftreten müssen (und-verknüpft). Dadurch entsteht ein hierarchisch aufgebauter Fehlerbaum.

- ✔ **Die 7 M:** Auch hier startet man beim Schaden, verwendet aber für die Ursachensuche die 7 M, die Ursachenkategorien aus der Six-Sigma-Methode als Checkliste: Menschen, Maschine, Material, Methode, Mitwelt (Umgebung oder Mutter Natur), Messung, Management.

- ✔ **Von der Ursache zur Folge:** Man betrachtet die kleinsten Analyseeinheiten (Komponenten oder Arbeitsschritte) und deren mögliche Abweichungen vom beabsichtigten Verhalten oder Zustand. Davon ausgehend verfolgt man weiter, wie diese sich auf das Verhalten des Gesamtsystems auswirken (bottom-up). Auch diese Analyse führt zu einem hierarchischen Baum, weil eine Ursache mehrere unerwünschte Folgen verursachen kann.

- ✔ **Von vorne nach hinten:** Man folgt bei der Analyse eines Herstellungsprozesses oder anderen Ablaufs die Reihenfolge der Einzelschritte und analysiert jeden für sich auf mögliches Fehlverhalten sowie dessen Ursachen und Folgen.

Die Folgen der Risikoereignisse geben Aufschluss über den möglichen Schaden, die Ursachen über die Wahrscheinlichkeit und mögliche Gegenmaßnahmen. Am sinnvollsten ist es meist, gleich die sogenannte »Root Cause« (wörtlich: Wurzelursache) zu beseitigen, also das Problem an der Wurzel zu lösen. Jedoch hat man nicht immer (vollen) Zugriff und Einfluss darauf. Dann wird man stattdessen oder zusätzlich in die Wirkkette eingreifen.

Fehlerbaumanalyse

Führen Sie für Ihr eigenes Projekt eine Fehlerbaumanalyse von dem zu vermeidenden Risikoereignis auf Ebene des Gesamtsystems bis hinunter zur RootCause in den einzelnen Komponenten durch.

Oder eine 7-M-Analyse wie hier für die Sprachlern-App. Ich habe im Folgenden diese vereinfachte Methode gewählt, weil ein kompletter Fehlerbaum schlecht auf eine Buchseite passt.

Wir starten mit dem Top-Level-Ereignis »Benutzer kann die App nicht erfolgreich zum Sprachenlernen nutzen«. Dafür suchen wir nun die Ursachen, nach den 7 M sortiert. Deren Ursachen werden mit dem Pfeilsymbol ← verknüpft.

Sie können gerne eine generative KI verwenden. Das habe ich für die Musterlösung auch gemacht. Ich hatte chatGPT zunächst gebeten, eine Fehlerbaumanalyse durchzuführen. Anschließend wünschte ich mir noch eine 7M-Analyse nach Six Sigma. Genauer muss die Anweisung gar nicht sein, da chatGPT beide Methoden kennt und anwenden kann. Das folgende Ergebnis ist meine manuelle Integration beider Analysen, die einander ergänzten. Außerdem inspirierten sie mich zu weiteren möglichen Risiken. Das heißt, die Ergebnisse von chatGPT waren eher eine beispielhafte Auflistung als eine vollständige Liste. Aber ein brauchbarer erster Entwurf allemal!

- **Menschen:**

  Motivation des Lerners ist niedrig oder sinkt mit der Zeit ← App ist nicht motivierend genug ODER App ist schwierig zu benutzen ODER Lerntempo zu hoch oder niedrig ODER Feedback nicht hilfreich ODER Fortschritt nicht sichtbar ODER wenig Lernzeit durch Alltagsstress

  Fehlbedienung der App ← Lerner ignoriert Anleitung ODER Anleitung schwer verständlich ODER Benutzeroberfläche schwer verständlich ODER Tippfehler

  Lerner kommt nicht mehr in die App ← vergessenes Passwort ohne Wiederherstellungsmöglichkeit ODER Passwort wird gehackt

- **Maschine:**

  App startet nicht ← Inkompatibilität mit Betriebssystem(-version) ODER fehlerhafte Installation ODER fehlende App-Berechtigung ODER fehlerhafte App ← mangelhafte Qualitätssicherung der App

  Netzwerkprobleme ← kein Internetzugang ODER Server nicht erreichbar ODER Timeout bei API-Aufrufen ODER Synchronisationsfehler

Benutzerfreundlichkeitsprobleme ← unübersichtliche Navigation ODER schlechte Barrierefreiheit ODER schlecht formulierte Aufgabenstellungen

- **Material:**

  Inhaltliche Mängel im Kursmaterial ← (falsche Übersetzungen ← maschinelle Übersetzungen wurden ungeprüft übernommen) ODER (falsche Musterlösungen ← schlechte Qualifikation der Dozenten)

- **Methode:**

  Didaktische Mängel ← kein sinnvoller Lernpfad mit ansteigendem Schwierigkeitsgrad ODER Aufgaben zu einfach

  Wenig Spaß beim Lernen ← keine Gamifizierung

- **Mitwelt:**

  Lerner kann sich nicht konzentrieren oder Sprachausgaben nicht verstehen oder Spracheingaben des Lerners sind nicht verständlich ← laute Lernumgebung

  Sprachaufnahmen schwer verständlich ← laute Umgebung bei der Aufnahme ODER schlechte Hardware für die Aufnahme

- **Messung:**

  Lernfortschritt wird falsch berechnet ← falsche Formel in der App

  Lernfortschritt wird nicht oder falsch gespeichert ← Fehler in der App ODER Datenbankfehler ODER Netzwerkfehler

- **Management:**

  Werbung hat die falsche Zielgruppe angezogen

  Mangelhafte Qualitätssicherung ← fehlende Vorgaben ODER mangelhafte Kontrolle

Die kreativen Schritte in der Risikoanalyse

Während Sie bei der Risikoanalyse relativ unkreativ systematisch die einzelnen Teile eines Systems oder Prozesses durcharbeiten und dabei auf Logik und Erfahrungen zurückgreifen, so brauchen Sie doch Kreativität, damit die Listen vollständig alle möglichen Risiken enthalten, auch bisher nicht eingetretene oder zukünftig mögliche. Besonders bei innovativen Produkten und hypothetischen Vorabanalysen können Sie nicht auf Probleme zurückgreifen, die beim Testen oder im Betrieb beim Endkunden schon aufgetreten sind. Ziel der Risikoanalyse ist ja nicht, nur die früheren Pannen zu sammeln, sondern alles, was zukünftig möglicherweise eintreten könnte. Die Idee hinter der Risikoanalyse lautet ja: »Vorbeugen ist besser als Heilen.«

Insbesondere aber die Suche nach wirksamen Maßnahmen eröffnet einen weiten Raum. Maßnahmen, die sich in anderen Bereichen bewährt haben, können übertragen werden, ganz neue Sicherheitsmechanismen wollen erfunden werden. Und manchmal liegt die Kunst auch in der Vereinfachung. Wenn das mal nicht nach Kreativität klingt!

Risiko als Impulsgeber: Von der Randbedingung zum Potenzial

Ingenieure sehen Risiken als ärgerliches Hindernis, das sie davon abhält, ihre Pläne mit wenig Aufwand umzusetzen. Stattdessen werden teure Sicherheitsmaßnahmen nötig oder Krücken und Treppen und Banden. Manches wird auch gleich verboten, beispielsweise die Atomkraft, die beliebige Verarbeitung personenbezogener Daten oder der Einsatz von Künstlicher Intelligenz für die manipulative Verhaltenssteuerung, für Emotionserkennung in der Schule und am Arbeitsplatz.

Dabei gäbe es so viele technisch und wirtschaftlich interessante Anwendungsmöglichkeiten dafür! Leider sind diese moralisch gesehen unfair. Ein Innovationsforscher bezeichnete mal im Gespräch mit mir Datenschutz als »Innovationsbremse«. Ja, das mag alles lästig erscheinen und den Ingenieur ausbremsen. Aber gerade diese Gesetze dienen ja auch zum Schutz des Herstellers vor unvertretbar teuren Schäden, die seine Produkte anrichten könnten.

Letztlich setzen aber solche Verbote die Kreativität überhaupt erst in Gang, um umweltfreundliche, datenschutzkonforme, ethisch korrekte Technologien und Produkte zu entwickeln. Die umweltfreundliche Energieerzeugung hätte doch nicht einen solchen Aufschwung genommen ohne den Atomausstieg!

Ein Problem der KI besteht darin: Um richtig gute Ergebnisse zu erzielen, braucht man möglichst komplexe neuronale Netze. Genau die neigen aber zum sogenannten Overfitting. Das heißt, dass sie sich zwar sehr gut an die Trainingsdaten anpassen, aber nur schwer auf neue Fälle und Daten verallgemeinern können. Grundsätzlich bestünde eine Lösung darin, sie auf umfangreichen Daten zu trainieren, die jeden nur möglichen Fall enthalten. Solche Daten liegen aber oft nicht vor und selbst wenn man sie künstlich erzeugen kann, dann dauert das Training sehr lange.

Für dieses Problem gibt es jedoch eine einfache Lösung: Dropout. Das heißt, dass man zufällig Neuronen entfernt, was einem Verlernen entspricht. Durch diese Idee hat die KI schnelle Fortschritte gemacht.

Womöglich besteht das Erfolgsgeheimnis unseres menschlichen Gehirns ebenfalls im Vergessen. Es macht uns anpassungsfähiger. Sehr deutlich beobachte ich den Effekt des Dropouts bei meinen Schildkröten. Während der Winterstarre vergessen sie einen Teil des im vorigen Sommer gelernten Wissens. Das liegt vermutlich nicht nur an dem langen Schlaf, sondern auch daran, dass ihr Gehirn im Winter schrumpft, um Energie zu sparen. Im Frühling müssen sie darum einiges neu erlernen. Das wäre genau dann von Vorteil, wenn sich über den Winter das Klima, die Landschaft, Flora und Fauna massiv verändert hätten. Dies kann sogar ein evolutionärer Vorteil gewesen sein gegenüber anderen Dinosauriern. Noch ein Aspekt, in dem die KI die natürliche Intelligenz nachahmen kann!

Nachzulesen ist ein wissenschaftlicher Artikel über Dropout hier: Nitish Srivastava, Geoffrey Hinton, Alex Krizhevsky, Ilya Sutskever, Ruslan Salakhutdinov: Dropout: A Simple Way to Prevent Neural Networks from Overfitting. Journal of Machine Learning Research 15 (2014) 1929-1958; online unter `https://jmlr.org/papers/volume15/srivastava14a/srivastava14a.pdf`

Kreativität unter systematischer Spannung

Zentral ist das Konzept der kreativen Spannung: Der Widerspruch zwischen aktuellem Zustand (Problem, Risiko) und gewünschtem Ziel (Innovation, Sicherheit) erzeugt eine Spannung, die kreative Energie freisetzt.

Ingenieure sind besonders gut darin, solche Spannungen produktiv zu nutzen – vorausgesetzt, sie haben methodische Werkzeuge zur Hand. Hier kommen moderne Problem- und Risikoanalysemethoden ins Spiel, etwa Design Thinking, um Probleme nutzerzentriert und offen anzugehen, sowie TRIZ (Theorie des erfinderischen Problemlösens), das systematisch technische Widersprüche identifiziert und auflöst.

Diese Methoden fördern nicht nur das kreative Denken, sondern strukturieren es zugleich – ein entscheidender Vorteil gegenüber rein intuitiven Ansätzen. Diese Systematik in der Vorgehensweise fördert nicht nur die Vollständigkeit der Ergebnisse, sondern bricht auch die komplexe Aufgabenstellung »Finde alle Risiken« herunter in die überschaubarere Aufgabe »Finde alle Risiken, die dieses Zahnrad verursachen könnte« und unterstützt eine stringente Moderation eines Analyseworkshops.

Risiken der Kreativität

Allerdings ist Kreativität selbst die Quelle von Risiken – gerade in stark regulierten oder sicherheitskritischen Branchen. Zu viel Abweichung vom bewährten Produkt oder Ablauf kann beziehungsweise wird neue Gefahren erschaffen, die vielleicht nicht von Anfang an vorhergesehen oder verhindert werden können. Aber ohne ein gewisses Maß an Risikobereitschaft des Schneiders von Ulm und der »Tollkühnen Männer in ihren fliegenden Kisten« (so ein Filmtitel) gäbe es für den modernen Menschen keine kommerziellen, kostengünstigen und vorbildlich sicheren Flugverbindungen in alle Himmelsrichtungen.

Jeder Technologiesprung und jede radikale Innovation begann mit unreifen, provisorischen, ineffizienten und gefährlichen Prototypen, die von mutigen Menschen getestet wurden.

BEISPIEL

An dieser Stelle möchte ich eine Schweigeminute einlegen für all diejenigen, die unreife Technologien getestet und verwendet haben und dabei ihr Leben oder ihre Gesundheit verloren haben: Testflieger, Testfahrerinnen und Testtaucher, Versuchskaninchen und -mäuse der Medizinforschung, die Hündin Laika und zahlreiche Affen (als Raumfahrtpioniere), Astronauten, die ersten Radioaktivitätsforscher wie Marie Curie und viele mehr.

Zahlreiche Mediziner haben ihre Erfindung zuerst an sich selbst getestet und dabei ihre Gesundheit riskiert:

- ✔ Werner Forßmann führte seinen Herzkatheter zuerst bei sich selbst ein.
- ✔ Robert Koch infizierte sich erst mit Tuberkulose und impfte sich anschließend seinen Impfstoff.
- ✔ Jonas Salk machte dasselbe mit Kinderlähmung.
- ✔ Barry Marshall infizierte sich mit Heliobacter pylori, also einer Magenentzündung, die er mit Antibiotika erfolgreich heilte.
- ✔ Alexander von Humboldt erfand und erprobte für den Bergbau eine Grubenlampe und eine Atemschutzlampe, führte aber auch Experimente für seine Forschung über Muskel- und Nervenfasern durch, bei denen er Strom durch zwei Wunden in seinem Rücken jagte.

Bei aller Kompetenz waren dies riskante Selbstversuche. Zahlreiche andere gingen tödlich aus.

Natürlich finden der Selbstversuch und der Testflug erst in späten Phasen im Entwicklungsprozess statt. Zunächst werden neue Technologien und Erfindungen im Labor unter kontrollierten Bedingungen erprobt. Das Medikament wird erst im Reagenzglas getestet, dann am Tier und dann erst am Menschen. Die Raumfahrt fand zunächst ohne Astronauten statt, dann mit Affen und Hunden und erst anschließend mit Menschen. Es gibt viele Möglichkeiten, um den Entwicklungs- und Testprozess so sicher wie möglich zu gestalten.

Fazit: Risikoanalyse als kreative Praxis

Risikoanalysen sind mehr als Sicherheitswerkzeuge – sie sind Denkrahmen, die Ingenieuren helfen, Unbekanntes produktiv zu erschließen. Wenn sie nicht als bloße Kontrollinstanzen verstanden werden, sondern als kreative Werkzeuge, können sie die Innovationskraft technischer Entwicklungen erheblich steigern.

Voraussetzung dafür ist ein Umdenken im Mindset der Entwicklerinnen und Ingenieure, aber auch der Unternehmen: Risiken nicht nur zu minimieren, sondern als schöpferische Herausforderungen in einem dynamischen Innovationsprozess zu verstehen. Softwareingenieure, Systementwicklerinnen und Maschinenbauer – sie alle profitieren von einer Praxis, in der Risiko nicht das Ende, sondern der Anfang von Kreativität ist.

Risiko und Kreativität

In der vorigen Aufgabe haben Sie eine Fehlerbaumanalyse durchgeführt. Dabei haben Sie eventuell – ganz kreativ – noch Risiken entdeckt, die Ihnen bisher nicht bewusst waren. Wählen Sie nun daraus eines der Risiken, die Sie für besonders schlimm oder unerwartet halten. Listen Sie als Liste oder auch als Mindmap Maßnahmen auf, die Sie dagegen unternehmen werden oder könnten.

Dabei können Sie kreativ werden, müssen es aber nicht. Wir werden später noch Kreativitätsmethoden darauf anwenden.

Im Beispiel für die Sprachlern-App wählen wir die »mangelhafte Qualitätssicherung«. Bisher hatten wir uns zwar viele Gedanken über die Zielgruppe und deren Bedürfnisse gemacht, aber noch wenig über den Entwicklungsprozess. Die Maßnahme gegen mangelhafte Qualitätssicherung ist natürlich gute Qualitätssicherung. Dafür kennt die Kunst des Software Engineering zahlreiche gute Mittelchen:

- ✔ Style Guidelines für den Code und die Benutzeroberfläche
- ✔ Pair Programming
- ✔ Peer Review des Codes
- ✔ Testen der App durch ein Testteam von Testexperten
- ✔ Testen der App auf verschiedenen Betriebssystemen und mit verschiedenen Browsern
- ✔ Testen durch eine Usability-Expertin
- ✔ Fachlektorat durch Linguistinnen und Sprachpädagogen
- ✔ Sprachaufnahmen durch Muttersprachlerinnen
- ✔ Kohärenzprüfung mit dem Gemeinsamen Europäischen Referenzrahmen für Sprachkurse und -prüfungen
- ✔ Automatisierte Modultests, Integrationstests, Benutzeroberflächentests
- ✔ Lasttests
- ✔ Testen eines Prototypen durch Testbenutzer, beispielsweise diejenigen, die auch an den Kreativitätsworkshops teilgenommen hatten
- ✔ Kostenlose Probeabos für schnelles Feedback von echten Lernern
- ✔ Inhaltsbewertung durch die Nutzer

FMEA

Das Akronym FMEA steht im Englischen für »Failure Mode and Effects Analysis«, im Deutschen für »Fehlermöglichkeits- und Einflussanalyse«. Das heißt, wir suchen damit nach möglichen Fehlern und wirksamen Gegenmaßnahmen. Diese Analyse eignet sich für Produkte genauso gut wie für Prozesse (also Nutzungsprozesse, Dienstleistungsabläufe, Herstellungsprozesse, Vertrieb), sowohl für etwas, das schon existiert, als auch für etwas, das sich noch im Entwurfsstadium befindet.

FMEA muss nicht defensiv verlaufen

Das klingt nun erstmal defensiv: Zur Beibehaltung der aktuellen oder angestrebten Funktionsweise und Nützlichkeit versuchen wir, Fehler und Angriffe vorherzusehen und deren Wahrscheinlichkeit und Schaden zu begrenzen. Das muss nicht sein. Man kann auch die Aufgabenstellung umdefinieren und statt zu fragen: »Was könnte bei der vorgesehenen Nutzung Schaden verursachen?« eher fragen: »Was hindert dieses Produkt daran, ein Bestseller zu werden?«

Vorgehen der FMEA

Bei der FMEA-Analyse eines Produkts, also einer Produkt-FMEA, gehen Sie so vor:

1. Als Erstes zerlegen Sie das System in seine **Systemelemente** und modellieren die **Systemstruktur**, gerne hierarchisch über mehrere Detaillierungsebenen.
2. Dann beschreiben Sie die **Funktionen** und **Funktionsstruktur**, beispielsweise als hierarchischen Funktionsbaum. Das System als Ganzes erfüllt eine Funktion, und jedes einzelne Systemelement trägt eine Teilfunktion dazu bei, sodass man jedem Systemelement seine eigene Funktion zuweisen kann.
3. Die **Fehleranalyse** zielt darauf ab, alle Fehler beziehungsweise Fehlfunktionen aufzulisten. Eine solche Fehlfunktion kann darin bestehen, dass das Systemelement seine Funktion gar nicht erfüllt, nicht ausreichend, zu spät oder außerhalb eines spezifizierten Bereichs. Für jeden Fehler ermitteln Sie auch seine Ursachen und Folgen.
4. Bei der **Risikobewertung** quantifizieren Sie Auftretenswahrscheinlichkeit, verursachten Schaden und Entdeckungswahrscheinlichkeit für jeden Fehler und multiplizieren alle drei miteinander zur Risikoprioritätszahl. Je höher die Risikoprioritätszahl, umso wichtiger ist es, gegen diesen Fehler Maßnahmen zu ergreifen, um das Risiko zu verringern.
5. Die **Optimierung** besteht darin, für die Fehler mit der höchsten Risikoprioritätszahl Maßnahmen zu finden und konkret einzuplanen: Wer macht was bis wann? Sowohl Vermeidungsmaßnahmen als auch Entdeckungsmaßnahmen kommen infrage. Vermeidungsmaßnahmen verringern Auftretenswahrscheinlichkeit oder Schaden, Entdeckungsmaßnahmen erhöhen die Entdeckungswahrscheinlichkeit. Dann schätzen Sie, wie weit die Risikoprioritätszahl durch die Maßnahme voraussichtlich gesenkt wird und ob weitere Maßnahmen nötig werden.

Bei einer Prozess-FMEA durchlaufen Sie dieselben fünf Schritte. Hierbei zerlegen Sie den zu optimierenden Prozess in seine Aktivitäten (= Systemelemente) und analysieren deren Beitrag zur Gesamtfunktion und mögliche Fehler wie oben beschrieben.

Vorlage für die FMEA

Die Ergebnisse der einzelnen Schritte werden in eine Vorlage wie in Tabelle 17.3 und Tabelle 17.4 eingetragen. Ich habe die übliche FMEA-Vorlage zur besseren Darstellung auf zwei Tabellen aufgeteilt, die natürlich zusammengehören. Diese Vorlage dokumentiert die Ergebnisse der Schritte 2 bis 5. Die Systemstruktur wird üblicherweise grafisch aufgezeichnet.

Systemelement	Fehler	Folge	Ursache	Aktuelle Maßnahme	A	B	E	RPZ

Tabelle 17.3: Linker Teil der Vorlage für die Ergebnisse der FMEA. Abkürzungen: A = Auftretenswahrscheinlichkeit, B = Bedeutung = verursachter Schaden, E = Entdeckungswahrscheinlichkeit, RPZ = Risikoprioritätszahl = A · B · E.

Empfohlene Maßnahme	Verantwortlich/ Termin	Durchgeführte Maßnahme	A	B	E	RPZ

Tabelle 17.4: Rechter Teil der Vorlage für die Ergebnisse der FMEA. Abkürzungen: A = Auftretenswahrscheinlichkeit, B = Bedeutung = verursachter Schaden, E = Entdeckungswahrscheinlichkeit, RPZ = Risikoprioritätszahl

Die Risikoprioritätszahl RPZ

Die Größen A, B und E schätzt man üblicherweise auf einer Skala von 1 bis 10, so dass die Risikoprioritätszahl $RPZ = A \cdot B \cdot E$ als deren Produkt im Bereich 1 bis 1000 liegt. Ein hoher A-Wert steht für eine hohe Auftretenswahrscheinlichkeit, ein hoher B-Wert für einen großen verursachten Schaden, ein hoher E-Wert dagegen für eine geringe Entdeckungswahrscheinlichkeit. Je unwahrscheinlicher es ist, dass vor Auslieferung oder vor Eintreten des Fehlverhaltens das Problem bemerkt werden kann, umso kritischer ist der Fehler und umso höher die RPZ.

Wie man objektiv definiert, wofür der A-Wert = 5 Punkte steht und wo die Grenze zwischen einer akzeptablen und inakzeptabel hohen RPZ verläuft, das ist eine Wissenschaft für sich und wollen wir hier nicht näher betrachten. Uns geht es um den kreativen Aspekt der Methode. Näheres über die Feinheiten der FMEA-Methode finden Sie in einschlägigen Handbüchern, beispielsweise in dem des VDA, des Verbands der Automobilindustrie.

Der richtige Zeitpunkt für eine FMEA-Analyse

Sie können die FMEA-Analyse in jeder Lebensphase des Produkts durchführen. Während der Entwurfsphase helfen Vorstellungskraft und Erfahrung mit ähnlichen Produkten, Fehler anhand des Produktentwurfs vorherzusehen. So können Sie Aufbau, Herstellungsprozess, Technologieauswahl und vieles mehr frühzeitig so gestalten, dass das Produkt möglichst sicher sein wird. Dies nennt sich präventive FMEA.

Die korrektive FMEA dagegen analysiert ein schon existierendes Produkt auf bereits aufgetretene Fehler, beinahe eingetretene Fehler und zusätzlich solche, die noch nicht eingetreten sind. Ziel ist die inkrementelle Verbesserung des Produkts.

Beispiel für eine FMEA-Analyse

Betrachten wir auszugsweise eine schlichte Kaffeemaschine, um das Prinzip aufzuzeigen. Da wir ein physisches Produkt analysieren, handelt es sich um eine Produkt-FMEA. Wir könnten auch unsere Sprachlern-App als Anwendungsbeispiel verwenden, aber die Zerlegung deren Softwarearchitektur wäre weniger anschaulich.

Schritt 1 (Systemstruktur): Abbildung 17.2 zeigt das Ergebnis des ersten Schrittes: Ich habe die Kaffeemaschine in ihre Komponenten zerlegt. Diese kann man weiter in noch kleinere Komponenten zerlegen und so weiter. Für die Benutzeroberfläche habe ich beispielhaft drei Komponenten identifiziert. Ein sinnvoller Detailgrad ist erreicht, wenn immer noch jede Komponente einen sinnvollen Beitrag zur Kaffeeerstellung leistet.

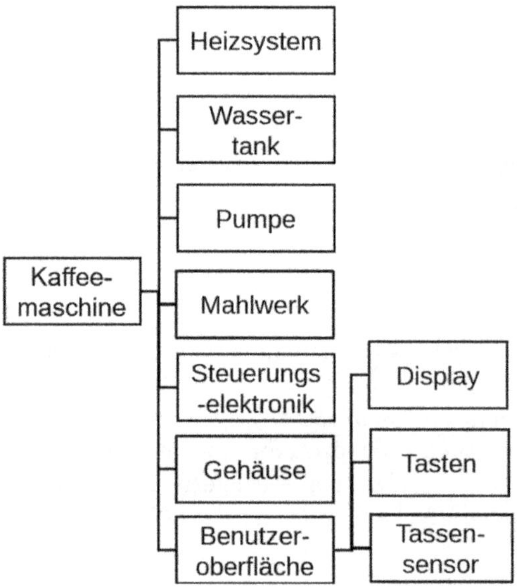

Abbildung 17.2: FMEA-Analyse einer Kaffeemaschine: System-Struktur

Schritt 2 (Funktionsstruktur): Die Kaffeemaschine im Ganzen produziert auf Knopfdruck Kaffee. Das typische Ingenieurprinzip bei der Zerlegung eines Systems in Systemelemente beziehungsweise Komponenten besteht darin, dass jede Komponente selbst eine wohldefinierte Funktion innerhalb des Ganzen erfüllt und damit zur Gesamtfunktion beiträgt oder alternativ ein Risiko verhindert. Beispielsweise das Gehäuse trägt bei den meisten technischen Geräten gar nicht produktiv zur Gesamtfunktion bei. Die Kaffeemaschine oder das Radio funktionieren auch bei offenem Gehäuse. Das Gehäuse schützt aber den Benutzer vor Stromschlägen und das technische Innere vor mechanischen Stößen, Staub und in geringem Maße auch vor Wasser. Das Gehäuse dient also der Risikokontrolle. Tabelle 17.5 zeigt das Ergebnis der Funktionsanalyse für unsere Kaffeemaschine: Jedem Systemelement ist eine Funktion zugeordnet. Bei einem komplexeren System würden die Komponenten noch weiter in Teilkomponenten zerlegt und diese Funktionen noch weiter in Teilfunktionen.

System-Element	Funktion
Heizsystem	Erwärmen des Kaffees
Wassertank	Vorhalten von genug Wasser
Pumpe	Bringt das Wasser zum Kaffeepulver
Mahlwerk	Vorhalten und Zerkleinern der Kaffeebohnen zu Kaffeepulver
Steuerungselektronik	Steuert die Temperatur des Heizsystems, Menge an Wasser und Kaffeebohnen sowie die Arbeitsgeschwindigkeit der Pumpe
Gehäuse	Hält die Komponenten in wohldefiniertem Abstand zueinander, Schutz der Komponenten vor mechanischen Schlägen, Staub, Spritzwasser, Schutz des Benutzers vor einem Stromschlag
Display	Anzeige des Status der Kaffeemaschine für den Benutzer
Tasten	Eingabe der Benutzerwünsche
Tassensensor	Sensor, der feststellt, ob eine Tasse unter der Ausgabedüse steht oder nicht

Tabelle 17.5: FMEA-Analyse der Kaffeemaschine: Ergebnis der Funktionsanalyse in Schritt 2

Schritt 3 (Fehleranalyse): Die Fehlfunktionen der Komponenten lassen sich direkt aus deren Funktionen herleiten: Das Heizsystem heizt nicht, heizt das Wasser auf eine zu hohe oder zu niedrige Temperatur oder schaltet sich nicht mehr ab. Die Folge ist jeweils eine andere. Ich habe diese vier Fehlfunktionen in Tabelle 17.6 eingetragen. Für die Überhitzung habe ich zwei verschiedene Ursachen angegeben. Es handelt sich hierbei um zwei separate Risiken mit verschiedenen Ursachen und unterschiedlichen Gegenmaßnahmen.

Diese Fehlersuche wirkt wie eine vollständig unkreative Aufgabe: Sukzessive konzentrieren wir uns auf einzelne Systemelemente und deren Funktion und arbeiten im Kopf eine Checkliste durch: funktioniert gar nicht, zu wenig, zu viel. Tatsächlich werden wir dieses Vorgehen aber auch bei Kreativitätsmethoden sehen, beispielsweise bei SCAMMPERR! Gerade diese systematische Vorgehensweise leitet uns zu Fehlfunktionen, auf die wir beim freien Brainstormen vielleicht nicht gekommen wären. Wir werden also kreativ!

Schritt 4 (Risikobewertung): Nun werden für die vier Fehlfunktionen in Tabelle 17.6 die Größen A, B und E geschätzt. Das ist wenig kreativ, sondern basiert auf Erfahrungswerten, Expertenintuition, Simulationen oder gezielten Versuchen. A habe ich überall als gering angenommen. Für den verursachten Schaden B habe ich zur Orientierung festgelegt: 10 bedeutet »Gefahr für Leib und Leben«, 8 bedeutet, dass die Kaffeemaschine aus dem Verkehr gezogen und ersetzt werden muss. Alle fünf Fehlfunktionen sind vor Auslieferung schwer zu entdecken, weil ihre Ursachen nicht von außen sichtbar sind. Darum ist E hoch. Die *RPZ* liegt zwischen 160 und 300. Das ist nicht besonders dramatisch, weil die Auftretenswahrscheinlichkeit gering ausfällt. Am schwersten wiegt Fehler 5, bei dem die Steuerungselektronik versagt und die Kaffeemaschine überhitzt und brennen könnte.

System-element	Fehler	Folge	Ursache	Aktuelle Maßnahme	A	B	E	RPZ
Heizsystem	1 Heizt nicht	Es wird kein Kaffee erzeugt	Kein Signal durch Steuerungs-elektronik		2	8	10	160
Heizsystem	2 Heizt auf zu hohe Temperatur	Verbrennungs-gefahr für Benutzer	Thermostat defekt	Zertifizierter Lieferant und Stichproben-prüfung bei Wareneingang	2	9	10	180
Heizsystem	3 Heizt auf zu niedrige Temperatur	Kaffee zu kalt	Thermostat defekt	Siehe oben	2	8	10	160
Heizsystem	4 Schaltet nicht ab	Überhitzung der Maschine, Brandgefahr	Thermostat defekt	Siehe oben	2	10	10	200
Heizsystem	5 Schaltet nicht ab	Überhitzung der Maschine, Brandgefahr	Fehler der Steuerungs-elektronik		3	10	10	300

Tabelle 17.6: Linker Teil der Ergebnisse der FMEA für die Kaffeemaschine. Abkürzungen: A = Auftretenswahrscheinlichkeit, B = Bedeutung = verursachter Schaden, E = Entdeckungswahrscheinlichkeit, RPZ = Risikoprioritätszahl

Schritt 5 (Optimierung): Nun denken wir uns – kreativ! – Gegenmaßnahmen aus. Diese können entweder *A*, *B* oder *E* verbessern. Um die Auftretenswahrscheinlichkeit *A* von Fehler 5 zu verringern, wählen wir beispielsweise einen zuverlässigeren Lieferanten für die Steuerungselektronik. Um Bedeutung beziehungsweise Schaden *B* zu verringern, ändern wir das Design so, dass nichts leicht Brennbares in der Nähe der Heizelemente verbaut ist. Außerdem kleben wir einen Aufkleber auf die Maschine, der besagt, dass der Benutzer beim Aufstellen einen Sicherheitsabstand zu den Möbeln und zu brennbarem Material einhalten muss. Wir können auch einen Sensor verbauen, der bei Überhitzung einen Alarmton von sich gibt. Die Entdeckbarkeit von Fehler 5, aber auch der anderen, die wir identifiziert haben, können wir dadurch reduzieren, dass wir vor Auslieferung probehalber mit jeder Maschine eine Portion Kaffee kochen und sie anschließend gründlich reinigen. Sie sehen, dass manche Maßnahmen relativ teuer und aufwändig werden. Hier müssen wir also abwägen, welche Ideen wir umsetzen und welche zu weit gehen. In Tabelle 17.7 habe ich zwei der Maßnahmen eingetragen – eine für die Reduktion von *A*, eine für die Verbesserung von *E*.

Das war nun natürlich keine vollständige FMEA für eine Kaffeemaschine. Wir haben uns auf ein einziges Systemelement konzentriert und nur für eine einzige Fehlfunktion Maßnahmen hergeleitet. Aber das Prinzip wurde wohl klar, insbesondere auch die Ähnlichkeit dieser Risikoanalysemethode mit Kreativitätsmethoden.

Empfohlene Maßnahme	Verantwortlich/ Termin	Durchgeführte Maßnahme	A	B	E	RPZ
Zuverlässigerer Lieferant für die Steuerungselektronik	Beschaffung, ab 15.08.	Lieferung durch Supersicher GmbH	1	10	10	100
Kaffeekochen vor Auslieferung	Qualitätssicherung, ab sofort	Stichprobenweises Kaffeekochen	3	10	5	150

Tabelle 17.7: Rechter Teil der Ergebnisse der FMEA für die Kaffeemaschine für Fehler 5. Abkürzungen: A = Auftretenswahrscheinlichkeit, B = Bedeutung = verursachter Schaden, E = Entdeckungswahrscheinlichkeit, RPZ = Risikoprioritätszahl

FMEA-Analyse

Optional können Sie nun noch eine FMEA-Analyse für Ihr Projekt durchführen. Allerdings ist diese Methode sehr aufwendig und in einem Stadium, wo Sie noch versuchen herauszufinden, welche Funktionalitäten Ihr Produkt haben soll, eventuell zu früh, um zuverlässig durchgeführt zu werden. Sind Sie allerdings schon recht weit im Entwurfsprozess oder betrachten Sie ein Produkt, das Sie verbessern möchten, dann kann eine FMEA-Analyse nun Sinn machen. Die Ergebnisse der Fehlerbaumanalyse lassen Sie hier gerne einfließen und ergänzen sie um die quantitative Risikoschätzung.

Sie können auch ein LLM dabei einbeziehen. Da die FMEA-Analyse eine weit verbreitete Methode ist, ist sie auch den LLMs bekannt. Trotzdem ist es wie immer besser, Sie bearbeiten sie Schritt für Schritt und prüfen jedes Zwischenergebnis des LLM auf Plausibilität und Vollständigkeit. Gerade LLMs sind in der Lage, sich an die letzten Schritte des Dialogs zu erinnern und konsequent Ideen weiterzuentwickeln und auf die vorherigen Schritte aufzubauen. Das LLM kann Ihnen mit wenig Aufwand ungewöhnliche Assoziationen, übersehene Zusammenhänge oder alternative Perspektiven einbringen. Der Mehrwert liegt dabei weniger in der Automatisierung als in der ko-kreativen Erweiterung des Denkraums. Sie sparen also nicht unbedingt Zeit, erhalten aber mehr Ideen.

Management-Methoden für Ist- und Soll-Analysen

Wir haben uns mit Ingenieurmethoden beschäftigt wie dem Requirements Engineering und Risikoanalysen, die Anforderungen an Software oder andere technische Systeme ermitteln und verwalten. Dabei haben wir sehr konkret überlegt, wer das Produkt wie nutzen und fehlbenutzen könnte. Mit diesen Methoden können wir sowohl das aktuelle Produkt analysieren und verbessern als auch ein neues entwerfen und bewerten. Sowohl Ist- als auch Soll-Analysen sind möglich. Im Folgenden betrachten wir einige der Techniken, die Manager für denselben Zweck verwenden. Diese arbeiten abstrakter auf Zielebene und betrachten auch den Zusammenhang mit dem Markt und der Konkurrenz. Ein paar Dinge können Manager doch ganz gut.

Inwiefern diese Methoden kreativ sind

Diese Methoden zählt man üblicherweise nicht zu den Kreativitätsmethoden. Sie wirken eher wie die Anleitung zu sturem, systematischem und objektivem Vorgehen, das kreative Ideen weder erfordert noch erwünscht. Aber es handelt sich doch um eine kreative Tätigkeit. Verschiedene Menschen gelangen mit derselben Analysetechnik zu unterschiedlichen Ergebnissen.

Darum führt man diese Techniken normalerweise im Team aus. Erst die Beteiligung mehrerer Personen mit unterschiedlichem Fachwissen und Rollen (und damit Perspektiven) führt zu einer vollständigen Liste an Ergebnissen und deren sinnvoller Bewertung. Auch das ist typisch für eine Kreativitätstechnik! Beispielsweise sammelt man bei der Suche nach Risiken und Schwachstellen eines Produkts ja nicht nur aus dem Gedächtnis oder aus einer Datenbank alle schon passierten Unfälle, sondern auch solche, die möglich wären oder die ein Bösewicht mit krimineller Fantasie absichtlich verursachen könnte. Als Verteidiger müssen Sie mindestens genauso kreativ sein wie der Angreifer, um alle seine Finten vorherzusehen. Auch bei den Verteidigungsmaßnahmen ist diese Kreativität gefragt. Pfiffige Lösungen mit wenig Kosten und hoher Wirkung sind gesucht. Na, wenn das nicht kreativ ist ...

Mit dieser Brille auf der Nase betrachten wir nun einige beliebte Managementmethoden mit ganz anderen Augen!

SWOT-Analyse

Die SWOT-Analyse gehört ursprünglich zum Handwerkszeug des Managers, um Geschäftsstrategien für ein Unternehmen zu erarbeiten. Tatsächlich verwende ich diese Methode als Lieblingswerkzeug auch für die Strategieplanung für einzelne Produkte. Grundlage für die Analyse ist üblicherweise ein schon existierendes Unternehmen oder Produkt und die Erfahrungen, die man damit auf dem Markt gemacht hat. Die Methode wendet man dazu an, um ein Unternehmen oder Produkt weiterzuentwickeln, zu verbessern oder Mängel zu beheben. Ein völlig neues Produkt wird man damit nicht entwerfen, sondern ein bekanntes variieren. Denkbar ist auch, dass Sie als Start-up die Stärken und Schwächen Ihres Geschäftsmodells analysieren, um es zu verbessern, aber wenn die Analyse auf Spekulationen und Prognosen beruht, können diese Annahmen auch falsch sein.

Der Name SWOT

Der Name SWOT steht für die vier Analysebereiche:

- **S**trengths/Stärken
- **W**eaknesses/Schwächen
- **O**pportunities/Chancen
- **T**hreats/Risiken

Bei den Stärken und Schwächen handelt es sich um »innere« Stärken und Schwächen des betrachteten Produkts oder Unternehmens. Die Chancen und Risiken sind »extern«, kommen also von außen: Markt, Konkurrenten, Kunden, Lieferanten, Weltwirtschaftslage.

In allen vier Bereichen listen Sie Fakten und (Einfluss-)Faktoren auf. Grundlagen dafür sind Erfahrungen, Feedback und Kennzahlen.

Die SWOT-Matrix

In der SWOT-Matrix stellen Sie die internen und externen Faktoren im Format 2x2 einander gegenüber wie in Tabelle 17.8 dargestellt. Zunächst befüllen Sie nur die äußeren Felder. Ich habe hier als Beispiel die Sprachlern-App verwendet und stelle mir vor, wir haben schon einen Prototypen erstellt, der durch unsere Testbenutzer verwendet und bewertet wurde. Beispielsweise dieselben, die wir bereits am Anforderungsworkshop beteiligt hatten. Deren Feedback floss in die Stärken-und-Schwächen-Analyse ein. Die externen Chancen und Risiken hat die Marketingabteilung durch eine Marktanalyse ermittelt.

	S: Strengths/Stärken	**W: Weaknesses/Schwächen**
	• Optisch angenehm: Farben, Schriftart, Schriftgröße • Verschiedene Typen von Übungen • Punktesystem übersichtlich und motivierend (Gamification)	• Unübersichtlich • Schlechte Auflösung von Fotos • Sprecher in den englischen Aufnahmen spricht zu schnell • Feedback bei falsch gelösten Aufgaben wenig hilfreich • Momentan nur Deutsch und Englisch verfügbar
O: Opportunities/Chancen • Wachsender E-Learning-Markt • Großer Markt für Sprachlernkurse wegen Internationalisierung von Unternehmen, Lebensläufen und Reisen • Unkomplizierte elektronische Zahlungssysteme	**Strengths-Opportunities-Strategie:** • Im Marketingmaterial die Vielfalt der Übungen und das motivierende Punktesystem betonen • Kurse noch abwechslungsreicher gestalten • Style Guide für Benutzeroberflächengestaltung festlegen	**Weaknesses-Opportunities-Strategie:** • Benutzeroberfläche muss durch den Kunden anpassbar sein (Ausblenden von für ihn irrelevanten Inhalten) • Fotos und englische Sprachaufnahmen überarbeiten • Feedback bei falsch gelösten Aufgaben verbessern • Weitere Sprachen hinzufügen
T: Threats/Bedrohungen • Stark verschiedene Bedürfnisse verschiedener Benutzergruppen • Viele kostengünstige und gute Wettbewerber • Kunden genügt oft die kostenlose Version, sodass sie nichts bezahlen möchten • Schwierigkeit, Geld durch Werbung einzunehmen	**Strengths-Threats-Strategie:** • Individualisierung von Lernpfaden • Rabatte für diejenigen, die in den Tests am besten abschneiden oder in einem Monat am meisten Punkte gesammelt haben • Plattformunabhängigkeit	**Weaknesses-Threats-Strategie:** • Zunächst Konzentration auf wenige Benutzergruppen und Englischkurse • Veranstalten von Buchstabier- oder Übersetzungswettbewerben mit Sponsoren und attraktiven Preisen • Veranstalten von Sprachreisen mit Reiseveranstaltern als Partnern • Kooperation mit Schulen und Hochschulen

Tabelle 17.8: SWOT-Analyse für den Prototypen der Sprachlern-App

SWOT-Analyse als Konfigurationstechnik

Die SWOT-Analyse funktioniert nun wie eine Konfigurationstechnik: Sie bringt Themen zusammen, die Sie bisher in dieser Kombination noch nicht diskutiert haben. Konfigurationstechniken gehören zu den Kreativitätsmethoden.

Wir kommen auf neue Ideen, indem wir uns nach und nach die vier Felder im Innern der Matrix vornehmen:

- ✔ **Stärken und Chancen:** Welche Stärken passen zu welchen Chancen? Wie setzen wir unsere Stärken ein, um die Chancen zu nutzen?
- ✔ **Schwächen und Chancen:** Welche Chancen verpassen wir wegen unserer Schwächen? Wie können wir durch Nutzen von Chancen unsere Schwächen überwinden oder ausgleichen?
- ✔ **Stärken und Risiken:** Haben wir die Stärken, um Risiken zu bewältigen? Wie können wir welche Stärken einsetzen, um welche Gefahren abzuwenden oder zu verhindern?
- ✔ **Schwächen und Risiken:** Welchen Risiken sind wir wegen unserer Schwächen ausgesetzt? Wo befinden sich unsere Schwächen und wie können wir uns vor Schaden schützen? Wie können wir die Risiken trotz unserer Schwächen vermeiden?

Aus diesen Überlegungen folgen dann zwanglos konkrete Ideen für die Verbesserung des Produkts. Diese sind natürlich zusammenhanglos und können einander widersprechen. Im Beispiel in Tabelle 17.8 beispielsweise wird einerseits überlegt, sich zunächst auf die Englischkurse zu konzentrieren, und zum anderen, weitere Sprachen hinzuzufügen. Darum wählen Sie im Anschluss die passenden Maßnahmen aus, die Sie weiterverfolgen möchten. Das Auswahlkriterium kann beispielsweise sein, dass die ausgewählten Maßnahmen zum Projektziel oder der Firmenstrategie passen sollen.

SWOT allein oder in der Gruppe oder mit KI anwendbar

Die SWOT-Analyse können Sie sowohl alleine als auch in einer Gruppe durchführen, ohne und mit KI. Arbeiten Sie sich einfach ein Kästchen nach dem anderen entlang.

BEISPIEL

Normalerweise ist die SWOT-Analyse eine gute Moderationstechnik für einen Workshop. Wir haben sie aber auch schon asynchron per E-Mail durchgeführt. Ich erstellte einen ersten Entwurf einer SWOT-Matrix und versandte sie an meine drei Kollegen, mit denen ich zusammen einen Workshop organisierte.

Passenderweise ging es um einen Workshop über Kreativität. Ich fand, wir sollten durchaus Kreativitätsmethoden einsetzen, um die Frage zu bearbeiten: »Wie können wir unseren Workshop kreativer gestalten?« Das funktionierte sehr gut. Jeder fügte noch weitere Inhalte in die Matrix dazu, und am Ende drehten wir noch eine zweite Runde, weil die Ideen der anderen wieder neue Ideen antriggerten.

SWOT

Nach meiner Erfahrung entstehen bei so einer SWOT-Analyse ungefähr doppelt so viele Ideen wie bei einem einfachen Brainstorming. Probieren Sie es einfach aus:

Bearbeiten Sie eine kreative Frage zu Ihrem Projekt zunächst, indem Sie alle Ideen notieren, die Ihnen einfallen. Zählen Sie diese dann ab.

Führen Sie anschließend eine SWOT-Analyse für dieselbe Frage durch. Zählen Sie die entstandenen Ideen.

Im dritten Schritt können Sie noch eine KI darum bitten, weitere Ideen zu liefern.

Innovationsstrategie-Matrix nach Geschka

Mit Hilfe der Innovationsstrategie-Matrix nach Geschka entwickeln Sie nicht nur neue Ideen für das Produkt, sondern auch für dessen Vermarktung. Ausgehend vom aktuellen Produkt und dem derzeitigen Markt(segment) denken Sie über verwandte Produkte oder Marktsegmente nach und über ganz neue. Diese Überlegungen werden durch eine Matrix wie in Tabelle 17.9 strukturiert. Diese Matrix gibt den kreativen Überlegungen eine Richtung vor:

- ✔ Zunächst überlegen Sie, wie Sie das aktuelle Produkt auf dem aktuellen Markt besser verkaufen.
- ✔ Dann überlegen Sie, wie Sie das bestehende Produkt auf verwandten oder ganz neuen Märkten verkaufen könnten.
- ✔ Oder ob Sie auf dem Ihnen gut bekannten Markt verwandte oder ganz neue Produkte verkaufen könnten.

		Marktsegmente		
		Bestehende	**Verwandte**	**Neue**
Produkt (technologie)	**Bestehende**	Innovative Produktweiterentwicklung	Anpassungsentwicklung für verwandte Anwendungen (Branchen)	Anpassungsentwicklung für ganz andere Anwendungen (Branchen)
	Verwandte	Technologisch ähnliche Produkte für bestehende Kunden	Technologisch ähnliche Produkte für verwandte Branchen	Technologisch ähnliche Produkte für neue Branchen
	Neue	Neue Produkte für bestehende Kunden	Neue Produkte für verwandte Branchen	Neue Produkte für neue Branchen (Diversifikation)

Tabelle 17.9: Vorlage für die Innovationsstrategie-Matrix nach Geschka

Ähnlich wie bei der SWOT-Analyse leiten diese Fragen Sie dazu an, systematisch neue Ideen zu entwickeln, sowohl inkrementelle als auch radikale.

Neue Märkte?

Ein Markt kann neu sein im Hinblick auf:

- ✔ Branche
- ✔ Anbieter
- ✔ Käufer
- ✔ Ergänzende Produkte und Dienstleistungen
- ✔ Funktionale oder emotionale Kaufmotive

Beispiel für unsere Sprachlern-App

Machen wir ein Beispiel für unsere Sprachlern-App. Momentan besteht hier der geplante Markt aus Privatpersonen, die Sprachen lernen möchten. Es gäbe jedoch noch weitere Marktsegmente, in denen Sprachkurse oder Lernmittel gebraucht werden:

- ✔ Schulen
- ✔ Hochschulen
- ✔ Volkshochschulen
- ✔ Sprachschulen
- ✔ Unternehmen, deren Mitarbeitende Sprachen lernen sollen
- ✔ Bundesamt für Migration und Flüchtlinge
- ✔ Schulbuchverlage

Da unsere Sprachkurse bisher so geplant waren, dass sich damit Touristen auf ihre Reise vorbereiten, aber auch Berufstätige für die internationale Zusammenarbeit sowie Schüler und Studierende auf eine Sprachprüfung, müsste das Produkt für den Einsatz an Schulen und Hochschulen, Sprachschulen und in Unternehmen kaum oder gar nicht geändert werden. Sprachunterricht für Flüchtlinge dagegen würde bedeuten, neue Kurse zu entwickeln. Gemeinsam hatten unsere bisherigen Personas, dass sie als deutschsprachige Muttersprachler eine zusätzliche Sprache lernen. Sämtliche Erklärungen von Grammatik und Redewendungen erfolgt bisher also auf Deutsch. Tabelle 17.10 stellt das Beispiel dar.

		Marktsegmente		
		Bestehende: Privatpersonen	**Verwandte: Schulen, Hochschulen**	**Neue: Unternehmen**
Produkt (technologie)	**Bestehende: Onlinekurse am Computer**	Zusätzliche Lerneinheiten mit weiteren Themen und Übungstypen entwickeln	Mehr Schwerpunkt auf Prüfungsvorbereitung, mit Probeprüfungen	Praxisnahe Rollenspiele und Lernen im Team
	Verwandte: Onlinekurse für andere Geräte wie Smartphone, Fernsehen und in Virtual Reality	Weitere Endgeräte unterstützen	Prüfungsvorbereitungskurse und Probeprüfungen auf weiteren Geräten	Vielfältige, innovative und auch firmenspezifische Firmenschulungen
	Neue: Sprachreisen	Sprachreisen in Gruppen und einzeln	Sprachexkursionen auch speziell für Kunststudierende oder Architekten	Vorbereitungskurse für Expats mit Sprach- und Kulturunterricht

Tabelle 17.10: Beispiel für die Innovationsstrategie-Matrix für die Sprachlern-App

Qual der Wahl

Wählen Sie nun aus allen Ideen diejenigen aus, die weiterverfolgt werden sollen. Auch hier orientieren Sie sich an den Produktzielen oder der Firmenstrategie. Möchten Sie beispielsweise (zunächst) lieber der Marktführer auf einem eng begrenzten Markt werden oder in die Breite gehen und möglichst viele Zielgruppen ansprechen? Grundsätzlich ist es gut, eine Stoßrichtung festzulegen, um sich nicht zu verzetteln. Immer schön eines nach dem anderen!

Innovationsstrategie-Matrix

Erstellen Sie auch eine Innovationsstrategie-Matrix für Ihr Beispielprojekt. Sie werden sehen: Eine andere Methode erzeugt ergänzende Ergebnisse.

Prognosetechniken

Auch Prognosetechniken können – richtig eingesetzt – kreative Prozesse unterstützen. Sie provozieren neue Sichtweisen und nehmen zukünftige Bedürfnisse vorweg. Prognosetechniken zwingen dazu, aktuelle Denkmuster zu hinterfragen, über gegenwärtige Trends hinauszudenken und alternative Pfade zu beschreiten, auch mögliche Disruptionen und das Unwahrscheinliche in Betracht zu ziehen. Der kreative Akt wird damit ein strukturierter Prozess der Möglichkeitsreflexion.

In partizipativen Kreativitätsprozessen, die etwas weiter in die Zukunft blicken sollen, stellen Prognosetechniken wie das **Delphi-Verfahren** oder die **Szenario-Technik** die methodische Struktur bereit, damit vielfältige Perspektiven integriert werden können.

Delphi-Methode

Die Delphi-Methode wurde ursprünglich zur Ermittlung von Expertenmeinungen in der Zukunftsforschung entwickelt, sowohl für qualitative als auch für quantitative Prognosen.

Delphi-Methode für die Vorhersage von Zahlen

In einem wissenschaftlichen Experiment haben wir die Delphi-Methode zur Vorhersage von Ausfallwahrscheinlichkeiten von Hardware und anderen Informatikrisiken eingesetzt, also für quantitative Prognosen. Hierfür eignet sich diese Methode besonders gut. Durchgeführt wird eine mehrstufige, anonymisierte Befragung über die Fragestellung:

1. Abfrage der Schätzungen durch Fragebogen bei jedem Teilnehmenden
2. Anonymisierte Zusammenfassen der Ergebnisse und Berechnen von Mittelwert und Standardabweichung oder Quartilen
3. Präsentation oder Kommunikation der Ergebnisse an alle
4. Erneute Schätzungen durch jeden
5. Erneute Zusammenfassung und Entscheidung, ob die Ergebnisse gut genug sind oder die Befragung wiederholt werden muss

BEISPIEL

In unserem Workshop haben wir zunächst per Fragebogen von den Teilnehmenden verschiedene Schätzwerte abgefragt. Während einer Pause tippten wir alle Zahlen in eine Exceltabelle und präsentierten anschließend die Mittelwerte der Schätzungen allen Schätzern. Danach erhielten sie erneut denselben Fragebogen und schätzten dieselben Zahlen erneut.

Die abschließende statistische Auswertung ergab wie erwartet, dass sich die Schätzungen einander angenähert hatten. Besonders auffallend waren jedoch zwei Effekte:

- ✔ Die Personen, die eine bestimmte Panne bereits erlebt hatten, schätzten ihre Wahrscheinlichkeit deutlich höher ein. Und zwar zu hoch. Hier verminderte also Erfahrung die Fähigkeit, eine realistische Schätzung abzugeben. Der Schätzer war zu pessimistisch.
- ✔ Die Studierenden schätzten in der ersten Runde nicht schlechter als die Berufserfahrenen. Die Erfahrung verbesserte aber die Fähigkeit, die eigenen Schätzungen aufgrund der gegebenen Informationen zwischen den Schätzrunden zu verbessern. In der zweiten Runde lagen die Berufserfahrenen also besser.

- ✔ Den Teilnehmenden waren die absolut geschätzten Prozentwerte präsentiert worden. Diese hatten sich in der zweiten Runde verbessert. Wir werteten auch die Reihenfolgen aus, also ob jemand das wahrscheinlichste Risikoereignis auch für das wahrscheinlichste gehalten hatte, das zweitwahrscheinlichste für das zweitwahrscheinlichste und so weiter. Die Qualität dieser Werte war gleich geblieben. Wir hatten also durch die Entscheidung, welche Zahlen wir zwischen den Runden mitteilen, das Endergebnis beeinflusst.

BEISPIEL

Überhaupt zeigt sich immer wieder der große Einfluss der Moderation. In meinen wissenschaftlichen Untersuchungen habe ich außerdem noch folgende Effekte beobachtet:

- ✔ Je mehr Erfahrung der Moderator mit einer Methode hat, umso sicherer fühlen sich die Teilnehmenden, sinnvolle Ergebnisse erzeugt zu haben.

- ✔ Das Beispiel, das der Moderator während der Einführung verwendet hat, um die Methode zu illustrieren, steuert auch die thematische Richtung der Ergebnisse der Teilnehmenden bei kreativen Aufgaben und Freitextfragen. Dieses Beispiel muss also sorgfältig ausgewählt werden und die Stoßrichtung vorgeben.

Delphi-Methode als Workshop oder als Umfrage?

Wir hatten die beiden Runden am selben Abend in einem großen Raum mit rund fünfzig Teilnehmenden durchgeführt. Grundsätzlich kann man die Delphi-Methode auch als Fragebogenbefragung durchführen, aber dies hat den Nachteil, dass man darauf angewiesen ist, dass dieselben Teilnehmenden drei Aktionen zu verschiedenen Zeitpunkten ausführen:

1. Erste Befragung,

2. Betrachten der Zwischenergebnisse und

3. zweite Befragung.

Man muss damit rechnen, dass einige Teilnehmende zwischendrin aussteigen. Unerwünscht ist auch, dass sie sich untereinander absprechen. Dass sie Recherchen durchführen, ist in wissenschaftlichen Experimenten unerwünscht, kann aber eigentlich nur die Ergebnisse verbessern.

Nachteilig an einem Workshop könnte sein, wenn sich die Teilnehmenden gegenseitig zum Schlechteren hin beeinflussen, beispielsweise ein dominanter Diskussionsteilnehmer falsche Informationen verbreitet oder die anderen demotiviert.

Delphi-Methode für die Zukunftsprognose

Nicht nur einzelne Zahlen können Experten und Expertinnen mit der Delphi-Methode prognostizieren, sondern auch andere Fragen die Zukunft betreffend betrachten wie »Wie viele private Fernreisen werden die Menschen dann noch unternehmen?«. Die Delphi-Methode eignet sich am besten für relativ einfache Zukunftsfragen, deren Antworten sich nach der ersten Runde leicht zusammenfassen lassen. Wenn Sie eine sehr offene Frage stellen wie: »Wie stellen Sie sich die Zukunft des Sprachenlernens vor?« werden Sie zahlreiche Essays erhalten, die sich nur schwer übersichtlich zusammenfassen und präsentieren lassen. Diese Frage sollten Sie entweder mit der Szenariotechnik (siehe unten) bearbeiten oder herunterbrechen in Einzelfragen wie »Wird man im Jahr 2050 als Mensch immer noch Fremdsprachenkenntnisse benötigen oder wird die schriftliche und mündliche Kommunikation dann durch Übersetzungssoftware in Echtzeit genügend gut übersetzt?« Das könnte eine Ja-Nein-Frage sein oder Sie fragen danach, welcher Anteil der Kommunikation dann noch ohne automatisierte Echtzeitübersetzungen stattfindet oder Sie bieten Checkboxen für verschiedene Zukunftsszenarien an wie »Fremdsprachen werden nur noch für berufliche Zwecke gelernt, nicht mehr für touristische.« Für die Herleitung solcher Fragen eignet sich ebenfalls die Szenariotechnik! Sie können mit der Delphi-Methode aber auch Fragen beantworten, die am Ende von Kreativitätssitzungen offenblieben, beispielweise Auftretenswahrscheinlichkeiten von Risikoereignissen oder Erfolgswahrscheinlichkeiten von vorgeschlagenen Verbesserungsideen, Vergleich der Relevanz verschiedener Ideen und so weiter. Die verschiedenen Methoden ergänzen einander ja auch prima.

Delphi-Methode für offene Fragen

Im Rahmen unseres kreativen Projektes sind wir vielleicht noch nicht so weit, dass wir konkrete Ja-Nein-Fragen an Expertinnen stellen möchten oder können. Stattdessen möchten wir tatsächlich offene Fragen bearbeiten wie »Wie stellen Sie sich die Zukunft des Sprachenlernens vor?«. Dabei können Sie die Delphi-Methode als eine zweistufige Kreativitätsmethode einsetzen, wo Ihre Kunst als Moderatorin darin besteht, die erhaltenen Aufsätze sinnvoll zusammenzufassen, beispielsweise die Ideen thematisch zu clustern. Beispielsweise sehen Sie im Cluster »Technologie« die Dimension »Übersetzungstechnologie« und unterscheiden Kategorien wie »mobiles Telefon«, »Video-Konferenz-Software« oder »im Gehirn eingebauter Chip«.

Diese strukturiert aufbereiteten Zwischenergebnisse eignen sich dann ebenfalls als Feedback an die Teilnehmenden und zur Vorbereitung der zweiten Runde. Bei wenigen Teilnehmenden können Sie die anonymisierten Kurzessays auch allen anderen zu lesen geben, aber das geht wirklich nur bei einer kleinen Gruppe.

Szenariotechnik

Die Szenariotechnik funktioniert so, dass Sie eine Gruppe von Expertinnen und Experten dazu anleiten, systematisch Zukunftsszenarien zu entwickeln sowie deren Eintrittswahrscheinlichkeiten und strategischen Bedeutungen zu bewerten. Der Vorteil gegenüber anderen visionären Techniken liegt darin, dass Sie sehr strukturiert vorgehen und weit in die Zukunft blicken können.

Die Szenariotechnik ist mehr als ein Managementinstrument strategischer Planung. Sie können sie auch als Kreativitätstechnik einsetzen, um weit in die Zukunft hinein sinnvolle, begründete Prognosen und Visionen zu entwickeln. Indem Sie bewusst verschiedene, teils widersprüchliche Zukunftsentwürfe entwerfen, werden bestehende Annahmen hinterfragt und alternative Perspektiven eingenommen. Die Szenarien provozieren, irritieren, inspirieren – und laden dazu ein, Lösungen für Probleme zu entwerfen, die im Hier und Jetzt noch gar nicht existieren. Dabei entsteht ein kreatives Spannungsfeld zwischen Vorstellungskraft und systematischer Reflexion, das den Boden für originelle Ideen bereitet. Es geht nicht darum, die Zukunft vorherzusagen, sondern sich die wahrscheinlichsten alternative Szenarien vorzustellen, um sich auf die Zukunft vorbereiten zu können.

Szenariotechnik in Kurzfassung

Es dauert einen ganzen Tag, die Szenariotechnik vollständig durchzuspielen. Da selten so viel Zeit verfügbar ist, habe ich bisher immer nur einzelne Schritte davon in der Gruppe durchgeführt. Je nach Thema und Kontext habe ich die ersten Schritte alleine vorbereitet, beispielsweise mit Hilfe von Recherchen. So konnten wir uns im Workshop auf die Szenarien konzentrieren. Oder wir haben in der Gruppe die ersten Schritte bearbeitet und die letzten Schritte wurden separat alleine oder in einer kleineren Gruppe abgeschlossen.

Ich verwende hier die Beschreibung von:

Jürgen Gausemeier, Thomas Pfänder: Strategische Unternehmensführung mit Szenario-Management. In: Hans-Jürgen Bullinger, Dieter Spath, Hans-Jürgen Warnecke, Engelbert Westkämpfer (Hg.): Handbuch Unternehmensorganisation. Strategien, Planung, Umsetzung. Springer, Heidelberg, 2009.

zitiert nach: Dieter Spath, Christian Linder, Sven Seidenstricker: Technologiemanagement: Grundlagen, Konzepte, Methoden. Fraunhofer Verlag, Stuttgart, 2011, S. 51-57.

Schritte der Szenariotechnik

Sehen wir uns die einzelnen Schritte an. Je nach Autor hat die Szenariotechnik fünf oder sieben Phasen. Wir orientieren uns hier an dem Vorgehen mit fünf Phasen (siehe Abbildung 17.3).

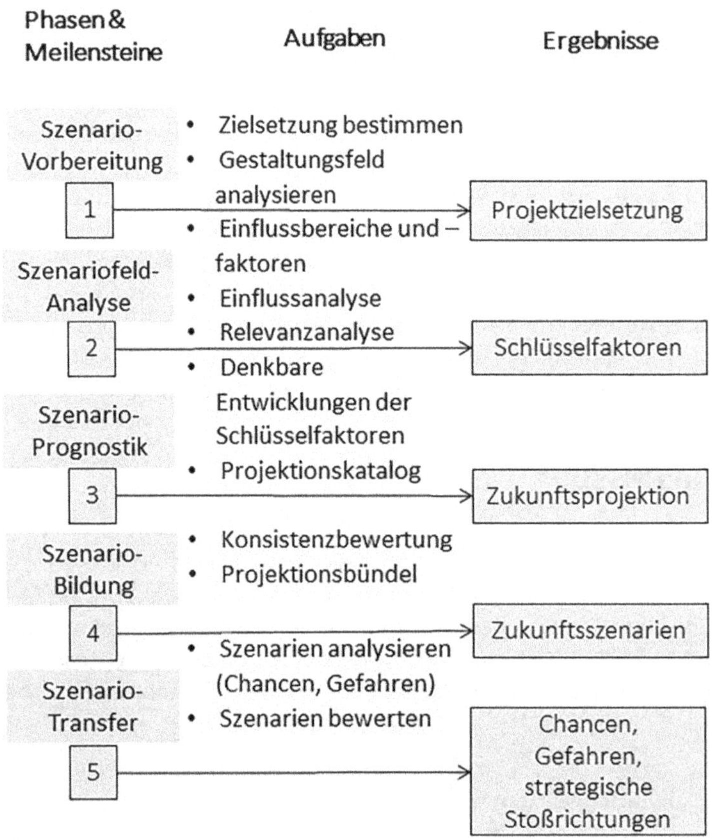

Abbildung 17.3: Schritte der Szenariotechnik (Abbildung nach Jürgen Gausemeier, Thomas Pfänder: Strategische Unternehmensführung mit Szenario-Management. In: Hans-Jürgen Bullinger, Dieter Spath, HansJürgen Warnecke, Engelbert Westkämpfer (Hg.): Handbuch Unternehmensorganisation. Strategien, Planung, Umsetzung. Springer, Heidelberg, 2009)

Phase 1: Szenariovorbereitung

Zur Vorbereitung bearbeiten Sie folgende Fragen:

- ✔ Was ist das Ziel dieser Analyse? Welche Frage soll die Szenarioanalyse beantworten?
- ✔ Erstellen Sie eine Projektbeschreibung mit Eckdaten, insbesondere Betrachtungszeitraum und zur Verfügung stehenden Ressourcen
- ✔ Was ist das Gestaltungsfeld beziehungsweise der Gestaltungsbereich, um den es geht? Beispielsweise welches Unternehmen, Geschäftseinheit, Technologiefeld, Technologie, Produkt, Segment, Branche?

Phase 1 der Szenariotechnik: Szenariovorbereitung

Führen Sie diesen Schritt für Ihr eigenes Projekt durch.

Als Musterlösung zeige ich Ihnen, wie die Ergebnisse für die Sprachlern-App aussehen können.

- ✔ **Ziel der Analyse** ist die Beantwortung dieser beiden Fragen:
  - Welcher Bedarf wird in zwanzig Jahren bezüglich Sprachenlernen bestehen?
  - Wie sollten wir jetzt schon die App gestalten, um sie dafür zukunftsfähig zu machen?
- ✔ Der **Betrachtungszeitraum** beträgt also ab heute zwanzig Jahre in die Zukunft.
- ✔ **Ressourcen**: Wir laden wieder unsere zehn Experten zu einem ganztägigen Workshop ein: die Studentin, den Schüler, die Managerin, den reisefreudigen Rentner, die hochbegabte Fünfjährige mit ihren Eltern, den Didaktikexperten, die Französischlehrerin und die Expertin für Benutzerfreundlichkeit. Hinzu kommt noch ein Forscher, der sich mit Innovationsforschung und Technologieentwicklung beschäftigt. Auch ein Science-Fiction-Autor könnte die Runde gut ergänzen.
- ✔ Das **Gestaltungsfeld** ist hier die Entwicklung unserer Sprachlern-App. Sie wird innerhalb unseres Startups iterativ entwickelt. Als Zielgruppe haben wir bisher vor allem Privatpersonen gesehen.

Phase 2: Szenariofeldanalyse

Das Szenariofeld beschreibt das Umfeld der Szenarien. Wir zerlegen dieses Umfeld in einzelne Einflussbereiche, und suchen innerhalb dieser konkrete Einflussfaktoren, die den größten Einfluss auf die Zukunft haben werden. In Phase 2 führen Sie folgende Einzelschritte aus:

- ✔ Zerlegen Sie das Szenariofeld in **Einflussbereiche**, die dieses wesentlich beeinflussen.
- ✔ Leiten Sie aus den Einflussbereichen **Einflussfaktoren** her. Jeder Einflussbereich setzt sich aus mehreren Einflussfaktoren zusammen. Definieren Sie den Einflussfaktor eindeutig.
- ✔ Filtern Sie aus den Einflussfaktoren (oft fünzig bis hundert) die für Ihren Untersuchungsgegenstand relevantesten ungefähr zwanzig **Schlüsselfaktoren** heraus.
- ✔ Beschreiben Sie die Schlüsselfaktoren.

Phase 2 der Szenariotechnik: Szenariofeldanalyse

Analysieren Sie für Ihr Projekt die Einflussbereiche und Einflussfaktoren.

Für die Sprachlern-App habe ich mit Hilfe von chatGPT folgende Faktoren zusammengetragen:

Einflussbereiche:

- ✔ Technischer Fortschritt
- ✔ Gesellschaftliche Entwicklungen

- ✔ Bildungssysteme und Lernkulturen
- ✔ Ökonomische Rahmenbedingungen
- ✔ Politisch-rechtliche Entwicklungen
- ✔ Demografischer Wandel
- ✔ Ökologische und globale Krisen

Einflussfaktoren innerhalb der Einflussbereiche:

- ✔ **Technischer Fortschritt**
  - Leistungsfähigkeit von Künstlicher Intelligenz und intelligenter Sprachverarbeitung (Natural Language Processing)
  - Leistungsfähigkeit und Verbreitung von Brain-Computer-Interfaces
  - Verbreitung von Wearable Computers und Augmented Reality für immersives Lernen
  - Leistungsfähigkeit und Verbreitung von automatisierten Echtzeit-Übersetzungssystemen
- ✔ **Gesellschaftliche Entwicklungen**
  - Bedeutungszuwachs von Mehrsprachigkeit in globalisierten Karrieren und Lebensläufen
  - Wertewandel in Bezug auf eigene Sprachkenntnisse versus Vertrauen in automatisierte Echtzeit-Übersetzungssysteme
  - Wandel in der Kommunikationskultur durch digitale Medien (TikTok-Deutsch, Memesprache und so weiter)
  - Globale Migration
  - Bedeutung von interkulturellen Familien
- ✔ **Bildungssysteme und Lernkulturen**
  - Anzahl und Niveau der an Schulen gelehrten Fremdsprachen
  - Integration von KI-Tutoren in Schulen und Hochschulen
  - Entwicklung hin zu personalisierter Didaktik und adaptivem Lernen
  - Trends wie Gamification und Microlearning
  - Anerkennung von informellem Lernen durch neue Zertifizierungsformen

✔ **Ökonomische Rahmenbedingungen**

- Nutzungskosten der unter »technischer Fortschritt« genannten Technologien
- Kostenentwicklung digitaler Infrastruktur (Cloud-Services, Bandbreite, Endgeräte)
- Marktübliche Monetarisierungsmodelle (zum Beispiel Freemium, Abo, Pay per Use)
- Finanzierung von Bildungsangeboten durch Staaten, NGOs oder Private
- Wettbewerbsdruck durch globale Plattformen und Billiganbieter

✔ **Politisch-rechtliche Entwicklungen**

- Datenschutzgesetzgebung (DSGVO, zukünftige KI-Gesetze)
- Bildungspolitische Förderprogramme zum Beispiel DigitalPakt Schule, Erasmus+)
- Regulierung von KI-Anwendungen und Plattformen
- Sprachpolitik und Förderung von Minderheitensprachen

✔ **Demografischer Wandel**

- Alternde Gesellschaft und damit verbundener Weiterbildungsbedarf
- Trend, die Rente im Ausland zu verbringen, um die Lebenshaltungskosten zu senken
- Globale Urbanisierung versus bildungsferne Räume
- Digitale Kluft zwischen Generationen und Regionen

✔ **Ökologische und globale Krisen**

- Zunahme klimabedingter Migration → Sprachbedarfe in neuen Regionen
- Ressourcenverbrauch digitaler Technologien (Strombedarf für KI-Systeme)
- Nachhaltigkeit und »Green IT« als Differenzierungsmerkmal

Nun haben wir beispielsweise sieben Einflussbereiche und dreißig Einflussfaktoren identifiziert. Auch wenn es sich lohnen würde, diese alle zu betrachten, so haben wir ja nur einen einzigen Tag Zeit. Das Ziel wäre es darum im nächsten Schritt, die Liste der zu betrachtenden Einflussfaktoren auf zehn bis zwanzig zu reduzieren. Im Folgenden zeige ich Ihnen zwei Methoden, mit denen Sie dies tun können.

Einflussmatrix

Sie erstellen eine Einflussmatrix, wie sie schematisch in Tabelle 17.11 dargestellt ist. Für jeden zuvor gefundenen Einflussfaktor gibt es eine Zeile und eine Spalte. Bewerten Sie direkte und auch indirekte Einflüsse des Faktors in der Zeile auf denjenigen in der Spalte auf einer Skala von 0 bis 5 Punkten, wobei 0 für »keinen Einfluss« und 5 für den höchsten Einfluss steht. Dann summieren Sie die Punkte über Zeilen und Spalten auf. Die einflussreichsten Faktoren sind diejenigen mit der höchsten Zeilensumme (=Aktivsumme). Das sind nun diejenigen, die in den folgenden Phasen der Szenariotechnik weiterhin betrachtet werden sollen.

	Faktor 1	Faktor 2	Faktor 3	Aktivsumme
Faktor 1		2	4	6
Faktor 2	4		4	8
Faktor 3	3	1		4
Passivsumme	7	3	8	18

Tabelle 17.11: Schema für eine Einflussmatrix mit Beispielbewertungen. Leserichtung: Faktor x (in Zeile) beeinflusst Faktor y (in Spalte), quantifiziert auf einer Skala von 0 bis 5 Punkten. Die Aktivsumme ist die Summe der Punkte in einer Zeile, die Passivsumme die Summe der Punkte in einer Spalte.

Tabelle 17.12 zeigt ein Beispiel für die Sprachlern-App. Aus Platzgründen betrachte ich hier nicht eine 30x30-Matrix, sondern nur sechs der wichtigsten Einflussfaktoren:

	Faktor 1	Faktor 2	Faktor 3	Faktor 4	Faktor 5	Faktor 6	Aktivsumme
Faktor 1		1	1	3	4	1	10
Faktor 2	1		5	4	4	2	16
Faktor 3	1	3		4	4	1	13
Faktor 4	0	0	4		4	4	12
Faktor 5	1	1	3	2		1	8
Faktor 6	0	0	3	3	2		8
Passiv-summe	3	5	16	16	18	9	

Tabelle 17.12: Einflussmatrix für sechs Einflussfaktoren im Beispiel der Sprachlern-App.

- ✔ **Faktor 1** = Leistungsfähigkeit und Verbreitung von Brain-Computer-Interfaces
- ✔ **Faktor 2** = Leistungsfähigkeit und Verbreitung von automatisierten Echtzeit-Übersetzungssystemen
- ✔ **Faktor 3** = Wertewandel in Bezug auf eigene Sprachkenntnisse versus Vertrauen in automatisierte Echtzeit-Übersetzungssysteme
- ✔ **Faktor 4** = Anzahl und Niveau der an Schulen gelehrten Fremdsprachen

✔ **Faktor 5** = Wettbewerbsdruck durch globale Plattformen und Billiganbieter

✔ **Faktor 6** = Trend, die Rente im Ausland zu verbringen, um Lebenshaltungskosten zu sparen

Ich habe also bereits eine Vorauswahl getroffen. Normalerweise müsste man aber tatsächlich die dreißig Einflussfaktoren paarweise betrachten und 30 · 29 = 870 Paar betrachten. Die Diagonale bleibt leer.

Wie Sie sehen, sind die Faktoren 2, 3 und 4 die einflussreichsten. Beispielsweise beeinflusst Faktor 6 »Trend, die Rente im Ausland zu verbringen, um Lebenshaltungskosten zu sparen« nicht die Technikentwicklung (Faktor 1 und 2), wird aber durch die an den Schulen gelehrten Fremdsprachen angetrieben (Faktor 4).

Vielleicht haben Sie es gespürt: Für die Durchführung dieser Methode ist Kreativität nötig in dem Sinne, dass Sie sich bereits Zukunftsszenarien vorstellen und die dabei stattfindenden Entscheidungen und Wechselwirkungen.

Relevanzanalyse

Auch die Relevanzanalyse wird in einer Matrix durchgeführt. Tabelle 17.13 stellt eine beispielhafte Relevanzanalyse für unsere Sprachlern-App dar. Hier werden jeweils paarweise zwei Einflussfaktoren miteinander verglichen: Welcher ist wichtiger als der andere? Die Wichtigkeit bezieht sich dabei auf die Auswirkung auf die untersuchten Phänomene. In unserem Beispiel geht es um den Einfluss auf den Bedarf in zwanzig Jahren bezüglich Sprachenlernen.

	Faktor 1	Faktor 2	Faktor 3	Faktor 4	Faktor 5	Faktor 6	Summe
Faktor 1		0	0	0	0	1	1
Faktor 2	1		0	0	0	1	2
Faktor 3	1	1		1	0	1	4
Faktor 4	1	1	0		0	0	2
Faktor 5	1	1	1	1		1	5
Faktor 6	0	0	0	1	0		1
Summe	4	3	1	3	0	4	

Tabelle 17.13: Relevanzanalyse für die Sprachlern-App. Eine 1 bedeutet: Faktor x (in Zeile) ist wichtiger als Faktor y (in Spalte). Andernfalls steht hier eine 0.

Die Matrix ist symmetrisch. Es muss also nur eine halbe Matrix ermittelt werden, also bei dreißig Einflussfaktoren müssen 30 · 29 / 2 = 435 Vergleiche durchgeführt werden. Der Rest ergibt sich durch Umkehrung: Aus einer 1 in Zeile x und Spalte y wird 0 in Zeile y und Spalte x und umgekehrt. Der relevanteste Faktor ist derjenige mit der höchsten Zeilensumme.

Hoppla, aufgrund der Relevanzanalyse sind nun die Faktoren 3 und 5 die wichtigsten. Faktor 5 war laut Einflussmatrix nicht bei den wichtigsten. Das lässt sich leicht erklären: Faktor 5 beeinflusst den Bedarf: Wenn es viele Anbieter gibt, sinkt der Bedarf an unserem Angebot. Dieser Wettbewerbsdruck wirkt sich aber auf die anderen Faktoren nicht aus.

Bestimmen der Schlüsselfaktoren

Welche Einflussfaktoren sind also diejenigen, die wir auch in den folgenden Phasen der Szenariotechnik betrachten möchten? Es sollen natürlich diejenigen sein, die den Bedarf am Sprachenlernen stark beeinflussen, und wir möchten diejenigen weglassen, die stark von anderen Faktoren beeinflusst. Beispielsweise: Je besser Echtzeit-Übersetzungssysteme arbeiten, umso mehr nehmen das Vertrauen in sie und deren Nutzung zu. Darum genügt es, nur einen dieser Faktoren weiter zu betrachten.

Zur Identifikation der wichtigsten Einflussfaktoren stellen wir die Ergebnisse aus den beiden Matrizen grafisch dar wie in Abbildung 17.4. Die Aktiv- und Passivsumme sind auf den Achsen aufgetragen, während die Relevanz durch die Größe des Kreissymbols dargestellt wird. Wir suchen besonders Einflussfaktoren mit hoher Aktivsumme, niedriger Passivsumme und hoher Relevanz, das heißt große Kreise links oben. In unserem Beispiel gilt das nur für Faktor 2. Die Faktoren 3 und 5 sind wegen ihrer hohen Relevanz auch vielversprechende Kandidaten, während die Faktoren 3 und 4 eine hohe Aktivsumme aufweisen. Konzentrieren wir uns im Folgenden also auf diese vier Faktoren 2, 3, 4 und 5.

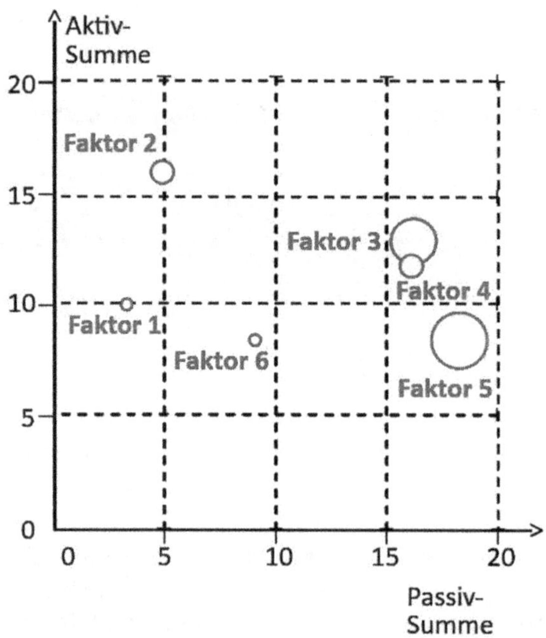

Abbildung 17.4: Szenariofeldanalyse: Identifikation der wichtigsten Einflussfaktoren

Beschreiben der Schlüsselfaktoren

Jeder Schlüsselfaktor wird nun noch genau definiert und beschrieben, Indikatoren festgelegt und der Ist-Wert ermittelt. Ich habe das in Tabelle 17.14 beispielhaft durchgeführt. Die angegebenen Ist-Werte sind das Ergebnis einer schnellen Onlinerecherche. Es geht hier nur darum, das Prinzip zu zeigen. Im Echtfall müssten Sie einige Stunden für solche Recherchen in offiziellen Statistiken und Forschungsartikeln investieren.

Faktor	Definition	Indikatoren	Ist-Wert
Faktor 2 = Leistungsfähigkeit und Verbreitung von automatisierten Echtzeit-Übersetzungssystemen	Je besser und verbreiteter diese automatisierten Echtzeit-Übersetzungssysteme sind, umso weniger benötigen die Menschen Sprachkurse.	I2a: Fehlerquote von automatisierten Echtzeit-Übersetzungssystemen I2b: Anteil der Bevölkerung, der Zugang zu einem automatisierten Echtzeit-Übersetzungssystem hat	I2a: 10–20 % I2b: 70 %
Faktor 3 = Wertewandel in Bezug auf eigene Sprachkenntnisse versus Vertrauen in automatisierte Echtzeit-Übersetzungssysteme	Je mehr das Vertrauen in automatisierte Echtzeit-Übersetzungssysteme wächst, umso weniger wichtig erscheint es den Menschen, eine Sprache zu erlernen.	I3a: Anteil der Berufstätigen, die automatisierte Echtzeit-Übersetzungssysteme verwenden I3b: Anteil der Touristen, die ein solches System auf die Reise ins Ausland mitnehmen	I3a: 60 % I3b: 70 %
Faktor 4 = Anzahl und Niveau der an Schulen gelehrten Fremdsprachen	Je mehr und besser jedermann bereits in der Schule Fremdsprachen lernt, umso weniger benötigt er dann privaten Sprachunterricht zusätzlich.	I4a: Anzahl der Fremdsprachen, die an der Schule gelernt werden I4b: Anzahl der Jahre, die eine Fremdsprache an der Schule gelernt wird	I4a: Mindestens eine, an Gymnasien mindestens zwei. Es sind jedoch auch drei oder vier möglich. I4b: 3–13 Jahre
Faktor 5 = Wettbewerbsdruck durch globale Plattformen und Billiganbieter	Je mehr Konkurrenten es gibt und je billiger sie anbieten, umso mehr stehen wir unter Druck.	I5a: Anzahl großer Konkurrenten I5b: Anzahl der Konkurrenten, die kostenlos oder im Freemium-Modell anbieten, das heißt mit kostenlosem Basismodell	I5a: 10 I5b: 5

Tabelle 17.14: Beschreibung der Schlüsselfaktoren

Phase 2 der Szenariotechnik: die Schlüsselfaktoren

Ermitteln Sie mit den beiden Matrizen – Einflussmatrix und Relevanzanalyse – Ihre Schlüsselfaktoren für Ihr eigenes Projekt und beschreiben Sie sie.

Phase 3: Szenarioprognose

Phase 2 war recht analytisch. Jetzt aber wird es spannend und kreativ! Wir denken uns Zukunftsszenarien aus. Das bedeutet praktisch: Wir entwickeln Prognosen für die Indikatoren. Jeder unserer Schlüsselfaktoren kann sich zukünftig in verschiedene Richtungen entwickeln. Manche bleiben vielleicht gleich, andere folgen dem sich schon abzeichnenden Trend, manche werden durch politische Entscheidungen oder Naturkatastrophen in eine andere Richtung gelenkt oder getrieben. Man spricht gerne auch von Trendbruchereignissen, wenn etwas geschieht, das den bisherigen Trend abbricht, zum Guten oder zum Schlechten. Beispielsweise hat sich die Anzahl der deutschen Rentner, die im Ausland leben, von 2018 bis 2021 jedes Jahr erhöht, ist dann aber bis 2023 wieder gesunken. Ein Zusammenhang mit der Coronapandemie liegt nahe. Ein solch globales und langanhaltendes Problem wie die Pandemie hat in vielen Bereichen Trends unterbrochen oder abgebrochen.

Zunächst betrachten wir jeden Schlüsselfaktor und dessen Indikator(en) einzeln und entwickeln zwei bis vier Prognosen für dessen Wert, den er im untersuchten Zeitbereich annehmen könnte. Man nennt dies auch Projektionen. Uns interessiert im Beispiel der Sprachlern-App der Wert in zwanzig Jahren.

Tabelle 17.15 zeigt unsere Prognosen für die Indikatoren. Es wird jeweils die aus unserer Sicht beste und schlechteste Prognose dargestellt und eventuell weitere. Erwünscht wären eigentlich noch Beschreibungen und Begründungen, aber die lasse ich hier aus Platzgründen weg. Was die beste oder schlechteste Prognose ist, bewerten wir aus der Sicht des Anbieters einer Sprachlern-App. Wenn also automatisierte Echtzeit-Übersetzungssysteme immer besser werden und immer mehr genutzt werden, dann werden weniger Menschen Sprachkurse buchen. Für uns ist es auch vorteilhafter, wenn an der Schule weniger Sprachen gelehrt werden, weil die Schulen nicht unsere primäre Zielgruppe sind.

Phase 4: Szenariobildung

Diese Prognosen für die Indikatoren sollen nun so gebündelt werden, dass sie widerspruchsfreie Szenarien bilden. Ein Szenario wird also charakterisiert durch die Prognosewerte aller Indikatoren, die hierbei eingenommen werden.

Dabei unterscheiden wir vier Arten von Szenarien:

- ✔ Wahrscheinlichstes Szenario
- ✔ Worst-Case-Szenario
- ✔ Best-Case-Szenario
- ✔ Trendbruchszenario

Um widerspruchsfreie Szenarien zu bilden, müssen die Prognosen für die Indikatoren beziehungsweise Schlüsselfaktoren zunächst auf Widersprüche analysiert werden. Dazu dient die Konsistenzmatrix. Für n Schlüsselfaktoren benötigen wir $n \,.\, (n - 1) \,/\, 2$ Konsistenzmatrizen, um jeden mit jedem paarweise abzugleichen. Für unsere vier Schlüsselfaktoren macht das also sechs solcher Matrizen.

Indikator	Ist-Wert	Beste Prognose	Schlechteste Prognose	Weitere Prognose(n)
I2a: Fehlerquote von automatisierten Echtzeit-Übersetzungssystemen	10–20 %	10–20 %	<< 1 %	1–5 %
I2b: Anteil der Bevölkerung, der Zugang zu einem automatisierten Echtzeit-Übersetzungssystem hat	70 %	70 %	100 %	85 %
I3a: Anteil der Berufstätigen, die automatisierte Echtzeit-Übersetzungssysteme verwenden	60 %	50 %	100 %	85 %
I3b: Anteil der Touristen, die ein solches System auf die Reise ins Ausland mitnehmen	70 %	50 %	100 %	85 %
I4a: Anzahl der Fremdsprachen, die an der Schule gelernt werden	Mindestens eine, an Gymnasien mindestens zwei, auch drei oder vier	0–1	2-4	1–2
I4b: Anzahl der Jahre, die eine Fremdsprache an der Schule gelernt wird	3–13 Jahre	3–9 Jahre	13 Jahre	5–13 Jahre
I5a: Anzahl großer Konkurrenten	10	2	25	5–10
I5b: Anzahl der Konkurrenten, die kostenlos oder im Freemium-Modell anbieten, das heißt mit kostenlosem Basismodell	5	0	25	5

Tabelle 17.15: Prognosen der Indikatoren für die Sprachlern-App

Wir kürzen das hier aus Platzgründen etwas ab. Es ist klar, wie Faktor 2 und 3 zusammenhängen: Je höher Qualität und Verbreitung der automatisierten Echtzeit-Übersetzungssysteme (Faktor 2), umso stärker wird sich ein Wertewandel vollziehen und die Menschen sich privat und beruflich auf diese Systeme verlassen und weniger Notwendigkeit zum Sprachenlernen sehen (Faktor 3). Dieser Wertewandel wird dann auch dazu führen, dass an den Schulen eher weniger Fremdsprachen gelehrt werden und über weniger Jahre, sodass nur Grundkenntnisse vermittelt werden (Faktor 4).

Umgekehrt wird auch eine Reduktion des Fremdsprachenunterrichts, beispielsweise zugunsten technischer Kenntnisse, die Benutzung von Automatisierungssoftware vorantreiben. Zwischen voneinander unabhängigen Faktoren ist jegliche Kombination der Prognosen denkbar.

Als Beispiel erstellen wir hier eine Konsistenzmatrix für die Konsistenz zwischen Faktor 3 und Faktor 5 (siehe Tabelle 17.16). Die Prognosen für Faktor 3 stehen in den Zeilen und die für Faktor 5 in den Spalten. Je höher die in den inneren Feldern angegebene Zahl, umso wahrscheinlicher treten diese beiden Werte gemeinsam in einem Zukunftsszenario auf. Wir nehmen an: Je mehr Personen durch automatisierte Übersetzungen unterstützt werden, umso kleiner wird der Markt. Es wird darum auch weniger Konkurrenten geben, von denen aber mehr ein Premiummodell anbieten.

3 / 5	**I5a = 2, I5b = 2**	**I5a = 25, I5b = 5**	**I5a = 5-10, I5b = 5**
I3a = 50 %, I3b = 50 %	2	4	5
I3a = 100 %, I3b = 100 %	5	1	3
I3a = 85 %, I3b = 85 %	4	2	3

Tabelle 17.16: Konsistenzmatrix von Faktor 3 senkrecht (Wertewandel in Bezug auf eigene Sprachkenntnisse versus Vertrauen in automatisierte Echtzeit-Übersetzungssysteme) und Faktor 5 waagerecht (Wettbewerbsdruck durch globale Plattformen und Billiganbieter).

Nun suchen wir in der Konsistenzmatrix nach Clustern, um die Prognosen zu bündeln. Wir sehen in Tabelle 17.16 zwei weiße Cluster: eines rechts oben und eines links unten. Die Bewertung geht von 1 (völlige Inkonsistenz) über 3 (neutral) bis 5 (starke gegenseitige Unterstützung). Schwarz gefärbte Kombinationen sind eher unwahrscheinlich, die weißen wahrscheinlich, die grauen möglich, aber weniger wahrscheinlich.

Wir müssten eigentlich so eine Konsistenzmatrix für jedes Faktorenpaar erstellen, also insgesamt sechs Konsistenzmatrizen für unsere vier Faktoren. Wie gesagt kürzen wir etwas ab, weil einige Zusammenhänge offensichtlich sind.

Nun beschreiben wir die gefundenen Szenarien. Dabei werden miteinander konsistente Werte für die Indikatoren der vier Schlüsselfaktoren festgelegt.

- ✔ **Szenario 1:** Das Best-Case-Szenario für uns gehört zum Cluster rechts oben: Die Verwendung von automatisierten Echtzeitübersetzungen nimmt eher wieder ab (I3a = I3b = 50 %) und wegen zunehmenden Bedarfs an Sprachkenntnissen werden es mehr oder gleich viele Konkurrenten sein, also 5-25 (I5a). Von diesen bieten fünf Freemium-Angebote an (I5b). Die Fehlerquote (I2a) der Echtzeitübersetzungen liegt immer noch bei 10–20 % und nur 70 % der Bevölkerung haben Zugang dazu (I2b). Es gibt für die Schulen nun keinen Grund, weniger Fremdsprachen anzubieten, sie lasten den Schüler/innen aber auch nicht mehr auf, sodass weiterhin ein bis zwei Fremdsprachen angeboten werden (I4a) und das für 5-13 Schuljahre (I4b). Der erhöhte Bedarf an Fremdsprachenkenntnissen muss also durch privaten Unterricht gedeckt werden.

- ✔ **Szenario 2:** Mehr Fremdsprachenunterricht an den Schulen: Dieses Szenario gehört auch zum Cluster rechts oben. Die automatisierten Echtzeitübersetzungen haben entweder die Erwartungen bezüglich Fehlerfreiheit nicht erfüllt oder werden aus Datenschutzgründen abgelehnt. Da der Bedarf an Fremdsprachenkenntnissen steigt, werden an den Schulen nun ab der ersten Klasse Grundschule die ersten Fremdsprachen angeboten, und bis zum Schlussabschluss haben alle Schüler und Schülerinnen zwei bis vier Fremdsprachen gelernt. Die Anzahl der Konkurrenten bleibt bei 5-10 (I5a), von denen fünf (I5b) Freemium anbieten.
- ✔ **Szenario 3:** Allgegenwärtigkeit von automatisierten Echtzeitübersetzungen. In diesem für uns schlechten Szenario werden Fremdsprachenkenntnisse durch den technologischen Fortschritt unnötig gemacht: Das Cluster links unten gehört zu einer Zukunft, wo die Verwendung automatisierten Echtzeitübersetzungen zunimmt und damit der Markt kleiner wird und es nach einer Marktkonsolidierung insgesamt nur noch zwei Konkurrenten gibt (I5a), die beide Freemium-Modelle anbieten (I5b). Die Fehlerquote (I2a) der Echtzeitübersetzungen liegt bei unter 1 % und 100 % der Bevölkerung haben Zugriff darauf (I2b), 100 % der Berufstätigen (I3a) und 100 % der Touristen (I3b) verwenden diese. Die Schulen behalten ihren Fremdsprachenunterricht bei wie gehabt oder reduzieren ein wenig, was uns aber trotzdem keine zusätzlichen Kunden einbringt.
- ✔ **Szenario 4:** Das Worst-Case-Szenario wäre hier auch das Trendbruchszenario. Irgendein Trendbruchereignis wie ein Weltkrieg, eine Pandemie oder Energieknappheit hat die Globalisierung und weltweite Mobilität von Berufstätigen, Rentnern und Urlaubern auf beinahe null gesenkt. Fremdsprachen werden privat nur noch innerhalb der Familie benötigt, beruflich setzt man auf automatisierte Übersetzungen in der Videokonferenz, von Dokumenten und von E-Mails. Der aktuelle Sprachunterricht in den Schulen wird beibehalten oder reduziert. Es besteht keinerlei Motivation, darüber hinaus noch Sprachen zu lernen. Auch hier schrumpft das Angebot auf zwei Konkurrenten, die beide Freemium-Modelle anbieten.

Phase 5: Szenariotransfer

Die Szenarien sollen jetzt noch von Expert/innen daraufhin bewertet werden, wie wahrscheinlich sie eintreten und welche Auswirkungen sie auf uns haben. Hierfür könnten Sie die bereits behandelte Delphi-Methode einsetzen. Anschließend ziehen Sie aus diesen Prognosen Schlussfolgerungen und entwickeln Handlungsempfehlungen.

Tragen wir also unsere vier Szenarien in ein passendes Diagramm wie in Abbildung 17.5 ein. Die vier Szenarien unterscheiden sich in Wahrscheinlichkeit und den Folgen für den Bedarf an privaten Sprachkursen. Hierbei quantifizieren wir nicht den insgesamt bestehenden

Bedarf, sondern den, den wir bedienen. Wächst insgesamt der Bedarf, wird es auch mehr Konkurrenten geben, was den Anstieg wieder etwas kompensiert.

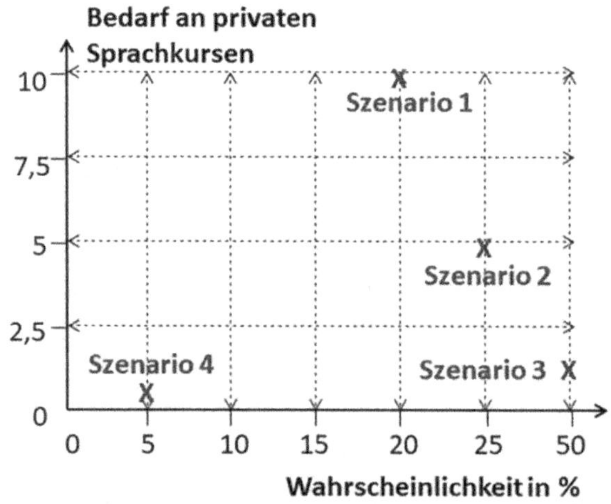

Abbildung 17.5: Szenarienbewertung nach Wahrscheinlichkeit in Prozent und Bedarf an privaten Sprachkursen. Der aktuell von uns bediente Bedarf liege bei 5 Punkten.

Nun fehlen noch die Handlungsempfehlungen, die wir aus den Szenarien herleiten. Diese lauten beispielsweise so:

- ✔ Da Übersetzungssysteme in fast allen Szenarien eine weite Verbreitung haben, sollte man sie nicht als Konkurrenz ansehen, sondern in die App integrieren.
- ✔ Da in Szenario 2 die Schulen uns quasi Konkurrenz machen, ist zu überlegen, auf jeden Fall oder falls das Sprachenangebot an Schulen erhöht wird, auch Angebote für Schulunterricht und Studium zu entwickeln und an Schulen und Hochschulen zu verkaufen.
- ✔ In jedem Szenario wird es Konkurrenz geben und man muss sich Mühe geben, besonders attraktive Angebote zu entwickeln, beispielsweise die Emotionalisierung der Kurse durch Storytelling und Gamification.
- ✔ Insbesondere in den ungünstigen Szenarien 3 und 4, wo der Bedarf am Sprachenlernen sinkt, wäre es gut, Angebote zu entwickeln, die über das reine Sprachenlernen hinaus gehen, zum Beispiel ein weltweites Netzwerk und Communities, in denen die Sprachen gemeinsam praktiziert werden bei Diskussionen, Spielen, Rollenspielen oder gemeinsamen Projekten.

Welche davon umgesetzt werden sollen, muss noch mit den Unternehmenszielen abgeglichen werden. Außerdem sollte man zukünftig einige der verwendeten Indikatoren beobachten, um rechtzeitig zu erkennen, in Richtung von welchem der Szenarien sich die Situation entwickelt.

Phasen 3 bis 5 der Szenariotechnik: die Szenarien

Entwickeln und analysieren Sie die wichtigsten Szenarien für Ihr Beispielprojekt, insbesondere das Best-Case-Szenario und das Worst-Case-Szenario wie in den Phasen 3, 4 und 5 beschrieben. Am Ende stellt sich die Frage: Was hat es gebracht? Welche Erkenntnisse ergeben sich aus den Szenarien, die Ihr Projekt bereichern?

Einsatz von KI für die Prognose

Wie gehabt können Sie auch die Prognosetechniken gemeinsam mit der KI durchführen. Die KI quasi als Teammitglied. Dabei schneiden Large-Language-Modelle besser dabei ab, Szenarien zu formulieren und zu diskutieren, als ihre Eintrittswahrscheinlichkeiten oder Bedeutungen zu quantifizieren. Auf gar keinen Fall kann die KI das letzte Wort haben, sondern darf nur Vorschläge machen. Sie kann die Kompetenz von echten menschlichen Experten und Expertinnen nicht ersetzen.

Konfigurationstechniken

Eine Kategorie von Kreativitätsmethoden sind die Konfigurationstechniken. Wie der Name schon sagt, wird hier konfiguriert, also die Funktionen oder Merkmale eines Produkts (neu) miteinander kombiniert. Dabei werden gedanklich viele oder alle denkbaren Kombinationen beziehungsweise Konfigurationen systematisch durchdacht und bewertet. Bestehende Elemente eines Produkts oder einer Idee werden in ihren Eigenschaften verändert, neu angeordnet oder ergänzt. Auf diese Weise entdecken Sie unerwartete und ungewöhnliche Kombinationen, die es bisher nicht gibt, aber sinnvollerweise geben könnte. Durch diese systematische und explorative Vorgehensweise eignen sich die Konfigurationstechniken besonders gut für frühe Phasen im Innovationsprozess.

Morphologischer Kasten

Ein Morphologischer Kasten, im Englischen manchmal nach dem Erfinder auch Zwicky-Box genannt, ist die typische Konfigurationstechnik. Ich habe die Methode hier im Kapitel über inkrementelle Verbesserungen eingeordnet, aber je nach Flughöhe, also Abstraktionsgrad können damit auch innovative, radikale Produktideen entstehen. Zumeist bleibt man aber nahe am Bestehenden.

Die Methode wird in einem kleinen, aber interdisziplinären Team durchgeführt, von einer Moderatorin oder einem Moderator angeleitet und dauert eine halbe Stunde bis zwei Stunden.

Den Morphologischen Kasten verwenden wir so:

1. Wie jede Kreativitätsmethode beginnt auch diese mit einer Fragestellung.

2. Dann überlegen wir uns, welche Parameter oder Merkmale des Produkts wir unabhängig voneinander variieren könnten.

3. Anschließend sammeln wir für jeden Parameter dessen mögliche Ausprägungen im Morphologischen Kasten.

4. Wir kombinieren jede mögliche Ausprägung mit jeder. Dies ergibt eine große Vielzahl an Konfigurationen!

5. Diese Konfigurationen werden nun bewertet: Manche gibt es schon, manche sind physikalisch nicht machbar und andere wenig sinnvoll. Möglicherweise wird hier aber tatsächlich etwas Neues entdeckt, auf das noch niemand gekommen ist.

Fritz Zwicky: Entdecken, Erfinden, Forschen im morphologischen Weltbild. Droemer Knaur, München, 1971.

Tabelle 17.17 zeigt ein Beispiel. Wir verwenden hier erstmal nicht die Sprachlern-App, weil die Methode besser für physische Produkte funktioniert. Unsere Arbeitsfrage lautet: Können wir ein innovatives Fortbewegungsmittel erfinden? Auf diesem abstrakten Niveau könnten wir tatsächlich etwas Neues erfinden. Für dieses Beispiel habe ich drei Parameter ausgewählt, nämlich die Fortbewegungsart, den Untergrund und den Antrieb. Für jeden Parameter betrachten wir drei beziehungsweise fünf der möglichen Ausprägungen.

Parameter	Ausprägungen				
Fortbewegungsart	Rollen	Kufen	Flügel		
Untergrund	Straße	Schnee	Luft		
Antrieb	Elektromotor	Zugtiere	Turbine	Erdanziehung	Wind

Tabelle 17.17: Morphologischer Kasten für ein Fortbewegungsmittel

Altbekannte Fortbewegungsmittel erhalten wir, wenn wir die drei Spalten einzeln lesen: In der ersten Spalte stehen Elektroauto, aber auch Elektrofahrrad, -rollstuhl und -roller. In der zweiten Spalte finden wir Hundeschlitten und Pferdeschlitten. In der dritten Spalte das Flugzeug.

Innovativ wird es, wenn wir anfangen, beliebig zu kombinieren. Es gibt insgesamt 3 mal 3 mal 5 = 45 Kombinationsmöglichkeiten, die in Tabelle 17.18 dargestellt sind. Manche davon gibt es schon, andere machen wenig Sinn, aber es mag doch die eine oder andere Konfiguration übrig bleiben, die sich weiterzuverfolgen lohnt. In diesem Fall gibt es leider nichts, was es noch nicht gibt! Aber grundsätzlich hätten wir so ein völlig neues Fortbewegungsmittel erfinden können.

Nehmen wir noch ein Beispiel auf detaillierterem Niveau. Wir überlegen uns mögliche Aufgabentypen für die Sprachlern-App. Wir kombinieren in Tabelle 17.19 drei Formate (Freitext, Multiple Choice oder Lückentext) mit drei möglichen Lerninhalten (Aussprache, Grammatik oder Wortschatz).

Fortbewegungsart	Untergrund	Antrieb	Bewertung
Rollen	Straße	Elektromotor	E-Autor, E-Bike, E-Roller
Rollen	Straße	Zugtiere	Kutsche
Rollen	Straße	Turbine	Turbinen-Auto
Rollen	Straße	Erdanziehungskraft	Seifenkiste, Skateboard, Rollschuhe
Rollen	Straße	Wind	Landsegler, Segelwagen
Rollen	Schnee	Elektromotor	Pistenfahrzeug
Rollen	Schnee	Zugtiere	Kutsche
Rollen	Schnee	Turbine	Turbinen-Auto
Rollen	Schnee	Erdanziehungskraft	Macht keinen Sinn
Rollen	Schnee	Wind	Macht keinen Sinn
Rollen	Luft	---	Macht keinen Sinn
Kufen	Straße	---	Macht keinen Sinn
Kufen	Schnee	Elektromotor	Elektroschlitten
Kufen	Schnee	Zugtiere	Hunde- oder Pferdeschlitten
Kufen	Schnee	Turbine	Turbinenschlitten
Kufen	Schnee	Erdanziehungskraft	Ski, Schlitten
Kufen	Schnee (oder Eis)	Wind	Eissegler, Snowkite
Kufen	Luft	---	Macht keinen Sinn, außer der Fahrer ist der Weihnachtsmann
Flügel	Straße	---	Macht keinen Sinn
Flügel	Schnee	---	Macht keinen Sinn
Flügel	Luft	Elektromotor	E-Flugzeug
Flügel	Luft	Zugtiere	Macht keinen Sinn
Flügel	Luft	Turbine	Flugzeug
Flügel	Luft	Erdanziehungskraft	Gleitschirm, Hängegleiter, Fallschirm
Flügel	Luft	Wind	Segelflugzug

Tabelle 17.18: Alle 45 Kombinationsmöglichkeiten für das Fortbewegungsmittel, ermittelt durch den Morphologischen Kasten (Kombinationen von Fortbewegungsart und Untergrund, die keinen Sinn machen, sind gekürzt.)

Parameter	Ausprägungen		
Format	Freitext	Multiple Choice	Lückentext
Lerninhalt	Aussprache	Grammatik	Wortschatz

Tabelle 17.19: Morphologischer Kasten für eine Sprachlern-Übung

Daraus ergeben sich 3x3 Übungstypen, siehe Tabelle 17.20. Vier der Kombinationen sind klassische Übungen, zwei der Kombinationen mit dem Lerninhalt »Aussprache« sind schwer umzusetzen, zwei der Freitext-Übungstypen müssen von Hand korrigiert werden, aber die Kombination von Aussprache-Lernen mit Multiple Choice klingt nach einer nicht ganz klassischen, aber sinnvollen Übung.

Format	Lerninhalt	Bewertung
Freitext	Aussprache	Schwer umzusetzen
Freitext	Grammatik	Muss von Hand korrigiert werden
Freitext	Wortschatz	Muss von Hand korrigiert werden
Multiple Choice	Aussprache	Verschiedene Aussprachemöglichkeiten in Lautsprache oder als Tonaufnahme werden angeboten
Multiple Choice	Grammatik	Klassische Übung
Multiple Choice	Wortschatz	Klassische Übung
Lückentext	Aussprache	Schwer umzusetzen
Lückentext	Grammatik	Klassische Übung
Lückentext	Wortschatz	Klassische Übung

Tabelle 17.20: Die neun Konfigurationen für die Sprachlern-Übung

Das Prinzip des Morphologischen Kastens ist wohl klar geworden. Wichtig ist, dass Sie eine Arbeitsfrage definieren, die zu Ihren Zielen passt: Sie stellen eine detaillierte Frage wie für die Sprachlern-App, wenn Sie inkrementelle Verbesserungen anstreben, und eine abstrakte Frage, wenn Sie eine radikale Idee suchen. Je mehr Parameter Sie betrachten, umso mehr Kombinationsmöglichkeiten ergeben sich.

SCAMMPERR

Die SCAMMPERR-Checkliste verwenden Sie als Hilfsmittel, um ausgehend von einem existierenden Produkt ein neues oder besseres zu erdenken. Jeder der neun Buchstaben des Akronyms SCAMMPERR steht für eine Gruppe von Fragen. Beispielsweise steht das S für »substitute«: Kann man etwas ersetzen?

Tabelle 17.21 listet die neun Fragengruppen und zahlreiche beispielhafte Fragen der Checkliste auf, mit denen Sie das betrachtete Produkt (oder Dienstleistung oder Herstellungsprozess) variieren können. Sie können dabei von einem eigenen Produkt ausgehen und die nächste Version entwickeln oder sich als Marktneuling ein Produkt der Konkurrenz als Grundlage vornehmen. Wenn Sie für jede Fragengruppe zehn Minuten diskutieren, benötigen Sie für die gesamte Sitzung neunzig Minuten.

	Bedeutung	Beispielfragen
S	Substitute	Kann man Komponenten, Technologien, Materialien, Personen oder etwas anderes ersetzen?
		Können Methoden oder Prozesse ersetzt werden?
		Kann die Energieversorgung ersetzt werden?
		Kann man umweltschädliche Materialien oder Ähnliches ersetzen und so das Produkt umweltverträglicher machen?
C	Combine	Kann man mit etwas anderem kombinieren, beispielsweise Material, Funktionalitäten? Eine andere Komponente ergänzen?
		Kann man Eigenschaften kombinieren? (So wie im Morphologischen Kasten.)
		Lassen sich Zusatzfunktionen oder Komponenten integrieren?
		Können zwei Komponenten oder zwei Arbeitsschritte zusammengefasst werden?
		Können zwei Ideen oder Produkte oder Dienstleistungen miteinander kombiniert werden?
		Kann man Herstellungsprozesse oder Arbeitsschritte kombinieren?
		Wird dieses Produkt immer mit einem anderen zusammen verwendet?
		Können wir unsere Kräfte mit Partnern vereinen, um erfolgreicher zu sein?
A	Adapt	Kann man Funktionen verändern oder an Änderungen im Umfeld anpassen?
		Wie kann das Produkt nützlicher werden?
		Kann man sich an Markttrends oder technische Trends anpassen?
		Wie kann man das Produkt konfigurierbarer machen?
		Wie kann der Ablauf flexibler werden?
		Gibt es etwas Ähnliches, das wir nachahmen können?
M	Magnify or Minimize	Kann man es vergrößern? Noch weiter vergrößern?
		Kann man es auch verkleinern?
		Was passiert, wenn man übertreibt?
		Wie lässt sich große Funktionalität oder Zusatznutzen hinzufügen?
		Wie kann man es stärker, langlebiger, ergiebiger machen?
		Wie kann es leichter oder kompakter oder transportabler werden?
		Wie kann man das Produkt oder den Herstellungsprozess beschleunigen?
		Lässt sich Energie sparen oder Abfall vermeiden?
		Was passiert, wenn wir plötzlich doppelt so viele Kunden haben?
M	Modify	Kann man den Maßstab vergrößern oder verkleinern?
		Kann man die Form verändern?
		Lassen sich andere Attribute (Farbe, Haptik, Akustik, …) variieren?
		Wie kann es schöner, auffälliger, benutzerfreundlicher oder ein Kunstwerk werden?

	Bedeutung	Beispielfragen
P	Put (to another use)	Lässt sich eine weitere Verwendung oder ein anderer Zusammenhang zur Nutzung finden? Kann man das Produkt so verändern, dass es sich auch für einen anderen Zweck eignet? Kann man es auch in einem anderen Anwendungsbereich einsetzen? Kann man es zweckentfremdet nutzen? Wer könnten weitere Zielgruppen oder Zielmärkte sein?
E	Eliminate	Lässt sich etwas (Produkt oder Prozess) vereinfachen beziehungsweise entfernen? Ist etwas redundant oder nur aus historischen Gründen noch vorhanden? Was passiert, wenn wir diese Komponente oder diesen Schritt im Ablauf entfernen? Kann man Funktionen entfernen und auf die Kernfunktion reduzieren? Können Komponenten oder etwas anderes entfernt werden? Welcher Aspekt bietet nur wenig Mehrwert? Wie würden wir arbeiten, wenn wir nur halb so viele Ressourcen hätten?
R	Rearrange	Lässt sich etwas umstellen? Kann man die Reihenfolge verändern? Lassen sich Komponenten vertauschen? Kann die Geschwindigkeit variiert werden? Wie würde das Produkt aussehen, wenn wir es neu entwerfen würden?
R	Reverse	Kann man etwas umkehren? Auf den Kopf stellen? Das Innere nach außen stülpen? Lässt sich eine entgegengesetzte Nutzung finden? Was würde passieren, wenn der Prozess umgekehrt abläuft?

Tabelle 17.21: SCAMMPERR-Checkliste

Bei der Anwendung der SCAMMPERR-Methode gehen Sie so vor:

1. Zuerst benötigen Sie eine Arbeitsfrage, Aufgabe oder ein zu lösendes Problem sowie ein bestimmtes Produkt (oder Dienstleistung oder Ablauf) als Bezugspunkt.
2. Sie gehen dann die neun Fragengruppen der SCAMMPERR-Checkliste durch und lassen sich inspirieren. Ergeben sich aus dieser Frage eine oder mehrere Ideen? Dann schreiben Sie sie auf, je mehr umso besser. Die aufgelisteten Fragen sind nur Beispiele. Für Ihr Produkt stellen sich eventuell noch weitere Fragen.
3. Anschließend bewerten Sie die Ideen und entscheiden, welche weiterverfolgt werden sollen.

Sie können die SCAMMPERR-Methode allein oder in der Gruppe anwenden. Auch die Zusammenarbeit mit einem LLM kann hier wieder sinnvoll und produktiv sein.

Michael Michalko: Cracking Creativity: The Secrets of Creative Genius, Random House, Berkeley, 2001.

Machen wir ein Beispiel mit einem physischen Produkt und wenden die SCAMMPERR-Checkliste auf das traditionelle benzingetriebene Auto an. Die gestellte Aufgabe besteht darin, es umweltfreundlicher zu gestalten. Das Ergebnis meiner Überlegungen finden Sie in Tabelle 17.22. Hätte die Arbeitsaufgabe stattdessen gelautet, das Auto billiger zu machen, wären andere Ergebnisse dabei herausgekommen.

Für die Erstellung des Beispiels habe ich chatGPT verwendet und jeden Buchstaben einzeln mit dem Chatbot diskutiert. Ich stellte auch die zusätzliche Frage: »Welche Komponenten des Autos sind am umweltschädlichsten?« Einige Ideen eliminierte ich gleich, insbesondere die Idee, die Vordersitze drehbar zu machen, um die Kommunikation der Fahrzeuginsassen zu verbessern. Solange wir noch nicht das vollständig autonome Auto haben, wird das wohl aus Sicherheitsgründen inakzeptabel bleiben.

	Bedeutung	Beispielfragen
S	Substitute	- Ersetze das Auto durch eine Pferdekutsche. - Ersetze den Benzinantrieb durch Elektroantrieb und Solarstrom. - Ersetze das energieintensive Aluminium durch ein anderes Metall. - Ersetze Kunststoffkomponenten durch Flüssigholz. - Ersetze Materialien des Innenraums durch Recyclingmaterialien oder Naturmaterialien wie Kork.
C	Combine	- Kombiniere Elektroantrieb mit Benzinantrieb zum Hybridantrieb, um die Vorteile beider zu nutzen. - Nutze die Abwärme des Motors für die Heizung des Innenraums. - Ergänze ein Solardach zur Energieerzeugung.
A	Adapt	- Anwenden von Leichtbauprinzipien aus dem Radsport und Flugzeugbau. - Nutze Energieeffizienzprinzipien aus Passivhäusern: thermische Isolierung im Fahrzeuginneren, Wärmerückgewinnungssysteme.
M	Magnify and minimize	- Vergrößere die Nutzerzahl durch Sharing, Vorbereitung des Multinutzerbetriebs durch digitale Schlüssel und nutzerabhängige Profile. - Verstärkte Darstellung ökologischer Informationen im Cockpit wie Energieflüsse, Emissionen, Verbrauchstrends. - Größerer oder zusätzlicher Tank für alternative Kraftstoffe wie E-Fuels und Bioethanol (grundsätzlich ist das Vergrößern von Komponenten wenig umweltfreundlich).

	Bedeutung	Beispielfragen
M	Modify	- Modernisierung des Motorsystems für bessere Energieeffizienz und weniger Verbrauch bei gleicher Leistung. - Stufenloses Getriebe. - Stromlinienförmigere Außenform für energiesparenderes Fahren. - Verwenden der Shark-Skin-Technologie zur Verbesserung der Reifen.
P	Put (to another use)	- Umbau oder Zusatzmodul, um den Verbrennungsmotor als Stromerzeuger zu nutzen, zum Beispiel bei Stromausfällen oder auf abgelegenen Baustellen. - Wiederverwendung von Autoteilen für andere Produkte: Sitze als Möbel, Batterien für Solarspeicher, Reifen als Schuhsohlen, Fensterhebermotoren für Bastler. - Fahrzeug als rollende Umweltmessstation: Einbau von Sensorik für Feinstaub, Lärm, Temperatur, Stickoxide. - Nach Lebensende: Karosserie als Schlafkapsel oder Lagerraum nutzen.
E	Eliminate	- Eliminierung überflüssiger Masse wie unnötig massive Sitze oder Komfortsysteme. - Weniger Abfall bei der Produktion. - Verzicht auf Hochleistungskomponenten für Alltagseinsatz, beispielsweise PS-starke Motoren für Standardpendler. - Eliminierung von Einzelnutzung und ungenutzten Fahrzeugen durch Sharingmodelle. - Eliminierung fossiler Kraftstoffe. - Wegfall geplanter Obsoleszenz und schlechter Reparierbarkeit, beispielsweise Software-Locks, schwer tauschbare oder reparierbare Module, nicht mehr lieferbare Ersatzteile. - Einfachere Infotainmentsysteme. - Frugale Autos: mechanische Fahrzeuge statt übertechnisierter IT-Systeme, weniger Elektronik, mehr Mechanik, somit lokal reparierbar, einfacher, günstiger, Rückbesinnung auf langlebige, einfache Designs.
R	Rearrange	- Neuordnung der Antriebseinheit (Motor, Getriebe, Abgasreinigung) für bessere Raumnutzung und einfacheren Zugang für Wartung und Reparatur. - Multifunktionale Rückbank für Transport, mobiles Büro, Schlafplatz. - Umdenken bei Infrastruktur: Umbau klassischer Tankstellen in Mobilitäts-Hubs (Multienergie, Sharing, Fahrrad-Station). - Parkplätze als Ladeorte, Logistikpunkte, Umweltmessstationen.
R	Reverse	- Reverse Mobility: Auto bewegt sich nicht – Nutzer kommen zum Auto, beispielsweise: Fahrzeug als fahrbare Bibliothek, mobile Werkstatt, mobiler Friseur, Imbiss, medizinische Station. - Rollen umkehren: Nicht das Auto bringt uns, sondern wir bringen das Auto, Fahrzeug wird zu einem passiven Träger in einem größeren Transportsystem, beispielsweise in Zügen oder als Container-Fahrmodul.

Tabelle 17.22: Beispiel: Anwenden der SCAMMPERR-Checkliste auf das benzingetriebene Auto

Osborn-Checkliste

Das Prinzip der Osborn-Checkliste ist dasselbe wie das der SCAMMPERR-Liste: Man geht von einem existierenden Produkt (oder Dienstleistung oder Prozess oder Geschäftsmodell) aus und stellt diverse Fragen, die zu Ideen führen (können), wie man das Produkt verbessern kann. Erfunden hat die Liste natürlich ein Herr Osborn.

Alex F. Osborn: Applied Imagination - Principles and Procedures of Creative Problem-Solving, 3. Auflage, New York, 1966.

Die Osborn-Checkliste umfasst 62 Fragen wie »Schritte, Stufen, Tempo wechseln?« (siehe Tabelle 17.23). Diese gehören zu den Kategorien:

- ✔ Andere Verwendung,
- ✔ anpassen,
- ✔ abwandeln,
- ✔ vergrößern,
- ✔ verkleinern,
- ✔ ersetzen,
- ✔ umordnen,
- ✔ umkehren.

Am besten passen die Fragen der Checkliste für physische Produkte, zum Beispiel Maschinen, aber auch Softwaresysteme, Dienstleistungen oder Geschäftsmodelle kann man so verbessern. Der Ablauf entspricht dem für die SCAMMPERR-Liste. Wenn wir rechnen, dass die Diskussion jeder der zweiundsechzig Fragen je zehn Minuten dauert, wird daraus ein zehnstündiger Workshop.

Nr.	Kategorie	Frage
1	Andere Verwendung?	Gibt es alternative Verwendungen, so wie es ist?
2	Andere Verwendung?	Gibt es alternative Verwendungen, wenn es angepasst wird?
3	Anpassen?	Was anderes ist so wie dies?
4	Anpassen?	Zu welchen anderen Ideen/Verwendungen regt es an?
5	Anpassen?	Gibt es Parallelen in der Vergangenheit?
6	Anpassen?	Was kann ich kopieren?
7	Anpassen?	Wen kann ich nachahmen, was kann ich nachbilden?
8	Abwandeln?	Neue Wendung, Drall, Richtung?
9	Abwandeln?	Andere Bedeutung, Farbe, Bewegung, Richtung, Ton, Geruch, Form, Ausformung?

Nr.	Kategorie	Frage
10	Abwandeln?	Andere Formen, Geometrien?
11	Vergrößern?	Was kann ich hinzufügen?
12	Vergrößern?	Was entsteht in längerem Zeitraum, -zyklus; größeren Zeitrahmen?
13	Vergrößern?	Höhere Frequenz, häufigeres Auftreten?
14	Vergrößern?	Stabiler, fester, stärker?
15	Vergrößern?	Höher?
16	Vergrößern?	Verlängern?
17	Vergrößern?	Verdicken?
18	Vergrößern?	Zusätzlichen Wert addieren, Wert vergrößern?
19	Vergrößern?	Zusätzliche Komponente, Zutat, Fähigkeit?
20	Vergrößern?	Duplizieren?
21	Vergrößern?	Vervielfachen?
22	Vergrößern?	Übertreiben, aufbauschen?
23	Verkleinern?	Was ist abziehbar?
24	Verkleinern?	Verkleinern?
25	Verkleinern?	Kompaktieren, kondensieren?
26	Verkleinern?	Miniaturisieren?
27	Verkleinern?	Verflachen?
28	Verkleinern?	Verkürzen?
29	Verkleinern?	Abspecken? Leichtbau?
30	Verkleinern?	Auslassen, weglassen?
31	Verkleinern?	Rationalisieren, windschlüpfiger machen?
32	Verkleinern?	Aufteilen?
33	Verkleinern?	Untertreiben, unterbewerten, abwerten?
34	Ersetzen?	Ersetzen? Wen stattdessen?
35	Ersetzen?	Ersetzen? Was stattdessen?
36	Ersetzen?	Andere Zutat, Ingredienz, Inhaltsstoff, Betriebsstoff?
37	Ersetzen?	Anderes Material?
38	Ersetzen?	Anderer Prozess, Herstellung, Abbau?
39	Ersetzen?	Andere Energie, Antriebsquelle?
40	Ersetzen?	Anderer Ort?
41	Ersetzen?	Anderer Ansatz?
42	Ersetzen?	Anderer Klang, Ton, Stimme?
43	Umordnen?	Komponentenaustausch?
44	Umordnen?	Anderes Schema, Dekor, Modell, Erscheinung?
45	Umordnen?	Anderes Layout?

Nr.	Kategorie	Frage
46	Umordnen?	Andere Reihenfolge?
47	Umordnen?	Ursache und Wirkung vertauschen?
48	Umordnen?	Schritte, Stufen, Tempo wechseln?
49	Umordnen?	Ablauf, Raster verändern?
50	Umkehren?	Positiv und negativ umgruppieren?
51	Umkehren?	Was ist mit dem Gegenteil?
52	Umkehren?	Von hinten aufzäumen?
53	Umkehren?	Auf den Kopf stellen?
54	Umkehren?	Rollen oder Aufgaben vertauschen?
55	Umkehren?	Die Schuhe des anderen anziehen?
56	Umkehren?	Den Spieß umdrehen?
57	Umkehren?	Einweg zu Mehrweg? Mehrweg zu Einweg?
58	Umkehren?	Was ist mit einer Mischung, einer Legierung, einer Auswahl, einer Ansammlung?
59	Umkehren?	Kombiniere Einheiten!
60	Umkehren?	Kombiniere Absichten, Einsatzbereiche!
61	Umkehren?	Kombiniere Ansprüche!
62	Umkehren?	Kombiniere Ideen, Ansätze, Teillösungen!

Tabelle 17.23: Die Osborn-Checkliste

Die drei Techniken sind unterschiedlich aufwendig: Beim Morphologischen Kasten können Sie durch die Konzentration auf wenige Aspekte den Aufwand geringhalten, müssen Sie jedoch nicht. Die Osborn-Liste ist wegen der größeren Anzahl an Fragen aufwändiger als SCAMMPERR, aber eventuell auch ergiebiger.

Konfigurationstechnik

Wenden Sie eine der drei Konfigurationstechniken auf Ihr Beispielprojekt an. Falls Sie schon einen eigenen Entwurf haben, können Sie diesen als Grundlage verwenden, oder Sie orientieren sich an einem Konkurrenzprodukt. Formulieren Sie als Erstes eine Arbeitsfrage oder ein zu lösendes Problem.

Sie können die Konfigurationstechnik gut gemeinsam mit einem vortrainierten Large-Language-Modell wie chatGPT durchführen. Am besten behalten Sie das schrittweise Vorgehen der Methode bei.

Zunächst erklären Sie der KI, welche Methode auf welches Beispiel angewendet werden soll und wie die Arbeitsfrage lautet. Da ein LLM sich diesen »Kontext« merkt, gilt er auch für die folgenden Schritte.

Beim gemeinsamen Durchführen der SCAMMPERR-Methode habe ich beispielsweise gefragt: »Was fällt dir ein zum Buchstaben S = Substitute?« und schon purzelten die Ideen samt Erklärung.

Auf Nachfrage können wir dann auch einzelne Aspekte noch verfeinern. Sicherheitshalber öffne ich gleichzeitig in einem anderen Tabulator des Browsers auch eine Suchmaschine und recherchiere alles, von dem ich nicht sicher weiß, ob es existiert. Beispielsweise den Shark-Skin-Effekt sah ich mir noch etwas genauer an.

- ✔ Den Entwurf **inkrementeller Verbesserungen** existierender Produkte, Dienstleistungen, Geschäftsmodelle oder Arbeitsprozesse strukturieren eine Vielzahl von Techniken und Methoden. Diese unterstützen die Kreativität nicht trotz, sondern wegen ihrer Systematik. Sie schaffen einen Rahmen für das Ungewisse und ermöglichen Perspektivenwechsel. Ihr schrittweises Vorgehen gestaltet eine Agenda für die Moderation von kooperativen Kreativitätsworkshops.
- ✔ **Normale Ingenieurmethoden** wie Ist-Analysen, Messen, Anforderungsermittlung, Problem- und Risikoanalysen wie die FMEA enthalten entweder kreative Schritte oder bereiten den Boden für kreative Ideen vor.
- ✔ Aber auch **Managementmethoden** wie die SWOT-Analyse und die Innovationsstrategie-Matrix strukturieren das Vorgehen. Diese arbeiten abstrakter auf der Ebene von Zielen und Strategien und betrachten auch den Zusammenhang mit dem Markt und der Konkurrenz.
- ✔ Mit Hilfe von **Prognosemethoden** wie der Delphi-Methode und der Szenariotechnik blicken Sie so gut wie möglich in die Zukunft, benötigen aber auf jeden Fall Experten und Expertinnen dafür.
- ✔ Unter den Kreativitätsmethoden eignen sich vor allem die **Konfigurationstechniken** wie der Morphologische Kasten, SCAMMPERR und die Osborn-Checkliste für den Entwurf inkrementeller Innovationen.

IN DIESEM KAPITEL

Kreativitätsmethoden zur Entwicklung radikaler Innovationen

Assoziationstechniken

Konfrontationstechniken

Kapitel 18 Kreativitätsmethoden für radikale Innovationen

Um sich etwas wirklich Aufregendes, Neues, Innovatives auszudenken, benötigt es andere Kreativitätsmethoden als für die inkrementelle Verbesserung. Die radikale Innovation macht einen großen Entwicklungssprung nach vorne bis zur Neuerfindung. Entsprechend des angestrebten Innovationsgrades brauchen wir eine andere Methode!

Aber keine Sorge: Ab hier beginnt der Spaß erst richtig. Mit der passenden Technik purzeln die Ideen ganz von selbst.

Assoziationstechniken

Eine Assoziationstechnik ist eine Methode der Ideenfindung, die auf dem Prinzip beruht, neue Gedanken durch das Verknüpfen scheinbar unzusammenhängender Begriffe, Bilder oder Konzepte zu erzeugen. Im Kontext der Kreativitätsmethoden dienen Assoziationstechniken dazu, gewohnte Denkmuster zu verlassen, um auf ungewöhnliche Lösungsansätze zu kommen. So etwas haben wir bei der SWOT-Analyse bereits getan, als wir Stärken und Chancen, Schwächen und Chancen und so weiter miteinander kombinierten.

Als Trigger für neue Ideen können zufällige Wörter, Bilder oder Objekte gewählt werden. Unserem Gehirn gelingt es immer, auch und gerade zwischen Unzusammenhängendem Zusammenhänge herzustellen. Diese »assoziativen Ketten« fördern divergentes Denken und öffnen Denkwege über das hinaus, was wir mit den bisher gezeigten Methoden erreichen konnten.

Freie versus strukturierte Assoziation

Man unterscheidet dabei die Methoden der freien und der strukturierten Assoziation, je nach Grad der Steuerung und Vorgaben durch die Methode. Während die freie Assoziation eher ungeleitet, intuitiv und explorativ vorgeht, leitet die strukturierte Assoziation die Teilnehmenden schrittweise durch den Ideengenerierungsprozess.

Die **freie Assoziation** ist eine offene, spontane Technik, bei der Begriffe, Gedanken oder Bilder ohne bewusste Zensur oder thematische Einschränkung aneinandergekettet werden. Sie soll unbewusste Verbindungen herstellen oder entdecken und dadurch originelle Ideen entwickeln.

Die **strukturierte Assoziation** hingegen erfolgt nach bestimmten Regeln oder innerhalb eines systematischen schrittweisen Vorgehens. Hier werden Assoziationen gezielt gelenkt, beispielsweise durch Auswahl thematisch passender Reizworte oder von Fragen.

Beispiel für eine freie Assoziation

Auf das Initialwort »Fremdsprache« folgt vielleicht Muttersprache, Familie oder Urlaubsreise und auf »Urlaubsreise« die Urlaubsbekanntschaft, Meer oder Paella und es entsteht ein umfangreiches Mindmap. Da solche Assoziationsketten auf individuellem Erleben basieren, erzeugt jedes menschliche Gehirn ausgehend vom selben Ausgangspunkt unterschiedliche solche Ketten und gelangt zu anderen Ergebnissen. Ausnahme: Jemand fürchtet, durch seine Assoziationen zu viel Persönliches zu verraten, und wählt darum bewusst nur harmlose, klischeehafte, triviale, offensichtliche Assoziationen.

Meine Erfahrungen mit Assoziationstechniken

Wenn ich alleine kreativ arbeite, erzeuge ich mit der freien Assoziation keinerlei neue Ideen, sondern ich bringe nur die Gedankenketten zu Papier, die ich schon mehr oder weniger bewusst im Kopf hatte. Im Team können sich die Teilnehmenden gegenseitig inspirieren und anregen. Neue Ideen entstehen mit der freien Assoziation – bei mir jedenfalls – nur in der Gruppe, durch Beiträge oder auch Widersprüche der anderen angeregt.

Die strukturierte Assoziation jedoch kann auch eine Einzelperson zu ganz neuen Ideen führen. In der Gruppe dient sie dazu, nicht nur dem Moderator die Arbeit zu vereinfachen, sondern auch durch mehrere Perspektivenwechsel immer noch Neues zutage zu fördern.

Brainstorming

Die bekannteste und auch die älteste dokumentierte Kreativitätsmethode ist das Brainstorming. Allerdings wende ich diese nicht mehr an. Sie ist wenig kreativ und unterstützt mich als Moderatorin kaum. Im Gegenteil lässt sie zu viel Raum für ungesunde Gruppendynamik.

Brainstorming als Kreativitätsmethode für eine Kleingruppe

Beim Brainstorming versammelt sich eine überschaubare Gruppe von Menschen, idealerweise sechs, maximal zwölf Personen. Ihr Ziel besteht darin, möglichst viele, gerne auch wilde oder unrealistische Ideen zu erzeugen. Die Sitzungsdauer ist bewusst auf zwanzig bis sechzig Minuten begrenzt. Dadurch entsteht eine intensive, eventuell anstrengende Zusammenarbeit unter leichtem Zeitdruck.

Ablauf des Brainstormings

Zur Vorbereitung muss das Ziel und/oder eine Arbeitsfrage für den Kreativitätsworkshop definiert werden. Welche Frage soll beantwortet, welches Problem gelöst werden?

Die Teilnehmenden erfahren das zu lösende Problem bereits Tage vor der Sitzung, um eine »Inkubation« zu fördern, also das unterbewusste Ausbrüten von Ideen.

Die Brainstorming-Sitzung beginnt mit der Einführung ins Thema, in die Methode und das Ziel des Workshops.

Danach folgt die assoziative Phase, in der die Teilnehmenden Ideen äußern und die Moderatorin diese für alle sichtbar auf einer Tafel notiert. Man hofft hier auf eine konstruktive Gruppendynamik, bei der die Teilnehmer einander inspirieren und kreative Gedankenketten entstehen. Die Moderatorin sorgt dafür, dass jeder zu Wort kommt und Ideen nur erklärt, aber nicht kritisiert oder verteidigt werden.

Anschließend erst werden die Ideen in oder nach der Sitzung bewertet und das weitere Vorgehen beschlossen. Die Gruppe kann selbst schon eine Vorbewertung der Ideen durchführen, beispielsweise welche sie für besonders attraktiv, gut machbar oder innovativ hält. Die endgültige Entscheidung über die Umsetzung wird dann oft durch Experten, Manager oder durch Vorprojekte entschieden.

Die erste Veröffentlichung über das Brainstorming finden Sie bei Osborn:

A. E. Osborn: Applied Imagination – Principles and Procedures of Creative Problem-Solving, 1966, 3. Auflage, New York, USA.

Schwierigkeiten beim Brainstorming

Meine Erfahrung und auch Forschungsergebnisse zeigen: Wenn sechs Leute gemeinsam brainstormen, erzeugen sie damit weniger Ideen als wenn jeder von ihnen dieselbe Zeit alleine kreativ verbringt und sie am Ende alles zusammentragen. Das kommt unerwartet, da ja eigentlich das Prinzip des Brainstormings darin besteht, dass sie einander inspirieren. Einer sagt was, das den anderen zu bisher nicht gedachten Ideen anregt und so ergibt sich das eine aus dem anderen und dann das nächste und so weiter. Das scheint aber nicht gut zu funktionieren, zumindest nicht beim unstrukturierten Brainstorming.

Ungesunde Gruppendynamik

Geradezu schiefgehen kann das Brainstorming, wenn man es mit einer Gruppe von Leuten durchführt, die sich schon lange gut kennen. Dann haben sich da nämlich schon Rollenverteilungen und Hierarchien etabliert, die nun auch das Brainstorming leiten. Allerdings sind diejenigen, die sich als Wortführer durchgesetzt haben, nicht unbedingt die kompetentesten Leute mit den besten Ideen, sondern Menschen, die sehr schnell und leider oft schlechte Schlussfolgerungen ziehen, die reden ohne erst nachzudenken und im schlimmsten Fall noch der Moderatorin den Dirigentenstab aus der Hand reißen wollen. Gerade die kompetenten und kreativen Köpfe werden von solchen Leuten kleingehalten und zum Schweigen gebracht; und diese schweigen dann auch schmollend. In einer Gruppe von Menschen, die sich zuvor nicht kannten, treten solche Effekte nicht auf, weil sich innerhalb von einer halbstündigen Sitzung nicht so massive Rollenverteilungen zementieren, selbst wenn natürlich nach fünf Minuten klar ist, wer sich hier gerne als Wortführer sehen würde. Er wird aber Fremden gegenüber nicht so frech auftreten wie gegenüber den Leuten, die er schon seit Monaten mobbt. Am besten sind Teams, die schon lange freundschaftlich und produktiv zusammenarbeiten. Falls so eines zur Verfügung steht.

Optimale Gruppengröße = zwei Personen

Die optimale Teamgröße für so eine Kreativitätssitzung beträgt zwei Personen, sagt die Kreativitätsforscherin Luisa Mich. Als ich das in ihrer Publikation las, in der sie die Produktivität verschiedener Gruppengrößen miteinander verglich, musste ich schmunzeln, weil es absolut meiner Erfahrung entspricht. Und gleichzeitig widerspricht es dem, was man gemeinhin in der Kreativitätsliteratur beschreibt. Aber zu zweit flutscht es einfach: Einer sagt was, der andere sagt was, und so geht das hin und her und kann sich zu wirklich innovativen Ideen hochschaukeln. Bei einer Gruppengröße von drei läuft es oft auf einen Dialog hinaus, bei dem die dritte Person irgendwann abgehängt wird und nicht mehr zu Wort kommt oder mit ihren eigenen kreativen Ideen, die sie für sich behält, gedanklich auf ein anderes Gleis abbiegt. Bei mehr als dreien wird dies nicht besser!

Einige meiner besten Forschungsideen sind aus informellen Zweier-Kreativitätssitzungen entstanden, und beispielsweise während der Kaffeepause einer Konferenz oder eines Arbeitskreistreffens. Also eben nicht als vorab angekündigter Workshop mit Agenda, definiertem Ziel und strukturierter Moderation.

Etwa so: Ich erzähle, woran ich gerade arbeite, der andere stellt Fragen, wirft seine eigenen Erfahrungen in den Ring oder widerspricht sogar. Beispielsweise wies ich in einem solchen Kaffeepausengespräch darauf hin, dass meine Erfahrung bei der Arbeitsaufteilung in IT-Projekten von dem abwich, was in den Lehrbüchern steht.

Mein Gesprächspartner wies mich besserwisserisch darauf hin, dass meine persönliche und begrenzte Erfahrung nicht wissenschaftlich repräsentativ sei. Ich regte an, man könne das ja mal wissenschaftlich untersuchen und schlug eine Umfrage dazu vor. Ihm missfiel diese Idee, auch meine nächste und übernächste. Aber im Verlauf dieser eigentlich entmutigenden Diskussion verfeinerte ich meine Forschungsidee.

Meine Studie habe ich durchgeführt und alle drei Jahre wiederholt. Außerdem habe ich weltweit Forscherinnen dazu angeregt, ähnliche Studien in deren eigenem Land durchzuführen. Die Idee war also gar nicht so schlecht, und ohne den mürrischen Gesprächspartner hätte ich sie vielleicht gar nicht so detailliert ausgearbeitet.

Brainstorming besser schriftlich

Wenn in einer Brainstorming-Sitzung alle ihre Ideen nach vorne rufen, führt das ganz schnell dazu, dass die Moderatorin mit dem Notieren nicht mehr nachkommt. Das heißt, dass entweder Ideen verloren gehen oder sie den Ideenfluss ausbremsen muss. Beides kann nicht das Ziel des Workshops sein.

Darum hat es sich bewährt, die assoziative Phase schriftlich durchzuführen. Entweder brainstormt jede für sich auf Moderationskärtchen oder auf einem digitalen Board, auf das alle Schreibzugriff haben, oder auch einem geteilten Dokument in der Cloud. Alle schreiben dort ihre Ideen hinein und können, sobald ihr Ideenfluss verebbt, erstmal lesen, was die anderen zwischenzeitlich notiert haben.

Während bei der mündlichen Durchführung jeder seine Idee erklärt, bleibt dies beim schriftlichen Brainstorming aus. Das ist aber gar nicht schlecht. Im Gegenteil haben schon Missverständnisse der hingekritzelten Stichwörter genau den erwünschten Effekt gehabt, ganz neue Ideen zu erzeugen. Jemand liest ein Stichwort eines anderen Teilnehmers und denkt: »Meint der das ernst? Wie soll denn das funktionieren?« Und dann fällt ihm ein, wie man diese Idee in die Tat umsetzen könnte – obwohl eigentlich etwas anderes gemeint war.

Brainstorming Paradox als Variante des Brainstormings

Brainstorming Paradox folgt demselben Ablauf wie Brainstorming, stellt aber eine umgekehrte Arbeitsfrage. Statt dem hehren Ziel, besonders wertvolle Ideen zu identifizieren, stellt man beispielsweise die Frage, wie man Benutzer zielsicher am Arbeiten hindern oder mögliche Käufer vergraulen könne. Hier wird nicht gefragt: »Wie erreichen wir unsere Ziele?«, sondern: »Was müssen wir tun, um unser Ziel ganz bestimmt nicht zu erreichen?« oder »Wie könnte man den Erfolg gezielt sabotieren?« Eine konkrete Frage kann beispielsweise lauten: »Wie müssen wir einen Sprachlernkurs gestalten, damit die Kunden die Sprache garantiert nicht lernen?«

Was auch immer dabei herauskommt, ist natürlich nicht für die Umsetzung gedacht, lässt sich aber anschließend umkehren. Ergibt das Brainstorming Paradox beispielsweise, dass, wenn das Anlegen eines Benutzerkontos in der Sprachlern-App umständlich genug ist, der Kunde niemals einen Kurs belegen kann, dann stellt sich als Nächstes die Frage, wie man diese Funktion benutzerfreundlich gestalten kann. Hierfür ist nicht unbedingt Kreativität nötig, sondern Expertise im Benutzeroberflächendesign. Brainstorming Paradox hat dieselben Vor- und Nachteile wie das Brainstorming.

Eine Kreativitätsforscherin erzählte mir mal, dass oft der Eindruck täusche. Nicht die Schnellsten haben die besten Ideen, sondern diejenigen mit den wirklich innovativen Ideen brauchen etwas länger. Darum sind sich kreative Menschen oft selbst ihres kreativen Potenzials nicht bewusst, weil sie ständig erleben, dass die anderen schneller und lauter sind mit ihren Ideen und sie selbst beim Brainstorming gar nicht zu Wort kommen.

Dabei fiel mir wieder die Sache mit dem Schreibkurs ein, an dem ich jahrelang teilnahm. Eines war immer recht auffällig. Die Dozentin stellte uns eine Schreibaufgabe, und wir machten uns an die Arbeit. Wenn wir zwanzig Minuten Zeit hatten, begannen die anderen innerhalb von Minuten mit Schreiben. Am Ende strichen sie dann seitenweise wieder aus oder weigerten sich ganz, ihre Geschichte vorzulesen, weil sie selbst nicht davon überzeugt waren.

Ich saß üblicherweise fünfzehn Minuten lang herum und starrte die Wand an, notierte ein paar Stichworte und starrte dann wieder vor mich hin oder aus dem Fenster. Ich ließ mich auch von den besorgten Blicken der Dozentin nicht irritieren. Mir genügten dann die restlichen fünf Minuten, um aus den besten Ideen meines 15-Minuten-Brainstormings eine meist kreative und sinnvolle Geschichte zu schreiben. Nach einer anschließenden sprachlichen Überarbeitung habe ich viele davon dann irgendwo eingereicht und einige wurden auch veröffentlicht.

Jedes Gehirn arbeitet in seinem eigenen Tempo! Seien Sie also nicht entmutigt, wenn Ihr Gehirn nicht auf Knopfdruck lange Ideenlisten produziert!

Brainstorming mit Large-Language-Modell

Natürlich können Sie ein Brainstorming auch mit einem Large-Language-Modelloder Chatbot gemeinsam durchführen. Zur Erinnerung: Die ideale Teamgröße für das Brainstorming ist zwei: Beispielsweise Sie und die KI. Ich brainstorme regelmäßig mit chatGPT gemeinsam. Ich stelle ihm eine Frage und aufbauend auf der Antwort vertiefe ich den einen oder anderen Aspekt. Oft bietet er mir sogar von selbst Erweiterungen an.

Als Vorzeigebeispiel wollte ich gemeinsam mit chatGPT brainstormen und promptete nur: »Lass uns gemeinsam brainstormen, wie man eine Sprachlern-App besonders erfolgreich machen kann.«

Daraufhin ergriff er das Steuer und teilte mir mit, wir sollten »mehrgleisig denken: technologische, didaktische und psychologische Faktoren zusammendenken und gleichzeitig überlegen, wie man sich vom Wettbewerb abhebt (Stichwort: Differenzierung)«.

Darauf folgte eine umfangreiche Liste von Vorschlägen, gruppiert in die Kategorien didaktische Innovation, emotionale Motivation, kultureller Tiefgang, technologischer Vorsprung, soziale Dimension, Unterscheidungsmerkmal. Anschließend noch eine Liste nächster Schritte wie Definition der Zielgruppe und Erstellung eines Prototypen.

Brainstorming fertig! Ich hatte mir eigentlich vorgestellt, dass wir gemeinsam diskutieren und erste Ideen im Dialog weiterentwickeln, aber da ist die KI mir davongeprescht!

635-Methode

Die 635-Methode ist meine Lieblingsmethode für die Moderation von Kreativitätsworkshops. Sie benötigt wenig Material oder Vorbereitung, und es kann dabei nur relativ wenig schiefgehen. Die Methode wird auch Brainwriting oder Ringtauschtechnik genannt.

635 = Sechs Personen, drei Ideen, fünf Minuten

Der Name der Technik fasst den Ablauf zusammen: Sechs Personen erzeugen in sechs Runden zu jeweils fünf Minuten je drei Ideen. Sie brauchen als Material pro Person ein DIN-A4-Papierblatt, das in drei Spalten und sechs Zeilen aufgeteilt ist.

Man geht nun so vor:

- ✔ Ausgangspunkt ist wie immer eine klar definierte Arbeitsfrage: Was ist das Ziel der Sitzung? Was soll am Ende vorliegen?
- ✔ Jede/r Teilnehmer/in schreibt in die oberste Zeile eines DIN-A4-Papierblatts drei Ideen. Dafür ist das Papier in drei gleich breite Spalten aufgeteilt.
- ✔ Nach fünf Minuten reichen alle ihr Blatt an die Person neben sich weiter, beispielsweise im Uhrzeigersinn.
- ✔ Nun schreibt jede/r in die zweite Zeile drei Ideen, wobei diese auf denen des Nachbarn aufbauen sollten. So wird insgesamt fünf Mal weitergereicht.
- ✔ Am Ende clustert die Gruppe alle gesammelten Ideen nach Themengebieten. Dabei werden die Ideen auch gleich erklärt und erläutert.

Nach sechs Runden beziehungsweise dreißig Minuten hat jede/r jeden Zettel einmalig gehabt. Es wird nicht gesprochen. Nur die Zeitansagen der Moderatorin sind erlaubt.

Das Beste aus zwei Welten

Die 635-Methode vereint das Beste aus zwei Welten: der Einzelarbeit und der Gruppenarbeit.

Einerseits kann jede/r in Ruhe nachdenken und Ideen sprudeln lassen, ohne dass diese gleich zerredet oder zensiert werden. Keiner kann sich zurücklehnen, es kann aber auch keiner dominieren.

Andererseits werden alle durch die bereits notierten Ideen der anderen inspiriert und angeregt. Es gibt somit durch die Zettel einen schriftlichen Ideenaustausch ohne Gruppendynamik oder Konkurrenz um Redezeit. Die sechs Zettel dienen anschließend als Protokoll, das auch die Entstehung dokumentiert.

108 Ideen!

Wenn tatsächlich jede/r in jeder Runde drei Ideen notiert und es keine doppelten gibt, dann hätte die Gruppe innerhalb von dreißig Minuten hundertacht Ideen erzeugt. Meist sind es etwas weniger, weil gerade in den letzten Runden die Ideen spärlicher fließen und eben doch ähnliche Ideen doppelt genannt werden. Es entstehen dabei aber doch weniger Doppelungen, als man erwarten würde.

Erfahrungsgemäß pendelt sich eine Gruppe schnell auf einen Teilaspekt ein. Beispielsweise verwende ich in meinen Kursen gerne einen Fahrkartenautomaten als Beispiel und dann sind solche Teilaspekte »Kinder« oder »Sicherheit«, zu dem dann ein Drittel aller Ideen passt. Darum kann es sich lohnen, dieselbe Fragestellung mit mehreren Teams zu bearbeiten.

Weniger Personen, weniger Minuten, weniger Runden?

Nun hat man aber nicht immer exakt sechs Personen oder dreißig Minuten Zeit. Was tun? Ich habe diese Methode auch schon mit vier, fünf oder sieben Personen durchgeführt. Das funktioniert genauso gut. Sind es weniger als sechs Beteiligte, bekommt man am Ende seinen eigenen Zettel wieder zurück, was ja auch sehr spannend ist! Bei sieben Beteiligten hat eben nicht jeder jeden Zettel gehabt, was nicht schadet.

Bisher habe ich noch nie ausprobiert, was passiert, wenn man die Übung länger durchführt, beispielsweise zehn Runden in fünfzig Minuten. Ich erwarte aber, dass es dann immer zäher und frustrierender wird, sich noch mehr Neues auszudenken. Erfahrungsgemäß läuft es in den ersten drei Runden sehr flott. Man notiert offensichtliche Ideen und wird durch die der anderen weiter inspiriert. Doch ab Runde vier wird es mühsam. Nun muss man wirklich kreativ werden und sich Neues ausdenken! Kombinieren, »Was wäre, wenn?« denken, Inspirationen aus anderen Wissensgebieten holen. Dadurch werden die Ergebnisse nach hinten hin immer innovativer. Sie müssen darum mindestens vier oder fünf Runden durchführen, besser eben die vorgesehenen sechs. Falls Sie keine dreißig Minuten haben, sollten Sie also eher die fünf Minuten auf vier oder drei kürzen. Gerade in den ersten Runden sind die Beteiligten sowieso meist schneller fertig.

Flow

Die 635-Methode führt zu einer sehr schönen, entspannten Atmosphäre, wo jeder und jede konzentriert in Stille arbeiten kann. Ich bekomme dabei regelmäßig Flow-Gefühle. Diese entspannte Konzentration auf eine einzige Fragestellung für dreißig Minuten und die Erfahrung, was für schöne Gedankenketten wir gemeinsam und gleichberechtigt aufbauen, das kann sich sehr harmonisch anfühlen. Darum empfehle ich diese Technik auch zum Teambuilding für neu zusammengestellte Teams. Innerhalb einer mehrtägigen Schulung platziere ich diese Übung gerne direkt nach dem Mittagessen.

BEISPIEL

Prinzipiell kommen destruktive Gruppendynamiken in der 635-Methode wenig zum Wirken, weil die Teilnehmenden nur schriftlich und nur durch Zettelweitergabe miteinander kommunizieren. Allerdings habe ich bei Inhouse-Schulungen schon »eingespielte Teams« erlebt im negativen Sinne, die eine sehr bedenkliche

Gruppendynamik mitbrachten. Ihnen gelang es tatsächlich, sogar meine Lieblingsmethode zu sabotieren durch dieses Verhalten:

- ✔ Den Zettel schon nach zwei oder drei Minuten weiterreichen, um den anderen Stress zu verursachen. Natürlich habe ich es ihnen verboten, aber sie machten es immer wieder. Ständig legten sie ihrem Nachbarn ihren Zettel vor die Nase und verdeckten das Blatt, an dem er gerade arbeitete.

- ✔ Die Ideen der anderen laut kommentieren. Bei jedem Zettel, der ihnen gereicht wurde, lasen sie laut die ihrer Meinung nach dümmste Idee vor und fragten: »Wer hat das denn geschrieben?« Natürlich konnten sie durch Abzählen selbst ermitteln, wer es war. Dieses Verhalten zerstörte die entspannte Atmosphäre und sorgte für verkrampfte Gesichter. Natürlich habe ich darauf hingewiesen, dass das nicht erwünscht ist. Aber die Gemeinheiten waren ja Absicht, reines Dominanzgehabe, das der Kreativität natürlich nicht zuträglich war.

Wenn so eine destruktive, geltungssüchtige Person nicht gerade als unersetzliche Expertin nötig ist, sollte man sie vor die Tür setzen und ohne sie weitermachen. Leider sind es gerade die unersetzlichen Experten, die sich gerne solch unsoziales Verhalten gönnen. Sie wissen, dass man sie braucht.

Beispiel für die Sprachlern-App

Stellen wir uns einen Workshop vor, wo wir unsere zehn Experten einladen: die Studentin, den Schüler, die Managerin, den reisefreudigen Rentner, die Mutter der hochbegabten Fünfjährigen, den Didaktikexperten, die Französischlehrerin, die Expertin für Benutzerfreundlichkeit, den Innovationsforscher und den Science-Fiction-Autor. Wir teilen sie in zwei Fünfergruppen auf und können so in dreißig Minuten bis zu hundertachtzig Ideen erzeugen.

Die Arbeitsfrage laute: »Welche Funktionalitäten oder Eigenschaften einer Sprachlern-App machen sie fit für die Zukunft?« Tabelle 18.1 zeigt, wie einer der zehn Zettel aussehen könnte, die wir in unserem Workshop erzeugt haben. Da die Arbeitsfrage recht offen formuliert war, gingen die Überlegungen in verschiedene Richtungen. Die Ideen bauen lose aufeinander auf, manchmal auch nicht auf der vorherigen, sondern auf der vorletzten. Es muss keine lückenlose Assoziationskette entstehen, sondern die Ideen der anderen dienen der Inspiration.

Einfluss der Arbeitsfrage

Worauf es hinausläuft, steuern Sie über die Formulierung der Arbeitsfrage. Je konkreter und detaillierter die Frage, umso geringer der Innovationsgrad der Antworten. Um richtig innovative Ergebnisse zu erzielen, muss die Frage breit und offen formuliert sein, so wie die im obigen Beispiel.

Individuelle Lernpfade: Die App passt das Lernmaterial automatisch an den Kenntnisstand, die Interessen und das Lerntempo der Nutzer/innen an	**Multimodales Lernen (Text, Audio, Video, Augmented Reality): Die Kombination verschiedener Kanäle erhöht die Nachhaltigkeit des Lernens**	**Gamification: Integration von Spielen in den Lernprozess**
Kontextuelles Lernen mit Geodaten: Die App bietet sprachliche Inhalte je nach Aufenthaltsort an, zum Beispiel Gastronomie-Vokabular im Restaurant	Virtual Reality: Üben von Alltagssituationen in 3D-Simulationen	Visualisierung des Fortschritts: Fortschritts-Dashboards, Ziel-Meilensteine, Punktesysteme, Levels und Lernjournale
Offline-Funktionalität für mobiles Lernen: Lernen auch ohne Internetverbindung	Rollenspiele mit Avataren oder synchron mit anderen Lernenden	Highscores: Wer hat pro Woche am meisten Punkte gesammelt?
Touristische Informationen in wählbarer Sprache für die Sehenswürdigkeit, bei der man sich gerade befindet	Matching-Börse oder -Algorithmus, um Übungspartner zu finden	Regelmäßige Challenges und Wettbewerbe
Virtuelle oder Augmented-Reality-Stadtführungen, die sich an individuelle Interessen anpassen lassen	Peer Review: Lernende bilden Sprachtandems, die einander gegenseitig korrigieren und motivieren	Attraktive Gewinne für die Wettbewerbe, zum Beispiel Fernreisen
Integration von Echtzeitübersetzung während einer Stadtbesichtigung	Themen-Communities, zum Beispiel zu bestimmten Sportarten	Kooperation mit Reiseveranstaltern, zum Beispiel für Vertrieb, Sprachkursrabatt

Tabelle 18.1: Beispiel-Ergebnis der 635-Methode für die Sprachlern-App

Typische konkrete, detaillierte Arbeitsfragen für inkrementelle Verbesserungen wären:

- ✔ An welchen Stellen könnte/sollte man das bestehende Produkt verbessern?
- ✔ Was hindert unser Produkt daran, von mehr Menschen gekauft zu werden?
- ✔ Wie könnten wir dafür sorgen, dass niemand mehr unser Produkt nutzen möchte?

Typische offene Arbeitsfragen für radikale Ideen:

- ✔ Wie machen wir das Produkt zukunftsfähig?
- ✔ Welche zusätzlichen Funktionalitäten eröffnen uns neue Kundengruppen?
- ✔ Welche Bedürfnisse haben unsere Kunden in zwanzig Jahren?
- ✔ Wie können wir den Bedarf, Sprachen zu lernen, am besten erfüllen?

Die sechs Denkhüte von De Bono

Ein beliebter Kniff regt die Kreativität an: der Wechsel der Perspektiven, unter denen man das vorliegende Problem betrachtet. Aus jeder Richtung entdeckt man noch andere Aspekte. Die Kreativitätsmethode der sechs Denkhüte (Six Thinking Hats) von De Bono gibt für diese Perspektivenwechsel sechs einander ergänzende Perspektiven vor, die auch sehr gut für technische Fragestellungen passen. Man kann sie allein, aber auch in der Gruppe gemeinsam anwenden.

Edward de Bono: Das Sechsfarben-Denken. Ein neues Trainingsmodell. Econ-Verlag, Düsseldorf, 1989.

Die sechs Farben der Hüte

Durch farbige Hüte symbolisiert, nehmen die Gruppenmitglieder ausdrücklich eine bestimmte Perspektive ein. Die sechs Hüte beziehungsweise Farben stehen für:

- Weiß: analytisches, objektives Denken, Tatsachen.
- Rot: emotionales, subjektives Denken, Empfindungen, Gefühle und Meinungen.
- Schwarz: kritisches Denken, Risiken, Probleme, Skepsis, Kritik und Ängste.
- Gelb: optimistisches Denken.
- Grün: kreatives, assoziatives Denken.
- Blau: ordnendes, moderierendes Denken.

Vier Varianten

Sie können die Technik so anwenden, dass jede/r einen anderen Hut aufhat oder die ganze Gruppe gemeinsam eine bestimmte Perspektive annimmt. Insgesamt kenne ich vier Varianten, wie die Hüte den Personen zugeteilt werden:

- Jede/r Teilnehmende erhält per Los oder selbst ausgewählt einen Hut und wird während der gesamten Sitzung nur diese Perspektive vertreten. Der Hut oder eine entsprechend gefärbte Tischkarte steht die ganze Zeit vor jedem. Erfahrungsgemäß fällt es den meisten Menschen schwer, die ganze Zeit nur positiv oder negativ zu sein. Damit bremst man sie aus.
- Die Perspektiven-Hüte stehen mitten auf dem Tisch. Jeder Sprechende nimmt sich einen Hut, stellt ihn vor sich hin, um zu signalisieren: »Jetzt möchte ich etwas Rotes beitragen.« Auf diese Weise wird sichtbar, ob alle Perspektiven vertreten wurden.
- Die gesamte Gruppe nimmt gemeinsam nach und nach die sechs Perspektiven ein. Die oben genannte Reihenfolge von Weiß bis Blau ist dabei sinnvoll. Wenn jede Perspektive zehn Minuten lang bearbeitet wird, dauert die Sitzung eine Stunde. Diese Variante hat sich am besten bewährt.

- Die gesamte Gruppe nimmt gemeinsam nach und nach verschiedene Perspektiven ein. Dabei entscheidet sie gemeinsam, welche Perspektive sie als nächste betrachten möchte. Jede Farbe muss mindestens einmal dran sein, kann aber auch wiederholt werden. Darum dauert die Sitzung dann anderthalb bis zwei Stunden.

Der Ablauf

Jede Variante des Ablaufs wird durch eine Moderatorin angeleitet, die den Zeitplan und die Einhaltung der Perspektiven sicherstellt. Diese definiert und erklärt während der Einführungsphase der Sitzung drei Themen:

- Die Arbeitsfrage,
- die sechs Farben,
- den Ablauf und Zeitplan.

Dann bearbeiten alle gemeinsam die Arbeitsfrage entsprechend der gewählten Ablaufvariante, indem sie miteinander diskutieren und die Moderatorin die Ergebnisse notiert.

Am Ende werden wie üblich die gesammelten Ideen, Vorschläge und Gedanken bewertet und die nächsten Schritte geplant.

Beispiel für die Sprachlern-App

Ein Beispiel macht die sechs Farben noch anschaulicher. Stellen wir uns vor, unser Team von Experten und Expertinnen bearbeite wieder die Arbeitsfrage: »Welche Funktionalitäten oder Eigenschaften einer Sprachlern-App machen sie fit für die Zukunft?«

- **Phase Weiß:** Zunächst sammeln wir die Fakten. Man könnte kurz das bisherige Konzept der App zeigen, die vorhandene Liste von Funktionalitäten und/oder konkurrierende Apps. Auch die Ergebnisse von durchgeführten Analysen, unserer Szenarioanalyse oder Ähnlichem. Da wir hier eine Frage bearbeiten, die sich auf die Zukunft bezieht, wäre es auch gut, wenn die Moderatorin anfangs relevante Zukunftsprognosen präsentiert, die sie vorab recherchiert hat.

- **Phase Rot:** Hier brainstormen wir über die Gefühle, welche die Sprachlern-App auslösen kann. Lernspaß, Erfolgserlebnisse beim Lernen und auch beim Anwenden der Sprache bei Reisen und im Beruf, Amüsement über lustige Comics, Scherze, Redewendungen oder Schwänke. Aber natürlich auch Lernfrust, wenn man eine Übung wiederholt nicht hinbekommt, die Aussprache immer noch nicht rund läuft oder man sich einen einmal gelernten Fehler nicht mehr abgewöhnen kann. Noch frustrierender ist es wohl, wenn man zum Sprachenlernen im hektischen Alltag gar keine Zeit findet und seine selbstgesteckten Ziele nicht erreicht. Die Gruppe kann sich auch die Benutzeroberfläche ansehen und diese auf sich wirken lassen: Wie wirkt sie, aus dem Bauch heraus beurteilt? Altbacken oder modern? Seriös? Inspirierend? Chaotisch und komplex? Liebenswert?

- **Phase Schwarz:** Jetzt wird es duster. Wir können hier gezielt die Perspektive destruktiver Personas einnehmen und Misuse Cases suchen. Wie könnte hier jemand betrügen, der ein Zertifikat erwerben möchte, ohne etwas zu leisten? Wie könnte ein Hacker das System angreifen? Könnte jemand den Anbieter dafür verklagen, wenn er wegen falscher Inhalte eine Zertifizierungsprüfung nicht besteht? Was könnte bewirken, dass ein Teilnehmer sein Abo kündigt und anderen von der Benutzung abrät? Wie trägt das System zur Prüfungsangst bei?

- **Phase Gelb:** Jetzt wieder zu schöneren Szenarien: Wie würde der Lernverlauf eines erfolgreichen Teilnehmers aussehen? Zu welchen Höhen könnte sich jemand dank unserer Sprachlern-App aufschwingen? Wie kann sie ihre Benutzer und Benutzerinnen so richtig glücklich machen? Wie trägt die App zur Verbesserung des Lebens Einzelner und zum Weltfrieden bei?

- **Phase Grün:** Dies ist die kreative Phase. Hier können wir eine bestimmte Kreativitätstechnik wie Brainstorming, SWOT-Analyse oder 635-Methode anwenden oder einfach frei assoziieren. Die Ergebnisse der vorherigen Phasen dienen dabei als Hintergrund. Implizit bringen wir hier Risiken und Chancen zusammen und überlegen uns konkrete Antworten auf unsere Arbeitsfrage »Welche Funktionalitäten oder Eigenschaften einer Sprachlern-App machen sie fit für die Zukunft?«

- **Phase Blau:** In dieser Phase rekapitulieren wir, was wir gemacht und erreicht haben. Die Liste der gefundenen Funktionalitäten und Qualitätseigenschaften wird bewertet. Vielleicht müssen die Ergebnisse auch erst testbar formuliert werden. Wie wichtig oder nützlich sind sie, wie realistisch? Welche sollen in welcher Reihenfolge umgesetzt werden? Oder sind noch weitere Analysen nötig, beispielsweise die Entwicklung eines Prototypen, Durchführung einer detaillierteren Produktrecherche? Was sind die nächsten Schritte? Wer macht was bis wann?

Nun sind Sie dran: Die Technik der sechs Denkhüte können Sie auch alleine durchführen, falls Sie nicht sowieso ein Team beteiligen (können). Verbringen Sie jeweils fünf bis zehn Minuten damit, aus der Sicht einer der Farben Ihr eigenes Projekt zu betrachten und Ihre Arbeitsfrage zu beantworten. Bearbeiten Sie die Farben in der Reihenfolge weiß, rot, schwarz, gelb, grün, blau. Sie können auch mit einem LLM zusammenarbeiten.

Einsatz von KI in den sechs Denkhüten

Die Kreativitätsforscher machen sich seit ein paar Jahren einen Spaß daraus, gerade auch die Methode der sechs Denkhüte gemeinsam mit Chatbots beziehungsweise LLMs durchzuführen. Auch der Chatbot benötigt eine klare Arbeitsfrage. Es ist nicht nötig, ihm die Denkhüte zu erklären. Es genügt, die Antworten beispielsweise des gelben oder grünen Hutes anzufordern, und das funktioniert. Die Antwort des Chatbots passt zur Hutfarbe.

Manche Forscher kommen dabei zu der Schlussfolgerung, dass die Chatbots nicht gerade kreative Antworten geben, diese aber trotzdem nicht schlechter sind als die normaler Menschen. Nach meiner Erfahrung genügt es, dem Chatbot in einer zweiten Runde die Aufgabe zu geben, »noch kreativer« zu werden, was er dann auch tut. Keine Ahnung, woher er den Unterschied zwischen einer kreativen und noch kreativeren Antwort kennt!

Konfrontationstechniken

Bei Konfrontationstechniken wird die vorliegende Fragestellung konfrontiert mit oft themenfremden Inhalten, beispielsweise mit Reizworten oder mit fremden Anwendungsdomänen, in denen ein ähnliches Problem bereits gelöst wurde (Analogietechnik). Da unser Gehirn auch beliebigen Kombinationen einen Sinn verleihen kann, wird es durch die unerwarteten und ungewöhnlichen Kombinationen dazu angeregt, wirklich neue Ideen zu erzeugen. Man denkt dann »out of the box«, also außerhalb des Bereichs, in dem die Gedanken sonst so kreisen.

Reizwortkonfrontation

Bei der Reizwortkonfrontation beginnen Sie wie immer damit, eine Arbeitsfrage oder ein zu lösendes Problem zu formulieren. Dann werfen Sie im Kreativitätsworkshop nacheinander Begriffe als Reizwörter in die Runde, und die Teilnehmenden versuchen, sich durch jedes der Reizwörter zu guten Ideen inspirieren zu lassen.

BEISPIEL

Was haben denn beispielsweise »Käsebrötchen« mit der Sprachlern-App zu tun? Die ersten beiden Ideen stammen von chatGPT, die anderen drei von mir:

1. Das Käsebrötchen als Metapher für Gewohnheiten

   Ein Käsebrötchen ist für viele Menschen ein alltägliches Frühstück – einfach, nahrhaft, vertraut. Genauso wie das Käsebrötchen ein Teil der morgendlichen Routine ist, sollte auch das Sprachenlernen in den Tagesablauf integriert werden.

2. Sozialer Kontext: Lernen ist wie Frühstück in Gemeinschaft

   In vielen Ländern ist das Frühstück – samt Brötchen – ein sozialer Moment. Die App könnte versuchen, genau diesen Aspekt zu digitalisieren: durch ein gemeinsames Sprachfrühstück immer zur selben Uhrzeit, beispielsweise eine halbe Stunde lang.

3. Liebe geht durch den Magen: Es sollten auch Kochrezepte zum Lernstoff gehören.

4. Käsebrötchen als Symbol für schlichten Genuss: Die Benutzeroberfläche sollte wie ein Käsebrötchen sein: schlicht, aber appetitanregend.

5. Dauer und Schwierigkeitsgrad der Lektionen sollte entspannt so sein, dass man nebenbei ein Käsebrötchen essen kann.

Ihnen fallen sicher noch weitere ein.

Dasselbe machen Sie dann gerne noch mit weiteren Reizwörtern, beispielsweise Schildkröte, Malkasten, Eieruhr.

Quellen von Reizwörtern

Als Moderatorin fragen Sie sich nun vermutlich, wo Sie solche kreativen Reizwörter herbekommen. Das können Sie gut dem Zufall überlassen. Ich verwende für solche Zwecke gerne ein kleines Reisewörterbuch, in dem ich zufällig irgendeine Seite aufschlage und dort mit dem Finger irgendwo hinzeige. Nicht jeder Begriff eignet sich gleich gut, aber Sie finden schon etwas Passendes!

Sie können auch eine KI darum bitten, Reizwörter zu erzeugen. Nennen Sie dann auch das Anwendungsthema, beispielsweise mit diesem Prompt: »Bitte nenne mir geeignete Reizwörter, um die Reizwortkonfrontationstechnik auf eine Sprachlern-App anzuwenden.«

Bildkonfrontation

Die Bildkonfrontation funktioniert nach demselben Prinzip wie die Reizwortkonfrontation, mit dem einzigen Unterschied, dass Bilder statt Wörter den kreativen Prozess anstoßen.

Beispiele

Abbildung 18.1 zeigt ein paar Beispiele von selbst geschossenen Fotos, die für die Reizwortkonfrontation geeignet sind, da die Motive auch symbolische Bedeutung tragen.

Quellen von Bildern

Früher verwendeten Moderatoren aussagekräftige Kalenderblätter und Postkarten, die sie über Jahre hinweg genau für diesen Zweck gesammelt hatten. Heutzutage haben wir zahlreiche weitere Möglichkeiten, passende und überraschende Bilder bereitzustellen:

- ✔ Selbst geschossene Fotos,
- ✔ selbst gemalte Bilder, und wenn es nur ein Comic-Hase wäre,
- ✔ lizenzfreie Bilder von Wikimedia Commons, Pixabay und anderen, entweder direkt dort gesucht oder durch Internetsuchmaschinen gefunden,
- ✔ durch KI gezielt generierte Bilder.

Dabei müssen wir natürlich rechtliche Bedingungen berücksichtigen. Bei Bildern, die wir von anderen übernehmen, müssen wir die Lizenzbedingungen beachten, insbesondere wenn wir die Bilder kommerziell verwenden möchten. Manchmal wird verlangt, dass unser Arbeitsergebnis, in dem wir das Bild verwenden, unter derselben Open-Source-Lizenz zur Verfügung gestellt wird.

Bei selbst aufgenommenen Fotos gilt die Regel: Wir dürfen alles fotografieren, was man von öffentlichen Wegen aus sehen kann, außer Menschen und Haustieren. Menschen besitzen grundsätzlich das Recht an ihrem Bild, das heißt, sie dürfen bestimmen, was mit Fotos von ihnen und auch von ihren Haustieren geschieht. Wir müssten sie also um Erlaubnis fragen.

Abbildung 18.1: Beispielfotos für die Bildkonfrontation

Wenn wir über eine Mauer steigen und ein Privatgrundstück betreten müssen, um diese besonders schöne Statue zu fotografieren, oder auch nur eine riesige Leiter aufstellen, um in einen fremden Garten reinzuknipsen, dann ist das nicht rechtens. Aber es gibt genug Fotomotive direkt am Wegrand! Beispielsweise bietet die Natur zahlreiche schöne Motive mit Pflanzen und Wildtieren, Steinen und Bergen und Tälern und Wolken.

Welche Bilder eignen sich?

Die Bilder sollten möglichst themenfremd sein, um unerwartete Assoziationen zu wecken. Also, wenn Sie eine Alarmanlage verbessern möchten, sollte auf dem Bild nicht gerade ein Einbrecher dargestellt sein. Das wäre zu trivial und bringt keine neuen Gedanken auf. Gerade für unsere technischen Projekte eignen sich gut Motive aus der Natur oder Kunst (Statuen, Musikinstrumente, Tänzer). Oder auch ein Käsebrötchen.

Sehr gut sind Motive, die symbolhaft und mehrdeutig sind. Eines meiner Lieblingsbilder ist das Foto einer üblen Brombeerhecke, die ganz schnell Assoziationen von unüberwindbaren, schmerzhaften Problemen verursacht. Auch surreale Bilder eignen sich gut. Manche Gegenstände eignen sich gut als Metaphern, beispielsweise ein verrostetes Türschloss, ein Wasserfall, eine Rose, ein Apfel, ein Adler oder Wolf.

Aus praktischen Gründen sollten die Bilder groß genug sein, damit alle sie erkennen können, also Poster oder große Kalenderblätter, gerne auch Comiczeichnungen. Wenn die Teilnehmer jeweils einzeln arbeiten und jeder ein eigenes Bild erhält, können es auch bunte Postkarten sein. Da sich nicht jedes Motiv gleich gut eignet, habe ich inzwischen eine Sammlung besonders inspirierender, bunter und symbolträchtiger Poster und Karten angelegt.

Vorschläge durch KI

Ich habe chatGPT gebeten: »Schlage ein paar Bilder vor, die für eine Bildkonfrontation für die Verbesserung einer Sprachlern-App geeignet sind.«

Als Antwort erhielt ich eine sehr schöne Sammlung:

- ✔ Turmbau zu Babel,
- ✔ neuronale Netzwerke im Gehirn,
- ✔ einen Markt in Marrakesch,
- ✔ ein Kind mit Bauklötzen,
- ✔ einen Roboter,
- ✔ einen beschlagenen Spiegel,
- ✔ Theatermasken aus verschiedenen Kulturen.

Bildkonfrontation: Probieren Sie es aus!

Im ersten Schritt bitten Sie eine KI (Large-Language-Modell oder auch Bildgenerierungs-KI), Ihnen sechs Bilder für die Bildkonfrontation vorzuschlagen. Sie können auch das LLM textuelle Vorschläge oder Prompts erstellen lassen und anschließend diese einer Bilderstellungs-KI eingeben.

Auf der Grundlage dieser Bilder lassen Sie nun Ihre Kreativität fließen. Lassen Sie jedes Bild fünf bis zehn Minuten lang auf sich wirken und fragen Sie sich: »Was könnte dieses Bild mit meiner Arbeitsfrage zu tun haben? Was kann ich daraus lernen?« Lassen Sie die Ideen sprudeln und schreiben Sie sie auf, ohne zu werten oder auszusortieren. Das kommt später.

TRIZ

TRIZ, die Theorie des erfinderischen Problemlösens, ist eine wahrhaft ingenieurmäßige Methode. Sie wurde von einem Ingenieur durch Abstraktion realer Erfindungen entwickelt und unterstützt die systematische Konzeption von neuen technischen Produkten. Die Grundidee besteht darin, dass sich beim Erfinden Muster wiederholen. Auf abstrakter Ebene betrachtet, tauchen immer wieder ähnliche Problemstellungen beziehungsweise Widersprüche auf, für die es ähnliche Lösungen gibt. Altschuller analysierte vierzigtausend Patente, um die vierzig häufigsten Prinzipien herauszukristallisieren.

G. Altschuller, H. Altov: And Suddenly the Inventor Appeared: TRIZ, the Theory of Inventive Problem Solving. 2. Ausgabe, Technical Innovation Ctr, 1996.

Ablauf von TRIZ

TRIZ folgt diesen Phasen:

1. Problemanalyse: Das zu lösende Problem, das Ziel oder die Arbeitsfrage wird definiert.
2. Problemmodellierung
3. Lösungsmodellierung
4. Lösungskonzeption

Diese vier Phasen werden im Folgenden noch einzeln beschrieben.

Problemmodellierung

Das konkrete zu lösende Problem wird abstrahiert, um herauszufinden, welches abstrakte Problem dahinter steckt. Typischerweise handelt es sich dabei um einen Widerspruch wie beispielsweise »Wenn ich etwas dicker mache, mache ich es damit stabiler, aber auch schwerer«. Die Dicke und Stabilität mögen erwünschte Eigenschaften sein, aber nicht das erhöhte Gewicht.

Analyse des Produkts und Kontextes

Als Grundlage für die TRIZ-Methode analysiert man zunächst das Produkt auf seine Struktur und die wirkenden Kräfte hin. Insbesondere interessieren die Ursache-Wirkungs-Beziehungen, die das Problem hervorrufen. Auch der Systemkontext muss verstanden sein, also mit unserem System interagierende andere Systeme sowie die Umgebungsbedingungen wie beispielsweise die Temperatur. Relevant sind auch die unerwünschten Folgen, falls das Problem nicht gelöst wird. Auch die Entwicklungsgeschichte des Produkts und der Zeitpunkt und Auslöser für das Auftreten des Problems. Sie müssen auch definieren, welche Kriterien bei der Auswahl der Lösung zu erfüllen sind.

Die Widerspruchsmatrix: Das Problem beim Namen nennen

Es muss klar benannt werden, welche Eigenschaften des Systems beziehungsweise Produkts miteinander im Widerspruch stehen. Ein Kernelement von TRIZ ist die Widerspruchsmatrix mit neununddreißig Parametern von technischen Systemen wie Geschwindigkeit, Temperatur, Volumen und Masse des unbeweglichen Objekts. Haben Sie einen Widerspruch zwischen zwei der Parameter aufgedeckt, dann finden Sie in dem Feld, das zu Zeile und Spalte dieser Parameter gehört, die Nummer des Lösungsprinzips. Die Diagonale bleibt leer, weil etwas nicht mit sich selbst im Widerspruch stehen kann. Die Matrix ist nicht symmetrisch. Man liest sie so herum: Der Parameter in der Zeile soll sich verbessern, wodurch sich der Parameter in der Spalte verschlechtert.

Machen wir ein Beispiel: Sie möchten in die Karosserie eines Elektroautos Solarzellen integrieren, um möglichst viel Antriebsenergie nachhaltig zu erzeugen. Dadurch wird die Karosserie allerdings dicker und schwerer. Das höhere Gewicht ist unerwünscht, die Dicke die Folge unserer erwünschten Änderung. Wir suchen also in Zeile 8 »Volumen des unbeweglichen Objekts« und Spalte 2 »Masse des unbeweglichen Objekts«. Angezeigt werden die vier Lösungsprinzipien 35, 10, 19 und 14, wie Sie in Tabelle 18.2 sehen können.

		Masse des beweglichen Objekts	**Masse des unbeweglichen Objekts**	**Länge des beweglichen Objekts**	**Länge des unbeweglichen Objekts**
		1	2	3	4
1	Masse des beweglichen Objekts	+	-	15, 8, 29,34	-
2	Masse des unbeweglichen Objekts	-	+	-	10, 1, 29, 35
3	Länge des beweglichen Objekts	8, 15, 29, 34	-	+	-
4	Länge des unbeweglichen Objekts		35, 28, 40, 29	-	+
5	Fläche des beweglichen Objekts	2, 17, 29, 4	-	14, 15, 18, 4	-
6	Fläche des unbeweglichen Objekts	-	30, 2, 14, 18	-	26, 7, 9, 39
7	Volumen des beweglichen Objekts	2, 26, 29, 40	-	1, 7, 4, 35	-
8	Volumen des unbeweglichen Objekts	-	35, 10, 19, 14	19, 14	35, 8, 2, 14
9	Geschwindigkeit	2, 28, 13, 38	-	13, 14, 8	-
10	Kraft	8, 1, 37, 18	18, 13, 1, 28	17, 19, 9, 36	28, 10

Tabelle 18.2: Teil der Widerspruchsmatrix nach Altshuller, zitiert nach `https://triz-akademie.de`

Hilfsmittel zum Herunterladen finden Sie hier unter »Ressourcen«, insbesondere auch die klassische 39x39-Widerspruchsmatrix, die zu groß ist, um sie im Buch abzudrucken:

`https://triz-akademie.de/`

Lösungsmodellierung

Die vierzig Lösungsprinzipien von TRIZ sind:

1. Zerlegung
2. Abtrennung
3. Örtliche Qualität
4. Asymmetrie
5. Kopplung
6. Universalität
7. Integration (Steckpuppe, Matrjoschka)
8. Gegengewicht (Gegenmasse)
9. Vorherige Gegenwirkung (vorgezogene Gegenwirkung)
10. Vorherige Wirkung (vorgezogene Wirkung)
11. Prinzip des vorher untergelegten Kissens (Prävention)
12. Äquipotenzialität
13. Funktionsumkehr (Inversion)
14. Kugelähnlichkeit (Sphäroidalität)
15. Dynamisierung
16. Partielle oder überschüssige Wirkung
17. Übergang zu anderen Dimensionen (Übergang zur höheren Dimension)
18. Ausnutzung mechanischer Schwingungen
19. Periodische Wirkung
20. Kontinuität der nützlichen Wirkung (Kontinuität der Wirkprozesse)
21. Prinzip des Durcheilens (Überspringen)
22. Umwandlung von Schädlichem in Nützliches
23. Rückkopplung (Feedback)

24. Prinzip des Vermittlers
25. Selbstbedienung
26. Kopieren
27. Billige Kurzlebigkeit anstelle teurer Langlebigkeit
28. Ersetzen des mechanischen Systems (Ersatz mechanischer Wirkprinzipien)
29. Anwendung von Pneumo- und Hydrosystemen
30. Anwendung biegsamer Hüllen und dünner Folien
31. Verwendung poröser Werkstoffe
32. Farbveränderung
33. Gleichartigkeit (Homogenität)
34. Beseitigung und Regenerierung der Teile
35. Veränderung der physikalischen und chemischen Eigenschaften (Veränderung des Aggregatzustandes)
36. Anwendung von Phasenübergängen
37. Anwendung der Wärmeausdehnung
38. Anwendung starker Oxydationsmittel
39. Anwendung eines trägen Mediums (Verwendung eines inerten Mediums)
40. Anwendung von Verbundwerkstoffen (Anwendung zusammengesetzter Stoffe)

Welches oder welche davon für Ihr Problem infrage kommen, das finden Sie in der Widerspruchsmatrix.

In unserem Beispiel wären das 35 (Veränderung der physikalischen und chemischen Eigenschaften), 10 (vorgezogene Wirkung), 19 (periodische Wirkung) und 14 (Kugelähnlichkeit). Im Beispiel wird es darauf hinauslaufen, für diesen Zweck die Solarzellen zu optimieren (Prinzip 35) und durch Abrundung der Karosserie (Prinzip 14) das Verhältnis zwischen Gewicht, Luftwiderstand und erzeugter Energie ein wenig zu verbessern. In einem professionell moderierten Workshop erhalten Sie pro Lösungsprinzip eine ausführliche Beschreibung auf einer Karte, einschließlich illustrierenden Beispielen.

Lösungskonzeption

Aus der abstrakten, typischen Lösung aus der Liste der vierzig abstrakten Lösungsprinzipien entwickeln Sie durch Konkretisieren und Anwenden auf das vorliegende Produkt die Lösung oder auch mehrere alternative Lösungen, die noch zu prüfen wären. Darin besteht hier die eigentlich kreative Leistung.

Dies ist die Variante nach Altschuller. Inzwischen sind zahlreiche Varianten der Methode entwickelt worden, mit mehr Parametern in der Widerspruchsmatrix oder ganz ohne diese Matrix. Wir möchten an dieser Stelle aber nicht tiefer in die Methodik eindringen. Da TRIZ recht komplex ist, bräuchten Sie dafür ein eigenes Fachbuch oder auch Hilfe durch einen spezialisierten Berater.

Analogietechnik und Bionik

Die Analogietechnik als Kreativitätsmethode überträgt Lösungen aus einem Gebiet in ein anderes. Würden wir beispielsweise die erste Sprachlern-App der Welt entwickeln, gäbe es noch keine Vorbilder, an denen wir uns und die Kunden sich orientieren. Man könnte aber Aspekte aus analogen Bereichen übernehmen wie beispielsweise von Sport-Apps, Fernlehre- und Real-Life-Sprachlern-Kursen, Do-it-yourself-Videos und dergleichen. Also von Apps aus anderen Bereichen oder dem Sprachenlernen ohne App.

Ablauf

Wie immer startet man mit dem zu lösenden Problem oder der Arbeitsfrage. Beispielsweise könnten wir uns fragen, wie man das Lernen der Sprache in der App erfolgreicher gestalten kann. Als Nächstes müssen wir eventuell unser Problem im Problembereich abstrahieren (siehe Abbildung 18.2), ähnlich wie in TRIZ.

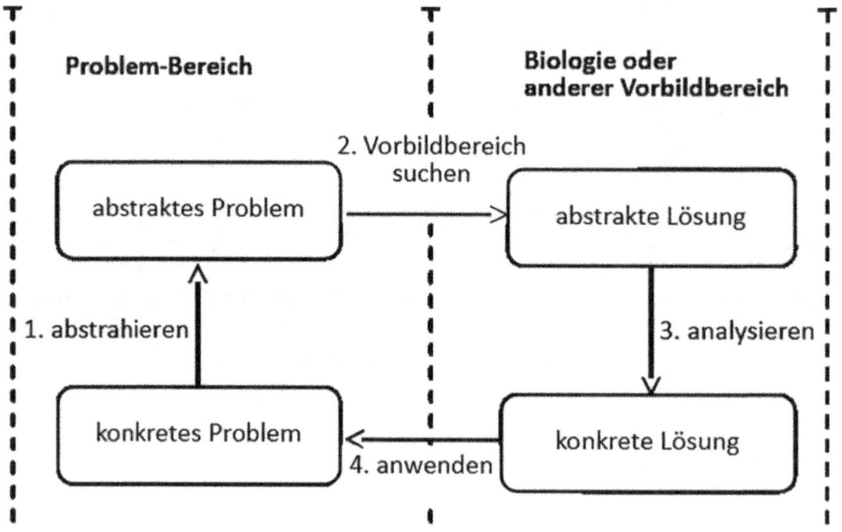

Abbildung 18.2: Ablauf der Analogietechnik

Wir suchen nun einen passenden Vorbildbereich und sehen uns an, wie unser Problem dort gelöst wurde. Im Vorbildbereich analysieren wir die dort gefundene Lösung: Welche Komponenten hat sie? Gibt es gute Abbildungen – Fotos oder Zeichnungen – davon? Wie ist diese evolutionär entstanden? Wie funktioniert sie physikalisch oder chemisch?

Im nächsten Schritt übertragen wir die Lösung aus dem anderen Bereich auf unseren und wenden sie dort an.

Beispiel für die Sprachlern-App

Für unsere Sprachlern-App lautete die Arbeitsfrage: »Wie können wir das Lernen der Sprache in der App erfolgreicher gestalten?«

In unseren drei Vorbildern sehen die Lösungen so aus:

- ✔ In der Sport-App kann man Trainingspläne erstellen und dokumentieren. Es gibt immer wieder Challenges, an denen die Benutzer teilnehmen können. In Ranglisten vergleichen verschiedene Sportler nicht nur ihre Bestzeit der Woche miteinander, sondern auch die Anzahl der gelaufenen Kilometer.
- ✔ Im Real-Life-Sprachkurs werden Spiele gespielt wie »Ich packe meinen Koffer« oder »Ich sehe etwas, das du nicht siehst.« Auch das Tabu-Spiel oder Memory machen immer wieder Spaß und unterstützen das Lernen.
- ✔ Do-it-yourself-Videos motivieren durch ein sichtbares nützliches Ergebnis und bieten nachvollziehbare Schritt-für-Schritt-Anleitungen mit Nahaufnahmen und praktischen Tipps, sodass man nichts falsch machen kann.

Übertragen auf die Sprachlern-App kann das so aussehen:

- ✔ Die Benutzer können sich einen Lernplan für die nächste Woche oder auch für mehrere Wochen erstellen, beispielsweise für die Vorbereitung auf eine Prüfung. Die App könnte auch einen Vorschlag berechnen, basierend auf der verfügbaren Lernzeit.
- ✔ Für erfolgreich bearbeitete Übungen, Quizzes und Tests gibt es Punkte. Anhand seiner Punkte kann der Benutzer sehen, wie gut er diese Woche vorangekommen ist. Auf Wunsch kann er auch an Challenges teilnehmen, beispielsweise »Schaffe es, jede Woche zwei Stunden lang zu lernen«. Auf Wunsch kann ein Benutzer in eine Rangliste aufgenommen werden, wo dargestellt wird, wer innerhalb einer Woche am meisten Punkte gesammelt hat.
- ✔ Es werden online Spiele gespielt wie »Ich packe meinen Koffer«, »Ich sehe etwas, das du nicht siehst.«, das Tabu-Spiel oder Memory. Das Spiel kann entweder synchron gegen menschliche Spieler gespielt werden oder gegen eine Künstliche Intelligenz.
- ✔ Nachvollziehbare Schritt-für-Schritt-Anleitungen helfen dabei, Sätze zu basteln oder Texte zu übersetzen. Auch Eselsbrücken sind hilfreich. Man könnte auch Bastelanleitungen in der Fremdsprache anbieten.

Teilnehmende

Wichtig für den Erfolg der Analogietechnik ist, dass die Analogie zu der vorliegenden Fragestellung passt, und dass Experten aus beiden Bereichen teilnehmen: solche, die das Problem gut kennen, und solche, die den Vorbildbereich gut kennen, aus dem Lösungen übernommen werden sollen.

Bionik

Die Bionik ist ein Spezialfall der Analogietechnik, bei der Vorbilder aus der Biologie zur Inspiration verwendet werden. Das ist kein Wunder, sind doch die Strukturen in der Natur durch die Evolution von Formen und Farben über Jahrmillionen beziehungsweise Millionen von Generationen optimiert worden. Der schnellere Hai fängt die Beute!

In der Softwareentwicklung spielt sie meist keine große Rolle, weil man wie in unserem Beispiel meist vor allem andere Software als Anregung verwenden kann. In der Optimierung der Konstruktion physischer Maschinen und Fahrzeuge sowie in der Materialentwicklung hat die Bionik auf der Grundlage natürlicher Vorbilder schon so manche Struktur oder Oberfläche zu verbessern geholfen:

- ✔ Flugzeuge und Segelflugzeuge, Paraglider und Hängegleiter sowie Flugdrohnen sind alle vom Vogelflug inspiriert. Auch bei der Weiterentwicklung von Aufbau, Flügelform und Oberflächen werden immer wieder biologische Vorbilder konsultiert, beispielsweise die Handschwingen des Steinadlers.
- ✔ Der Klettverschluss wurde durch die Früchte der Klettenpflanzen aus dem Wald inspiriert, die sich hartnäckig in Hundefell und an Kleidung verhaken.
- ✔ Wasser- und schmutzabweisende Oberflächen entstanden auf der Grundlage des Lotuseffekts der Lotusblume.
- ✔ Reibungsreduzierte Badeanzüge sind der Struktur der Haihaut nachempfunden, sodass Hochleistungsschwimmer noch schneller werden.
- ✔ Termitenhügel dienen als Vorbild für energiesparende Gebäudeklimatisierung.

Auch hier ist der Ablauf so, dass man ein zu lösendes Problem definiert, sich anschließend in der Natur nach Lösungen eines solchen Problems umsieht und diese dann auf das eigene Problem oder Produkt anwendet wie in Abbildung 18.2 dargestellt. Dazu muss man eventuell sehr tief in die Biochemie eindringen und interdisziplinär arbeiten, doch es lohnt sich.

Zerbst, E.W.: Bionik – Biologische Funktionsprinzipien und ihre technischen Anwendungen. Vieweg+Teubner Verlag, Stuttgart, 1987.

Nachtigall, Werner: Bionik – Lernen von der Natur. C.H. Beck. München, 2008.

Wawers, Welf: Bionik – Bionisches Konstruieren verstehen und anwenden. Springer Vieweg, Wiesbaden, 2022.

World Café und Open Space für große Gruppen

Bisher gingen wir davon aus, dass wir einen Kreativitätsworkshop in einer überschaubaren Gruppe von Personen durchführen, von zwei bis zwölf Personen, wobei sechs als eine Art Idealwert gelten. Aber wenn Sie richtig radikal neue Ideen entwickeln möchten und die

Möglichkeit haben, eine große Anzahl von Menschen einzubeziehen, dann funktionieren die bisher dargestellten Moderationstechniken nicht mehr. Hierfür haben sich World Café und Open Space bewährt. Bis zu zweitausend Menschen können Sie so gleichzeitig an demselben Thema arbeiten lassen. Dafür benötigen Sie natürlich eine große Halle oder zahlreiche kleinere Arbeitsräume, beispielsweise in einem Tagungshotel.

Da beide Formate so beliebt sind, haben Sie vermutlich schonmal als Teilnehmerin an so etwas teilgenommen. Aber wie organisieren Sie so etwas selbst?

World Café

Ein World Café können Sie sogar mit sehr vielen Personen durchführen. Das Minimum beträgt zwölf Personen, aber auch zweitausend Teilnehmer sind möglich. Sie benötigen genügend Tische und Stühle, damit sich jeweils sechs Personen um einen möglichst runden Tisch zu einer Diskussionsgruppe setzen können. Die Tische sind mit einer weißen Papiertischdecke bedeckt, außerdem mit Stiften für die Teilnehmer sowie Kaffee und Keksen. Auf jedem Tisch steht ein Kärtchen, auf dem gut lesbar das hier diskutierte Thema steht.

Der Ablauf ist so:

- ✔ Bereits vor dem World Café werden durch die Organisatoren die zu diskutierenden Themen festgelegt. Die Anzahl der Diskussionsgruppen ergibt sich, indem man die Anzahl der Teilnehmenden durch sechs teilt. Oder umgekehrt: Die Anzahl der Teilnehmenden beträgt das Sechsfache der zu diskutierenden Themen.
- ✔ Für jedes Thema bereitet sich ein »Gastgeber« inhaltlich vor. Insbesondere werden zwei oder drei Diskussionsfragen ausformuliert. Aber auch eine Ist-Analyse und Recherchen sind hilfreich.
- ✔ Die Veranstaltung beginnt damit, dass die Moderatorin im Plenum vor allen Teilnehmenden den Ablauf erklärt und alle Gastgeber jeweils kurz ihr Thema vorstellen.
- ✔ Dann begeben sich die Gastgeber zu ihren Tischen und die Teilnehmer setzen sich dort dazu, wo sie mitdiskutieren möchten.
- ✔ Jede Diskussionsrunde dauert fünfzehn bis dreißig Minuten und behandelt zwei bis drei Fragen. Alle Teilnehmenden können ihre Ergebnisse und Gedanken auf die Papiertischdecke notieren.
- ✔ Sobald die Zeit um ist, wechseln die Teilnehmer an andere Tische, der Gastgeber bleibt und führt die Diskussion mit der neuen Gruppe fort. Schon notierte Ideen können weitergesponnen werden.
- ✔ Am Ende der Veranstaltung stellen die Gastgeber im Plenum die Ergebnisse ihres Tisches vor.

`http://www.theworldcafe.com/`

Open Space

Mit einem Open Space können Sie ebenfalls die Diskussion einer großen Gruppe von Personen (von zwanzig bis zweitausend) organisieren. Sie benötigen dafür genügend viele Gruppenarbeitsräume mit jeweils einem Flipchart. Der Ablauf ist viel freier als beim World Café:

- ✔ Beim Open Space schlagen die Teilnehmenden am Anfang der Veranstaltung selbst Themen vor, die sie auf Tafeln schreiben.
- ✔ Die Moderatorin verteilt die Themen auf die vorhandenen Räume. Sind es zu viele Themen, können die Teilnehmenden durch Punktekleben darüber abstimmen, welche Themen diskutiert werden.
- ✔ Derjenige, der ein Thema vorgeschlagen hatte, übernimmt dann dessen Moderation und protokolliert die Erkenntnisse, beispielsweise auf einem Flipchart.
- ✔ Die Teilnehmenden können jederzeit von einem Raum beziehungsweise Thema zu einem anderen wechseln und sollen das sogar. Durch ihre Teilnahme an mehreren Diskussionen tragen sie Anregungen von einer Gruppe in die andere.
- ✔ Auch hier stellen die Diskussionsleiterinnen am Ende im Plenum die Ergebnisse vor.

Kriterien für die Wahl der passenden Kreativitätstechnik

Jetzt haben Sie zahlreiche Methoden kennengelernt. Doch welche verwenden Sie wann? Darum gebe ich Ihnen hier eine Entscheidungshilfe als eine Art textuellen Entscheidungsbaum:

Zunächst stellt sich die Frage nach der angestrebten Innovationshöhe: inkrementell (Verbesserung des Vorhandenen) oder radikal (etwas ganz Neues erschaffen).

Bei den Methoden für die **inkrementellen Ideen** benötigen Sie immer nur eine kleine Gruppe oder mehrere kleine Gruppen. Alle Methoden außer der Delphi-Methode können Sie auch alleine durchführen. Welche Methode passt, hängt vor allem vom Ziel ab:

- ✔ Für eine **Ist-Analyse** kombinieren Sie den Projektsteckbrief mit Modellierung und Messung.
- ✔ Für die **Anforderungsermittlung** verwenden Sie alternativ, gerne aber auch ergänzend:
  - Techniken der Anforderungsermittlung aus dem Requirements Engineering.
  - Problem- oder Risikoanalysen, beispielsweise mit der FMEA.
  - Eine Konfigurationstechnik, nach Zeitaufwand aufsteigend sortiert: Morphologischer Kasten, SCAMMPERR oder Osborn-Checkliste.

- Für die **Strategieentwicklung** gibt es alternative Techniken, je nach Ausgangspunkt der Analyse:
  - Um auf einer Ist-Analyse aufzubauen, verwenden Sie die SWOT-Analyse.
  - Eruieren Sie verschiedene Weiterentwicklungsrichtungen, dann passt die Innovationsstrategie-Matrix.
  - Geht es um quantitative Prognosen für die Zukunft, eignet sich die Delphi-Methode am besten.
  - Qualitative Zukunftsszenarien als Grundlage für die Strategieentwicklung entwickeln Sie mit der Szenariotechnik, die Sie für die Quantifizierung von Bedeutung und Wahrscheinlichkeit der Szenarien noch mit der Delphi-Methode kombinieren.

Bei den Methoden für die **radikalen Ideen** stellt sich zunächst die Frage nach der Gruppengröße:

- **Alleine** ausführen können Sie nur die Reizwort- oder Bildkonfrontation.
- In einer **kleinen Gruppe von zwei bis zwanzig Teilnehmenden** unterscheiden sich die passenden Methoden im angestrebten Ziel:
  - Die 635-Methode passt, wenn Sie schnell und ohne Vorbereitung viele Ideen sammeln möchten oder eine ungesunde Gruppendynamik vermeiden möchten.
  - Die Reizwort- oder Bildkonfrontation passt, wenn Sie nach ungewöhnlichen Ideen suchen.
  - Die Sechs Denkhüte von de Bono unterstützen Sie am besten, wenn Sie systematisch verschiedene Perspektiven abdecken möchten.
  - Die Analogietechnik ermöglicht es Ihnen, bewährte Lösungen zu übertragen.
  - TRIZ oder die Bionik eignen sich nur für die Lösung technischer Probleme von physischen, greifbaren Produkten, eher nicht für den Softwarebereich.
- In einer **großen Gruppe von zwanzig bis zweitausend Teilnehmenden** macht es den Unterschied, ob Sie möchten, dass von Ihnen vorgegebene Themen diskutiert werden oder ob die Teilnehmenden sich ihre Diskussionsthemen selbst wählen dürfen oder sollen.
  - Beim World Café werden die Diskussionsthemen vorab festgelegt und vorbereitet.
  - Beim Open Space wählen die Teilnehmenden die Diskussionsthemen.

Ein relevantes Auswahlkriterium ist sicher auch der nötige Zeitaufwand:

- Für eine kurze Sitzung von dreißig bis fünfundvierzig Minuten eignen sich die 635-Methode sowie Reizwort- und Bildkonfrontation.
- Eine bis zwei Stunden benötigen der Projektsteckbrief, die SWOT-Analyse, die Innovationsstrategie-Matrix, der Morphologische Kasten, SCAMMPERR, die Delphi-Methode, die Sechs Denkhüte, World Café und Open Space.

- ✔ Mit einem ganztägigen Workshop müssen Sie bei der Osborn-Checkliste und bei der Szenariotechnik rechnen.
- ✔ Beliebig aufwendig werden können gerade solche Methoden, die entweder umfangreiche Recherchen voraussetzen oder eine sehr detaillierte Analyse eines Systems durchführen, deren Umfang von der Systemkomplexität abhängt. Das betrifft die restlichen Methoden, nämlich Modellierung, Anforderungsermittlung, Problem- und Risikoanalysen, Analogietechnik einschließlich Bionik sowie TRIZ.

Grundsätzlich können mehrere Kreativitätsmethoden mit derselben Gruppe oder dieselbe Methode mit verschiedenen Gruppen zu einander ergänzenden Antworten auf die Arbeitsfrage führen. Natürlich erst recht, wenn Sie verschiedene Techniken mit verschiedenen Gruppen durchführen. Es lohnt sich also, mehrere Workshops zu organisieren. So schnell erschöpft sich die menschliche Kreativität nicht!

Betrachten Sie die oben genannten Auswahlkriterien: Welche Kreativitätsmethode passt laut dieser Systematik am besten für Ihr Projekt oder Ihren nächsten Schritt?

IN DIESEM KAPITEL

Online-Kreativitätsworkshops

Virtuelle Realität

Kapitel 19
Virtuelle Kreativitätsworkshops

Früher war klar: Kreativitätsworkshops können nur »in Präsenz« stattfinden. Alle Beteiligten befinden sich zur selben Zeit am selben Ort und interagieren persönlich und direkt miteinander. Dadurch entstehen eine inspirierende Stimmung, mitreißende Gruppendynamik und ein Gefühl von Zugehörigkeit und Optimismus, was wiederum die Menschen kreativ und produktiv macht.

Warum Kreativitätsworkshops online möglich sind

Und dann kam die Coronapandemie mit ihren Lockdowns! Nun musste man sich entweder zu einem virtuellen Workshop treffen oder konnte gar nicht mehr gemeinsam kreativ werden. Das warf einiges über den Haufen, was man bisher über Kreativitätsworkshops geglaubt hatte. Online geht es auch!

Nach zwei Jahren Pandemie waren alle Berufstätigen mit mindestens einer Software für Videokonferenzen sowie Kamera, Mikrofon und Lautsprecher ausgestattet und mit deren Benutzung vertraut. Onlinebesprechungen waren zur Gewohnheit geworden und fühlten sich fast so an wie »echte«. So fand niemand mehr etwas dabei, nicht nur normale Besprechungen, sondern auch Kreativitätsworkshops online durchzuführen.

Es ging dann oft auch gar nicht anders, weil viele Mitarbeiter/innen ständig oder vorwiegend im Homeoffice arbeiteten. Unternehmen hatten inzwischen Mitarbeitende eingestellt, die laut Arbeitsvertrag fast nie am Firmenhauptsitz erschienen. Die Firma sparte so Büromiete. Ein Kreativitätsworkshop ist online ja auch viel billiger, weil die Reisekosten wegfallen. Und lässt sich leichter organisieren, da die Wegezeiten nicht eingeplant werden müssen.

Warum das nicht so einfach ist

Leider nutzen viele Kreativitätsmethoden die Interaktion und Gruppendynamik von Präsenzworkshops. In der 635-Methode werden beispielsweise physische Zettel herumgereicht.

Wie aber moderiert man einen Kreativitätsworkshop in einer Videokonferenz? Dazu war vor der Pandemie nur wenig bekannt. Kommt der Ideenfluss auch gut zum Laufen, wenn wir nicht physisch zusammensitzen und einander in die Augen blicken können?

Ein Beispiel für einen Onlineworkshop

Diese Frage stellte sich mir und meiner Studentin 2020, als sie für ihre Bachelorarbeit einen Kreativitätsworkshop durchführen wollte beziehungsweise sollte. Wegen des Lockdowns ging das nun gar nicht wie geplant, aber die Zeit drängte!

Wir organisierten einen Onlineworkshop per Skype. Somit konnten wir alle per Sprache und Kamerabild miteinander kommunizieren und Informationen schriftlich per Chat und geteilte Dokumente austauschen. Die 635-Methode und die Denkhüte von de Bono sollten angewendet werden, um Anforderungen an eine Software zu ermitteln.

Die Vorlagen für die Durchführung der beiden Methoden haben wir in der Cloud geteilt. Für diese Dokumente erhielten alle Teilnehmenden Schreibrechte. Die Arbeitsfrage des Workshops lautete: »Welche Eigenschaften (Funktionen, Möglichkeiten und so weiter) benötigt ein soziales Netzwerk, damit ich dorthin wechseln würde?«

635-Methode online

Die Herausforderung bei der 635-Methode bestand nicht darin, sechs online bearbeitbare Dokumente mit drei Spalten zur Verfügung zu stellen. Das war schnell gemacht. Das Schwierige war eher, dafür zu sorgen, dass die Teilnehmenden die sechs Zettel in der richtigen Reihenfolge bearbeiten.

Zu Beginn erhielten alle Teilnehmenden eine Startnummer, und auch die Onlinedokumente waren durchnummeriert. Beginnen sollte jede/r mit der Vorlage der eigenen Startnummer. In fünf Minuten trugen sie in ihr Dokument drei Ideen ein. In der nächsten Runde bearbeiteten alle das Dokument mit der nächsthöheren Zahl und so weiter.

Teilgenommen haben vier Personen, wobei zwei aber gemeinsam am selben Computer saßen, also nicht gleichzeitig die Tastatur hätten verwenden können. Darum beschlossen wir, dass sie als Zweierteam arbeiteten.

Wir verwendeten nur drei Dokumente, so dass jede/r in sechs Runden jedes Blatt zwei Mal bearbeitete. Die Durchführung in virtueller Form funktionierte dank der Disziplin der Teilnehmenden genauso gut wie im physischen Raum, wo alle fünf Minuten das Blatt Papier weitergegeben wird.

Ein positiver Nebeneffekt war, dass wir Moderatorinnen im Gegensatz zur klassischen Durchführung das Vorankommen der Teilnehmenden gut anhand ihrer Notizen beobachten konnten, ohne zu stören. Wir beugten uns ja niemandem physisch über die Schulter! So konnten wir uns versichern, dass die Methode richtig angewendet wurde.

Der Vergleich zwischen der Zweiergruppe und den Einzelpersonen war interessant. Während es für die Teilnehmenden ab Runde vier schwieriger wurde und länger überlegt werden musste, kam die Zweiergruppe nicht ins Stocken, sondern diskutierte die ganze Zeit lebhaft. Gestik und Mimik ließen außerdem vermuten, dass diese Konstellation mehr Spaß hatte als die beiden, die alleine arbeiteten.

So haben wir also unbeabsichtigt eine neue Onlinevariante der 635-Methode entdeckt, bei der die Bögen jeweils von Zweierteams bearbeitet werden könnten, entweder gemeinsam an einem Rechner oder in Breakout-Rooms.

De Bonos Denkhüte online

In der zweiten Runde wendeten wir Edward de Bonos Denkhüte an, ebenfalls in angepasster Onlinevariante. Nun bearbeitete die ganze Gruppe dieselbe Datei, welche der Dokumentation der Ergebnisse diente. Nacheinander diskutierte die Gruppe die Ausgangsfrage aus der Perspektive der jeweiligen sechs Hüte. Jeder Teilnehmer durfte seine Ideen zum aktuellen Hut sofort und selbst notieren. Dadurch sollte verhindert werden, dass Impulse verloren gingen, während noch ein anderes Thema diskutiert wurde oder wenn Teilnehmende sich aufgrund von Verzögerungen im Videochat gegenseitig unterbrachen. Dies funktionierte noch besser als die klassische Dokumentation nur durch die Moderatorin auf einem Flipchart. Keine Idee ging verloren.

Die Ergebnisse

Mithilfe beider Methoden wurden viele kreative Ideen erarbeitet. Nach dem Workshop haben wir auf Basis der Ergebnisse aus einer Recherche, einer Onlineumfrage und dem hier beschriebenen Kreativitätsworkshop Anforderungen spezifiziert, welche anschließend im Rahmen eines weiteren Onlineworkshops priorisiert wurden. Die Vorgehensweise bei diesem Workshop war ähnlich: Kommunikation per Videokonferenz und Chat, Teilen von Vorlagen per Cloud.

In den Onlineworkshops entdeckten wir unerwartete Vorteile: Das online geteilte Dokument bot allen dieselbe Chance zur Beteiligung. Im Prinzip könnte man den Workshop auch aufzeichnen, um im Nachhinein den Verlauf genauer zu analysieren.

Technische Anforderungen an einen Online-Kreativitätsworkshop

Grundsätzlich können solche Onlineworkshops mit allen gängigen Videokonferenzsystemen durchgeführt werden, da nur standardmäßige Funktionen (Videotelefonie, Bildschirmübertragung, Chat) benötigt werden. Optimierungsbedarf bestand bei der gemeinsamen Dokumentennutzung. Schon in unserer kleinen Gruppe traten Performance-Probleme beim Zugriff auf die Dateien auf. Gerade das Öffnen mehrerer Dokumente gleichzeitig dauerte lange. Bei größeren Gruppen muss vor dem Workshop auf jeden Fall die Belastbarkeit der Technologie geprüft werden.

Bericht über unseren Online-Kreativitätsworkshop:

Charlotte Haase, Andrea Herrmann: Virtuelles Requirements Engineering – Ein Erfahrungsbericht. Softwaretechnik-Trends, Band 41, Heft 1, S. 16-17.

Online verfügbar unter:

`https://fb-swt.gi.de/fileadmin/FB/SWT/Softwaretechnik-Trends/Verzeichnis/Band_41_Heft_1/_0__FGREBerichtTreffen2020_final.pdf`

Grenzen des Onlineworkshops

In einem späteren Workshop mit deutlich mehr Teilnehmenden klappte es leider dann mit der 635-Methode nicht mehr so gut. Ich hatte zehn Sechs-Personen-Teams gleichzeitig zu moderieren, und da kam es tatsächlich vor, dass manche Teilnehmenden einfach auf ihrem ersten Blatt blieben und andere aus Verwirrung über den Ablauf gar nichts machten. Andere stimmten sich in der Kleingruppe ab und führten quasi ein gemeinsames Brainstorming durch. Sie füllten dann gemeinsam ein einziges Blatt aus. Das entsprach alles nicht dem Ablauf der Methode und schöpfte vermutlich nicht alle Möglichkeiten aus.

Letztlich konnte ich nicht alle zehn Teams gleichzeitig überwachen und erneut einweisen. Insbesondere, da die 635-Methode eine hohe Dynamik hat und alle fünf Minuten das Blatt weitergegeben werden muss, lief das Ganze schneller aus dem Ruder als ich die Teams alle auf die richtige Spur setzen konnte. Die Moderation einer Präsenz-Gruppendiskussion ist definitiv leichter. So fühlte es sich an als solle ich in zehn verschiedenen Zimmern gleichzeitig moderieren. Letztlich hat die Kreativitätsmethode die Teilnehmenden mehr verwirrt als unterstützt, und ein schlichtes Brainstorming in zehn Breakout-Rooms wäre übersichtlicher gewesen.

Virtuelle Welten in 3D?

Es gibt sehr hübsch gemachte virtuelle Welten, die dreidimensional und realistisch gestaltet den Eindruck erwecken, man befände sich in einem hellen, sauberen Meetingraum, in einem idyllischen Park oder an einem anderen, noch inspirierenderen Ort. Jeder Teilnehmer kann sich einen realistischen oder auch idealisierten Avatar erstellen und nicht nur anderen zuwinken und zulächeln (lassen), sondern auch Handstand machen, fliegen und vieles mehr. Das macht Spaß, und Spaß wirkt ja auch inspirierend. Aber …

Wenig zusätzlicher Nutzen

Für den beruflichen Einsatz in virtuellen Kreativitätsworkshops, Besprechungen und Schulungen benötigen wir nicht viele Funktionalitäten:

- ✔ Wir wollen uns mündlich und schriftlich austauschen können. Dafür genügt uns auch eine Videokonferenz mit Chat.

- Wir wollen einander Dokumente und Präsentationen zeigen. Also Screensharing.
- Wir wollen gemeinsam an einem textuellen Dokument arbeiten oder Karten sammeln und clustern. Falls die Videokonferenzsoftware nichts dergleichen zur Verfügung stellt oder das vorhandene Whiteboard nicht alle nötigen Funktionalitäten bietet, gibt es immer andere Anbieter wie Miro, um dort gemeinsam an einem Dokument zu arbeiten.
- Auch Abstimmungen können für die Bewertung von Ideen nützlich sein. Dies bieten auch viele Videokonferenzen mit an oder man verwendet ein Mentimeter unter `www.menti.com`.
- Breakout-Rooms sind gut, also abgeschlossene zusätzliche Räume, die von Kleingruppen genutzt werden, um sich abzustimmen, ohne die anderen zu stören oder selbst gestört zu werden.

Damit lässt sich schon sehr gut arbeiten. In einem virtuellen 3D-Besprechungsraum gibt es diese Funktionalitäten auch, nur schöner, bunter, plastischer. Das kann inspirierend wirken, muss es aber nicht. Manchmal führt es auch einfach nur dazu, dass der Computer oder das WLAN überlastet sind mit der größeren zu übertragenden Datenmenge. Dann gefriert dem Avatar das Lächeln im Gesicht und er guckt blöde in die Gegend.

Einen echten Mehrwert bieten diese virtuellen Räume nach meiner Erfahrung bisher vor allem für Spiele, konkret für Escape-Rooms oder Lernspiele. ChatGPT schlägt noch vor, mit der Gruppe eine Zukunftsreise durchzuführen. Das heißt, man erstellt eine virtuelle Welt, beispielsweise eine Kolonie auf dem Mars oder visualisiert eine zukünftige Utopie und entwickelt Ideen für dieses Umfeld. Das klingt nach Spaß, verlangt aber umfangreiche Vorbereitungen.

Dagegen ist es ein Nachteil, dass die Avatare relativ starr vor sich hinblicken und einem nicht den Eindruck vermitteln, mit echten Menschen zu interagieren. Dann doch lieber eine normale Videokonferenz, wo wir einander beim Lachen und Gestikulieren sehen können.

Im Kreativitätsworkshop ist es vor allem wichtig, dass man einfach zu nutzende Tools verwendet, man die Stimmen und Gesichter der Mitspieler hören und sehen kann. Vor allem sollte die Software sich nicht aufhängen, weil dies auch den Ideenfluss blockiert.

Augmented Reality, virtuelle Zwillinge und Simulationen

Den Meetingraum und die Teammitglieder virtuell zu modellieren, bringt also wenig Nutzen. Im Gegensatz dazu kann es nützlich sein, das technische Produkt zu visualisieren, an dem wir arbeiten.

Wenn Sie ein existierendes Produkt kreativ weiterentwickeln möchten, dann ist es hilfreich, wenn alle Beteiligten dieses Produkt möglichst plastisch vor sich sehen. Sie können ein Exemplar mit in den Besprechungsraum nehmen oder Fotos zum virtuellen Workshop mitbringen. Noch anschaulicher ist eine dreidimensionale Modellierung, ein virtueller Zwilling, insbesondere wenn er über einen statischen Bauplan hinausgeht und als dynamisches

Modell oder Simulation es sogar erlaubt, verschiedene Szenarien auszuprobieren. Die Möglichkeiten dazu sind zahlreich, wenn auch oft aufwändig zu erstellen und teuer:

- ✔ **Virtuelle Welten** (Virtual Reality) beziehungsweise virtuelle Zwillinge: In der virtuellen Welt entsteht ein realistisches 3D-Modell der Maschine, eines Produktionsprozesses oder eines Gebäudes. Das Team kann während der Diskussion von Ideen alles aus jeder Richtung betrachten, näher rangehen, Datenabfragen und vielleicht sogar spontan Änderungen anbringen und ausprobieren.
- ✔ **Augmented Reality:** Hier werden Realität und virtuelle Simulation miteinander kombiniert. Zum realen Produkt werden beispielsweise Ergänzungen oder Zusatzinformationen eingeblendet. Oder das virtuelle Produkt wird in eine reale Umgebung projiziert. In der Onlinegruppe ist dies allerdings nicht so trivial umzusetzen.
- ✔ **Simulation:** Typisch für eine Simulation ist der dynamische Aspekt. Die Maschine bewegt sich, die Produktionsstraße produziert, Flüssigkeiten fließen, Kräfte wirken. Alles ist nur ein Modell und muss darum sehr gut gemacht sein, um wirklich realistische Schlussfolgerungen zu erlauben. Im Kreativitätsworkshop wollen wir vielleicht nicht nur auf der Grundlage eines Modells des aktuellen Produkts kreative Erweiterungen oder Ergänzungen diskutieren, sondern gerne auch deren Einfluss auf Größe, Ausgaben, Bewegungen, Abläufe, Durchsatz und Ähnliches ausprobieren. Da ist es traumhaft, eine solche Simulation zu besitzen, die sich auch leicht modifizieren und erweitern lässt.

Diese Möglichkeiten setzen voraus, dass wir auf der Grundlage eines existierenden und schon modellierten Produkts inkrementelle Ideen suchen.

Schwieriger wird der Einsatz dieser Technologien, wenn wir an radikalen Innovationen arbeiten. Da gibt es ja noch kein funktionsfähiges Modell, auf dessen Grundlage wir fantasieren können. Zur Vorbereitung des Kreativitätsworkshops müsste also ein Modell geschaffen werden, das ein Standardprodukt darstellt oder eine funktionsfähige Grundversion mit den Basisfunktionen. Das ist immer viel leichter als sich auf dem leeren Blatt etwas ganz Neues vorzustellen.

Über die Rolle von Prototypen für den Kreativitätsprozess hatten wir ja schon diskutiert, allerdings auch festgestellt, dass man für Software viel leichter einen Prototypen erstellen kann als für physische Produkte. Ein virtueller Prototyp ist jedoch schneller gebaut als die Werkstatt das hinbekommen kann, insbesondere wenn zahlreiche Varianten ausprobiert werden sollen. Ob sich das bei Ihnen lohnt, müssen Sie selbst wissen.

Rapid Prototyping und 3D-Drucker

So, wir haben also im virtuellen Raum einen virtuellen Prototypen entwickelt. Und nun? Eine wunderbare Möglichkeit für einen iterativen Kreativitätsprozess stellt Rapid Prototyping mit 3D-Druckern oder Lasersintern dar: entwerfen, bauen, testen, messen und dann iterativ verbessern. Den 3D-Drucker gibt es schon zu Preisen, die sich selbst ein Privaterfinder leisten und auf seinen Schreibtisch stellen kann. Für professionelle und genau gefertigte Prototypen muss man natürlich etwas tiefer in die Tasche greifen. Die Auswahl an Materialien und Rapid-Prototyping-Technologien ist groß und wurde seit Jahrzehnten bewährt und optimiert.

Teil V
Bewertung und Ausarbeitung

IN DIESEM TEIL …

- In Teil V geht es um die analytischen Define- und Deliver-Phasen des Diamant-Modells. Die Discover- und Develop-Phasen haben wir im vorigen Teil IV behandelt.
- Nun, da wir eine lange Liste von Ideen haben, beschäftigen uns Frage wie: Was tun mit den vielen unterschiedlich guten und widersprüchlichen Ideen?
- Wie verschaffen Sie sich einen Überblick über die Liste?
- Wie wählen Sie die besten Ideen aus?
- Wie prüfen Sie deren Machbarkeit?
- Wie wird aus Ideen ein verkaufbares Produkt?

IN DIESEM KAPITEL

Was machen wir jetzt mit den vielen Ideen?

Wir wechseln von den kreativen zu den analytischen Tätigkeiten

Überblick über den zwölfphasigen Entwicklungsprozess

Kapitel 20
Iterativ vom Problem zur Idee zur Lösung

Super. Sie waren kreativ, haben mit den verschiedensten Personengruppen und mit Hilfe von Kreativitätsmethoden eine umfangreiche und mehr oder weniger chaotische Sammlung von Ideen zusammengetragen. Diese Ideen sind natürlich verschieden nützlich, verschieden gut umsetzbar und unterschiedlich genial. Ganz bestimmt widersprechen sich manche der Ideen auch, beispielsweise das Produkt sowohl zu vergrößern als auch zu verkleinern. Oder sie spalten die Produktlinie in zwei Varianten auf: Maxi und Mini. Manche Ideen sind erfreuliche »Quick Wins« oder »Low Hanging Fruits«, wie man das auf Neudeutsch nennt. Das heißt, mit wenig Aufwand bringen sie großen Nutzen. Manche können nur durch hohe Investitionen realisiert werden.

Kurz und gut: Als Nächstes gilt es, die Ideen zu ordnen, zu bewerten und zu entscheiden, welche davon Sie in welcher Reihenfolge umsetzen wollen. Die Ideen müssen meist auch noch konkretisiert und detaillierter ausgearbeitet werden. Wie wir schon früher gesehen haben, muss das sowohl im Problemraum als auch im Lösungsraum passieren.

Nachdem wir uns in Teil III mit der Vorbereitungsphase beschäftigt haben, lernten Sie in Teil IV ganz viele Kreativitätsmethoden kennen, mit denen Sie Ideen erzeugen können. Bei unseren Beispielen blieben wir dabei auf Systemebene. Nun wollen wir erstmal einen Schritt zurücktreten und den Gesamtprozess betrachten. Die kreativen Aktivitäten wie Workshops und Ideensammlungen sind ja eingebettet in einen komplexen ingenieurmäßigen Entwicklungsprozess.

Wir erinnern uns an den zwölfphasigen Entwicklungsprozess aus Teil II. Dort wechseln kreative, schöpferische Phasen mit analysierenden und bauenden Phasen ab. Diese finden auf verschiedenen Abstraktionsebenen abwechselnd im Problem- und Lösungsraum statt.

In Teil IV dieses Buchs lernten Sie die Methoden für die kreativen Phasen kennen, also die Discover-Phase im Problemraum und die Develop-Phase im Lösungsraum. Hier in Teil V geht es um die analytischen Methoden für die Define-Phase im Problemraum und Deliver im Lösungsraum. Diese Methoden werden also während des Entwicklungsprozesses mehrfach auf unterschiedlichen Ebenen und mit verschiedenen Aufgabenstellungen angewendet.

Wiederholung: Unser zwölfphasiger Entwicklungsprozess

Sehen wir uns die zwölf Phasen nochmal kurz an:

- ✔ In Phase 1 »**Discover auf Systemebene**« haben wir Personas spezifiziert, die Konkurrenzprodukte analysiert, Basisanforderungen ermittelt, Kreativitätsworkshops durchgeführt und so weiter. Das ist in Teil IV anhand des Beispiels der Sprachlern-App illustriert.
- ✔ In Phase 2 »**Define auf Systemebene**« werden wir nun (in Kapitel 2 in diesem Teil V) unsere Produktideen analysieren, die Anforderungen auf Systemebene als User Stories genauer beschreiben, mit den Kano-Kategorien nach Nutzen und Innovationsgrad klassifizieren sowie durch Low-Fidelity-Prototypen visualisieren. Hier analysieren wir die grundsätzliche Machbarkeit des Produkts als Ganzes aus Marksicht: Gibt es genügend viele Käuferinnen und wie viel würden sie dafür bezahlen?
- ✔ Danach werden wir in den Phasen 3 »**Develop auf Systemebene**« und 4 »**Deliver auf Systemebene**« im Lösungsraum grundlegende technische Lösungen vorschlagen und auf technische Machbarkeit und Wirtschaftlichkeit prüfen (siehe Kapitel 3 in Teil V).
- ✔ Anschließend betreten wir laut Entwicklungsprozess die Szenarioebene, um in Phase 5 »**Discover auf Szenarioebene**« im Problemraum die Nutzungsszenarien und Abnahmetestfälle kreativ und systematisch zu spezifizieren und fertigzustellen. Dafür können Sie auch wieder die in Teil IV vorgestellten Kreativitätsmethoden anwenden. Nur die zu bearbeitende Arbeitsfrage ist dann eine detailliertere (siehe Kapitel 4 in Teil V).
- ✔ In Phase 6 »**Define auf Szenarioebene**« wählen Sie die zuerst umzusetzenden Szenarien aus (siehe Kapitel 5 in Teil V).
- ✔ Und erneut im Lösungsraum in den Phasen 7 »**Develop auf Szenarioebene**« und 8 »**Deliver auf Szenarioebene**« wird die technische Lösung des Produkts so weit ausgearbeitet, dass die Nutzungsszenarien unterstützt werden können (siehe Kapitel 6 in Teil V).
- ✔ In Phase 9 »**Discover auf Detailebene**« werden Sie wieder kreativ und entwickeln High-Fidelity-Prototypen. Dabei verwenden Sie auch die Methoden aus Teil IV des Buchs.
- ✔ In Phase 10 »**Define auf Detailebene**« werden diese Prototypen durch zahlreiche Tests durch Experten, Nutzerinnen, automatisierte Belastungstests und so weiter auf die Probe gestellt. Auf der Grundlage des erhaltenen Feedbacks finalisieren Sie den Prototypen: So soll das Produkt dann aussehen!

- In den Phasen 11 »**Develop auf Detailebene**« und 12 »**Deliver auf Detailebene**« wird das Produkt fertiggestellt, gründlich durchgetestet und abgenommen. Der kreative Entwicklungsprozess ist so weit, dass das Produkt ausgeliefert werden kann.

Natürlich ist damit die Kreativität nicht zu Ende, denn im laufenden Betrieb gibt es weiteres Feedback, das Hinweise zur Weiterentwicklung liefern wird. Sie werden selbst neue Ideen haben, die Konkurrenz läuft Ihnen davon, der technische Fortschritt bietet neue Möglichkeiten, der Markt stelle neue Forderungen. Kein Produkt ist jemals fertig! (Darum geht es dann in Teil VI.)

Keine Angst vor den zwölf Phasen!

Dieses Vorgehen klingt aufwendiger als es ist. Als Start-up ein neues Produkt zu entwickeln, ist natürlich an sich eine komplexe Aufgabe. Die inkrementelle Verbesserung eines bewährten Produkts dagegen weniger. Die folgenden Faktoren führen dazu, dass der Aufwand der Komplexität der Aufgabe angemessen bleibt.

Nach dem Trichtermodell (siehe Teil II) verringert sich mit jedem Schritt die Anzahl der zu betrachtenden Ideen, der Umfang des geplanten Produktes, die Anzahl der technischen Auswahlmöglichkeiten, die Anzahl der zu treffenden Entscheidungen.

Nur für radikale Innovationen ist der Erschaffungsprozess aufwendig. Inkrementelle Innovationen sind mit diesem Vorgehen schnell entworfen. Einige der zwölf Phasen bestehen in einer schnellen Prüfung, wie die bisherigen Entwürfe ergänzt oder verändert werden müssen.

Im Lösungsraum setzen Sie als Profis oft auf bewährte Technologien, Architekturen und Muster, auf das Vorgängerprodukt, auf eine technische Plattform, auf wiederverwendete oder zugekaufte Komponenten und dergleichen. Das erlaubt einen schnellen Entwurf der Lösung. Es schränkt die Wahlmöglichkeiten ein. Das ist gut, weil dann Ihr Job weniger komplex ist, aber auch schade, weil Ihnen hierdurch Kreativitätsmöglichkeiten entgehen. Es stehen ja nur eine Handvoll technische Lösungen zur Auswahl. Für diese Aufgaben genügt oft eine kurze Sitzung mit zwei Kollegen, eine Entscheidungsvorlage auf drei Präsentationsfolien und eine kurze Abstimmung im Team oder mit dem Management. Sowohl die Meetings als auch die Entscheidungsvorlage können Sie mit den Methoden aus diesem Buch gut strukturieren und so hoffentlich schnell zur nächsten Phase übergehen. Am Ende entsteht das sichere, stabile und kreative Produkt durch die richtige Mischung aus Bewährtem und Neuem.

Also weiter mit Teil V, in dem Sie nun die in den kreativen Aktivitäten gesammelten Ideen konsolidieren, bewerten und zur Weiterbearbeitung auswählen.

Die **kreativen Phasen** unseres zwölfphasigen Prozesses sind im Problemraum die Discover-Phasen und im Lösungsraum die Develop-Phasen. Hier verwenden Sie die Kreativitätsmethoden aus Teil IV.

Die **analytischen Phasen** sind im Problemraum die Define-Phasen und im Lösungsraum die Deliver-Phasen. Hier verwenden Sie die Designmethoden Ihres Fachgebiets.

Die Ergebnisse dieser Phasen sind beispielsweise diese:

- ✔ Phase 1 »**Discover auf Systemebene**«: Zielgruppenanalyse und Personas, Konkurrenzprodukte, Basisanforderungen und kreative Ideen für Anforderungen
- ✔ Phase 2 »**Define auf Systemebene**«: Anforderungen auf Systemebene als User Stories, in Kano-Kategorien nach Nutzen und Innovationsgrad klassifiziert, Low-Fidelity-Prototypen, Marktanalyse
- ✔ Phase 3 »**Develop auf Systemebene**«: Vorschläge für technische Lösungen
- ✔ Phase 4 »**Deliver auf Systemebene**«: Bewertung der Lösungen auf technische Machbarkeit und Wirtschaftlichkeit
- ✔ Phase 5 »**Discover auf Szenarioebene**«: Nutzungsszenarien und Abnahmetestfälle
- ✔ Phase 6 »**Define auf Szenarioebene**«: Priorisierung der Nutzungsszenarien
- ✔ Phase 7 »**Develop auf Szenarioebene**«: detailliertere Lösungsvorschläge
- ✔ Phase 8 »**Deliver auf Szenarioebene**«: Ausarbeitung des Lösungsvorschlags, so dass er die Nutzungsszenarien unterstützt
- ✔ Phase 9 »**Discover auf Detailebene**«: High-Fidelity-Prototypen
- ✔ Phase 10 »**Define auf Detailebene**«: Test und Finalisierung des High-Fidelity-Prototypen
- ✔ Phase 11 »**Develop auf Detailebene**«: das Produkt
- ✔ Phase 12 »**Deliver auf Detailebene**«: Test und Abnahme des Produkts

IN DIESEM KAPITEL

- Gruppieren Sie Ihre Ideen nach Themen, eventuell auf mehreren Ebenen, grafisch oder textuell
- Bringen Sie alle Ideen auf dieselbe Abstraktionsebene und vereinheitlichen die Beschreibungen
- Bewerten Sie Ihre Ideen nach Kano, um ein Referenzsystem zu entwerfen
- Prüfen Sie durch eine Marktanalyse, wer das Produkt zu welchem Preis kaufen würde
- Vergleichen Sie verschiedene Varianten Ihres Produkts durch Nutzwertanalyse

Kapitel 21
Phase 2 Define auf Systemebene

Gruppieren der Ideen durch Cluster oder Mindmap

Vermutlich haben Sie es schon im Workshop oder beim Zusammenschreiben bemerkt: Die Ideen lassen sich thematisch gruppieren. Viele weisen in die gleiche Richtung, variieren eine Idee oder sind sogar doppelt, nur anders formuliert. Darum beginnen Sie nun erstmal damit, Ihre Ideen zu gruppieren.

Das klassische Hilfsmittel zur Gruppierung von Ideen sind sogenannte Cluster, also Gruppen von thematisch Zusammengehörigem. Auch ein Mindmap kommt in Frage, das thematische Cluster hierarchisch auf grober Ebene und auf detaillierterer Ebene sortiert.

Um beide Darstellungsformen zu illustrieren, habe ich die Ergebnisse aus der 635-Methode für unsere Sprachlern-App genommen und in Abbildung 21.1 als Cluster dargestellt sowie in Abbildung 21.2 als Mindmap. So sehen Sie gut den Unterschied:

✔ Beim *Clustering* werden die Ideen thematisch gruppiert (Abbildung 21.1). Jede Idee kann nur zu einem einzigen Cluster gehören. Clustern kann man spontan an einer Magnettafel oder einer Pinnwand, indem man die Karten der einzelnen Ideen an die richtige Stelle verschiebt. Natürlich geht das auch in elektronischen Dokumenten.

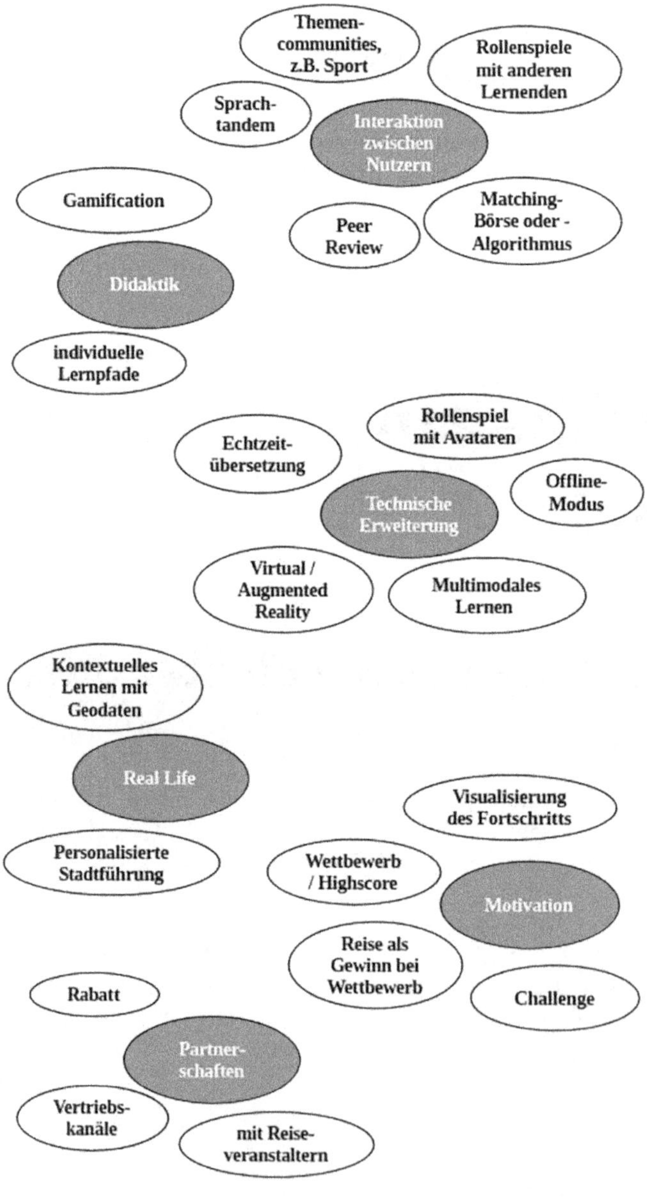

Abbildung 21.1: Cluster-Beispiel für die Gruppierung von Ideen

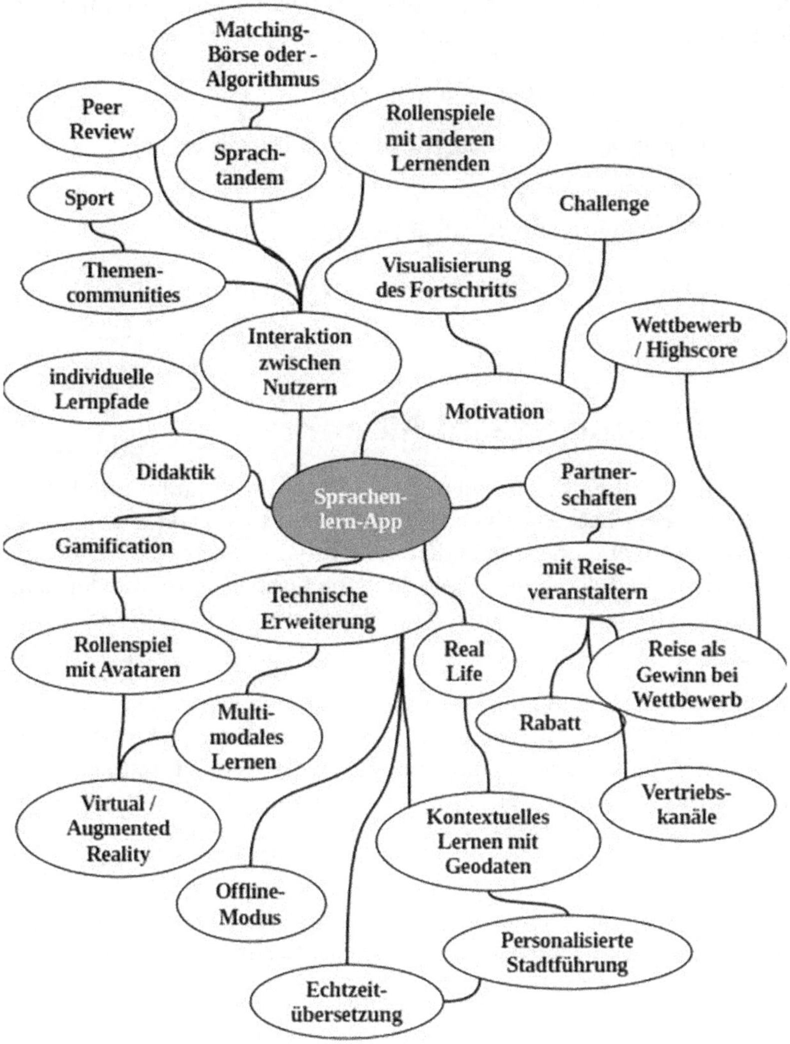

Abbildung 21.2: Mindmap-Beispiel für die Gruppierung von Ideen

✔ Im *Mindmap* werden zusätzlich Beziehungen zwischen Ideen eingezeichnet, beispielsweise hierarchische Beziehungen wie hier, wo die personalisierte Stadtführung eine Unterkategorie von kontextuellem Lernen mit Geodaten ist. Eine Idee kann im Mindmap auch zu mehreren Themen gehören.

Themen für die Gruppierung

Die Themen für die Gruppierung in Cluster oder Mindmap ergeben sich oft von selbst beim Sortieren der einzelnen Ideen, was man »Bottom-up-Vorgehen« nennt. Falls Sie aber schon Kategorien identifiziert haben, bevor der Kreativitätsworkshop stattfand, haben Sie diese hoffentlich dazu verwendet, um die Workshop-Agenda oder die Kreativitätsmethode damit zu strukturieren. Manche Kreativitätsmethoden bringen ihre eigenen Kategorien mit wie die Osborn-Checkliste. Das wäre dann ein »Top-down-Vorgehen«.

Verschiedenste Themen kommen für die Gruppierung in Frage:

- ✔ Zweck, beispielsweise Motivation der Anwenderinnen wie Reisevorbereitung, berufliche Fortbildung, Zertifizierung,
- ✔ Zielgruppe, beispielsweise Schüler versus Berufstätige,
- ✔ Ort der Anwendung, beispielsweise stationär versus mobil, im Büro oder auf der Reise,
- ✔ Kategorien von Technologien.

Wie überblickt man hundertacht Ideen?

Wie Sie in Abbildung 21.1 und Abbildung 21.2 sehen, kann so eine Ideensammlung als Bild ziemlich viel Platz einnehmen. Hier haben wir ja nur die achtzehn Ideen von einem einzigen 635-Zettel übernommen. Im Workshop entstanden aber sechs oder zehn solcher Zettel, für jeden Teilnehmer je einer. Sechs Teilnehmende produzieren beispielsweise hundertacht Ideen. Sie können sich vorstellen, dass diese Form der Darstellung dann ein riesiges, unübersichtliches Poster ergibt.

Unter Schriftstellern ist bekannt, dass man große Romane auf großen Papierbögen oder einer riesigen Pinnwand entwerfen muss. Nur Gedichte kann man auf einem Smartphonebildschirm sinnvoll schreiben. Je umfangreicher und komplexer das Werk, umso mehr Platz benötigt die Planung, damit man alles auf einen Blick überschauen kann. Das gilt natürlich entsprechend auch für technische Produkte, die eher die Komplexität eines Romans oder einer Games-of-Thrones-Staffel haben.

Andererseits gilt für mich als Beraterin: Wenn etwas sich nicht auf einer Präsentationsfolie darstellen lässt, ist es zu kompliziert. Für diesen Widerspruch gibt es drei mögliche Lösungen:

- ✔ Inhalte sinnvoll aufteilen: Jedes einzelne Cluster steht für sich und kann auf einem eigenen Poster oder einer eigenen Präsentationsfolie oder eigenen Seite im Bericht dargestellt werden.
- ✔ Höhere Abstraktion: Auf der obersten Abstraktionsebene stellt man nur die sechs Kategorien dar, zu denen sich während der weiteren Auswertung vielleicht noch weitere dazugesellen.
- ✔ Kompaktere Darstellungsform: Platzsparender als ein Cluster oder Mindmap ist die textuelle Darstellung.

Textuelle Gruppierung

Betrachten wir die textuelle Gruppierung genauer. Sie erlaubt eine hierarchische Darstellung, aber Querbeziehungen oder Doppelmitgliedschaften in zwei Kategorien sind nur schwer visualisierbar. Darum orientiert sich das folgende textuelle Beispiel am Cluster in

Abbildung 21.1 und bildet aus dem Mindmap (Abbildung 21.2) nur die hierarchischen Beziehungen ab:

✔ Didaktik

- Individuelle Lernpfade
- Gamification

✔ Interaktion zwischen Nutzern

- Themen-Communities, zum Beispiel zu bestimmten Sportarten
- Peer Review
- Rollenspiele mit anderen Lernenden
- Sprachtandem
- Matching-Börse oder -Algorithmus

✔ Technische Erweiterung

- Multimodales Lernen (Text, Audio, Video, Augmented Reality)
- Virtual/Augmented Reality
- Rollenspiele mit Avataren
- Echtzeitübersetzung
- Offlinemodus

✔ Real Life

- Kontextuelles Lernen mit Geodaten
- Personalisierte Stadtführung

✔ Motivation

- Visualisierung des Fortschritts
- Challenge
- Wettbewerb/Highscore
- Reise als Gewinn bei Wettbewerb

✔ Partnerschaften

- Kooperation mit Reiseveranstaltern
- Für Vertrieb
- Sprachkursrabatt

Hilfe beim Clustering und Mindmapping durch KI?

Probehalber habe ich chatGPT aufgefordert: »Stelle die folgenden Ideen als Cluster dar:« und dann folgten die obigen achtzehn Ideen. Im Nu erstellte die KI eine textuelle Gruppierung mit den folgenden fünf Clustern:

- ✔ Personalisierung & Lernmethoden
- ✔ Gamification & Motivation
- ✔ Soziales & kollaboratives Lernen
- ✔ Reiseintegration & Kultur
- ✔ Technische Infrastruktur

Diese Cluster ähneln nur teilweise denen, die ich manuell gewählt hatte. Gamification war bei mir ein Teilaspekt innerhalb der Didaktik und die Motivation ein eigenes Cluster. »Reiseintegration & Kultur« hielt ich für einen Teilaspekt des Oberbegriffs »Interaktion mit dem Real Life«.

Bei den Kategorien gibt es kein Richtig oder Falsch. Wenn die Ideen weiterer Teilnehmender noch dazu kommen, ergeben sich noch zusätzliche Kategorien, und solche, die zu voll werden, müssen aufgeteilt werden. Letztlich dienen die Cluster vor allem dazu, um Ordnung in die Menge zu bringen. Cluster helfen auch dabei, Doppelte (Dubletten) und Ähnliche zu finden und zusammenzufassen. Schließlich müssen diese zwangsläufig in demselben Cluster landen, und ein Cluster ist überschaubarer als die komplette Liste.

Die Einordnung der einzelnen Ideen in die Cluster hat chatGPT anders vorgenommen als ich, und hier gibt es sehr wohl eine passendere oder eine weniger passende Zuordnung. Doch es gilt wie meist bei der Zusammenarbeit mit der KI: Mit KI geht es schneller, und man muss sowieso alles nachbearbeiten.

Nicht schön, aber übersichtlich fand ich die grafische Mindmap, die chatGPT mir erstellte. Wenn ich bedenke, wie viel Zeit es mich kostete, mein eigenes Mindmap zu basteln, dann wurde ich ganz traurig wegen meiner verlorenen Lebenszeit. Für die Umwandlung einer textuellen Hierarchie oder auch einer unsortierten Ideensammlung in ein Mindmap oder anderes Diagramm gibt es heutzutage einige KI-basierte Hilfsmittel. Sie können diese im Internet mit dem Suchterm »Text Hierarchie in Diagramm umwandeln« finden oder Sie versuchen eines der im Kasten genannten Tools.

Tools für die Diagramm-Erstellung aus einer Ideensammlung, auch auf Deutsch:

Codigram: `https://codigram.app/app`

Docugram: `https://docugram.app`

Napkin: `https://app.napkin.ai`

Miro: `https://miro.com`

In der täglichen Arbeit bevorzuge ich die textuelle Gruppierung. Diese skaliert sehr gut. Das heißt, dass diese Darstellung auch dann noch funktioniert und lesbar bleibt, wenn Sie mehr als hundert Ideen ansammeln, was in einem produktiven Innovationsprozess eher normal sein sollte. Schließlich tragen viele Personen ihre Ideen bei.

Aufgabe: Gruppierung

Nun sind Sie dran: Erstellen Sie eine Gruppierung für die Ideen, die Sie bisher für Ihr Beispielprojekt gesammelt haben. Sie können das zusammen mit einer KI machen oder manuell. Wählen Sie eine der oben vorgestellten Darstellungsformen: Mindmap oder grafische oder textuelle Cluster.

Um die vielen gefundenen Ideen zusammenzufassen, gruppiert man sie zu thematisch zusammengehörigen Clustern. Man kann diese Cluster alternativ auch als Mindmap oder textuell darstellen.

- Beim **Clustering** kann jede Idee nur zu einem einzigen Cluster gehören.
- Im **Mindmap** werden zusätzlich Beziehungen zwischen Ideen eingezeichnet, beispielsweise hierarchische Beziehungen oder wenn eine Idee zu mehreren Clustern gehört.
- Kompakter und besser skalierbar ist eine **textuelle Gruppierung**, die zwar hierarchische Beziehungen, aber nicht Doppelklassifikationen darstellen kann.

Kriterien für die Gruppierung können sein: Zweck, Zielgruppe, Ort der Anwendung oder Technologie, aber auch andere Kriterien.

Mit Hilfe der Gruppierung finden Sie auch Dubletten oder Lücken.

In dieser Phase sollte man noch keine Ideen streichen oder ergänzen, sondern höchstens klarer formulieren oder aufteilen. Die Gruppierung der Ideen dient der Übersicht und dem Finden von Doppelten und der Vorbereitung der Bewertung der Ideen.

Nachbearbeiten der Ideen

Letztlich kann man die Ideen selten genau so übernehmen, wie sie aus der Kreativitätssitzung herausgepurzelt sind. Sie müssen nachbearbeitet werden, beispielsweise:

- Begriffe müssen einheitlich werden. Bisher haben verschiedene Personen oder Gruppen oder Workshops vielleicht dieselbe Sache mit unterschiedlichen Begriffen bezeichnet.
- Manche Ideen werden aufgeteilt, weil sie zwei ähnliche, aber verschiedene Ideen enthalten.
- Zwei Ideen werden zusammengefasst, weil sie dasselbe unterschiedlich formulieren oder die eine nur ein Spezialfall der anderen darstellt.
- Bringen Sie alle Ideen auf dieselbe Abstraktionsebene. Manche Ideen sind grober oder feiner, grundsätzliche Fähigkeiten des Produkts oder einzelne Teilideen.

In diesem Schritt sollten Sie als gute Protokollantin jedoch keine Ideen streichen oder hinzufügen. Das kommt später. Die Gruppierung bewertet noch nicht, sondern bereitet die Bewertung vor.

Nachbearbeitung im Beispiel

In unserem Beispiel habe ich im Vergleich zu dem, was auf dem 635-Zettel stand, folgende Nachbearbeitung gemacht:

Sprachtandem und Peer Review habe ich aufgeteilt. Sie standen auf dem 635-Bogen als ein einziger Eintrag, sind aber verschieden: Ein Sprachtandem trifft sich synchron, ein Peer Review findet asynchron statt. (Erklärung: Ein Sprachtandem sind zwei Personen, die sich regelmäßig treffen, um miteinander eine Sprache zu lernen. Wenn die Französin sich mit dem Deutschen online trifft, damit die Französin Deutsch lernt und der Deutsche Französisch. Beim Peer Review bewerten andere Lerner die Ergebnisse aus den Aufgaben, keine Dozentin.) Beides muss darum unterschiedlich organisiert werden und es kann auch das eine ohne das andere stattfinden.

Genauso habe ich die Rollenspiele aufgeteilt in »Rollenspiele mit Avataren« und »Rollenspiele mit anderen Lernenden«. Die ersteren gehören zum Cluster der technischen Erweiterungen, die anderen zu den Interaktionen zwischen Nutzern.

Genauso kann man zwischen Challenge und Wettbewerb unterscheiden: Beim Wettbewerb treten alle Teilnehmer gegeneinander an, um einander zu übertrumpfen. Am Ende gewinnt genau einer, beispielsweise der mit den meisten Punkten. Bei der Challenge wird ein Ziel festgeschrieben wie »Erreiche tausend Punkte in zehn Tagen«. Beliebig viele Teilnehmer können dieses Ziel erreichen. So tritt jeder nur gegen seinen eigenen inneren Schweinehund an. Die Organisation der beiden erfolgt unterschiedlich.

»Matching-Börse oder -Algorithmus« habe ich im Mindmap unter dem Sprachtandem platziert, weil es diese Idee verfeinert. Diese Matching-Börse unterstützt die Findung eines Tandempartners.

Zwei Ideen passen in zwei Kategorien:

»Integration von Echtzeitübersetzung während der Stadtbesichtigung« passt sowohl zu den technischen Erweiterungen als auch zu den Aktionen im Real Life. Dasselbe gilt für »Kontextuelles Lernen mit Geodaten«.

Genauso gehört auch die »Reise als Gewinn bei Wettbewerb« sowohl zur Motivation durch Wettbewerbe als auch zur Partnerschaft mit einem Reiseveranstalter.

Am Ende haben wir also zweiundzwanzig Ideen auf sechs Kategorien aufgeteilt.

User Stories

Für die Beschreibung von Anforderungen im Problemraum haben sich User Stories durchgesetzt, weil sie knapp und allgemeinverständlich beschreiben, wer was mit dem Produkt wozu tun möchte.

Für die User-Story-Beschreibung wird eine dreiteilige Vorlage verwendet:

Als …

will ich …

so, dass …

Die erste Zeile beschreibt, wer (welche Zielgruppe oder Persona) diesen Bedarf beziehungsweise diese Anforderung hat.

Die zweite Zeile beschreibt die gewünschte Funktion des Produkts.

Die dritte Zeile beschreibt den Zweck, das Warum oder Wozu.

In Tabelle 21.1 habe ich unsere bisher betrachteten stichwortförmigen Anforderungen in User Stories übersetzt.

Gruppe	Nr.	Titel	Als	Will ich	So, dass
Didaktik	1	Individuelle Lernpfade	Als Lerner …	will ich, dass sich der Lernpfad meinen Bedürfnissen und Kenntnissen anpasst.	So, dass ich weder überfordert werde noch mich langweile.
	2	Gamification	Als Lerner …	will ich durch Gamification motiviert werden.	So, dass ich beim Lernen Spaß habe.
Interaktion zwischen Nutzern	3	Themen-Communities	Als Lerner …	will ich mich gerne in Themen-Communities mit anderen Lernenden austauschen, zum Beispiel zu bestimmten Sportarten.	So, dass ich die Sprache leichter lerne und gleichzeitig auch etwas über ein Thema erfahre, das mich interessiert.
	4	Peer Review	Als Dozent …	will ich, dass die Lernenden sich gegenseitig Feedback geben.	So, dass sie auch beim Feedbackgeben etwas lernen.
	5	Rollenspiele mit anderen Lernenden	Als Lerner …	will ich Rollenspiele mit anderen Lernenden spielen.	So, dass ich Spaß habe.
	6	Sprachtandem	Als Lerner …	will ich mit einem Tandempartner gemeinsam lernen.	So, dass wir uns gegenseitig motivieren
	7	Matching-Börse oder -Algorithmus	Als Lerner …	will ich einen Tandempartner über eine Börse oder einen Algorithmus finden können.	So, dass ich schnell jemanden finde und wir gut zusammenpassen.
technische Erweiterung	8	Multimodales Lernen	Als Lerner …	will ich, dass sich Text, Audio und Video abwechseln.	So, dass ich mich nicht langweile.

Gruppe	Nr.	Titel	Als	Will ich	So, dass
	9	Virtual/ Augmented Reality	Als Lerner ...	will ich auch in Virtual undAugmented Reality lernen	So, dass ich richtig viel Spaß habe.
	10	Rollenspiele mit Avataren	Als Lerner ...	will ich Virtual-Reality-Rollenspiele mit Avataren spielen.	So, dass das Lernen Spaß macht.
	11	Echtzeitübersetzung	Als Lerner ...	will ich im System Echtzeitübersetzungen nutzen können.	So, dass ich die App auf Reisen auch als Übersetzer-App verwenden kann.
	12	Offlinemodus	Als Lerner ...	will ich auch ohne Internetzugang lernen können.	So, dass ich überall lernen kann und Downloadvolumen spare.
Real Life	13	Kontextuelles Lernen mit Geodaten	Als Lerner ...	will ich Lektionen passend zu meinem Standort angezeigt bekommen.	So, dass ich auf Reisen etwas über meine Umgebung lerne.
Real Life	14	Personalisierte Stadtführung	Als Lerner ...	will ich passend zu meinem Standort Informationen über den Ort erhalten.	So, dass ich in einer fremden Stadt mit der App eine Stadtführung erhalte.
Motivation	15	Visualisierung des Fortschritts	Als Lerner ...	will ich meinen Lernfortschritt jederzeit klar sehen.	So, dass mich das motiviert.
	16	Challenge	Als Lerner ...	will ich an Challenges teilnehmen können.	So, dass mich das motiviert.
	17	Wettbewerb	Als Lerner ...	will ich an Wettbewerben teilnehmen können.	So, dass ich mich mit anderen messen kann und mich das motiviert.
	18	Reise als Gewinn bei Wettbewerb	Als Lerner ...	will ich beim Wettbewerb eine Reise gewinnen.	So, dass ich auf der Reise meine Sprachkenntnisse ausprobieren kann.
Partnerschaften	19	Kooperation mit Reiseveranstaltern für Vertrieb	Als Betreiber ...	will ich auf meiner Plattform Reisen verkaufen.	So, dass ich durch die Provision zusätzliche Einnahmen habe.
	20	Sprachkursrabatt bei Reiseveranstaltern	Als Betreiber ...	will ich, dass meine Lerner bei der Buchung einer Reise einen Rabatt bekommen.	So, dass ich für die Lerner attraktiver bin.

Tabelle 21.1: User Stories für die Sprachlern-App

Formulieren Sie zur Übung auch ein paar User Stories für die Kernfunktionen Ihres Produkts nach der Schablone »Als … will ich … so, dass …«.

Hier fehlt noch was

Wie Sie in Tabelle 21.1 sehen, sind momentan die Interessen der Dozenten noch deutlich unterrepräsentiert. Es wurde keine einzige Funktionalität definiert, die die Dozenten verwenden! Solche Ungleichgewichte entstehen bei Kreativitätsworkshops gerne. Die Personen und oft die ganze Gruppe haben sich auf eine einzige Perspektive eingeschossen. In der Define-Phase besteht das Ziel auch darin, solche Lücken zu entdecken und zu füllen! Sie müssten jetzt möglichst bald noch einen Kreativitätsworkshop mit Dozenten und Dozentinnen durchführen, um auch deren Anforderungen zu ermitteln.

Unter »Gamification« kann man sich alles Mögliche vorstellen. Das müsste noch konkretisiert werden: Was muss die Software tun? Sie können dafür eine Recherche in Fachbüchern durchführen, einen weiteren Workshop mit Dozenten, die KI fragen oder mehrere dieser Quellen nutzen.

Die Beschreibungen der Ideen müssen bezüglich Abstraktionsebene, Form und Begriffen vereinheitlicht werden.

Die User Story ist eine solche Form und besteht aus drei Teilen: Als … will ich … so, dass …

Machbarkeit im Problemraum

Wir haben uns bereits mit Zielgruppen, Personas und Wettbewerbsanalysen beschäftigt. Tragen Sie an dieser Stelle alles zusammen, was Sie dazu schon gesammelt haben.

Zwei Fragen im Problemraum

Nun beschäftigen uns für jede einzelne der Ideen zwei Fragen:

- ✔ Gibt es einen Markt dafür? Würde das Produkt jemand nutzen wollen? Was wäre ihnen das wert?
- ✔ Ist diese Idee wirtschaftlich? Führt der Preis, den die Kundinnen bezahlen würden, zu einem Gewinn?

Sobald für eine der Ideen eine oder beide Antworten »nein« lauten, ist sie erst mal raus. Wie aber finden wir die beiden Antworten heraus? Das ist eine Wissenschaft für sich und ich kann hier nur ein paar praktische Tipps geben.

K.O.-Kriterien

Bereits im Problemraum gibt es ein paar K.O.-Kriterien, laut denen Sie einige Ihrer Ideen aus der Liste herausnehmen müssen:

✔ Die Idee ist nicht konsistent mit den Unternehmenszielen, der -strategie oder vision.

✔ Die Idee widerspricht Best Practices, Normen oder Standards, an die Sie sich halten müssen, sollen oder wollen.

Gibt es einen Markt dafür?

Nun nehmen wir die Markt- und Nutzerperspektive ein. Die Frage nach dem potenziellen Markt ist gar nicht so einfach zu beantworten. Grundsätzlich gilt: Wenn Ihnen keine Zielgruppe einfällt, die ein Problem hat, das Ihr Produkt löst, dann sollten Sie das Projekt sofort stoppen. Wobei natürlich nicht nur praktische Probleme zählen, sondern auch ästhetische, virtuelle, eingebildete … Es muss zumindest theoretisch genügend viele Personen geben, die dieses Produkt kaufen möchten.

Eine Wissenschaft namens Marktforschung

Es ist eine eigene Wissenschaft namens »*Marktforschung*«, zu prüfen, ob Ihre angepeilte Zielgruppe tatsächlich den vermuteten Bedarf verspürt und dazu zu bewegen ist, Ihr Produkt zu einem angemessenen Preis zu kaufen.

Es würde zu weit gehen, hier schnell als Teilkapitel die Wissenschaft der Marktforschung so zusammenzufassen, dass Sie als Ingenieurin sie selbst durchführen können. Dafür haben Sie im Unternehmen hoffentlich Experten und Expertinnen. Darum geht es hier nur um die grundlegenden Prinzipien.

Wichtig ist: Sie können Ihre Zielgruppe direkt kontaktieren und befragen: Interviews, Onlinefragebögen, Workshops mit Kunden oder Kundendienst, Bewertungen von Prototypen und Tests im Testlabor.

Sie können aber auch durch eine Recherche in Statistiken und Studien Aufwand sparen. Gute Quellen sind das Statistische Bundesamt, Statista, EUROSTAT (das statistische Amt der Europäischen Union), Branchenverbände und Marktforschungsinstitute. Diese versorgen Sie mit allgemeinen Daten über den Markt. Dann brauchen Sie im Interview nur noch spezielle Fragen zu stellen.

Vorgehen bei der Marktforschung

1. Festlegen von **Untersuchungsgegenstand** und **Untersuchungsziel**, vor allem von konkreten zu beantwortenden Fragen oder zu prüfenden Hypothesen, aber auch des Teilmarktes.

2. Die relevante **Zielgruppe** ist zu definieren und geeignete Stichproben beziehungsweise Probanden sind auszuwählen. Der Gesprächsleitfaden (für Interviews), Fragebogen

(für schriftliche Befragungen) oder der Beobachtungsbogen ist zu erstellen und zu testen. Das Vorgehen für die Datenauswertung ist vorzubereiten.

3. Nun wird das **Durchführungskonzept** erstellt, die Interviewmethode, die Interviewer, die Datenerfassung und die Datenauswertung werden geplant und das Budget und der Zeitplan werden festgelegt.

4. Während der **Datenerhebung** werden Vorgehen und Ergebnisse strukturiert dokumentiert.

5. Die gesammelten Daten werden anhand der vorgegebenen Fragen und Hypothesen **ausgewertet.** Darauf aufbauend sind eventuell **Prognosen** über zukünftige Entwicklungen möglich.

Gibt es einen Markt für dieses Produkt? Das kommt darauf an …

Die Frage »Gibt es einen Markt für dieses Produkt?« klingt wie eine binäre Frage, deren Antwort nur »ja« oder »nein« lauten kann. Tatsächlich lautet die häufigste Antwort: »Es kommt darauf an.« Beispielsweise könnte es auf den Preis ankommen oder darauf, ob ein bestimmter Qualitätsmangel noch behoben wird, oder wie sich der Markt oder Bedarf entwickelt. Es stellt sich bei inkrementellen Produktverbesserungen auch die Frage, ob der Zusatznutzen für die Zielgruppe sichtbar genug ist, um sie dazu zu motivieren, dass sie das Nachfolgeprodukt kaufen, obwohl das aktuelle noch funktioniert.

Mit solchen Fragen hatten wir uns bereits mit Hilfe der Szenariotechnik beschäftigt. Wichtige Kriterien für die Marktfähigkeit eines Produkts sind sicher der Nutzen, den es seinen Käufern bringt, sowie der Innovationsgrad.

Die Zukunft ist ungewiss

Am Ende ist immer auch viel Spekulation dabei. Es geht ja nicht nur um die aktuellen Bedürfnisse, sondern auch um diejenigen in der Zukunft.

BEISPIEL

Nehmen wir als Beispiel **Mundschutzmasken und Beatmungsgeräte**. Jahrzehntelang kannte man den Bedarf: Medizinisches Personal trug diese Masken zu Operationen oder in Bereichen, wo es besonders auf Hygiene ankam. Auch die Anzahl der auf einer Intensivstation benötigten Beatmungsgeräte war bekannt.

Doch plötzlich kam es zur Coronapandemie und (fast?) jeder Mensch auf diesem Planeten wurde dazu verpflichtet, eine medizinische Maske zu tragen, wenn er das Haus verließ. Auf den Intensivstationen mussten weitere Beatmungsgeräte beschafft werden, um die vielen Coronapatienten mit schwerem Verlauf am Leben zu erhalten. Der Bedarf für beide Produkte sprang unerwartet und massiv in die Höhe.

Ein Trendbruch ist ein mögliches Zukunftsszenario, das nicht dem bisherigen Verlauf folgt, sondern den Bedarf für ein Produkt in die Höhe treibt, wegfallen lässt oder verändert. Typisch für einen Trendbruch ist, dass man zwar vorhersehen kann, dass so etwas geschehen könnte, aber nicht ob oder wann. Meist orientiert man sich bei Marktanalysen am wahrscheinlichsten Szenario.

Reife des Markts nach Utterback

Bei der Marktanalyse werden oft Prognosen über die Zukunft nötig. Wenn die Entwicklung eines Produkts beispielsweise zwei Jahre dauert, dann möchten wir jetzt schon wissen, wie groß der Markt zum Zeitpunkt der Markteinführung sein wird (beispielsweise: Wie viele Privatpersonen mit Handy-Flatrate wird es dann geben?), aber auch, ob die Konkurrenz bis dahin ähnliche Produkte auf den Markt gebracht haben wird.

Prognosen zu treffen ist grundsätzlich sehr schwierig und sollte Experten überlassen werden. Daten über die Vergangenheit, für einen möglichst langen Zeitraum, geben Aufschluss über die Größenordnungen und auch Trends wie die stetige Zunahme von Handy-Flatrates. Allerdings darf man nicht von linearen zeitlichen Entwicklungen ausgehen. Viele Entwicklungen verlaufen exponentiell bis zur Sättigung oder aber zyklisch.

Das Modell des *Dominant Design* von James Utterback erlaubt Prognosen über den Markt auf der Grundlage der Reife einer Innovation. Neue Technologien durchlaufen nämlich nacheinander die folgenden Phasen:

- ✔ **Fluide Phase:** Am Anfang eines Zyklus überwiegen zunächst Innovationen bezüglich des Produkts und dessen Funktionalitäten und Qualitätseigenschaften, also Produktinnovationen. Auf dem Markt gibt es zahlreiche, meist kleine Anbieter mit verschiedenen Lösungen für dasselbe Problem, die miteinander konkurrieren. Es gibt noch keinen Marktführer, und es kommt nun darauf an, sich auf dem Markt durchzusetzen.
- ✔ **Herauskristallisieren des Dominant Designs:** Es entwickelt sich allmählich eine klare Präferenz für eine der Problemlösungen, das Dominant Design. Dazu kann seine technische Überlegenheit, Funktionsumfang oder hervorragende Benutzerfreundlichkeit führen, aber auch andere Faktoren wie ein besonders ansprechendes Marketing oder eine aggressive Preispolitik. Ist es von den Meinungsmachern oder den Käufern akzeptiert, wird es zum Quasistandard. Nur in Nischen können sich noch spezifische Lösungen halten.
- ✔ **Übergangsphase:** Die Produkte werden standardisiert, Firmen verlassen den Markt oder schließen sich zusammen, einige wenige Firmen dominieren mit wachsenden Marktanteilen.
- ✔ **Rigide Phase:** Die Technologie ist ausgereift, der Markt wird von einem standardisierten Lösungskonzept dominiert und liegt in der Hand einiger weniger großer Anbieter. Innovationen finden nun in Form von Prozessinnovationen statt, um zu rationalisieren und Kosten zu senken.
- ✔ **Ausklang:** Irgendwann wird diese Technologie durch eine neuere, bessere verdrängt und ein neuer Zyklus beginnt.

Literatur zum Utterback-Modell:

J.M. Utterback (1994): Mastering the Dynamics of Innovation: How Companies Can Seize Opportunities in the Face of Technological Change. Harvard Business School Press, Boston.

J.M. Utterback, W.J. Abernathy (1975): A Dynamic Model of Product and Process Innovation, Omega 3(6), S. 639–656.

Für Sie bedeutet das praktisch: Finden Sie heraus, in welcher Phase sich der Markt befindet. Auf dieser Grundlage können Sie schlussfolgern, ob Sie (noch) eine Chance haben und was für Sie nun strategisch wichtig ist. Gibt es schon ein Dominant Design? Was ist der Marktpreis?

Aufgabe: Utterback-Modell

In welcher Phase nach Utterback befindet sich denn der Markt für Ihr Beispielprojekt aktuell? Was bedeutet das für Ihr Projekt? Gibt es schon ein Dominant Design, an dem Sie sich orientieren könnten oder sollten? Können Sie das Dominant Design noch mitgestalten oder übertrumpfen? Brauchen Sie eher eine Produktinnovation oder eine Prozessinnovation?

Anwendertypen nach Rogers

Noch ein weiteres Modell hilft Ihnen, zu verstehen, was der Markt zu einem bestimmten Zeitpunkt benötigt. Während das Utterback-Modell die Anzahl und die Schwerpunktsetzung der Anbieter beschreibt, definiert der *Technology Adoption Lifecycle* von Rogers fünf Anwendertypen, die zu unterschiedlichen Zeitpunkten aus unterschiedlichen Gründen eine neue Technologie, ein neues Produkt oder eine neue Dienstleistung zu nutzen beginnen, was man Adoption nennt. Je mehr Anwender, umso größer die Marktausbreitung, auch Diffusion genannt. Für Sie als Anbieter bedeutet dieses Modell praktisch, dass Sie die Adoption und Diffusion Ihres Angebots fördern können, indem Sie zum richtigen Zeitpunkt das richtige Produkt mit den zur Zielgruppe passenden Argumenten anbieten.

Nicht alle Kunden sind gleich. Rogers hat bei seiner Forschung ganz unabhängig von der Art der Innovation immer wieder dieselben fünf Typen von Anwendern gefunden, die sich anhand ihrer Einstellung gegenüber Innovationen unterscheiden. Je nach Marktreife beziehungsweise Phase im Technology Adoption Lifecycle sollten Sie eine andere Gruppe ansprechen, nicht nur durch passende Verkaufsargumente, sondern auch durch das passende Produkt.

Die Anwendertypen laut Rogers *Adoptionsmodell* sind, in der zeitlichen Reihenfolge, in der sie für Innovationen ansprechbar sind:

1. **Innovatoren** (englisch: innovators): Etwa 2,5 Prozent aller Kunden probieren zum Spaß gerne Neues aus. Oft sind sie Meinungsführer und geben ihre Erfahrungen mit dem neuen Produkt an viele weiter, beispielsweise als Tech-Influencer. Sie eignen sich gut als Lead User oder Beta-Tester und um frühes Feedback zu Testversionen von neuen Produkten zu geben. Sie suchen ein cooles, innovatives Produkt zum Ausprobieren,

das gerne noch »Kinderkrankheiten« haben darf. Der Preis ist nebensächlich. Ihnen ist es wichtig, zu den ersten Anwendern zu gehören, weniger der praktische Nutzen.

2. **Frühe Übernehmer** (early adopters): Während der Wachstumsphase des Markts probieren auch die nächsten Innovationsfreudigen das neue Produkt aus, circa 13,5 Prozent der Zielgruppe. Für sie muss das Produkt einen klaren Nutzen bringen und funktionieren, auch wenn es noch ein wenig unreif sein darf.

3. **Frühe Mehrheit** (early majority): Diese Benutzer warten die Erfahrungen der Innovatoren und frühen Adoptoren ab und eine reifere Produktversion ohne Kinderkrankheiten, bevor sie das neue Produkt ausprobieren. Sie suchen ein reifes, kostengünstiges Produkt ohne Risiko. Dies ist ungefähr ein Drittel der Anwender (circa 34 Prozent).

4. **Späte Mehrheit** (late majority): Dieses weitere Drittel (circa 34 Prozent) der Anwender wartet ab, bis die Innovation weitverbreitet und in ihre Reifephase getreten ist. Diese Personen stehen Neuem grundsätzlich abwartend gegenüber und nutzen die Innovation erst dann, wenn sie als bewährt gilt.

5. **Nachzügler** (laggards): Diese letzten crica 16 Prozent der Zielgruppe verweigern sich aktiv gegen Neues. Sie steigen erst auf die Innovation um, wenn es gar nicht mehr anders geht, wenn zum Beispiel der Support für die alte Version endgültig eingestellt ist und keine Ersatzteile mehr verfügbar sind. Sie haben oft massive Bedenken, sei es wegen möglicher gesundheitlicher Beeinträchtigungen oder Datenschutz. Sie suchen für alles die einfachste, günstigste Lösung, die sie möglichst lange nutzen können. Für sie sind Reparierbarkeit und die Verfügbarkeit von Ersatzteilen wichtig.

Literatur zum Rogers-Modell:

E.M. Rogers (1983): Diffusion of Innovations. 3. Aufl., Macmillan Publishing, New York.

BEISPIEL

Rogers-Modell am Beispiel des Mobiltelefons

Die Entwicklung des Mobiltelefons verlangte nicht nur die Lösung zahlreicher technischer Herausforderungen, sondern startete zunächst mit klobigen Geräten, die nicht überall Empfang fanden. Beim Wechsel von einer Mobilfunkzelle in die nächste brach das Gespräch ab und musste neu aufgebaut werden. Hilfreich für die Einführung war sicher die Kompatibilität mit dem Telefonfestnetz: Man kann vom Mobiltelefon aus jedes Festnetztelefon anrufen und auch selbst angerufen werden. Vorgängertechnologien wie Militär- und Polizeifunk verlangten einen Gesprächspartner mit entsprechendem Empfangsgerät. (Was bei diesem Anwendungsbereich natürlich erwünscht ist.)

Das A-Netz startete in Deutschland mit koffergroßen, 15 Kilogramm schweren Geräten, die nur in einem Automobil verwendet werden konnten. Die Gespräche wurden von Hand durch eine Zentrale vermittelt. Natürlich war dieser Service entsprechend teuer. Trotzdem gab es eine Zielgruppe dafür: die Innovatoren unter den Managern und Politikern. Das Autotelefon erlaubte es ihnen, Fahrtzeiten für Telefonate zu nutzen und diente auch als Statussymbol. Für die frühen Übernehmer brachte die mobile Erreichbarkeit einen besonders hohen Nutzen, sodass sie in Kauf nahmen, eine teure und umständliche Technologie zu verwenden.

Als die Geräte kleiner und Telefonate günstiger wurden, kaufte auch die frühe Mehrheit, die Handys praktisch fand. Als die Mobiltelefonie allgegenwärtig wurde, verspürte die späte Mehrheit den sozialen Druck, telefonisch erreichbar zu sein. Die letzten Nachzügler verweigern teils heute noch die Nutzung, aus Gründen wie Datenschutz und Nachhaltigkeit. Ihre Bedenken versuchen Hersteller wie Fairphone zu zerstreuen. Grundsätzlich wird man heutzutage als Handy- und Smartphoneverweigerer immer mehr von Dienstleistungen und Kommunikationswegen ausgeschlossen.

Was Sie steuern können

Den Markt, also die Käufer und Konkurrenten, können Sie nur wenig steuern. Aber Sie können Ihre eigenen Markthindernisse beseitigen: Die richtige Zielgruppe adressieren, die Herstellungskosten senken, die richtigen Prioritäten setzen, einen Qualitätsmangel beheben, eine Zusatzfunktion ergänzen oder vorhersehbare Marktveränderungen berücksichtigen. Idealerweise schließen Sie diese Lücken iterativ und gemeinsam mit »dem Markt«, also mit potenziellen Anwenderinnen und Händlern. Je konkreter und anschaulicher Ihre Produktidee und Ihr Prototyp ausgearbeitet sind, umso zuverlässiger können auch die Anwenderinnen den Nutzen des Produkts einschätzen.

Warum eine Befragung keine verlässlichen Zahlen liefert

Wer weiß am besten, ob es einen Markt für das Produkt gibt? Der Markt! Also fragen wir ihn!

Doch: Selbst, wenn Sie am Montagvormittag Passanten und Passantinnen in der Fußgängerzone befragen und 20 % davon Ihnen bestätigen, dass sie dieses Produkt nützlich finden und für fünfundzwanzig Euro kaufen würden, liefert Ihnen das noch keine verlässliche Planungsbasis. Sie können nicht selbstverständlich davon ausgehen, dass 20 % der Bevölkerung das Produkt für fünfundzwanzig Euro kaufen werden. Gründe dafür gibt es viele:

- ✔ **Repräsentativität:** Diejenigen, die am Montagvormittag in der Fußgängerzone flanieren, bilden nicht alle Bevölkerungsgruppen ab. Die Schülerinnen sind in der Schule, die Berufstätigen bei der Arbeit. Sie können also nicht hochrechnen, dass Sie schon 20 % der deutschen Bevölkerung oder gar des Weltmarkts so gut wie in der Tasche haben. Umso wichtiger, dass Sie Ihre Zielgruppe spezifizieren und diese dort erreichen, wo sie zu finden ist. Bestandskunden können Sie per Onlinefragebogen kontaktieren oder durch den Kundendienst befragen. Wenn Sie ein Produkt für Camper herstellen, interviewen Sie die Besucher einer Campingmesse und so weiter. Spätestens jetzt müssen Sie Ihre Personas kennen!
- ✔ **Missverständnisse:** Es ist recht schwierig, in Kürze Ihr Produkt eindeutig zu beschreiben, sodass jeder Befragte sich vielleicht eine andere Vorstellung davon macht.

- **Hypothetische Frage:** Die Befragten in der Fußgängerzone bekommen vielleicht eine verbale Beschreibung des Produkts oder sehen einen vorläufigen Prototypen. Das macht es ihnen schwer einzuschätzen, wie das Produkt sich im praktischen Einsatz bewähren würde. Selbst bei einem Prototypentest in einem Labor entsprechen sowohl Produkt als auch Umfeld nicht dem realen Einsatzszenario. Die Befragten können sich eventuell noch nicht wirklich vorstellen, ob sie das Produkt im echten Leben einsetzen würden.
- **Absicht und Tun sind nicht dasselbe:** Laut dem Technologie-Akzeptanz-Modell liegen einige Zwischenstufen und Entscheidungen zwischen dem Wahrnehmen der Nützlichkeit einer Technologie (perceived usefulness) und der tatsächlichen Nutzung (actual system use).
- **Soziale Erwünschtheit:** Die meisten Menschen möchten einen Existenzgründer selbst dann nicht entmutigen, wenn sie sein Produkt für unnütz halten. Darum würden sie sogar »Ja, finde ich nützlich« oder »Würde ich kaufen« antworten, wenn es nicht stimmt. Man spricht bei Befragungen von »sozialer Erwünschtheit«, weil Menschen eher eine Antwort geben, die sozial erwünscht ist, also höflich, mitfühlend, konstruktiv.

Methoden für Befragungen

Für die Befragung Ihrer Zielgruppen können Sie dieselben Methoden verwenden wie für die kreative Ermittlung von Produktanforderungen: Interviews, Workshops, World Café und so weiter. Mit denselben Beteiligten. Nur stellen Sie jetzt andere Fragen!

Sie können aber auch in dieser frühen Phase des Innovationsprozesses, auf der Produktebene, nur Experten und Expertinnen befragen und erst auf Szenarioebene an die Zielgruppen und Anwenderinnen herantreten.

Im Folgenden betrachten wir zuerst die Frage, was Sie den Experten oder Nutzerinnen präsentieren werden, also wozu Sie um Feedback bitten. Dann brauchen Sie noch gut vorbereitete Fragen.

Ein erster Low-Fidelity-Prototyp für die Marktforschung

Damit die Befragten sinnvolle Rückmeldungen geben können, müssen Sie ihnen einen anschaulichen Eindruck davon liefern, wovon sie die Nützlichkeit und Marktchancen einschätzen sollen. Eine textuelle Beschreibung ist wenig anschaulich. Ein Bild sagt mehr als tausend Worte. Sie müssen also mindestens eine zweidimensionale Zeichnung liefern oder einen Low-Fidelity-Prototypen, der die Nutzung anschaulich visualisiert. Manche Technologie erlaubt es auch, ganz schnell etwas Vorzeigbares oder sogar Ausführbares zusammenzustecken, zu löten, mit einem 3D-Drucker auszudrucken oder als HTML-Prototyp darzustellen.

Genauso wichtig wie die Form und Anschaulichkeit dieses Prototypen ist die Frage, wie viele und welche Funktionalitäten, Features oder Komponenten er enthalten soll.

Rückmeldung zum ganzen Produkt oder zu einzelnen Produkteigenschaften?

Wir analysieren auf Systemebene zunächst den Marktbedarf für ein gesamtes Produkt, das wir anhand eines groben Prototypen darstellen. Es ist für die Anwenderinnen und/oder Expertinnen leichter, Rückmeldung zu einem kompletten Produkt zu geben als zu einzelnen Funktionalitäten oder Produkteigenschaften. Später holen wir noch Rückmeldung zu einzelnen Funktionalitäten ein, aber momentan bleiben wir auf der Systemebene.

Minimum Viable Product und Minimum Marketable Product

Der zu bewertende Prototyp soll nicht zu umfangreich, komplex und unübersichtlich sein, aber auch nicht zu schlicht nur auf die Basismerkmale beschränkt, weil er sonst trivial wirkt. Idealerweise holen Sie sich Rückmeldung zu einer Produktvariante, die Sie realistischerweise auch als erste Version umsetzen und eventuell auf den Markt bringen würden. Also ein Auto, das fährt, ein Nussknacker, der Nüsse knackt, eine Sprachlern-App, mit der man Lektionen bearbeiten kann.

Auf keinen Fall soll der Prototyp alle Funktionen enthalten, die Ihnen in Ihren Kreativitätssitzungen eingefallen sind! Das wäre zu unübersichtlich. Wir üben uns also in dieser Phase in der Kunst der Priorisierung und des Weglassens. Aufgeschoben ist nicht aufgehoben. Das Produkt soll meist schnell auf den Markt, damit schnell Geld hereinkommt. Dass es ab diesem Zeitpunkt weiter ergänzt und verbessert wird, sollte selbstverständlich sein!

Es ist üblich, zunächst mit einem Minimum Viable Product (MVP) Feedback einzuholen, also einer Minimalversion des Produkts oder Prototypen mit gerade so vielen Funktionalitäten, dass Anwenderinnen dafür sinnvoll Rückmeldung geben können. Beispielsweise wenn sie in der Sprachlern-App einen Kurs belegen und ein paar erste Aufgaben bearbeiten können. Da dürfen noch Funktionalitäten fehlen, aber die Testerinnen müssen die Basisfunktionalitäten bewerten können, also hier Lektionen bearbeiten, Vokabeln, Grammatikregeln und Redewendungen lernen. Auf den Markt gehen Sie damit aber noch nicht!

Das Minimum Marketable Product (MMP) ist eine Version des Produkts, die gerade so viele Funktionalitäten hat, dass man sie verkaufen kann. Das heißt, sie muss einen Nutzen bringen, indem sie wichtige Nutzungsszenarien komplett von vorne bis hinten unterstützt.

Definition: **MVP und MMP**

Das *Minimum Viable Product* (MVP) ist eine Minimalversion des Produkts oder Prototypen mit gerade so vielen Funktionalitäten, dass Anwenderinnen dafür sinnvoll Rückmeldung geben können.

Das *Minimum Marketable Product* (MMP) ist eine Version des Produkts, die gerade so viele Funktionalitäten hat, dass man sie verkaufen kann.

Das MVP ist per Definition dafür gemacht, um Rückmeldung zu einzelnen Teilaspekten zu geben, beispielsweise zur Benutzerfreundlichkeit der Navigation. Der MMP ist dafür gedacht, um die wahrgenommene Nützlichkeit abzufragen und den Preis, den Käuferinnen dafür zu bezahlen bereit wären.

Rückmeldung zu einzelnen Funktionen und Produkteigenschaften

Wir möchten aber zusätzlich oft herausfinden, welche Funktionalitäten oder Qualitätseigenschaften das Produkt unbedingt haben muss und wie stark eine einzelne zusätzliche Funktionalität den Wert des Produkts aus Anwenderinnensicht erhöht.

Würden wir naiv an diese Aufgabe herangehen, dann würden wir die Anwenderinnen einfach für jede geplante Funktionalität fragen: »Wie nützlich ist diese Funktionalität für Sie, gemessen auf einer Skala von 0 bis 10?« Oder: »Was wäre Ihnen diese Funktionalität wert? Was würden Sie dafür extra bezahlen?«

Auf dieser Grundlage können wir dann beispielsweise beschließen: ins MMP kommen alle Funktionalitäten hinein, die 9 oder 10 Punkte erhielten. Oder wir nehmen die wertvollsten Funktionalitäten, sagen wir mal: Alles was mehr als fünfzig Cent wert ist. Diese stecken wir in das MMP und können durch Aufsummieren der Centbeträge ausrechnen, was die Anwenderinnen für das Produkt bezahlen würden.

Das funktioniert aus zahlreichen Gründen nicht:

- ✔ Eine Funktion alleine nutzt wenig bis gar nichts. Das gilt umso mehr, je detaillierter wir die Funktionalitäten beschrieben haben.
- ✔ Mehrere Funktionen zusammen können sehr nützlich sein, auch wenn jede für sich alleine wenig Wert hat. Eine Summenbildung macht darum also keinen Sinn.
- ✔ Sind zwei Funktionalitäten A und B nur gemeinsam nützlich, führt das zu diesem Effekt: Wenn ich erst den Nutzen von Funktion A schätze, vergebe ich einen geringen Wert, für B aber einen hohen. Schätze ich zuerst B, dann hat B einen geringen Wert und A einen hohen. Die beiden Funktionen A und B sollte man gar nicht sinnvoll ohne das andere bewerten.
- ✔ Umgekehrt können zwei verschiedene Funktionen einander auch ersetzen: Wenn ich A habe, brauche ich B nicht und umgekehrt. Wenn ich hier A zuerst schätze, vergebe ich einen hohen Wert, für B dann fast nichts mehr. In umgekehrter Reihenfolge natürlich umgekehrt.

BEISPIEL

Machen wir ein sehr simples Beispiel: Sie werden zu einem E-Mail-Client befragt. Dieser könnte zwei Funktionen haben, nämlich das Versenden von E-Mails und das Empfangen von E-Mails. Wenn beide Funktionalitäten enthalten sind, würden Sie zehn Euro dafür bezahlen. Wenn eine der beiden fehlt, dann können Sie nur die Hälfte von dem darin machen, was Sie gerne tun möchten. Der E-Mail-Client ist dadurch allerdings nicht genau fünf Euro wert, sondern weniger, weil sie nämlich zusätzlich noch einen zweiten E-Mail-Client benötigen, der die fehlende Funktionalität anbietet, und außerdem noch ständig E-Mails hin- und herkopieren müssen. Außerdem: Wenn Sie sowieso einen zweiten E-Mail-Client verwenden, dann brauchen Sie den halben überhaupt nicht. Mit nur einer Funktionalität ist der Client also nicht fünf Euro wert, sondern genau genommen so gut wie gar nichts. Das liegt also daran, dass die beiden Funktionalitäten nur gemeinsam sinnvoll Nutzen bringen und außerdem Konkurrenzprodukte beides bieten.

Wir brauchen ein Referenzsystem

In meiner Forschung habe ich mich ausführlich mit diesem Problem der Nutzenschätzung beschäftigt. Die pragmatische Lösung dafür ist einfach: Wir verwenden ein Referenzsystem.

Ein **Referenzsystem** ist ein ausdrücklich und eindeutig definiertes Vergleichsmodell als Bezugspunkt, im Vergleich zu dem der Nutzen von Funktionen und Qualitätseigenschaften, aber auch Risiken bewertet werden. Es ermöglicht die systematische quantitative Bewertung von Eigenschaften realer oder geplanter Systeme.

Das Referenzsystem soll eine realistische Vorstellung vom Referenzsystem sein, die sich jeder Beteiligte vorstellen kann. Darum kommen vor allem folgende Systeme als Referenzsystem in Frage:

- ✔ Das Altsystem,
- ✔ ein Konkurrenzprodukt,
- ✔ ein prototypisches Minimum Viable Product (MVP),
- ✔ ein Minimum Marketable Product (MMP).

Nun stecken wir leider in einem Teufelskreis: Um das MMP zu definieren, müssen wir den Nutzen der Produktfunktionen kennen. Um den Nutzen der Produktfunktionen zu bewerten, brauchen wir ein Referenzsystem. Um das MMP als Referenzsystem zu verwenden, müssen wir aber vorher die Produktfunktionen bewerten … und so weiter …

Das Kano-Modell und sein Referenzsystem

Keine Sorge! Das Kano-Modell hilft uns aus diesem Teufelskreis heraus. Dieses haben wir ja in Teil IV schon kennengelernt. Das Kano-Modell verwendet als Referenzsystem die Benutzererwartungen, die wiederum vom Stand der Technik und den ihnen bekannten Konkurrenzprodukten abhängen.

Diese Erwartungen sind natürlich relativ und subjektiv und können sich mit der Zeit ändern. Für die praktische Marktforschung bedeutet das, dass man genügend viele Personen befragt, die zur Zielgruppe gehören. Dann mitteln sich individuelle Unterschiede heraus.

Kano-Modell für die Bewertung von einzelnen Produktfunktionen, Produkteigenschaften beziehungsweise Ideen

Auch die Kano-Bewertungen erfolgen implizit bezüglich einem Referenzsystem. Es kann helfen, ein solches ausdrücklich zu definieren, beispielsweise in einer Befragung in der Form

»Verglichen mit dem E-Mail-Client, den Sie aktuell verwenden …«. Bezüglich dieses Referenzsystems können die Befragten einzelne Produktfunktionen, Produkteigenschaften oder Ideen bewerten.

Eventuell hatten Sie das Kano-Modell bereits dafür verwendet, um gezielt und separat mit unterschiedlichen Mitteln Basismerkmale, Leistungs- und Begeisterungsmerkmale zu finden. Dann sind diese schon vorklassifiziert. Allerdings nicht unbedingt korrekt. Beispielsweise haben Sie mit einer Kreativitätsmethode ausdrücklich Begeisterungsmerkmale gesucht, aber dabei auch Basis- und Leistungsmerkmale gefunden. Oder Sie haben Konkurrenzprodukte analysiert, um Basismerkmale aufzulisten und haben dabei zufällig auch ein Begeisterungsmerkmal erfunden.

Dann also los!

Definieren Sie zunächst Ihr Referenzsystem.

Relativ zu diesem Referenzsystem klassifizieren Sie alle gesammelten Produkteigenschaften nach Kano.

Diese Kano-Klassifikation wiederum dient dann als Grundlage, um ein (eventuell zweites) Referenzsystem für die Zielgruppenbefragung zu definieren, also ein MVP oder MMP.

Produkteigenschaften, die nach Kano zu klassifizieren sind

Zu den Produkteigenschaften gehören nicht nur die Produktfunktionen, sondern auch Qualitätseigenschaften wie Benutzerfreundlichkeit, Stabilität und Sicherheit. Die ISO 25010 kann als Checkliste dienen, sodass Sie keine implizit vorausgesetzte Qualitätseigenschaft vergessen. Am besten klassifizieren Sie alle acht Kriterien der ISO 25010, denn alle davon müssen mehr oder weniger erfüllt sein. Nur sind manche kritischer als die anderen. Viele Qualitätseigenschaften sind Basismerkmale: Ihre Erfüllung wird als selbstverständlich vorausgesetzt.

Die Qualitätskriterien nach ISO 25010 sind die folgenden:

Funktionalität (Functional suitability): Das System bietet die notwendigen Funktionen vollständig, korrekt und angemessen.

Zuverlässigkeit (Reliability): Das System führt die spezifizierten Funktionen unter den spezifizierten Betriebsbedingungen für eine spezifizierte Zeitspanne aus. Bei Benutzerfehlern stürzt es nicht unkontrolliert ab, sondern geht in einen definierten Zustand über. Falls es doch abstürzt, lässt es sich leicht wieder in Betrieb nehmen, ohne dass Daten verloren gehen.

Effizienz (Performance efficiency): Das Verhältnis zwischen Leistung und verbrauchten Ressourcen (Laufzeit, Speicherplatz, andere Ressourcen) ist angemessen.

Benutzerfreundlichkeit (Usability): Die spezifizierten Benutzer können innerhalb des spezifizierten Nutzungsumfelds ihre Ziele effektiv, effizient und zufriedenstellend erreichen. Dazu gehört nicht nur, dass das System leicht zu bedienen ist, sondern die Benutzung ist leicht zu erlernen, Fehler werden vermieden, die Ästhetik ist ansprechend und die Benutzeroberfläche ist barrierefrei, also auch für Nutzerinnen mit besonderen Bedürfnissen nutzbar.

Sicherheit (Security): Daten werden geschützt, sodass Personen und andere Systeme nur diejenigen Daten lesen oder ändern können, für die sie berechtigt sind. Beim Zugriff müssen sich Personen und Systeme authentisieren und es ist nachvollziehbar, wer was gemacht hat.

Kompatibilität (Compatibility): Beschreibt die Fähigkeit zum Austausch von Daten und/oder gleichzeitiger Benutzung von Hardware und Software durch Drittsysteme, mit oder ohne Schnittstelle zum betrachteten System.

Wartbarkeit (Maintainability): Berechtigte Wartungsmitarbeiter können das System effektiv und effizient verändern und einzelne Komponenten wiederverwenden. Dazu trägt bei, wenn es modular aufgebaut ist, sowie leicht analysierbar und prüfbar ist.

Übertragbarkeit (Portability): Das System kann effektiv und effizient auf andere Hardware, Software oder in eine andere Betriebsumgebung transferiert werden. Dort kann es leicht installiert, angepasst oder auch ausgetauscht werden.

Grundsätzlich entstehen im Kreativitätsprozess auch Ideen, die nicht nur Produkteigenschaften betreffen, sondern auch den Entwicklungsprozess, das Marketing und vieles mehr. In unserem Beispiel war das die Kooperation mit den Reiseveranstaltern. Bewerten Sie alle Ideen nach Kano, wirklich alle.

Der Übersicht halber sollten Sie die zu bewertenden Ideen gruppieren, falls sie das noch nicht sind. Für die Bewertenden ist es leichter, wenn sie nicht gedanklich von einem Thema zum anderen springen müssen.

Kano-Bewertung am besten durch mehrere Personen

Es geht schnell zu entscheiden, ob es sich bei einer Funktion, Qualitätseigenschaft oder sonstigen Idee um ein Basismerkmal (in Tabelle 21.2 B), Leistungs- (L) oder Begeisterungsmerkmal (G) handelt. Jede Person ist sich da intuitiv schnell sicher. Aber subjektiv. Darum befragen Sie möglichst mehrere Personen mit unterschiedlichen Perspektiven. Es müssen nicht unbedingt Endanwenderinnen sein. Sie können diese Bewertung aber auch durch Expertinnen durchführen lassen.

Um aus den Kano-Bewertungen mehrerer Personen am Ende die richtige beziehungsweise wahrscheinlichste Kategorie für eine Idee zu ermitteln, nehmen Sie den am häufigsten genannten Wert (Modus) wie in Tabelle 21.2. Die Mehrheit bestimmt also. Das ist bei Werten auf einer Nominalskala (also in Kategorien ohne Reihenfolge) mathematisch am korrektesten.

Nr.	Titel	Als	Will ich	So, dass	Bew. 1	Bew. 2	Bew. 3	Gesamt
1	Individuelle Lernpfade	Als Lerner …	will ich, dass sich der Lernpfad meinen Bedürfnissen und Kenntnissen anpasst.	So, dass ich weder überfordert werde noch mich langweile.	B	L	B	B
2	Gamification	Als Lerner …	will ich durch Gamification motiviert werden.	So, dass ich beim Lernen Spaß habe.	L	L	G	L
3	Themen-Communities	Als Lerner …	will ich mich gerne in Themen-Communities mit anderen Lernenden austauschen, zum Beispiel zu bestimmten Sportarten.	So, dass ich die Sprache leichter lerne und gleichzeitig auch etwas über ein Thema erfahre, das mich interessiert.	L	L	B	L
4	Peer Review	Als Dozent …	will ich, dass die Lernenden sich gegenseitig Feedback geben	So, dass sie auch beim Feedback-geben etwas lernen.	L	L	B	L
5	Rollenspiele mit anderen Lernenden	Als Lerner …	will ich Rollenspiele mit anderen Lernenden spielen.	So, dass ich Spaß habe.	G	L	G	G
6	Sprach-Tandem	Als Lerner …	will ich mit einem Tandempartner gemeinsam lernen.	So, dass ich motiviert werde.	L	G	G	G
7	Matching-Börse oder -Algorithmus	Als Lerner …	will ich einen Tandempartner über eine Börse oder einen Algorithmus finden können	So, dass ich schnell jemanden finde und wir gut zusammenpassen.	L	G	G	G

Nr.	Titel	Als	Will ich	So, dass	Bew. 1	Bew. 2	Bew. 3	Gesamt
8	Multimodales Lernen	Als Lerner …	will ich, dass sich Text, Audio und Video abwechseln.	So, dass ich Abwechslung habe.	L	L	B	L
9	Virtual/ Augmented Reality	Als Lerner …	will ich auch in Virtual und Augmented Reality lernen.	So dass richtig viel Spaß habe.	G	G	G	G
10	Rollenspiele mit Avataren	Als Lerner …	will ich Virtual-Reality-Rollenspiele mit Avataren spielen.	So, dass das Lernen Spaß macht.	G	G	G	G
11	Echtzeitübersetzung	Als Lerner …	will ich im System Echtzeitübersetzungen nutzen können.	So, dass ich die App auf Reisen auch als Übersetzer-App verwenden kann.	G	G	G	G
12	Offlinemodus	Als Lerner …	will ich auch ohne Internetzugang lernen können.	So, dass ich überall lernen kann und Downloadvolumen spare.	B	L	L	L

Tabelle 21.2: User Stories und deren Kano-Bewertung: Aus den drei Bewertungen wird die Gesamtbewertung ermittelt. (B steht für Basismerkmal, L für Leistungsmerkmal und G für Begeisterungsmerkmal.)

Alternativ diskutieren die Bewerter ihre Kano-Bewertungen aus. Unterschiede in der Einschätzung entstehen oft dadurch, dass die Personen entweder die User Story oder das Referenzsystem unterschiedlich verstanden hatten.

Von der Kano-Bewertung zum MMP

Das MMP können Sie anschließend auf der Grundlage der Kano-Bewertungen leicht definieren:

- ✔ Alle Basismerkmale müssen erfüllt sein. Alle. Denn laut Definition würde es die Anwenderinnen sehr stören, wenn diese fehlen.

- ✔ Mit Hilfe der Leistungs- und Begeisterungsmerkmale können Sie sich gegenüber der Konkurrenz abheben und einen Mehrwert schaffen oder Ihr Produkt überhaupt erst marktfähig machen. Denn: Warum sollte jemand ein Produkt kaufen, das nur die Basismerkmale erfüllt? Das tun schließlich alle vergleichbaren Produkte auch! Welche der Leistungs- und Begeisterungsmerkmale Sie umsetzen, ist eine Frage der Produktstrategie. Als was wollen Sie sich positionieren? Als die Firma mit dem sichersten Produkt? Mit der App, die am meisten Spaß macht? Oder die meisten Funktionen bietet?

An dieser Stelle muss ich erneut auf die Marktforschung verweisen, die sich genau mit dieser Frage beschäftigt: Wie muss das Produkt sich strategisch positionieren, damit es einen möglichst guten Preis erzielt oder möglichst oft gekauft wird? Oder wie wollen wir es positionieren?

Das MMP als Low-Fidelity-Prototyp

Nun haben Sie eine Vorstellung von Ihrem MMP. Diese Vorstellung müssen Sie den Befragten während der Marktforschung klar kommunizieren: als Zeichnung oder als Low-Fidelity-Prototyp, der die Nutzung anschaulich visualisiert, als 3D-Druck, HTML-Prototyp oder was Ihnen zur Verfügung steht.

Und das MVP?

Das MVP bauen Sie nicht für die Anwenderinnen, sondern für sich selbst, nämlich um offene Fragen zu klären. Bevor Sie alle Benutzeroberflächen im Sonnenblumendesign erstellen, möchten Sie sich rückversichern, dass es grundsätzlich gut ankommt. Wenn Sie ein neues didaktisches Konzept spannend finden, muss das nicht automatisch auch für die Sprachenlernerinnen gelten.

Das MVP ist also ein Prototyp, mit dessen Hilfe Sie Rückmeldung zu Teilaspekten einholen. Meist ist sein Funktionsumfang geringer als der des MMP. Welche Funktionalitäten und Produkteigenschaften er haben soll, hängt von der Frage ab, die Ihre Testerinnen Ihnen beantworten sollen.

Macht für Ihr Beispielprojekt der Einsatz eines MVP Sinn? Wie könnte dieses aussehen? Für welche Eigenschaften würden Sie Rückmeldung erhalten wollen?

Das Technologie-Akzeptanz-Modell

Nun suchen Sie also im Rahmen der Marktforschung Rückmeldung von Anwenderinnen und Vertretern anderer Interessensgruppen zu Ihrem Produkt als Ganzes, speziell zum MMP. Das Technologie-Akzeptanz-Modell kann Sie dabei unterstützen, in einer Marktrecherche die richtigen Fragen zu stellen und Ihr Vorgehen zu strukturieren.

Das Technologie-Akzeptanz-Modell (TAM, englisch: *Technology Acceptance Model*) unterscheidet folgende Aspekte der Technologiewahrnehmung, die Sie in Ihrer Marktrecherche mit folgenden Fragen im Fragebogen oder Interview ermitteln können:

Externe Variablen: Das können beispielsweise der soziale Einfluss sein, wie moralische Werte oder Hypes, aber auch die Eigenschaften des Produkts oder der Technologie. Beispielsweise: »Personen, die mir wichtig sind, denken, dass ich das System benutzen sollte.«

Wahrgenommene Benutzerfreundlichkeit (perceived ease of use): »Der Umgang mit dem Produkt ist für mich klar und verständlich.«, »Der Umgang mit dem Produkt erfordert von mir keine große geistige Anstrengung.«, »Ich finde das Produkt leicht zu bedienen.«, »Ich finde, das System macht ohne Probleme das, was ich möchte.«

Wahrgenommene Nützlichkeit (perceived usefulness): »Die Nutzung des Produkts verbessert meine Arbeitsleistung.«, »Die Nutzung des Produkts erhöht die Produktivität meiner Arbeit.«, »Die Nutzung des Produkts steigert die Effektivität meiner Arbeit.«, »Ich finde das Produkt nützlich für meine Arbeit.«

Einstellung zur Benutzung (attitude toward using): »Angenommen, ich habe Zugang zum Produkt, dann beabsichtige ich, es zu nutzen.«, »Das Produkt soll bei mir in Zukunft häufiger zum Einsatz kommen.«

Tatsächliche Nutzung (actual system use): »Ich greife häufig auf das Produkt zu.«, »Ich nutze das Produkt intensiv.«, »Ich benutze das Produkt niemals/ein Mal im Monat/täglich.«

Statt »Produkt« kann hier auch »System« oder »Technologie« stehen, aber auch »Dienstleistung«.

Differenziertere Versionen des TAM-Modells unterscheiden zusätzlich noch zwischen Einstellung zur Benutzung (attitude toward using) und Nutzungsabsicht (behavioral intention to use). Sie fügen auch noch weitere externe Faktoren hinzu wie Image des Produkts, Relevanz für den Job, Ergebnisqualität und Vorführbarkeit. Für unseren Zweck genügt aber das einfachste Modell.

Abhängigkeiten im Technologie-Akzeptanz-Modell

Die einzelnen Aspekte bauen laut Technologie-Akzeptanz-Modell aufeinander auf wie in Abbildung 21.3 dargestellt: Die externen Variablen beeinflussen, wie die Kundin das Produkt sieht – sowohl die wahrgenommene Benutzerfreundlichkeit als auch die wahrgenommene Nützlichkeit. Die Wahrnehmung der Nützlichkeit wird ebenfalls von der Benutzerfreundlichkeit beeinflusst. Beide gemeinsam wirken sich auf die Einstellung zur Benutzung aus und diese wiederum auf die tatsächliche Nutzung. Diese Abhängigkeiten wurden vielfach wissenschaftlich untersucht und bestätigt.

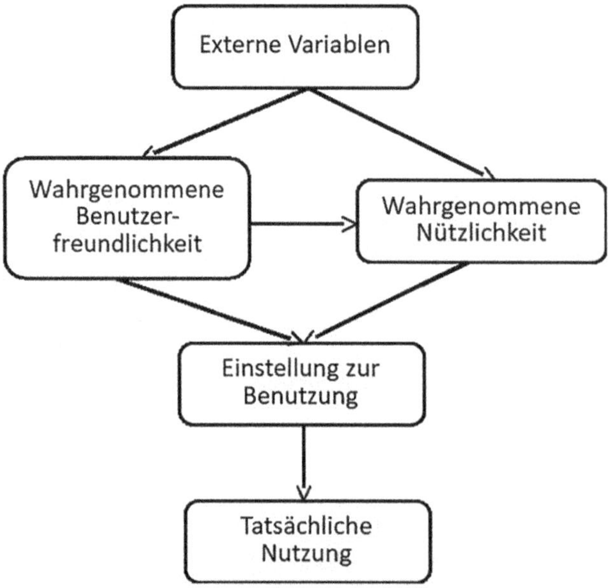

Abbildung 21.3: Technology Acceptance Model TAM

Aussagekräftiger Schwund im Technologie-Akzeptanz-Modell

Praktisch bedeutet das Technology Acceptance Model auch: Nicht jeder, der das Produkt nützlich oder schön findet, wird auch beschließen, es zu benutzen; und nicht jeder, der das Produkt grundsätzlich benutzen würde, wird das auch tun. An jedem Übergang gibt es Verluste. Wenn Sie beispielsweise herausfinden, dass fast alle Befragten den Prototypen Ihrer Sprachlern-App nützlich und ansprechend finden, aber trotzdem beschließen, sie nicht zu benutzen, dann kann das ein Zeichen dafür sein, dass es keinen echten Bedarf für eine solche App gibt. Antworten viele, dass sie die App gerne benutzen würden, aber sie kaufen sie dann doch nicht, dann könnte es an der hohen Konkurrenz oder am Preis liegen. Also nicht am Produkt. Finden Sie dagegen heraus, dass die Tester Ihren Prototypen wenig benutzerfreundlich oder unnütz finden, dann müssen Sie erstmal das Produkt überarbeiten. Ein Abfall der positiven Zustimmung von einer Stufe zur nächsten ist also immer ein Zeichen dafür, dass Sie sich diesen Mechanismus ansehen sollten.

Ein bisschen Statistik im Technologie-Akzeptanz-Modell

Darum befragen Sie Ihre Zielgruppe am besten zu allen fünf Aspekten. Berechnen Sie für jeden Aspekt den Prozentsatz der Befragten, die mit »ja« geantwortet haben. Vergleichen Sie: An welchen der Pfeile fällt dieser Anteil am stärksten ab?

Beispiel-Statistik der Sprachenlern-App

Tabelle 21.3 zeigt ein Beispiel für unsere Sprachlern-App. Wir haben einen Prototypen dafür gebaut und unsere Gruppe von Lernern, Expertinnen und Experten erneut zusammengetrommelt. Der Prototyp wurde nicht nur präsentiert, sondern sie konnten auch schon damit »spielen« und ein paar Lerneinheiten bearbeiten. Danach beantworteten sie den Fragebogen und Tabelle 21.3 fasst die Auswertungen zusammen. Die letzte Frage haben wir natürlich nicht während des Prototypen-Workshops gestellt, sondern den Anwenderinnen einen kostenlosen Testzugang eingerichtet und ausgewertet, wie viele von ihnen tatsächlich mehrmals pro Woche damit gelernt haben. (Anmerkung: Einen Testzugang können wir genau genommen hier in Phase 2 noch gar nicht einrichten, da wir noch »auf Papier« mit gezeichneten Prototypen arbeiten. Frage 6 können wir erst in Phase 10 oder 12 stellen. Die Frage 6 dient hier im Beispiel also zur Illustration des Prinzips des TAM-Modells.)

Frage	Aspekt	Anteil der Ja-Antworten	Deutung
1: Ich kenne viele Leute, die Fremdsprachen mit einer App lernen.	Externe Variable	30 %	Dies misst einen Einflussfaktor auf die soziale Akzeptanz dieser Form des Lernens.
2: Die App enthält alle Funktionen, die mir wichtig sind.	Externe Variable	40 %	Dies ist eine wichtige Eigenschaft des Produkts. Die 40 % sind recht gering!
3: Ich finde die App leicht zu bedienen.	Wahrgenommene Benutzerfreundlichkeit	90 %	Sehr gut: Die App ist benutzerfreundlich.
4: Ich konnte mit der App effektiv lernen.	Wahrgenommene Nützlichkeit	90 %	Sehr gut: Die App ist effektiv.
5: Wenn ich einen kostenlosen Testzugang bekomme, dann beabsichtige ich die App zu nutzen.	Einstellung zur Benutzung	80 %	Dieser Anteil ist fast so hoch wie bei Frage 3 und 4. Sehr gut.
6: Ich benutze die App mehrmals pro Woche.	Tatsächliche Nutzung	40 %	Dieser Wert ist deutlich geringer als bei Frage 5. Man sollte weiter untersuchen, woher dieser Abfall kommt!

Tabelle 21.3: Ergebnisse einer Befragung zur Sprachlern-App.

Die Ergebnisse in Tabelle 21.3 sind erfreulich aussagekräftig: Obwohl die Befragten wenig Vorbilder haben (Frage 1) und dem Prototypen momentan noch Funktionalitäten fehlen (Frage 2), kam die Benutzerfreundlichkeit sehr gut an (Frage 3) und das Lernen hat sehr gut funktioniert (Frage 4). Daraus resultierte dann auch der gute Vorsatz, die App zu verwenden (Frage 5), der leider nur von der Hälfte derer umgesetzt wurde, die dies beabsichtigten (Frage 6). An den fehlenden Vorbildern können Sie momentan nicht viel verbessern, weil das Geld für eine große Werbekampagne fehlt. Sie können aber die fehlenden Funktionalitäten ergänzen und Ihre Testbenutzerinnen befragen, aus welchen Gründen sie die App so wenig nutzen. Wenn diese sich gerade in einer hektischen Lebensphase befinden, dann können Sie daran nichts ändern. Aber es könnten auch produktbezogene Hindernisse sein wie beispielsweise »Die Lektionen sind zu lang, die bringe ich nur selten in meinem Alltag unter« oder »Die Aufgaben sind zu schwer, was mich frustriert.« Daran lässt sich ja arbeiten! Ob die Aufgaben zu leicht oder zu schwer sind, können Sie übrigens anhand der Nutzungsstatistiken selbst herausfinden. Die App sollte Lernstatistiken erstellen, die anzeigen, welche Aufgabe wie oft erfolgreich gelöst wird. Auf diese Weise finden Sie anhand der Erfolgsquoten zu schwierige und zu einfache Aufgaben und können sie ersetzen. Nutzen Sie jede Möglichkeit, um Feedback zu sammeln!

Nach einer Überarbeitung der App und der Übungen sollte eine erneute Befragung mit derselben oder einer ähnlichen Zielgruppe verbesserte Prozentsätze ergeben.

Grundlage der Befragung

Sie werden in dieser Phase in den wenigsten Fällen einen funktionsfähigen Prototypen zur Verfügung stellen können, sondern mit gezeichneten Benutzeroberflächen oder Entwürfen, textuellen Beschreibungen oder anderen Visualisierungen Feedback einholen. Bei inkrementellen Innovationen können Sie das Vorgängerprodukt als Prototyp verwenden oder haben ohnehin schon eine Nutzerinnenbefragung dazu durchgeführt.

Denken Sie sich ein paar Fragen aus, die einzelne Aspekte des TAM-Modells abfragen, und stellen Sie diese Fragen ein paar Freunden, die zur Zielgruppe Ihres Produkts gehören. Diskutieren Sie gerne auch darüber, warum jemand beispielsweise Ihr Produkt für nützlich hält und trotzdem nicht plant, es selbst zu benutzen.

Weitere Qualitätseigenschaften eines Produkts

Außer Nützlichkeit und Benutzerfreundlichkeit kann man die Benutzerinnen in spe auch nach anderen Eigenschaften des Produkts befragen. Für die Beurteilung der Qualität von technischen Produkten, insbesondere von Software, bietet die oben schon beschriebene ISO 25010 eine umfangreiche und vollständige Checkliste von Kriterien: Funktionalität, Zuverlässigkeit, Effizienz, Benutzerfreundlichkeit, Sicherheit, Kompatibilität, Wartbarkeit, Übertragbarkeit.

Für die Beurteilung der Benutzeroberfläche und deren Bedienung verfeinert die ISO 9241 die Benutzerfreundlichkeit in sieben Unterkriterien.

Die Bildschirmarbeitsverordnung DIN ISO 9241 definiert in Teil 110 namens »Grundsätze der Dialoggestaltung« folgende Kriterien für eine gute Benutzeroberfläche:

Aufgabenangemessenheit: Ein Dialog unterstützt einen Anwender bei der systematischen Erfüllung seiner Arbeitsaufgaben.

Selbstbeschreibungsfähigkeit: Jeder Dialog ist dem Anwender unmittelbar verständlich oder wird auf Anfrage erklärt.

Steuerbarkeit: Der Anwender startet den Dialogablauf und kann seine Richtung und Geschwindigkeit bis zum Erreichen des Ziels beeinflussen.

Erwartungskonformität: Die Dialoge sind einheitlich aufgebaut und entsprechen den Erwartungen des Anwenders.

Robustheit gegen Benutzungsfehler/Fehlertoleranz: Das Arbeitsziel kann durch den Benutzer auch trotz fehlerhafter Eingaben mit keinem oder minimalem Korrekturaufwand erreicht werden.

Erlernbarkeit: Die Dialoge unterstützen die Lernphasen eines Anwenders.

Benutzerbindung (»User Engagement«): Das interaktive System ist einladend gestaltet und motiviert den Benutzer dazu, es anhaltend und weiterhin zu nutzen.

Diese allgemein definierten Qualitätskriterien gelten nicht nur für Software, sondern auch für die Benutzeroberfläche einer Waschmaschine oder einer Produktionsanlage. Je nach Zielgruppe und Anwendungsbereich bedeuten sie jedoch etwas anderes.

Wie weit die Anwenderinnen diese Kriterien anhand eines Prototypen beurteilen können, hängt von der Art des Prototypen ab. Besteht er nur aus einer grafischen Benutzeroberfläche ohne Maschinerie dahinter, kann nur die Optik beurteilt werden, nicht aber die Effizienz.

Natürlich bewerten verschiedene Testpersonen denselben Prototypen subjektiv und verschieden, je nach Perspektive, Vorerfahrungen und Bedürfnissen. Sie befragen also besser mehrere Personen, die zu unterschiedlichen Personas gehören.

Welche der Qualitätskriterien aus ISO 25010 und ISO 9241 sind für Ihr Produkt besonders relevant? Für welche der Zielgruppen und warum? Die Produktqualität ist meistens nur ein Mittel und kein Endziel. Formulieren Sie hier gerne auch nach dem Schema der User Story, beispielsweise so: »Als Lerner möchte ich, dass die Benutzung der App leicht erlernbar ist, damit ich direkt nach meiner Registrierung mit dem Sprachenlernen ohne Einarbeitung sofort starten kann.«

Weitere Fragen an die Zielgruppe

Natürlich sind die Aspekte des Technologie-Akzeptanz-Modells und die Qualitätskriterien aus den beiden Standards nicht die einzigen Bewertungen, nach denen Sie die Zielgruppe oder Expertinnen befragen können. Diese sind nur allgemeine Vorschläge. Sie haben sicher noch viel spezifischere Fragen wie »Gefällt Ihnen Design A besser als Design B oder umgekehrt?« Auch nach dem Preis sollten Sie schon mal fragen: »Ich würde die App nur verwenden, wenn sie kostenlos ist« oder »Ich würde für die App bis zu fünf Euro pro Monat bezahlen« oder »Ich möchte am liebsten einmalig dreißig Euro pro Kurs bezahlen und ihn dann beliebig lange benutzen dürfen.« Letztlich geht es nicht nur darum, Produkte an Kunden auszuliefern, sondern auch, dabei wirtschaftlich zu arbeiten. Wenn der Kunde nicht gewillt ist, die Herstellungskosten zu bezahlen, sollten Sie auch nicht herstellen.

Zwei Fragen stellen Sie nun, um die Machbarkeit Ihrer Produktidee im Problemraum zu ermitteln:

- ✔ Gibt es einen Markt dafür? Würde das Produkt jemand nutzen wollen? Was wäre ihnen das wert?
- ✔ Ist diese Idee wirtschaftlich? Führt der Preis, den die Kundinnen bezahlen würden, zu einem Gewinn?

Um die Machbarkeit im Problemraum zu ermitteln, bedienen Sie sich Hilfsmitteln der Marktforschung. Ich empfehle folgendes Vorgehen:

- ✔ Streichen Sie aus der Liste der Ideen diejenigen, die den Unternehmenszielen oder Best Practices oder anderen K.O.-Kriterien widersprechen.
- ✔ Verwenden Sie das Utterback-Modell des Dominant Designs, um zu ermitteln, in welcher Phase sich der Markt für dieses Produkt befindet.
- ✔ Analysieren Sie mit Hilfe des Adoptionsmodells nach Rogers, für welche Adoptorengruppe Sie Ihr Produkt entwickeln.
- ✔ Definieren Sie ein Referenzsystem als Bezugsystem für die Kano-Bewertung der Funktionalitäten und Qualitätseigenschaften nach ISO 25010. Lassen Sie die Kano-Bewertung am besten durch mehrere Personen durchführen.
- ✔ Definieren Sie auf der Grundlage der Kano-Bewertungen die Funktionen und Eigenschaften des MMP.
- ✔ Entwickeln Sie einen Low-Fidelity-Prototypen, der diesen MMP visualisiert.
- ✔ Erstellen Sie einen Fragebogen aus Technologie-Akzeptanz-Modell, ISO 25010 und ISO 9241, um die Nützlichkeit und Marktchancen Ihres MMP zu erfragen, und fragen Sie auch nach dem Preis, den die Zielgruppe zu bezahlen bereit ist, und dem bevorzugten Zahlungsmodell.
- ✔ Sie befragen Anwenderinnen und/oder Experten, um herauszufinden, wie groß der Markt für Ihr Produkt ist oder sein wird. Auch die Wahrscheinlichkeit des Eintretens von Trendbruchereignissen könnten Sie erfragen.

Nutzwertanalyse

Sie haben jetzt eine Vorstellung von dem Produkt oder dem MMP Ihres Produkts entwickelt. Vielleicht haben Sie auch mehrere verschiedene Vorstellungen, die Ihnen attraktiv vorkommen. Oder Sie überlegen noch, ob Sie mit einem MMP auf den Markt gehen oder doch lieber mit einem umfassenden, perfekten Produkt. Oder Sie überlegen noch, welche von mehreren kreativen Ideen aus der Kategorie der Begeisterungsmerkmale Sie ins MMP dazu nehmen. Immer, wenn Sie mehrere Alternativen miteinander abzuwägen haben, eignet sich die Nutzwertanalyse zur Entscheidungsunterstützung.

Entscheidungstabelle für die Nutzwertanalyse

Das Prinzip der *Nutzwertanalyse* besteht grundsätzlich darin, mögliche alternative Optionen anhand von Kriterien quantitativ miteinander zu vergleichen. Dabei können Sie die Kriterien unterschiedlich gewichten.

Tabelle 21.4 zeigt eine *Entscheidungstabelle*, als schematische Vorlage für die Nutzwertanalyse: Die linke Spalte listet die Kriterien auf. In der zweiten Spalte stehen die

Gewichtungsfaktoren dieser Kriterien. Diese sind hier so gewählt, dass ihre Summe eins beträgt. Das Kriterium mit dem höheren Gewicht hat den stärkeren Einfluss auf das Ergebnis. Die folgenden Spalten stellen jeweils die Bewertung Bij der Option i gegenüber dem Kriterium j dar. Hier können Sie beispielsweise eine Skala von 0 bis 10 Punkten wählen. Mit den hier vorgeschlagenen Skalen kommt am Ende jede Option auf eine Gesamtbewertung zwischen 0 und 10 Punkten. Die Berechnung der Punktsummen kann natürlich in einer Vorlage auch automatisiert werden.

Kriterium	Gewicht	Option 1	Option 2
Kriterium 1	G1	B11	B21
Kriterium 2	G2	B12	B22
Summe	1	G1 · B11 + G2 · B12	G1 · B21 + G2 · B22

Tabelle 21.4: Entscheidungstabelle als Vorlage für die Nutzwertanalyse: Bij beschreibt die Bewertung der Option i gegenüber dem Kriterium j

Sie können auch K.O.-Kriterien definieren, die unbedingt erfüllt werden müssen, zum Beispiel, dass eine Lösung innerhalb des vorhandenen Budgets bleibt. Erfüllt eine Alternative dieses Kriterium nicht, entfällt sie ganz und wird nicht weiter betrachtet.

Da die Bewertungen Bij alle aufsummiert werden, müssen immer niedrige Punktwerte für eine schlechte Bewertung und hohe Punktwerte für eine gute Bewertung der Option stehen. Das heißt beispielsweise, dass hohe Kosten zu einer niedrigen Bewertung führen und niedrige Kosten durch eine hohe Punktzahl belohnt werden.

Denkbar sind statt einer Skala von 0-10 Punkten auch alle anderen Skalen wie zum Beispiel Euro oder Prozent. Nur müssen Sie vor dem Aufsummieren alle Bewertungen auf denselben Maßstab umrechnen, um sie sinnvoll miteinander vergleichen zu können. Darum legen Sie besser außerhalb der Tabelle fest, wie viele Punkte ein Preis von 10.000 € wert ist. Überhaupt ist es wichtig, dass Sie nicht nur die Tabelle befüllen, sondern auch dazu dokumentieren, wie Sie auf diese Bewertungen gekommen sind und welche Annahmen Sie dabei gemacht haben, damit Sie auch später Ihre Überlegungen noch nachvollziehen können.

Beispiel: Vergleich zweier MMPs

Tabelle 21.5 zeigt als Beispiel den Vergleich zweier MMPs der Sprachlern-App. Der MMP muss noch nicht dem ausgebauten kompletten System mit dreißig verschiedenen Sprachen, allen denkbaren didaktischen Konzepten, für alle Zielgruppen und mit allen Begeisterungsmerkmalen entsprechen. Im Gegenteil möchte man schnell auf den Markt gehen, um nicht nur ein wenig Geld einzunehmen, sondern auch um frühe Rückmeldungen von ersten echten Anwenderinnen zu erhalten und selbst dazu zu lernen. Hier wurde beschlossen, mit Englisch zu beginnen, weil es auf dem europäischen Zielmarkt die am häufigsten nachgefragte Sprache ist. Es sollen diese beiden MMPs miteinander verglichen werden:

- ✔ MMP 1 fokussiert auf die Zielgruppe der Touristen und bietet einen vollwertigen, didaktisch hochwertigen Kurs für diesen Themenbereich an. Business-Englisch, Zertifizierungsvorbereitungen und so weiter fehlen dabei noch.

- ✔ MMP 2 bietet zunächst nur schriftliche Übungen wie Multiple Choice, Lückentexte und dergleichen. Andere Materialien wie Filme oder Übungen wie Ausspracheübungen, Kurse, tutorielle Begleitung, Sprachtandems und Ähnliches sind noch nicht vorgesehen. Andererseits ist das Business-Englisch schon mit dabei.

		MMP 1: Zielgruppe Touristen, Englisch		MMP 2: Nur schriftliche Übungen, Englisch	
Kriterium	Gewicht	Bewertung	Punkte	Bewertung	Punkte
Kosten	0,6	6	3,6	5	3,0
Nutzen	0,4	6	2,4	7	2,8
Summe	1		6,0		5,8

Tabelle 21.5: Beispiel: Nutzwertanalyse für den Vergleich zweier MMPs

Die Kosten wurden etwas höher gewichtet als der Nutzen. Die Punkte, die in der Spalte »Bewertung« vergeben wurden, werden dann jeweils noch mit dem Gewicht jedes Kriteriums multipliziert, um den Punktwert jeder Option bezüglich des Kriteriums zu berechnen.

Hier wird nur ganz grob nach Kosten und Nutzen bewertet, auf einer Skala von 0 bis 10, wobei 10 die beste Bewertung darstellt. Es sind natürlich auch deutlich mehr Kriterien möglich. Sie könnten beispielsweise auch bewerten, welcher MMP welche der User Stories wie gut unterstützt. Die Kosten haben die Entwickler geschätzt, der Nutzen sei das Ergebnis einer Onlinebefragung unserer Lead User. MMP 1 ist etwas kostengünstiger, dafür auch etwas weniger nützlich als MMP 2. Laut der beiden Punktsummen in der unteren Zeile ist MMP 1 ein wenig besser als MMP 2.

Kosten und Nutzen als Entscheidungskriterien sind gängig. Man könnte auch Qualitätsattribute wie Performanz oder Benutzerfreundlichkeit verwenden. Da es die Perspektiven und Interessen verschiedener Gruppen zu konsolidieren gilt, könnten auch der Nutzen für verschiedene Benutzergruppen als zwei separate Kriterien berücksichtigt werden, zum Beispiel »Nutzen für Touristen« und »Nutzen für Nutzer, die sich auf den TOEFL-Test vorbereiten«.

Wie ermittelt man den Nutzwert?

Wo bekommt man die Inhalte dieser Tabellen her?

- ✔ Die **Optionen** ergeben sich meist während der Diskussion, wenn beispielsweise verschiedene Beteiligte unterschiedliche Lösungen vorschlagen oder eine Person mehrere Vorschläge entwickelt, von denen nicht auf den ersten Blick klar ist, welcher der bessere sein wird. Auch Recherchen und Kreativitätsmethoden führen dazu, dass man sich der Vielfalt der Gestaltungsmöglichkeiten bewusst wird.

- ✔ Die **Kriterien** leiten sich aus den Projektzielen ab, aus Zielen von Interessensgruppen oder aus Anforderungen. Sie können User Stories sein oder erwünschte Qualitätseigenschaften.

- ✔ Die **Gewichtungen der Kriterien** kann man ad hoc erstellen, indem man hundert Punkte auf alle Kriterien aufteilt. Oder man verwendet die unten beschriebene systematische Methode nach Kepner und Tregoe im nächsten Absatz.

- ✔ Die **Bewertungen** innerhalb der Tabelle sind das Ergebnis von Expertenbefragungen, Abstimmungen, Schätzungen, Messungen oder Recherchen. Das kommt jeweils auf das Kriterium an. Kosten lassen sich durch Kostenvoranschläge oder durch eine Schätzmethode ermitteln. Der Nutzen dagegen ist subjektiv.

Gewichtung der Kriterien

Bei der Gewichtung von n Kriterien durch paarweisen Vergleich nach Kepner und Tregoe geht man folgendermaßen vor:

1. **n x n-Matrix der Kriterien erstellen**

2. **Hauptdiagonale mit Einsen auffüllen**

3. **Paarweise vergleichen:** Ist das Kriterium in Zeile m wichtiger als in Spalte k? Falls ja: 1 in die Matrix eintragen, andernfalls 0. Es genügt, nur die Vergleiche über oder unter der Diagonalen durchzuführen. Steht in Zeile m und Spalte k eine 1, dann muss in Zeile k, Spalte m eine 0 stehen und umgekehrt.

4. **Die Summe aller Matrixelemente s** ist immer $s = n\,((n - 1)/2 + 1)$.

5. **Nun zeilenweise die Punkte addieren und durch s teilen.** Dies ergibt die prozentuale Wichtigkeit des Kriteriums.

   Wir führen das beispielhaft für die folgenden vier Kriterien durch, deren Reihenfolge wir annehmen als: User Story 2 > User Story 1 > Kosten > Benutzerfreundlichkeit, wobei das Zeichen > bedeutet »ist wichtiger als«.

6. **4x4-Matrix erstellen**

–	User Story 1	User Story 2	Benutzer-freundlichkeit	Kosten
User Story 1	…	…	…	…
User Story 2	…	…	…	…
Benutzer-freundlichkeit	…	…	…	…
Kosten	…	…	…	…

Tabelle 21.6: Kepner & Tregoe, erster Schritt: Matrix erstellen

7. **Hauptdiagonale mit Einsen auffüllen**

8. **Paarweiser Vergleich**

–	User Story 1	User Story 2	Benutzer-freundlichkeit	Kosten
User Story 1	1	0	1	1
User Story 2	1	1	1	1
Benutzer-freundlichkeit	0	0	1	0
Kosten	0	0	1	1

Tabelle 21.7: Kepner & Tregoe, dritter Schritt: paarweiser Vergleich

9. Summe aller Matrixelemente

Die Summe aller Matrixelemente beträgt $s = 4\ (3/2 + 1) = 10$.

10. Zeilenweise die Punkte addieren und durch *s* teilen

Das Ergebnis dieses Schritts sehen Sie in Tabelle 21.8.

–	User Story 1	User Story 2	Benutzer-freundlichkeit	Kosten	Gewicht des Kriteriums
User Story 1	1	0	1	1	0,3
User Story 2	1	1	1	1	0,4
Benutzer-freundlichkeit	0	0	1	0	0,1
Kosten	0	0	1	1	0,2

Tabelle 21.8: Kepner & Tregoe, fünfter Schritt: Zeilenweise addieren und durch *s* teilen

Sensitivitätsanalyse

Das Ergebnis unserer Beispiel-Nutzwertanalyse fiel nicht gerade deutlich aus: MMP 1 erzielte 6,0 Punkte und MMP 2 nur knapp weniger, nämlich 5,8 Punkte. Das sind rund 3 % Abweichung. Mit Hilfe einer *Sensitivitätsanalyse* loten Sie aus, ob dieser Unterschied tatsächlich bedeutet, dass MMP 1 besser ist als MMP 2. Dabei geht es darum, die Auswirkung einzelner Bewertungen auf das Gesamtergebnis auszutesten beziehungsweise umgekehrt die Robustheit der Gesamtbewertung gegenüber geringfügigen Änderungen einzelner Werte.

Beispielsweise sind Sie sich bei der Bewertung der Kosten nicht sicher. Diese könnte auch jeweils einen halben Punkt höher oder geringer sein. Wir experimentieren also mit einem Intervall (vgl. Tabelle 21.9).

		MMP 1: Zielgruppe Touristen, Englisch		MMP 2: Nur schriftliche Übungen, Englisch	
Kriterium	Gewicht	Bewertung	Punkte	Bewertung	Punkte
Kosten	0,6	5,5–6,5	3,3–3,9	4,5–5,5	2,7–3,3
Nutzen	0,4	6	2,4	7	2,8
Summe	1		5,7–6,3		5,5–6,1

Tabelle 21.9: Sensitivitätsanalyse

Wie Sie sehen, überlappen sich nun die Intervalle der möglichen Punktsummen beider MMPs. Wenn Sie zuvor den Kosten von MMP 1 einen halben Punkt zu viel zugewiesen hätten und denen von MMP 2 zu wenig, dann wäre in Wirklichkeit MMP 2 besser als MMP 1: 6,1 versus 5,7 Punkte. Diese beiden MMPs liegen also punktmäßig zu nahe beieinander, um eine eindeutige Entscheidung zu treffen. Da bleibt noch die einfache Möglichkeit, sich strategisch zwischen Kosten und Nutzen zu entscheiden: Möchten Sie lieber mehr Nutzen zu etwas höheren Kosten? Oder erstmal die kostengünstigere Lösung? Aufgeschoben ist in diesem Fall nicht aufgehoben.

Erstellen eines Lastenhefts

Wenn Sie sauber und nachvollziehbar arbeiten wollen oder müssen, dann erstellen Sie ein Lastenheft als Ergebnis der Define-Phase auf Systemebene. Dieses beschreibt, was aus Perspektive des Problemraums geplant ist.

Ein **Lastenheft** ist ein Dokument, das die Anforderungen an ein System im Problemraum beschreibt: Welches Problem soll gelöst werden und welcher Arbeitsprozess unterstützt? Was ist der geplante Leistungsumfang?

Den Kern des Lastenhefts bildet die Liste der Anforderungen, die an das Produkt gestellt werden, unter anderem die User Stories. Diese sollten noch nicht die technische Lösung vorgeben, sondern aus Sicht der Benutzer oder anderer Interessensgruppen beschreiben, was diese davon erwarten.

Sie werden hier alles zusammenfassen, was Sie über die Ziele, Bedürfnisse und Wünsche im Problemraum bisher recherchiert haben. Hier spezifizieren Sie auch, welchen Umfang das MMP haben soll und was erst für spätere Ausbaustufen geplant ist.

Zusätzlich zu den Anforderungen sind weitere sinnvolle Inhalte des Lastenhefts:

- Projektziele beziehungsweise Produktziele: Wozu wird das Projekt durchgeführt oder das Produkt entwickelt?
- Glossar: Definition von Begriffen und Akronymen
- Systemumfeld, Randbedingungen und Annahmen
- Interessengruppen: Wer hat welches Interesse am Produkt?
- Nutzergruppen: Wer nutzt das Produkt zu welchem Zweck und hat welche Bedürfnisse? Beispielsweise als Personas beschrieben.
- Qualitätsanforderungen: Welche Qualität wird erwartet? Die ISO 25010 kann hier als Checkliste dienen.

Nun sind Sie dran! Sie haben Ihre umfangreiche Ideensammlung ja schon nach Themen sortiert. In der ersten Iteration bleiben Sie auf der Produktebene beziehungsweise Systemebene, um herauszufinden, ob das Produkt überhaupt Erfolgschancen mit sich bringt. In den späteren Iterationen betrachten Sie auch einzelne Produktfunktionen beziehungsweise einzelne Cluster.

Auf Systemebene machen Sie nun dies, um die Machbarkeit Ihres Produkts im Problemraum zu analysieren:

- ✔ Holen Sie Ihre Personas, Wettbewerbsanalysen und so weiter aus Ihrer Mappe und werfen Sie einen erneuten Blick darauf.
- ✔ Formulieren Sie Ihre Ideen und Basismerkmale als User Stories aus.
- ✔ Definieren Sie ein Referenzsystem für Ihr Produkt, beispielsweise das Vorgängermodell oder ein Konkurrenzprodukt.
- ✔ Bewerten Sie alle Ihre User Stories selbst nach den Kano-Kriterien bezüglich dieses Referenzsystems.
- ✔ Definieren Sie zwei oder mehr Varianten eines MMP mit sämtlichen Basismerkmalen plus mehr oder weniger von den Leistungs- und Begeisterungsmerkmalen.
- ✔ Machen Sie eine Nutzwertanalyse für zwei Varianten Ihres MMP und wählen Sie eines aus.
- ✔ Erstellen Sie optional ein Lastenheft mit den Personas, Produktzielen, Produktumfeld, Liste der Funktionen und gewünschten Qualitätsanforderungen, beide als User Stories. Die User Stories sind auf Systemebene ausreichend.
- ✔ Erstellen Sie einen mehr oder weniger realistischen Prototypen.
- ✔ Machen Sie Marktforschung, falls möglich: Wie können Sie herausfinden, was die möglichen Käufer über Ihre Vorstellung eine MMP (oder beide) denken? Ist eine Onlineumfrage machbar? Oder sprechen Sie einfach mit ein paar Leuten, die Sie kennen? Können Sie Ihren Prototypen vorführen oder zum Ausprobieren bereitstellen? Welche Fragen möchten Sie stellen?

Folgende Ergebnisse erzeugen Sie in Phase 2 »Define auf Systemebene«:

- ✔ Gruppierung Ihrer Ideen aus Phase 1.
- ✔ Vereinheitlichte Darstellung dieser Ideen, beispielsweise als User Stories.
- ✔ Entdecken und Schließen von Lücken bei den Merkmalen des Produkts, sowohl bei Funktionen als auch bei Qualitätseigenschaften.
- ✔ Markt- und Zielgruppenanalyse und damit eine klarere Vorstellung, ob es einen Markt gibt und mit welchem Teilmarkt Sie beginnen.
- ✔ Kano-Klassifikation der Merkmale des Produkts.
- ✔ MMP, eventuell auch Nutzwertanalyse für verschiedene MMPs.
- ✔ Eventuell Lastenheft.
- ✔ Low-Fidelity-Prototyp.

Ja, das klingt nach viel, ist aber eine wichtige, wegweisende Phase. Es lohnt sich, hier sauber zu arbeiten und das spart Ihnen teure Experimente.

IN DIESEM KAPITEL

In den Phasen 3 und 4 entwickeln Sie auf Systemebene eine grobe technische Lösung

Kosten und grundsätzliche technische Machbarkeit bewerten

Auf Wirtschaftlichkeit prüfen

Kapitel 22
Phasen 3 Develop und 4 Deliver auf Systemebene

Ziel der Phase 3 »Develop auf Systemebene« ist der Entwurf mehrerer denkbarer technischer Lösungen. Da es sich hierbei um eine kreative Tätigkeit handelt, können Sie hier erneut Kreativitätsmethoden einsetzen, nun mit der Arbeitsfrage »Wie lässt sich dieses Produkt technisch umsetzen?« Denken Sie dabei nicht nur an den MMP, sondern an das gesamte Produkt, wie es in späteren Ausbaustufen aussehen soll und wofür es letztlich verwendet werden soll.

Die Phase 4 »Deliver auf Systemebene« bewertet diese Lösungen hinsichtlich Machbarkeit, Kosten und Nutzen, um die beste auszuwählen, die weiterentwickelt werden soll. Um diese Phase geht es in diesem Kapitel.

Machbarkeit im Lösungsraum

Nun wechseln wir vom Problemraum in den Lösungsraum. Nachdem wir im Problemraum die Ideen aus dem Kreativitätsworkshop in die Kano-Kategorien klassifiziert haben und auch schon eine ungefähre Idee von MMP und MVP entwickelt haben, stellt sich noch die Frage nach der technischen Machbarkeit: Lässt sich dieses Produkt bauen? Bis wann und wie teuer? Genauso wie beim Nutzen einzelner Produktfunktionen ist es auch bei den Kosten: Es macht mehr Sinn, nicht die Kosten einzelner Funktionen zu ermitteln, sondern als Ganzes für eine Version des Produkts. Ausnahme: Wir haben schon ein funktionsfähiges Produkt, zu dem einzelne neue, voneinander unabhängige Funktionen hinzugefügt werden sollen.

Problem- und Lösungsraum sind unscharf getrennt

Tatsächlich lassen sich Problem- und Lösungsraum nicht ohne Weiteres voneinander trennen. Wenn Sie im Problemraum präzise und konsistent spezifizieren wollen, brauchen Sie schon eine Idee von Struktur und Aufbau des Systems und befinden sich damit gedanklich schon im Lösungsraum.

Machbarkeitsanalyse für inkrementelle Verbesserungen

Was Sie nun zu tun haben, hängt stark davon ab, welche Technologie Sie verwenden, und davon, ob Sie ein radikal innovatives Produkt erstellen oder ein existierendes inkrementell weiterentwickeln.

Bei der inkrementellen Verbesserung können Sie für jede Idee leicht auf der Grundlage Ihrer bisherigen Erfahrungen festlegen, mit welcher Technologie Sie diese Idee umsetzen würden. Dann wissen Sie auch ungefähr, ob es technisch machbar ist und wie teuer. Wo es nicht ganz klar ist, recherchieren Sie, befragen Experten oder probieren es einfach »schnell« aus. Jeder Idee lassen sich so einzeln ungefähre Kosten zuordnen.

Machbarkeitsanalyse für radikale Innovationen

Wenn Sie sich ein komplett neues Produkt ausgedacht haben, dann müssen Sie ganz bei null anfangen und herausfinden:

- ✔ Was für Technologien kommen für die Umsetzung grundsätzlich in Frage?
- ✔ Gibt es vergleichbare Produkte, von denen wir lernen können oder von denen wir sogar einzelne Komponenten wiederverwenden können?
- ✔ Gibt es Referenzarchitekturen, Architekturmuster, Vorbilder oder Standards, an denen wir uns bei der Umsetzung orientieren können?
- ✔ Welche Vor- und Nachteile haben die Technologien jeweils?

Dabei können Sie in allen verfügbaren Quellen recherchieren: Internet, Fachpublikationen, Messestände, Experten kontaktieren, mit möglichen Lieferanten von Bauteilen sprechen, aber auch Prototypen ausprobieren.

Das Ziel muss nicht schon die endgültige technische Lösung sein. Besser ist es, auch hier kreativ möglichst viele Entwürfe vorzuschlagen, um diese dann zu analysieren und zu vergleichen.

Gedankenexperimente, Simulationen, Berechnungen oder Prototypen

Ein gezeichneter Entwurf der technischen Lösung ist schon mal eine unentbehrliche Grundlage. Er unterstützt die erfahrene Ingenieurin dabei, erfahrungsbasiert einzuschätzen, ob etwas technisch machbar sein könnte oder was die Herstellung kosten würde. Diese Prognose basiert auf einem Gedankenexperiment. Idealerweise können Sie mit einer Simulationssoftware Ihren Entwurf durchrechnen. Oder Sie bauen einen Prototypen nach dem Motto »Probieren geht über Studieren«. Low-Fidelity- und High-Fidelity-Prototypen, horizontale und vertikale Prototypen hatten wir ja schon diskutiert. Dank 3D-Druck ist heute vieles möglich, mit relativ wenig Aufwand auszudrucken und auszuprobieren, und sei es im verkleinerten Maßstab.

Nicht vergessen: iterativ vorgehen

Nicht vergessen: Unser zwölfphasiger Entwicklungsprozess durchläuft die Phasen Develop und Deliver auf drei verschiedenen Abstraktionsebenen. Auf Systemebene geht es erstmal nur um die Frage, ob das Produkt, beispielsweise die Sprachlern-App, grundsätzlich machbar ist. Software ist recht formbar, bei physischen Produkten kommen einem oft die Naturgesetze in die Quere.

Sie kennen das vielleicht auch? Der Chef war auf einer Messe und dort hat er ganz begeistert etwas gesehen oder von etwas gehört. Das will er jetzt nachbauen. Und Sie fragen sich, ob die Konkurrenz tatsächlich ein solches Produkt zum Fliegen gebracht hat oder Ihr Chef auf einen Fake hereingefallen ist. Einige kreative Ideen von Vorgesetzten oder Kunden habe ich schon kommentiert mit: »Das muss er aus einem Science-Fiction-Film haben!« Auf Systemebene geht es darum, genau solche technisch (noch) nicht umsetzbaren Ideen auszufiltern.

Alles was nicht sofort als unmachbar rausfällt, sollte weiter im Rennen bleiben und kann in späteren Runden beziehungsweise Phasen immer noch aussortiert werden.

Blicken wir nochmal zurück auf unsere zwanzig Beispielideen für die Sprachlern-App: Nichts davon wirkt unmöglich. Vieles davon gibt es so ähnlich schon oder können wir umsetzen durch zusätzliche Hardware, zugekaufte Software oder Partnerschaften. Offen bleibt teilweise nur, ob der zu erwartende Nutzen die Kosten rechtfertigt oder ob ein genügend hohes Qualitätsniveau erreichbar ist, beispielsweise eine ordentliche Performance von Rollenspielen in einer Virtual Reality über mobiles Internet.

Kostenschätzung: Was kostet es?

Die Methoden zur Kostenschätzung unterscheiden sich je nach verwendeter Technologie. Wenn Sie wissen, aus welchen Komponenten Sie Ihr Produkt zusammensetzen wollen, können Sie für jede Komponente den Aufwand schätzen. Erfahrungsbasiert, auf der Grundlage von Kostenvoranschlägen von Lieferanten, Katalogpreisen und was Sie sonst normalerweise verwenden.

Auf Systemebene brauchen Sie nur eine ungefähre Zahl, gerade gut genug, um ein Budget zu beantragen, falls noch nicht geschehen, und um zu beurteilen, ob das Produkt innerhalb des Budgets machbar ist oder ob es wirtschaftlich hergestellt werden kann. Einen Eindruck vom Marktpreis haben Sie sich ja schon verschafft.

Voraussetzungen, Sicherheit und Risiken?

Außer den Kosten spielen noch weitere Faktoren eine Rolle, die Sie während der Machbarkeitsanalyse zu betrachten haben:

- **Voraussetzungen:** Gibt es Voraussetzungen, die gegeben sein müssen, um eine Idee umzusetzen? Sind diese erfüllt, können Sie erfüllt werden und falls ja mit welchem Aufwand? Dazu gehören technische Kenntnisse, die Menge an Personal, Lager-, Entwicklungs- und Produktionskapazitäten, aber auch Vertriebswege.
- **Reife:** Gibt es die benötigten Technologien bereits und wie reif sind diese? Was müsste eventuell neu entwickelt werden? Gibt es auch die nötigen Herstellungsverfahren schon?
- **Sicherheitsaspekte:** Welche Sicherheitsprobleme bringt die Idee mit sich? Bei inkrementellen Verbesserungen müssen Sie nur betrachten, welche Sicherheitsrisiken neu dazu kommen. Bei einer radikalen Innovation wird eine komplette Sicherheitsanalyse nötig. Je höher der Schaden, den das Produkt anrichten kann, umso sorgfältiger müssen Sie hierbei vorgehen.
- **Risiken:** Zusätzlich können neue Funktionen, neue Produkte oder neue Technologien weitere Risiken mit sich bringen. Was fällt Ihnen dazu ein? Auch zum Thema Risiken und Sicherheitsrisiken lohnt sich ein Kreativitätsworkshop! Sie können mit Hilfe von Kreativitätsmethoden bisher unbekannte Risiken identifizieren.

Nutzwertanalyse im Lösungsraum

Wir hatten die Nutzwertanalyse im Problemraum dafür verwendet, um MMPs, Produktvarianten oder auch einzelne Ideen miteinander zu vergleichen. Dieselbe Darstellung hilft uns nun im Lösungsraum bei der Wahl der einzusetzenden Technologie. Auch hierbei gilt es, mehrere zunächst gleichwertig erscheinende Optionen miteinander zu vergleichen.

Tabelle 22.1 zeigt ein Beispiel für unsere Sprachlern-App. Eine der ersten technischen Entscheidungen betrifft hier die Frage, ob wir sie als Web-Anwendung oder als Smartphone-App entwickeln. Vorteil der Web-Anwendung ist der, dass dieselbe App auf allen Endgeräten mit Hilfe des Internetbrowsers verwendbar ist, vom Desktop-Computer über den Laptop bis zu Smartphones. Von einer Smartphone-App müssten wir für jedes Betriebssystem jeweils eine eigene Variante entwickeln. Dadurch entsteht ein höherer Entwicklungsaufwand und trotzdem wäre eine Nutzung über einen Laptop nicht möglich. Nachteil der Web-Anwendung ist, dass manche technischen Möglichkeiten von Smartphones hier nicht genutzt werden. In unserem Beispiel werden die beiden User Stories 12 und 14 nicht oder schlechter unterstützt:

- User Story 12 – Offline-Modus: Als Lerner will ich auch ohne Internetzugang lernen können, so dass ich überall lernen kann und Downloadvolumen spare.
- User Story 14 – Personalisierte Stadtführung: Als Lerner will ich passend zu meinem Standort Informationen über den Ort erhalten, so, dass ich in einer fremden Stadt mit der App eine Stadtführung erhalte.

Das schmälert den Nutzen.

		Web-Anwendung		Smartphone-App	
Kriterium	**Gewicht**	**Bewertung**	**Punkte**	**Bewertung**	**Punkte**
Kosten	0,6	8	4,8	4	2,4
Funktionsumfang	0,2	9	1,8	10	2,0
Zugänglichkeit	0,2	10	2,0	8	1,6
Summe	1		8,6		6,0

Tabelle 22.1: Beispiel: Nutzwertanalyse für den Vergleich zweier Technologien

In Tabelle 22.1 hätten wir als Bewertungskriterien auch die ganze Liste der geplanten User Stories als Bewertungskriterien verwenden können, jeweils gewichtet nach ihrer Bedeutung. In diesem Beispiel macht es aber wenig Sinn, sie einzeln zu betrachten, da der umsetzbare Funktionsumfang insgesamt recht ähnlich ist. Die Bewertung der Unterstützung der User Stories ist also unter dem Kriterium »Funktionsumfang« zusammengefasst. Auch Qualitätsmerkmale wie Sicherheit oder hier die Zugänglichkeit eignen sich als Bewertungskriterien.

Aufgrund der Nutzwertanalyse entscheiden wir uns nun für eine Web-Anwendung. Im nächsten Schritt wählen wir eventuell ein Framework, eine Programmiersprache und so weiter.

Ist die Idee wirtschaftlich?

Sie haben im Problemraum geprüft, ob es mindestens eine Zielgruppe für Ihr Produkt gibt und was sie zu bezahlen bereit ist. Sie haben im Lösungsraum einen groben Entwurf für das Produkt erstellt, der Ihnen die Einschätzung der Herstellungskosten erlaubt. Nun bringen Sie beide Informationen zusammen und prüfen die Wirtschaftlichkeit.

Meist ist es nicht damit getan, vom Verkaufspreis die Herstellungskosten abzuziehen. Die Herstellungskosten pro Stück hängen von der Stückzahl ab. Und diese können wir nur sehr ungefähr schätzen. Ebenso wissen wir nun zu Beginn des Entwurfsprozesses noch gar nicht so genau, wie hoch die Entwicklungskosten ausfallen werden und vieles mehr.

Einnahmen

Die Einnahmen berechnen Sie bei einem für den Verkauf bestimmten Produkt aus der Anzahl der verkauften Produkte mal dem Verkaufspreis. Beide können Sie nur ungefähr vorhersehen. Wenn Sie sorgfältig schätzen wollen, erstellen Sie drei Schätzungen: eine optimistische, eine pessimistische und eine möglichst realistische.

Manchmal wird aber auch nicht einfach ein Produkt verkauft. Bei unserer Sprachlern-App läuft es eher auf ein Lizenzmodell hinaus, das pro Zeit oder Nutzung abgerechnet wird, eventuell auch die Kombination aus kostenlosen Angeboten und kostenpflichtigen. Hinzu kommen eventuell noch Werbeeinnahmen.

Kosten

Listen Sie alle anfallenden Kosten auf. Dazu zählen nicht nur die Entwicklungskosten (Labor, Werkzeuge, Material, Personal), Produktionskosten (Material, Personal, Räume, Produktionsmaschinen, Energie), sondern auch Marketing und Vertrieb, Händlerrabatte, Benutzerhotline, Retouren, Reparationen, Ersatzteillieferungen, Vor-Ort-Service und was sonst noch nötig wäre. Auch hier können Sie, um es ganz ordentlich zu machen, eine optimistische und pessimistische Schätzung erstellen. Die pessimistische Schätzung berücksichtigt auch möglicherweise eintretende Risiken.

Es gibt Risikoereignisse, die dazu führen, dass Sie doch weniger Teile umsetzen als erhofft, dass es mehr Retouren gibt oder die Produktionskosten sich erhöhen. Diese treten nur mit einer gewissen, zumeist nicht genau bekannten Wahrscheinlichkeit auf. Wenn Sie ganz, ganz sorgfältig arbeiten, listen Sie diese Risiken auf, schätzen deren Wahrscheinlichkeit und Kosten und multiplizieren diese beiden Werte. So erhalten Sie für jedes Risiko den voraussichtlichen Schaden, den es im Mittel verursacht. Diese müssten Sie dann alle noch auf die Kosten aufsummieren.

Betrachtung je nach Abstraktionsebene

Da Sie gerade noch auf der Systemebene arbeiten, kann diese Wirtschaftlichkeitsbetrachtung natürlich nur sehr grob erfolgen. Es geht momentan vor allem darum, offensichtlich unwirtschaftliche Produktideen auszufiltern, bevor Sie noch mehr Aufwand hineinstecken. Auf detaillierteren Abstraktionsebenen können Sie auch die Wirtschaftlichkeit einzelner Produktfunktionen betrachten. Wie wir beim Mail-Client-Beispiel gesehen haben, macht es Sinn, die Ideen und Funktionalitäten so weit zusammenzubündeln, dass deren separate Umsetzung aus Benutzersicht und aus technischer Sicht Sinn macht.

Die Ergebnisse sind selten eindeutig

Das Ergebnis dieser Berechnungen wird Sie vermutlich nicht glücklich machen: Wenn Sie sich an Ihren optimistischen Schätzungen orientieren, werden Sie reich, wenn Sie die pessimistischen nehmen, zahlen Sie bei diesem Produkt drauf. Der Unterschied zwischen einem erfolgreichen und erfolglosen Produkt hängt von vielen Faktoren ab, die Sie nicht alle kontrollieren können. Sie können beispielsweise mehr Aufwand in das Marketing investieren und damit die Verkaufszahlen erhöhen. Ob sich die Aktion gelohnt hat oder die erhöhten Einnahmen gerade den Marketingkosten entsprechen, das wissen Sie nicht vorher. Je mehr Erfahrung Sie haben, umso sicherer können Sie jedoch Prognosen machen.

Trotzdem machen?

Wenn jeder Erfinder oder Firmengründer alles realistisch durchgerechnet hätte und alle auftretenden Schwierigkeiten vorab gekannt hätte, wäre er nie gestartet. Es wäre vermutlich nie eine Rakete ins All geflogen oder auf dem Mond gelandet, niemand hätte ein Telefon oder ein Auto gebaut und so weiter. Umgekehrt hat es auch schon Geschäftsideen gegeben, die sich prima anhörten, dann aber so nicht funktionierten. Oder sie funktionierte zwei Jahre lang prächtig, so lange bis mehrere Konkurrenten sie nachahmten.

Produkte zu entwickeln ist grundsätzlich ein riskantes Geschäft: Zuerst müssen Sie viel in die Entwicklung und Herstellung investieren, aber ob, wie viele und wie teuer Sie verkaufen können, ist ungewiss. Verkaufen Sie an Privatpersonen, müssen Sie diese erst erreichen und vom Kauf eines einzelnen Teils erst überzeugen. Verkaufen Sie große Mengen an wenige Firmenkunden, dann hängen Sie von diesen ab und werden im Preis ruinös gedrückt und gegen Konkurrenten ausgespielt.

Der einzige Ausweg aus diesem Dilemma ist Innovation. Sie brauchen ständig neue Produkte, die Sie als der Erste auf dem Markt zu besseren Preisen verkaufen können. Innovative Produkte erzielen bei innovationsfreudigen Käufern zunächst gute Preise. Die Preise sinken, sobald Nachahmer unter der Konkurrenz dasselbe billiger anbieten.

Portfolio

Ein Portfolio beschreibt die Menge Ihrer Produkte. Dieses Produktportfolio ist idealerweise so ausbalanciert, dass Sie mit Ihren Brot-und-Butter-Produkten Ihre neuen Ideen finanzieren können. Mit »Brot und Butter« bezeichnet man solche Produkte, die man sicher in großer Stückzahl aber mit geringem Gewinn verkaufen kann. Sie bilden eine stabile Basis für Ihr Geschäft, weil die Produktionskapazitäten produktiv arbeiten und sicher Geld hereinkommt. Das gibt Ihnen die finanzielle und sonstige Grundlage dafür, neue Produkte zu entwickeln, von denen vielleicht nur jedes fünfte tatsächlich erfolgreich wird. Auf dem Brot-und-Butter-Geschäft können Sie sich wie gesagt nicht ausruhen, weil jedes Produkt irgendwann ausläuft und gegen ein besseres ersetzt wird. Das Geheimnis liegt in einer gesunden Mischung aus Brot-und-Butter-Geschäft und innovativen Angeboten.

Start-up ohne Portfolio?

Gerade Start-ups bieten oft nur ein einziges Produkt an. Ihr Wohl und Wehe hängt allein davon ab. Hier gilt dann »Top oder Flop«. Entweder das Produkt verkauft sich prima und das Unternehmen floriert. Oder die Investition geht den Bach runter und das Unternehmen ist pleite.

BEISPIEL

Viel zu selten haben Start-ups ein Portfolio, das dieses Risiko mindern würde. Sie setzen alles auf eine einzige Karte. Hier ein Gegenbeispiel: Das deutsche Start-up Sono Motors GmbH entwickelte ein neuartiges E-Auto namens Sion, dessen Karosserie rundum aus Solarzellen bestand, um dann hauptsächlich mit Sonnenenergie angetrieben zu werden – auf kurzen Strecken vollständig emissionsfrei. Allerdings gab es Probleme mit der Produktion und der technischen Zulassung. Für weitere Entwicklungszyklen fehlte das Geld, die Investoren schoben nichts mehr nach.

Statt die Firma zu schließen, besannen sie sich auf ihre Kompetenzen im Bereich Solarenergie und auf ihre Patente. Sie lizenzierten die von ihnen erfundenen Technologien, die sie für den Sion entwickelt hatten, und arbeiteten als Zulieferer für andere Automobilhersteller. Auf diese Weise konnten das Unternehmen, ein Teil des Teams, die Patente und das Wissen zusammenbleiben. Aus Sono Motors wurde Sono Solar. Leider mussten die Prototypen im Zuge der Insolvenzverwaltung versteigert werden.

Allerdings wurde das Unternehmen zu dieser Strategie und zu Plan B durch die Insolvenz und Investoren erst gezwungen. Die Geschichte hätte sich anders gelesen, hätten sie von Anfang an mehr auf das Brot-und-Butter-Geschäft gesetzt.

Ziel der Deliver-Phase: Pflichtenheft, Architektur oder Schaltplan oder …

In der Deliver-Phase besteht Ihr Ziel darin, die beste technische Lösung vorzuschlagen. Das muss nicht unbedingt eine einzige sein. Auf Systemebene dürfen auch noch mehrere Lösungen im Rennen bleiben. Diese können Sie in einem Pflichtenheft schriftlich festhalten. Dazu gehört auch eine Architektur, die beschreibt, welche Komponenten das Produkt haben soll, und wie diese untereinander und mit der Umgebung interagieren: Welche Daten, elektrischen Ströme, chemischen Stoffe, mechanischen Kräfte und so weiter werden hier fließen? Die Machbarkeit und Kosten können Sie nur auf der Grundlage eines solchen Entwurfs ermitteln.

Ein **Pflichtenheft** ist ein Dokument, das die Anforderungen an ein System im Lösungsraum beschreibt: Was wird geliefert, was wird das System wie leisten? Hier wird die technische Lösung beschrieben: Technologie und Komponenten. der Einsatzbereich, technische Kenndaten und Toleranzbereiche, auch einzuhaltende Normen und Prüfvorschriften.

Auf Systemebene machen Sie nun dies, um die Machbarkeit Ihres Produkts im Lösungsraum zu analysieren:

- ✔ Entwerfen Sie auf Produktebene (Systemebene) einen groben Entwurf oder besser mehrere zur Auswahl.
- ✔ Ist es überhaupt technisch machbar?
- ✔ Schätzen Sie: Was würde die Umsetzung kosten?
- ✔ Vergleichen Sie durch eine Nutzwertanalyse Ihre Entwürfe miteinander.
- ✔ Bewerten Sie nun die Wirtschaftlichkeit anhand einer Einnahmen- und Kostenanalyse. Berücksichtigen Sie außer der wahrscheinlichsten Prognose auch die optimistischste und die pessimistischste sowie möglicherweise eintretende Risiken.

Ziel der Phase 3 »Develop auf Systemebene« ist der Entwurf mehrerer technischer Lösungen. Hierbei können Sie wieder Kreativitätsmethoden einsetzen.

Die Phase 4 »Deliver auf Systemebene« bewertet diese Lösungen hinsichtlich Machbarkeit, Kosten und Nutzen, um die beste auszuwählen, die weiterentwickelt werden soll.

Sie gehen hier so vor:

- ✔ Sie erstellen zunächst (kreativ) einen oder mehrere technische Entwürfe.
- ✔ Um die Machbarkeit, Herstellungskosten, Vor- und Nachteile jedes Entwurfs zu beurteilen, stehen Ihnen als Methoden zur Verfügung: Gedankenexperimente, Simulationen, Berechnungen, Expertenschätzung oder Prototypen.
- ✔ Vergleichen Sie diese Entwürfe mit Hilfe einer Nutzwertanalyse tabellarisch und wählen Sie den besten aus.
- ✔ Schätzen Sie die Wirtschaftlichkeit ab.
- ✔ Erstellen Sie zu guter Letzt ein Pflichtenheft.

IN DIESEM KAPITEL

Mit Phase 5 wechseln wir auf die Szenarioebene

Nutzungsszenarien entwickeln

Nutzungsszenarien textuell, als Diagramm, als Prototyp und/oder Abnahmetestfälle darstellen

Kapitel 23
Phase 5 Discover auf Szenarioebene

Auf der Systemebene haben wir den Doppel-Diamanten einmal durchlaufen: Discover und Define im Problemraum, Develop und Deliver im Lösungsraum. Nun wechseln wir auf die detailliertere Szenarioebene, zurück in eine kreative Phase im Problemraum. Dasselbe System, das bisher grob, aber auf dieser Ebene realistisch entworfen wurde, verfeinern wir nun auf Szenarioebene zu Nutzungsszenarien. Sie lernen hier vier Darstellungsformen von Nutzungsszenarien kennen, die Sie alternativ oder kombiniert verwenden können.

Nutzungsszenarien

Nutzungsszenarien sind Schritt-für-Schritt-Beschreibungen dessen, was der Benutzer tut, wie das System darauf reagiert, was dann der Benutzer tut und dann das System und so weiter. Natürlich müssen auch hier alle auftretenden Fälle und Fehlersituationen definiert werden, weil sie für die Korrektheit wichtig sind. Dies gilt nicht nur für physische Produkte und Software, sondern auch für die Abläufe von Dienstleistungen.

Ein **Nutzungsszenario** ist so definiert:

- ✔ Es beschreibt schrittweise die Nutzung eines Produkts (oder Systems oder Dienstleistung) in Form von Eingaben eines Benutzers und der Reaktion des Produkts.

- ✔ Beschrieben wird die Interaktion des Benutzers mit dem Produkt.
- ✔ Das Szenario startet durch einen Trigger und hat am Ende das erwünschte Ergebnis erbracht – oder angemessen auf einen Fehler reagiert.

Wozu Nutzungsszenarien?

User Stories sind als »leichtgewichtige« Spezifikationsformen beliebt geworden. Die User Stories sind auch ganz hilfreich für einen groben Überblick, aber ein klares Bild von der gewünschten Funktionalität entsteht dadurch nicht. Eine User Story beschreibt nur recht grob die Absicht einer Interessensgruppe. Manche User Stories klingen eher wie Themenbereiche, aber nicht wie konkrete, testbare Anforderungen. Sie lassen noch viel Interpretationsspielraum, wie Sie bei der Suche nach einer technischen Lösung sicher bemerkt haben. Nun wollen wir konkreter werden, bevor Sie Funktionalitäten in Stein meißeln oder in ein anderes nur schwer noch änderbares Produkt.

Am besten bringen Sie alle User Stories auf dieselbe Abstraktionsebene, nämlich die Ebene der Nutzungsszenarien. Nutzungsszenarien als detaillierte Form für die Anforderungsspezifikation beschreiben die Interaktion zwischen einem System und seinem Umfeld, insbesondere mit menschlichen Anwendern, aber auch mit anderen Systemen. Sie sind unerlässlich, wo vorgegebene Arbeitsprozesse oder Abläufe unterstützt werden sollen. Es gibt aber auch Systeme mit einfacher Benutzeroberfläche, wo die komplexen Abläufe im Inneren stattfinden. Auch diese inneren Abläufe gehören zu den Nutzungsszenarien. Was soll beispielsweise das autonome Auto tun, wenn sein Radarsystem ausfällt und/oder die Kamera mit Matsch verklebt ist? Ganz konkret!

Nutzungsszenarien gestalten oder dokumentieren die Anwendererfahrung beim Sprachenlernen in der App, die Bearbeitung von Reisekostenabrechnungen in einem Intranetportal, den Herstellungsprozess für eine Elektronikschaltung am Fließband, den Wartungsablauf durch einen Techniker vor Ort beim Kunden und dergleichen. Dafür gibt es oft schon ausgefeilte, wohldurchdachte und standardkonforme Abläufe, deren Reihenfolgen, Rollenzuordnungen, Checklisten und Formulare unverrückbar definiert sind. Manchmal sind diese schon in einem Handbuch spezifiziert, manchmal nur den Experten stückweise bekannt. Auf jeden Fall müssen die erwünschten Abläufe im Problemraum dann in allen Details als Nutzungsszenarien aufgeschrieben werden als Grundlage für die Entwicklung.

Die gute Nachricht ist: Da Nutzungsszenarien so detailliert sind, bilden sie auch schon eine gute Grundlage–für die Programmierung, die Abnahmetestfälle und das Handbuch. Der investierte Aufwand lohnt sich also mehrfach. Im Idealfall ersparen die Nutzungsszenarien aufwendige Nachbearbeitungen, weil der Programmierer beim Codieren eine Geschäftsregel nicht umgesetzt hat oder andere implizite Anforderungen der Anwender erst bei der Abnahme entdeckt werden.

Erstellung im Problemraum als gemeinsame kreative Tätigkeit

Nach meiner Erfahrung sollte man die Verantwortung für die Nutzungsszenarien nicht den Ingenieuren allein überlassen, weil meist Geschäftsregeln oder Best Practices oder Standards des Anwendungsbereichs klare Vorgaben machen. Dass wir hier im Problemraum arbeiten, also aus Anwendersicht, bedeutet aber auch nicht, dass man die Spezifikation den Anwenderinnen überlässt. Gemeinsam sollten die Nutzungsszenarien ausgearbeitet werden, um alles vorhandene Wissen zu nutzen. Da es sich um eine kreative Tätigkeit handelt, sollten hier auch wieder Kreativitätsmethoden zum Einsatz kommen.

Darstellung von Nutzungsszenarien

Nutzungsszenarien können Sie in einer der folgenden Formen darstellen:

- ✔ Textuelle Beschreibung,
- ✔ Diagramm, nach Vorliebe als Aktivitätsdiagramm aus der UML (UML = Unified Modelling Language) oder aus der SysML (Systems Modeling Language), als BPMN-Prozessmodell (Business Process Model and Notation) oder EPK (Ereignisgesteuerte Prozesskette),
- ✔ Low-Fidelity-Prototyp,
- ✔ Abnahmetestfall.

Sie können diese Darstellungsformen miteinander kombinieren oder für verschiedene Szenerien jeweils eine andere wählen.

Beispiele für Nutzungsszenarien

Nehmen wir als Beispiel User Story 17 »Wettbewerb«, die lautet: »Als Lerner will ich an Wettbewerben teilnehmen können, sodass ich mich mit anderen messen kann und mich das motiviert.« Um diese User Story konkret umzusetzen, muss die App mehrere Nutzungsszenarien unterstützen, die hier noch in der Form von User Stories beschrieben sind:

- ✔ Szenario 17 a »Wettbewerb erstellen«: Als Administrator will ich einen Wettbewerb erstellen, sodass die Lerner ihn angezeigt bekommen und sich dafür anmelden können. Dabei gebe ich ein: Titel, Beschreibung, Zeitraum, Gewinnkriterium (beispielsweise Anzahl gelernter Wörter, Anzahl abgeschlossener Lektionen, Lernpunkte), Teilnehmer, Einstellungen.
- ✔ Szenario 17b »für Wettbewerb anmelden«: Als Lerner will ich mich für einen Wettbewerb anmelden, sodass ich daran teilnehmen kann.
- ✔ Szenario 17c »Lernleistung für Wettbewerb anrechnen«: Als Lerner will ich, dass während des Zeitraums des Wettbewerbs meine Lernleistung für den Wettbewerb angerechnet wird, damit ich so viele Punkte erhalte wie ich verdiene.
- ✔ Szenario 17d »Wettbewerb abschließen«: Als Administrator will ich am Ende des Zeitraums des Wettbewerbs den Gewinner ermitteln, den Preis zustellen und die Teilnehmenden über das Ergebnis informieren, damit der Wettbewerb korrekt beendet ist.

Hierbei handelt es sich um Nutzungsszenarien, weil jedes von ihnen einen Vorgang beschreibt, der ein wohldefiniertes nützliches Ergebnis erzeugt.

Beispiel für ein textuelles Nutzungsszenario

Tabelle 23.1 zeigt als Beispiel für ein textuelles Nutzungsszenario unser Szenario 17a. Das Szenario muss genau genug spezifiziert sein, damit bei jedem Schritt definiert ist, was der Benutzer eingibt, was das System tut und was es anzeigt. Der Ablauf wird dabei in elementare Aktionen zerlegt, wie Eingaben, Berechnungen, Prüfungen und Ausgaben.

Name	**17a Wettbewerb erstellen**	
Aktor	Administrator	System
10	Einloggen	
20		Startseite anzeigen
30	Wählt »Wettbewerbe → erstellen«	
40		Legt einen neuen Wettbewerb an. Defaultwerte sind: – Startdatum = heutiges Datum – Teilnehmer = alle – Verantwortlicher = aktueller User
50		Zeigt Benutzeroberfläche »Wettbewerb bearbeiten«
60	Gibt ein: Titel, Beschreibung, Zeitraum, Gewinnkriterium (beispielsweise Anzahl gelernter Wörter, Anzahl abgeschlossener Lektionen, Lernpunkte), Teilnehmer, Einstellungen	
70	Wählt »speichern«	
80		Prüft Daten: – Mussfelder sind Titel und Zeitraum (Startdatum und Enddatum) – Das Enddatum muss in der Zukunft liegen und nach dem Startdatum – Titel und Beschreibung müssen mindestens fünf Zeichen enthalten
90		if alles in Ordnung, weiter mit 100, else Fehlermeldung »Ungültige Eingabe in <>« anzeigen und weiter mit 50
100		Speichert Wettbewerb
110		Zeigt Wettbewerb an
120	Kann »bearbeiten« wählen, dann weiter mit 50	

Tabelle 23.1: Nutzungsszenario 17a textuell beschrieben

Dieses Nutzungsszenario ist ein erster Entwurf als Grundlage für die weitere Diskussion und Verfeinerung. Ich sehe hier selbst noch Verbesserungsmöglichkeiten für die Benutzerfreundlichkeit und Fehlerbehandlung.

Beispiel für ein Nutzungsszenario als UML-Aktivitätsdiagramm

Abbildung 23.1 dokumentiert dasselbe Nutzungsszenario 17a wie in Tabelle 23.1 als UML-Aktivitätsdiagramm. Wie Sie sehen, ist es inhaltlich derselbe Ablauf. Reihenfolgen, Entscheidungen und Wiederholungen sind übersichtlicher dargestellt, andererseits bietet die Notation nicht viel Raum für Zusatzinformationen über die Daten in der Ein- und Ausgabe. Das heißt praktisch, dass die grafische Darstellung besser geeignet ist für komplexe Abläufe und die textuelle für Funktionalitäten mit hoher Bedeutung der Daten.

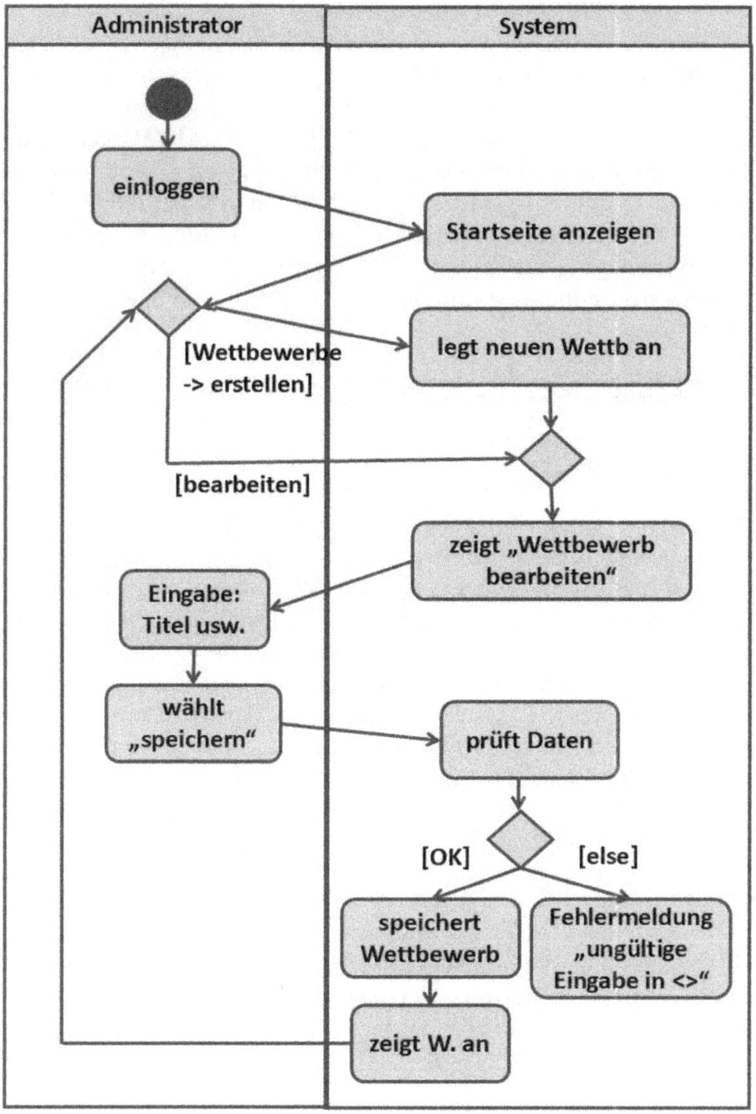

Abbildung 23.1: Nutzungsszenario 17a als Aktivitätsdiagramm

Warum Nutzungsszenarien oft fehlen

Vermutlich haben Sie nun die Stirn gerunzelt angesichts der sich anbahnenden Verkomplizierung, wenn man erst mal beginnt, sich über die User Story »Wettbewerb«, »individueller Lernpfade« oder über Fehlerszenarien Gedanken zu machen. Aus einer User Story werden oft mehrere Nutzungsszenarien wie beim Wettbewerb! Dieser muss angelegt, durchgeführt und beendet werden.

- ✔ Nutzungsszenarien bewirken oft die Zustandsänderung des Systems oder eines Datenobjekts.
- ✔ Die meisten Datenobjekte müssen angelegt, bearbeitet, aktualisiert und irgendwann archiviert werden. Jede dieser Zustandsänderungen wird durch ein eigenes Nutzungsszenario bewirkt.

Die Erstellung der Nutzungsszenarien ist aufwendig! Das füllt ziemlich viel Papier! Zeitdruck und der innere Schweinehund verhindern oft, dass solche konkreten Nutzungsszenarien bereits frühzeitig im Projekt sorgfältig erarbeitet werden. Mit dem Schreiben allein ist es nicht getan. Es sind auch Recherchen zu Best Practices und Abstimmungen mit Interessensgruppen und Expertinnen nötig. Beispielsweise kann und sollte man anhand der Nutzungsszenarien die Benutzerfreundlichkeit und Sicherheit der Abläufe bewerten.

Warum Nutzungsszenarien frühzeitig erstellt werden sollten

Warum steht dann in so vielen Büchern drin, dass man Nutzungsszenarien erstellen soll? Wenn Sie sich diese Arbeit sparen, dann überlassen Sie es praktisch dem Programmierer, irgendetwas umzusetzen, was er für eine sinnvolle Wettbewerbsverwaltung oder einen individualisierten Lernpfad hält. Aber was weiß der Programmierer davon? Der kann überhaupt keinen idealen individualisierten Lernpfad entwerfen. Dafür brauchen Sie eine Didaktikexpertin, die die zugehörige Lernforschung kennt. Sonst macht der Programmierer irgendetwas, das ihm persönlich am wenigsten Aufwand bereitet. Und im Abnahmetest, also nachdem schon seit Wochen die teure Fernsehwerbung für die App läuft und kurz bevor die Kunden sie abonnieren können, sagen die Testlernerinnen: »Das ist ja total langweilig. Ich habe das Gefühl, ich bearbeite stundenlang nur Anfängeraufgaben.« Oder: »Das ging zu schnell. Die Fragen wurden ständig schwieriger und ich fühlte mich abgehängt.« Dann wird noch schnell ein wenig nachgebessert, schnell geliefert und sich letztlich blamiert.

Selbst wenn man aufgrund des enttäuschenden Ergebnisses des Abnahmetests die Markteinführung verschiebt und das Problem sorgfältig behebt: Es wurde Zeit verschwendet. Der Programmierer setzt zwei verschiedene individualisierte Lernpfade um: seinen selbst ausgedachten und einen besseren. Man stellt vielleicht fest, dass das Datenmodell nicht passt. Die Lektionen sind vielleicht noch gar nicht nach Schwierigkeitsgrad klassifiziert. Das muss jetzt alles kurzfristig nachgebessert werden!

Ja, man kann die Szenarien auch zu ausführlich erstellen. Es gibt dafür den Begriff »Paralyse durch Analyse«. Es gibt leider keine einfache Formel dafür, wie detailliert man sich frühzeitig festlegen muss und was man später festlegen kann. Ich empfehle als Faustformel zwei Kriterien:

- ✔ Können diejenigen, die das Produkt umsetzen (also beispielsweise der Programmierer) das selbst spezifizieren? Beispielsweise das Verhalten im Fehlerfall ist oft recht trivial. Eine ungültige Eingabe führt zu einer Fehlermeldung und der Möglichkeit der Neueingabe. Aber: Weiß der Ingenieur, in welchem Wertebereich eine gültige Eingabe liegen muss? Gibt es spezielle Geschäftsregeln darüber, was im Fehlerfall passieren soll?
- ✔ Wie flexibel ist die verwendete Technologie? Je flexibler die Technologie, umso vager dürfen die Anforderungen sein. Am flexibelsten ist selbstprogrammierte Software. Die kann man relativ spontan umschreiben. Schwieriger wird es bei der Verwendung von Fremd- und Standardsoftware, die manche Funktion einfach nicht unterstützt. Manche physischen Produkte lassen sich leicht umformen, umschmelzen, zurechtfeilen, andere wiederum nicht. Auch hier schränken Zulieferteile zusätzlich die Flexibilität ein.

Was haben Nutzungsszenarien nochmal mit Kreativität zu tun?

Ich möchte nicht, dass Sie denken, wir seien vom Thema Kreativität abgeschweift. Ja, beim Ausdetaillieren der Nutzungsszenarien gehen wir logisch und systematisch vor. Wie viele mögliche Fälle gibt es denn? Haben wir sie alle abgedeckt?

Aber was das System dann konkret tun soll, das ergibt sich oft nicht eindeutig aus den stichwortartigen Ideen aus unserem Kreativitätsworkshop. Für den auf Systemebene gewünschten individualisierten Lernpfad gibt es auf Ebene der Nutzungsszenarien zahlreiche mögliche Alternativen, wie das umgesetzt werden könnte. Auch die Lernforschung hat vermutlich noch nicht die Formel für den perfekten Lernpfad. Hier können wir noch Kreativität in die Gestaltung stecken! Jede Detailentscheidung lässt es uns offen, diese Entscheidung falsch oder richtig, kreativ oder genial zu treffen. Beispielsweise die Entscheidung darüber, wie viele Schwierigkeitsgrade für die Klassifikation der Lektionen verwendet werden sollen, wird sich ganz deutlich auf die Benutzererfahrung unserer Lerner auswirken. Idealerweise holen wir uns im Entwicklungsprozess auf jeder Abstraktionsebene Rückmeldung ein. Wir können Testlerner die App mal mit drei, mal mit fünf oder mal mit neun verschiedenen Schwierigkeitsgraden bearbeiten lassen und messen, wie sich dieser Unterschied auf ihre Lernerfahrung auswirkt.

Low-Fidelity-Prototypen zur Visualisierung der Nutzungsszenarien

Nutzungsszenarien können Sie auch als grafischen Prototypen darstellen. An dieser Stelle im Entwicklungsprozess genügt ein Low-Fidelity-Prototyp. Das sind erste grafische Darstellungen der zukünftigen Benutzeroberfläche und wie unsere Nutzungsszenarien oder Abnahmetestfälle ablaufen werden, Schritt für Schritt aus Anwenderinnensicht. Dabei sind momentan die Schönheit, Farben und Schriftarten noch nicht so wichtig und müssen nicht realistisch dargestellt sein. Es kommt vor allem auf den Inhalt an: Welche Schritte werden nacheinander ausgeführt, welche Eingaben macht die Benutzerin und was zeigt das System dann an?

Bei physischen Produkten machen erste Zeichnungen eines Produktdesigners Sinn, eine Zeichnung der Positionierung der Knöpfe auf einer Schalttafel oder Entsprechendes. Diese unterstützen die mentale Simulation, also das gedankliche Durchspielen der Nutzungsszenarien.

In späteren Iterationen werden die Prototypen immer detailreicher und realistischer und verbindlicher. Aus Low-Fidelity-Prototypen werden High-Fidelity-Prototypen, die – falls technisch machbar und sinnvoll – schon Vorversionen des endgültigen Produkts sind.

Beispiel eines Low-Fidelity-Prototypen

Ein Low-Fidelity-Prototyp kann beispielsweise als Skizze der Benutzeroberfläche realisiert werden. Abbildung 23.2 zeigt eine händische Zeichnung für Szenario 17a. Hier ist die Benutzeroberfläche für einen der Schritte skizziert. Das Nutzungsszenario startete auf einer Startseite für die Wettbewerbsverwaltung, wo aktuelle Wettbewerbe aufgelistet werden und von wo aus auch vergangene Wettbewerbe zugänglich sind und man »neuen Wettbewerb erstellen« auswählen kann. Dann folgen diese Oberfläche für die Eingabe der Daten des Wettbewerbs und anschließend noch eine Anzeige der Wettbewerbsdaten, auf der ein Bestätigungsbutton geklickt werden muss.

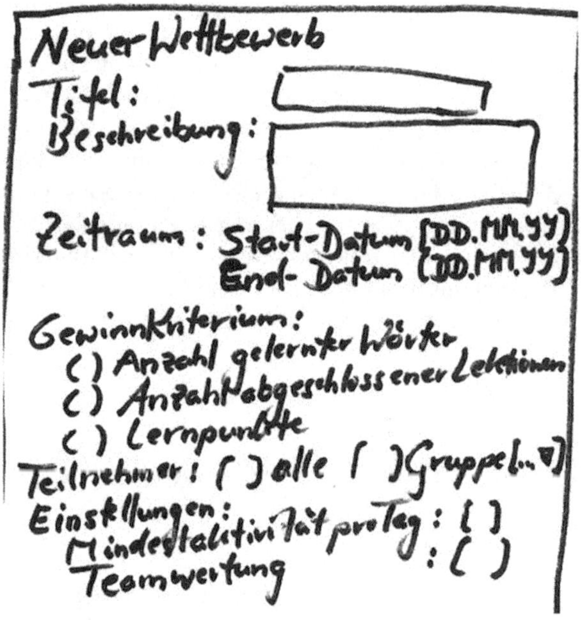

Abbildung 23.2: Low-Fidelity-Prototyp für Szenario 17a

Weitere Formen von Low-Fidelity-Prototypen

Ein grafischer Prototyp wie in Abbildung 23.2 eignet sich gut für interaktive Systeme, bei denen die grafische Benutzeroberfläche am wichtigsten ist. Für eingebettete Systeme und automatisierte Abläufe spielt sich das meiste im Inneren des Systems ab. Dann visualisiert man die Nutzungsszenarien durch Komponentendiagramme, die aufzeigen, welche Daten zwischen den Komponenten ausgetauscht werden. Es gibt auch Werkzeuge, mit denen grafische Bildschirmprototypen schnell zusammengeklickt werden können.

Physische Produkte können durch Holz-, Karton-, Draht- oder Schaumstoffmodelle, 3D-Drucke, Stecksysteme oder eine Kombination von Normteilen dargestellt werden. An Diagrammen stehen Systemskizzen, Flussbilder oder Layoutmodelle zur Verfügung.

Für eine ausführliche Darstellung der Notationen für verschiedene Technologien und Ingenieurdisziplinen fehlt hier der Platz. Aber die kennen Sie ja schon selbst oder es gibt gute Bücher darüber.

Abnahmetestfälle

Abnahmetestfälle sind ebenfalls eine sinnvolle Darstellungsform für Nutzungsszenarien. Formal sind sie natürlich etwas anderes und verfolgen einen anderen Zweck, nämlich die Darstellung der Kriterien für die Endabnahme des Systems. Inhaltlich haben sie jedoch dieselbe Funktion: Sie stellen Szenarien dar. Noch mehr als die textuellen und Diagramm-Nutzungsszenarien legen sie Wert auf typische Testdaten und klare Erfolgskriterien.

Wozu ein Produkt abnehmen?

Bei sicherheitskritischen oder geschäftskritischen Systemen geht es darum, dass jemand die Verantwortung dafür übernimmt, dass man damit in Betrieb gehen kann. Es muss eine bewusste und gut dokumentierte Entscheidung getroffen werden. Sie wollen doch sicher auch nicht, dass in dem Flugzeug, in dem Sie als Passagier mitfliegen, während des Flugs noch schnell irgendwelche schlecht getesteten Updates eingespielt werden? Eben!

Bei Werkverträgen gehört eine Abnahme immer dazu, bei der der Auftraggeber das Produkt durchtestet und die Abnahme erteilt, damit die Rechnung gestellt werden kann. Idealerweise hat es der Auftragnehmer bereits vor der Lieferung an den Auftraggeber nach denselben Kriterien geprüft, damit keine Zeit verloren geht. Misslungene Abnahmetests müssen nämlich nochmal wiederholt werden.

Aber auch bei internen Projekten muss irgendwann irgendjemand die Verantwortung dafür übernehmen, dass eine Software produktiv verwendet wird. Der Produktmanager möchte sicher sein, dass die Entwicklungsabteilung oder der Lieferant eine hochwertige Komponente für sein Produkt geliefert hat. Im Ingenieurbereich sollte es keine Bananenprodukte geben, die beim Kunden reifen! Im Gegensatz zu Software kann man Hardware nämlich nur recht aufwendig updaten, beispielsweise durch eine kostspielige Rückrufaktion oder einen Vor-Ort-Besuch durch einen Techniker.

Inhalte von Abnahmetestfällen

Testfälle sind oft recht detaillierte Beschreibungen dessen, was beim Testen durchgeführt und beobachtet und gemessen werden sollte. Die Form der Testfälle wird oft auch durch Standards vorgegeben.

Die einfachste Form eines Abnahmetestfalls

Die einfachste Form eines Abnahmetestfalls ist ein Dreiteiler aus

- ✔ Vorbedingung,
- ✔ durchgeführten Schritten und
- ✔ dem erwarteten Ergebnis.

Die Vorbedingung beschreibt alles, was der Tester vor dem Testen vorbereiten muss, damit der Testfall ausgeführt werden kann. Soll beispielsweise eine Einstellung gelöscht werden, muss sie zuvor gesetzt werden. Soll das Verhalten im Fehlerfall geprüft werden, dann muss dieser Fehlerfall auch eintreten. Das erwartete Ergebnis beschreibt nicht nur die Anzeigen an der Benutzeroberfläche, sondern seine Prüfung kann auch die Anwendung von Messverfahren oder andere Aktivitäten verlangen. Beispielsweise das Auslesen der geänderten Einstellung, um zu prüfen, ob sie nicht nur an der Benutzeroberfläche angezeigt wird, sondern auch tatsächlich so gespeichert wurde oder zum Beispiel nach einem Neustart immer noch diesen Wert besitzt. Beim Testen kann man nicht misstrauisch genug sein! Eine Erfolgsmeldung am Bildschirm ist kein Beleg dafür, dass die Aktion erfolgreich ausgeführt wurde.

Die Beschreibungssprache Gherkin

Die minimale Form eines Abnahmetestfalls kann durch die Gherkin-Vorlage strukturiert und in der Sprache der Anwenderinnen formuliert werden: Gegeben … wenn … dann …

Nehmen wir unser Nutzungsszenario 17a »Wettbewerb erstellen«. Dieses können wir auch schreiben als:

> »GEGEBEN der Administrator hat ›Wettbewerbe → erstellen‹ gewählt,
>
> WENN der Administrator die Wettbewerbsdaten (Titel, Beschreibung, Zeitraum, Gewinnkriterium, Teilnehmer, Einstellungen) eingibt und dann ›speichern‹ wählt,
>
> DANN legt das System einen neuen Wettbewerb an und prüft die Daten.«

Tatsächlich besteht dieses Szenario aus zwei Schritten, so dass man zwei Testfälle daraus machen könnte:

> »GEGEBEN der Administrator ist eingeloggt,
>
> WENN der Administrator ›Wettbewerbe → erstellen‹ wählt,

DANN legt das System einen neuen Wettbewerb an UND setzt die Defaultwerte (Start-Datum = heutiges Datum, Teilnehmer = alle, Verantwortlicher = aktueller User) UND zeigt Benutzeroberfläche ›Wettbewerb bearbeiten‹«

»GEGEBEN das System hat einen neuen Wettbewerb angelegt, die Defaultwerte gesetzt und zeigt Benutzeroberfläche ›Wettbewerb bearbeiten‹,

WENN der Administrator die Wettbewerbsdaten (Titel, Beschreibung, Zeitraum, Gewinnkriterium, Teilnehmer, Einstellungen) eingibt und dann ›speichern‹ wählt,

DANN prüft das System die Daten: Mussfelder sind Titel und Zeitraum (Startdatum und Enddatum); das Enddatum muss in der Zukunft liegen und nach dem Startdatum; Titel und Beschreibung müssen mindestens fünf Zeichen enthalten. UND speichert den Wettbewerb ab und zeigt den Wettbewerb an.«

Damit sind die Fehlerfälle noch nicht abgedeckt. Die Gherkin-Testfälle zerlegen ein Nutzungsszenario also stückweise. (Umgekehrt können Sie Ihre textuellen oder grafischen Nutzungsszenarien aber auch als Testfälle verwenden.)

Nehmen wir als ein weiteres Beispiel User Story 1 »Individuelle Lernpfade«. Diese lautet:

»Als Lerner …

will ich, dass sich der Lernpfad meinen Bedürfnissen und Kenntnissen anpasst,

so, dass ich weder überfordert werde noch mich langweile.«

Daraus machen wir den Gherkin-Testfall:

»GEGEBEN der Lerner hat eine Lektion beendet,

WENN er die nächste Lektion startet,

DANN wählt das System die nächste Lektion passend zu seinen Bedürfnissen und Kenntnissen aus.«

Diese beinahe natürlichsprachliche Darstellungsform hat den Vorteil, dass Sie für die Erstellung auch nichttechnische Zielgruppen und Anwenderinnen einbeziehen können.

Zusätzliche Informationen im Vergleich zu den User Stories

Wie Sie sehen, ist bei der Herleitung des Testfalls der dritte Teil der User Story, der Zweck weggefallen. Die Erreichung des Zwecks kann der Tester im Labor sowieso nicht prüfen. Man kann manchmal den Zweck durch einen separaten Abnahmetestfall abfragen:

»GEGEBEN der Lerner hat mehrere Lernpfade bearbeitet,

WENN man ihn fragt ›Fühlten Sie sich irgendwann überfordert?‹,

DANN antworten 80 % der Lerner mit ›nein‹.«

Im Vergleich zur User Story wird im Abnahmetestfall viel genauer beschrieben, was konkret passieren soll. Was bedeutet es, dass der Lernpfad sich den Bedürfnissen und Kenntnissen anpasst? Zu welchem Zeitpunkt soll hier wer was tun?

Unser Testfall hat allerdings den Fehler, dass ein Tester, der sich mit Didaktik nicht auskennt, das so nicht abprüfen kann, also weder bestätigen noch verneinen. Woher weiß er denn, dass die nächste Lektion zu den Bedürfnissen und Kenntnissen passt? Vermutlich wissen das die Lerner selbst nicht. Aber eine Didaktikexpertin, die sich mit Lernpfaden auskennt, kann hier weitere Details hinzufügen. Versuchen wir es nochmal. Laut unserer Expertin sollten wir zwischen fünf Fällen unterscheiden. Ich weiß, am Ende ist der Algorithmus viel, viel komplexer und verlangt damit auch mehr Testfälle. Diese Vereinfachung auf fünf Fälle dient hier nur der einfachen Darstellung des Prinzips!

Testfall 1a:

»GEGEBEN der Lerner hat eine Lektion beendet

UND war durchgehend erfolgreich in allen Aufgaben

UND es war nicht die schwierigste Lektion des Kurses,

WENN er die nächste Lektion startet,

DANN wählt das System als nächstes eine Lektion desselben Kurses mit höherem Schwierigkeitsgrad.«

Testfall 1b:

»GEGEBEN der Lerner hat eine Lektion beendet

UND war durchgehend erfolgreich in allen Aufgaben

UND es war die schwierigste Lektion des Kurses,

WENN er die nächste Lektion startet,

DANN zeigt das System ihm eine Gratulation für den erfolgreichen Abschluss der Lektion

UND bietet ihm alle Lektionen des Kurses zur Auswahl an, die er bisher noch nicht zu Ende bearbeitet hat.«

Testfall 1c:

»GEGEBEN der Lerner hat eine Lektion beendet

UND war durchgehend erfolgreich in allen Aufgaben

UND es war die letzte unbeendete Lektion des Kurses,

WENN er die nächste Lektion startet,

DANN zeigt das System ihm eine Gratulation für den erfolgreichen Abschluss des Kurses

UND bietet ihm weitere Kurse zur Auswahl an, die zu seinem Profil passen.«

Testfall 1d:

»GEGEBEN der Lerner hat eine Lektion beendet

UND war durchgehend erfolglos in allen Aufgaben

WENN er die nächste Lektion startet,

DANN wählt das System als nächstes eine Lektion desselben Kurses mit niedrigerem Schwierigkeitsgrad.«

Testfall 1e:

»GEGEBEN der Lerner hat eine Lektion beendet

UND war nur teilweise erfolgreich in den Aufgaben

WENN er die nächste Lektion startet,

DANN wählt das System als nächstes eine Lektion desselben Kurses mit demselben Schwierigkeitsgrad.«

Sie sehen, dass Sie mehrere Bedingungen durch logisches UND oder ODER kombinieren können. Tatsächlich sind noch nicht alle möglichen Fälle durchgespielt. Was passiert, wenn der Lerner schon alle Lektionen mit diesem Schwierigkeitsgrad bearbeitet hat? Bekommt er dann als nächste eine einfachere oder schwierigere Lektion angeboten?

Auf Szenarioebene verfeinern Sie im Problemraum Ihre Analyse wie folgt:

- ✔ Beschreiben Sie eine oder mehrere Ihrer wichtigsten User Stories als Nutzungsszenarien oder Abnahmetestfälle.
- ✔ Verfeinern Sie Ihren Prototypen, sodass er diese Szenarien umsetzt, oder zumindest die wichtigsten.

In Phase 5 »Discover auf Szenarioebene« entwickeln und dokumentieren Sie die Nutzungsszenarien als

- ✔ textuelle Beschreibung,
- ✔ Diagramm (Aktivitätsdiagramm aus der UML oder aus der SysML, als BPMN-Prozessmodell oder EPK),
- ✔ Low-Fidelity-Prototyp oder
- ✔ Abnahmetestfall.

Die Erstellung der Nutzungsszenarien besteht nicht nur im Schreiben. Dabei werden Entscheidungen getroffen. Es handelt sich um eine kreative Tätigkeit, an der Sie Expertinnen und Experten beteiligten sollten. Kreativitätsmethoden sind dabei hilfreich.

IN DIESEM KAPITEL

Die Nutzungsszenarien priorisieren

Eine Umsetzungsreihenfolge festlegen

Kapitel 24
Phase 6 Define auf Szenarioebene

Nach der kreativen Erzeugung von Nutzungsszenarien, um die Funktionsweise Ihres Produkts auszugestalten, folgt nun wieder eine analytische Phase.

Qualitätssicherung der Nutzungsszenarien

Verschiedene Personen haben zu verschiedenen Zeitpunkten an den Nutzungsszenarien herumgeschraubt. Sie haben nicht unbedingt dieselben Begriffe für dasselbe verwendet und womöglich hat niemand den Überblick, um zu bemerken, falls noch etwa Wichtiges fehlt. Es ist leichter zu erkennen, wenn etwas zu viel ist, aber auch das passiert nicht garantiert von selbst! Darum ist nun erst mal eine Qualitätssicherung der Nutzungsszenarien nötig, bevor Sie sich daran machen, sie technisch umsetzen und damit in Stein zu meißeln.

Ich empfehle folgende Prüfungen, in genau dieser Reihenfolge:

- ✔ Prüfen Sie als Verantwortlicher, ob alle Nutzungsszenarien miteinander konsistent sind. Verwenden sie dieselben Begriffe für dasselbe? Passen sie zum selben Datenmodell? Bringen Sie dann die Begriffswelt in Einklang.
- ✔ Finden Sie als Verantwortlicher solche Nutzungsszenarien, bei denen noch Informationen fehlen oder die mehrdeutig formuliert sind. Führen Sie eine Entscheidung herbei, wie das Nutzungsszenario ausgestaltet werden soll.
- ✔ Fragen Sie Endanwenderinnen, ob die Nutzungsszenarien vollständig und richtig sind. Sind welche vergessen worden? Fehlt bei den vorhandenen Nutzungsszenarien etwas? Stellen sie genau das dar, was gebraucht wird?
- ✔ Befragen Sie Programmierer, Ingenieure und Tester, ob die Nutzungsszenarien umsetzbar und testbar sind.

Sobald ein Tester die Testbarkeit in Frage stellt, dann kehren Sie eventuell zu den Endanwenderinnen mit weiteren Fragen zurück …

Vorgriff auf den Lösungsraum

Indem wir in den Nutzungsszenarien immer konkreter werden, legen wir auch schon einiges fest, was das Datenmodell und den Lösungsraum angeht: Wir haben also Kurse, die aus mehreren Lektionen bestehen. Die Lektionen bestehen aus mehreren Aufgaben. Aufgaben können erfolgreich oder erfolglos bearbeitet werden. Lektionen müssen nach Schwierigkeitsgrad klassifiziert sein.

Auch die Daten eines Wettbewerbs haben wir schon skizziert.

Es mag pedantisch klingen, jetzt schon so ins Detail zu gehen. Aber wenn Sie jetzt das Datenmodell auch schon festlegen, können Sie von Anfang an alle Ihre Nutzungsszenarien und Abnahmetestfälle konsistent beschreiben, ohne ein Durcheinander an Bezeichnungen anzurichten, das Sie hinterher mühsam wieder aufräumen müssen. Das Datenmodell dient also als Glossar.

Bewertung und Priorisierung der Nutzungsszenarien

Die Nutzungsszenarien sind nicht alle gleich wichtig. Da sie aus den schon bewerteten User Stories hergeleitet wurden, überträgt sich im Prinzip die Bewertung der User Story auf deren zugehörigen Nutzungsszenarien.

Sie sollten in dieser Phase die Nutzungsszenarien nach den folgenden drei Kriterien bewerten und priorisieren:

- ✔ **Bewertung nach Kano:** Die Nutzungsszenarien, die Sie aus einer unverzichtbaren User Story hergeleitet haben, sind zumeist genauso unverzichtbare Basismerkmale. Das muss aber nicht sein. Sehen Sie sich die Nutzungsszenarien genauer an: Welche gehören zur selben Kano-Kategorie wie die User Story, aus der sie hervorgegangen sind, welche aber auch nicht? Beispielsweise kann ein Spezialfall für die normale Nutzung verzichtbar sein und zur Kategorie der Begeisterungsmerkmale gehören, die nicht vermisst werden, falls sie im MMP fehlen.

- ✔ **MMP-Zughörigkeit:** Die User Stories waren auch schon priorisiert nach dem Kriterium »Was kommt ins MMP mit hinein und was nicht?« Per Default gehören die Nutzungsszenarien zur selben Kategorie wie ihre User Story. Doch auch hier kann es Ausnahmen geben.

- ✔ **Umsetzungsreihenfolge:** Wir denken schon voraus an die technische Umsetzung. Welche technischen Komponenten werden zuerst erstellt? Wo beginnen Sie? Welche der Nutzungsszenarien des MMP sollen zuerst umgesetzt werden, weil die anderen darauf aufbauen?

Sehen wir unser Beispiel der Sprachlern-App in dieser Hinsicht an: Die Nutzungsszenarien, die wir als Testfall 1a bis 1e spezifiziert hatten, sind alle notwendig, um User Story 1 »Individuelle Lernpfade« umzusetzen. Somit sind sie genauso Basismerkmale und Teil des MMP wie User Story 1. User Story 17 »Wettbewerb« wird durch die Szenarien 17a bis 17d detailliert und alle vier sind dafür notwendig. Alle gemeinsam gehören zur Kategorie der Begeisterungsfaktoren und nicht zum MMP.

Ergänzung des Lastenhefts

Die Nutzungsszenarien und Abnahmetestfälle fügen Sie nun dem Lastenheft hinzu, falls vorhanden.

Ergänzen Sie nun Ihr Lastenheft um die Prioritäten der Nutzungsszenarien und prüfen Sie die Qualität der Szenarien.

In Phase 6 »Define auf Szenarioebene« …

- ✔ kontrollieren und verbessern Sie die Qualität der Nutzungsszenarien,
- ✔ leiten deren Kano-Kategorie und MMP-Zugehörigkeit aus der Ursprungs-User-Story ab und
- ✔ legen die Implementierungsreihenfolge fest.

IN DIESEM KAPITEL

Verfeinern Sie Ihre technische Lösung weiter

Die Lösung unterstützt die Nutzungsszenarien

Dokumentieren sie im Pflichtenheft

Kapitel 25
Phasen 7 Develop und 8 Deliver auf Szenarioebene

Auf der Szenarioebene verfeinern Sie im Lösungsraum Ihr Pflichtenheft. Auf Systemebene hatten Sie bisher im Lösungsraum nur die Technologie grob festgelegt. Nun spezifizieren Sie die Komponenten sowie deren Zusammenarbeit. Ausgangspunkt dafür sind natürlich die Nutzungsszenarien: Sie gestalten die Komponenten so, dass das System bestmöglich die Szenarien unterstützt.

Die kreative Phase 7 »Develop auf Szenarioebene«

In Phase 7 werden Sie im Lösungsraum kreativ, das heißt, Sie setzen sich mit dem Technikteam zusammen und erarbeiten einen oder auch mehrere Entwürfe. Wie diese konkret aussehen, hängt von der verwendeten Technologie und Ihrer Ingenieursdisziplin ab. Unten mache ich ein Beispiel für unsere Sprachlern-App, also aus dem Software Engineering. Auch in dieser Phase können Sie Kreativitäts- oder Moderationsmethoden aus Teil IV einsetzen.

Die analytische Phase 8 »Deliver auf Szenarioebene«

In Phase 8 wägen Sie alternative Entwürfe gegeneinander ab. Dafür können Sie erneut die Nutzwertanalyse verwenden. Als Bewertungskriterien dienen hier die User Stories oder Nutzungsszenarien: Der Nutzwert eines Entwurfs ist umso höher, je mehr User Stories er unterstützt. Als Hilfsmittel erstellen Sie eventuell einen vertikalen Prototypen.

Am Ende haben Sie sich für einen Entwurf entschieden und fügen diesen dem Pflichtenheft hinzu. Auf dieser Grundlage können Sie auch Ihre Kostenschätzung verfeinern.

Vertikaler Prototyp

Bisher haben wir uns nur mit horizontalen Prototypen beschäftigt. Nun, im Lösungsraum, erstellen wir – falls nötig – einen vertikalen Prototypen.

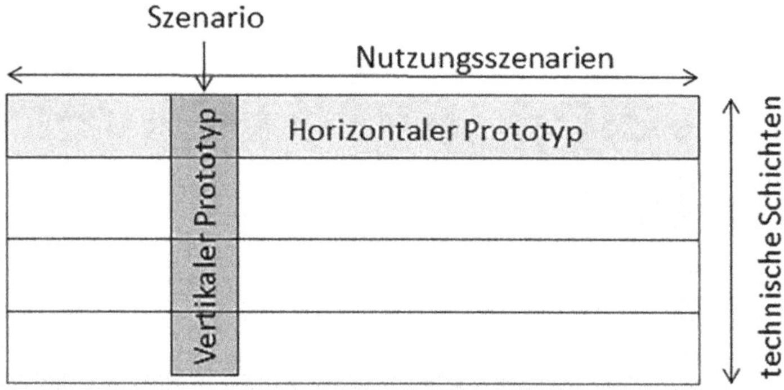

Abbildung 25.1: Vertikaler versus horizontaler Prototyp

Abbildung 25.1 visualisiert den Unterschied: Stellen Sie sich vor, das fertige System bestehe aus mehreren waagerechten technischen Schichten. Senkrecht besteht es aus zahlreichen, einander ergänzenden Funktionalitäten. Da ein Prototyp einen Ausschnitt aus diesem System vorab darstellt, gibt es zwei Arten von Prototypen:

- **Horizontaler Prototyp:** Der horizontale Prototyp stellt nur eine technische Schicht dar, üblicherweise diejenige, die die Nutzerinnen zu sehen bekommen. Also eine Benutzeroberfläche ohne echte Funktionalität dahinter. Beim Testen können die Nutzerinnen zwar Daten eingeben, die aber nichts im System bewirken. Ein solcher Prototyp wird benutzt, um im Problemraum Fragen zu beantworten wie beispielsweise, wie die Benutzeroberfläche und das zugehörige Nutzungsszenario aussehen könnten, welche von zwei Alternativen den Nutzerinnen besser gefällt oder ob man eine bestimmte Menge an Informationen sinnvoll auf einen einzelnen Reiter unterbringt oder man zwei Reiter benötigt. Beim Wizzard-of-Oz-Prototypen wird ein Mensch hinter der Benutzeroberfläche sitzen und das Verhalten des technischen Systems simulieren, also beispielsweise als vermeintliche Künstliche Intelligenz mit einem Nutzer chatten oder bei einem Geldautomaten die Geldscheine von hinten durchschieben.

- **Vertikaler Prototyp**: Der vertikale Prototyp umfasst nur einen geringen Teil der Funktionalität, geht dafür aber technisch in die Tiefe, durch alle technischen Schichten hindurch. Darum nennt man ihn auch »Durchstich«. Diese Prototypen verwendet man im Lösungsraum, um die technische Machbarkeit eines Entwurfs zu prüfen. Beispielsweise, ob eine Funktionalität grundsätzlich umsetzbar ist oder ob eine bestimmte Geschwindigkeit erreicht werden kann.

Beispielmodelle für die Sprachlern-App

Über die Spezifikation von Softwaresystemen sind schon ganze Bücher geschrieben worden. Hier sollen nur zwei beispielhafte Auszüge aus Modellen für unsere Sprachlern-App dargestellt werden zur Illustration: ein Datenmodell und ein Sequenzdiagramm, das die Zusammenarbeit der Komponenten darstellt.

Datenmodell

Abbildung 25.2 stellt einen Ausschnitt des Datenmodells der Sprachlern-App als UML-Klassendiagramm dar. Es sind diejenigen Daten, die wir im Zusammenhang mit den individualisierten Lernpfaden (User Story 1) identifiziert hatten. Es mag jetzt so aussehen als hätte ich erst die User Story und zugehörigen Testfälle geschrieben und daraus das Datenmodell hergeleitet. Aber wie so oft verläuft der Entwurfsprozess nicht derart linear. Ich hatte beim Ausformulieren der Testfälle bereits Notizen für das Datenmodell gemacht, die wiederum dazu dienten, die Terminologie der Testfälle konsistent zu halten. In dieser Phase nun wird das Datenmodell erstellt und nochmal gegen die Testfälle geprüft.

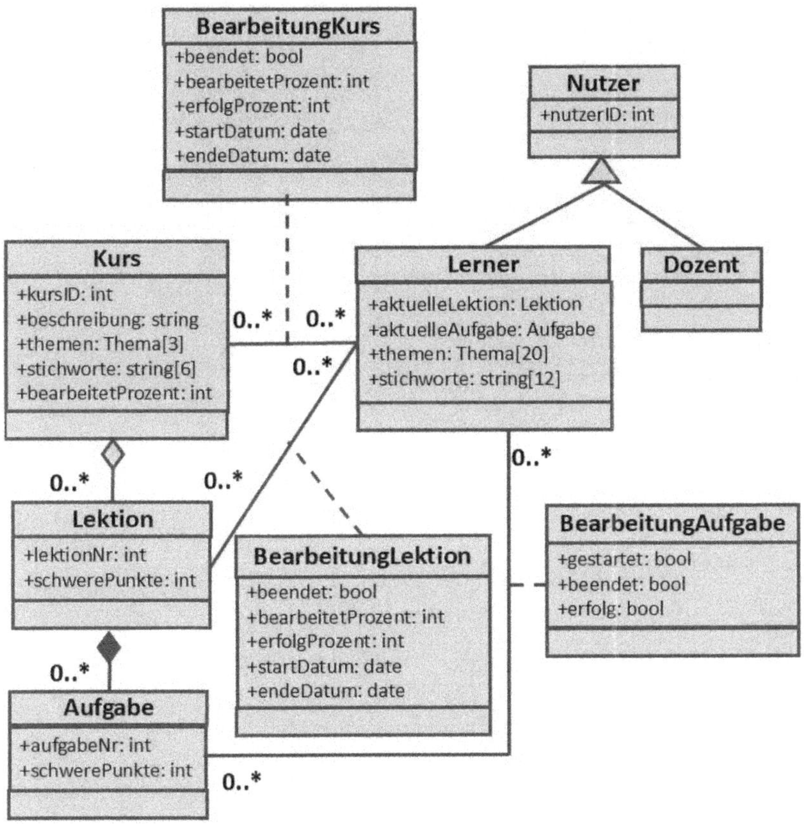

Abbildung 25.2: Datenmodell für die Sprachlern-App

Sequenzdiagramm

Eine hilfreiche Darstellungsform für das Zusammenspiel der Komponenten eines Systems ist das Sequenzdiagramm. Dieses stellt auf der Abstraktionsebene der Szenarien dar, welche Komponente welche Daten mit welcher anderen Komponente austauscht, während ein Szenario ausgeführt wird. Abbildung 25.3 zeigt ein Sequenzdiagramm für unser Nutzungsszenario 17a »Wettbewerb erstellen«. Man sieht darin, dass das System für die Umsetzung von Szenario 17a diese vier Komponenten benötigt: Oberfläche, Nutzerverwaltung, Logik und Datenbank. Aus der Darstellung der ausgetauschten Nachrichten geht auch hervor, welche Funktionen jede Komponente unterstützen soll und welche Schnittstellen sie anbieten muss.

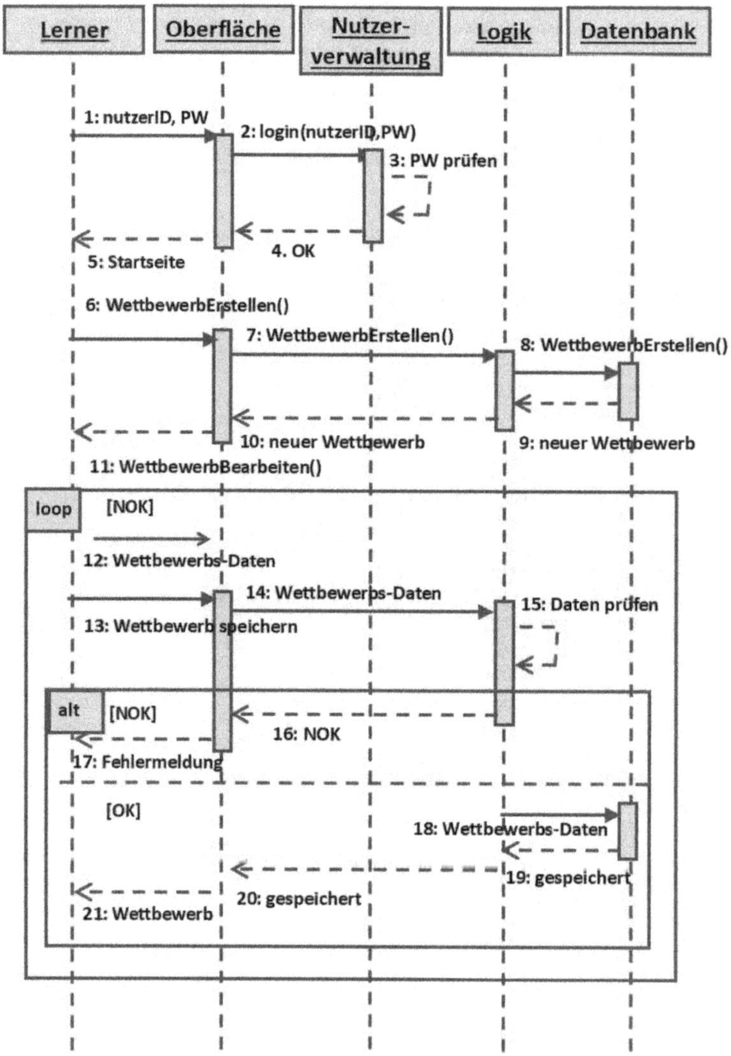

Abbildung 25.3: Sequenzdiagramm für Wettbewerb erstellen

Auf Szenarioebene erstellen Sie im Lösungsraum auch

- ✔ ein Pflichtenheft,
- ✔ ein Datenmodell und
- ✔ Sequenzdiagramme, welche die Zusammenarbeit der Komponenten durchdenken.
- ✔ Je nach Ingenieurdisziplin machen auch Schaltpläne, Konstruktionszeichnungen oder Ähnliches Sinn.
- ✔ Auf dieser Grundlage können Sie Ihre Kostenschätzung verfeinern.

In den Phasen 7 Develop und 8 Deliver auf Szenarioebene …

- ✔ arbeiten Sie im Lösungsraum,
- ✔ in der Develop-Phase kreativ, in der Deliver-Phase analytisch.
- ✔ Sie verfeinern Ihr Pflichtenheft und Ihre Kostenschätzung,
- ✔ indem Sie die Komponenten sowie deren Zusammenarbeit spezifizieren.
- ✔ Falls nötig, entwickeln Sie einen vertikalen Prototyp.

IN DIESEM KAPITEL

Finalisieren Sie Ihr Produkt, um damit durchzustarten

Durchlaufen Sie auf Detailebene erneut den Double Diamond

Kapitel 26

Die Phasen 9 Discover, 10 Define, 11 Develop und 12 Deliver auf Detailebene

Wir befinden uns auf der letzten Runde durch den Double Diamond, nun auf Detailebene:

- ✔ Phase 9 Discover: Kreative Phase im Problemraum
- ✔ Phase 10 Define: Analytische Phase im Problemraum
- ✔ Phase 11 Develop: Kreative Phase im Lösungsraum
- ✔ Phase 12 Deliver: Analytisch Phase im Lösungsraum

Tatsächlich ist nun nicht mehr viel zu tun. Aber sehen wir uns das Wenige an …

Phase 9 Discover: Kreative Phase im Problemraum

Sie erstellen einen High-Fidelity-Prototypen, der durch Probeanwender selbständig ausgeführt werden kann. Er soll so realistisch wie möglich sein. Falls möglich, verwenden Sie schon die Zieltechnologie. Im Beispiel unserer Sprachlern-App würden wir also eine Web-Anwendung programmieren. Nur spezielle Funktionalitäten müssten vielleicht fürs Erste noch vorgetäuscht werden, beispielsweise die Bezahlung.

Phase 10 Define: Analytische Phase im Problemraum

Dann führen Sie einen Test mit Anwendern und Anwenderinnen durch, beispielsweise um die Benutzerfreundlichkeit zu testen.

Gehen Sie dabei in fünf Phasen vor:

1. **Begrüßung und Überblick** über das Interview (Briefing): Was ist das Ziel? Wie wird der Ablauf sein?
2. **Fragen zum persönlichen Profil:** Hier erfassen Sie verschiedene Informationen, die Ihnen helfen, einzuordnen, welche Persona die Testperson vertritt, beispielsweise Alter und Vorerfahrungen.
3. **Vorstellung des Prototypen:** Sie geben eine kurze Einführung, die möglichst wenig Einfluss auf die Testperson nimmt.
4. **Testdurchführung:** Die Testperson führt mit dem Prototypen Nutzungsszenarien aus und gibt zu jedem Szenario Rückmeldung. Für diesen Zweck haben Sie Vorlagen und Fragebögen vorbereitet.
5. **Debriefing:** Sie befragen die Testperson nach ihrem Gesamteindruck: Wie gut ist der Prototyp im Vergleich zu ähnlichen Produkten? Würden Sie dieses Produkt weiterempfehlen? Warum oder warum nicht? Was mochten Sie besonders, was am wenigsten? An welcher Stelle hätten Sie die Benutzung beinahe abgebrochen und warum? Welche drei Verbesserungen würden Sie sich wünschen?

Wichtig ist, dass Sie möglichst konkrete Fragen stellen. Sie können erneut nach den Faktoren des TAM-Modells fragen oder nach den Kriterien eines ISO-Standards.

Am Ende haben Sie eine Liste von recht detaillierten Verbesserungswünschen.

Phase 11 Develop: Kreative Phase im Lösungsraum

Im Lösungsraum erarbeiten Sie nun kreativ Lösungen für die noch bestehenden Probleme und verbessern den Prototypen und den technischen Entwurf für das Produkt.

Phase 12 Deliver: Analytische Phase im Lösungsraum

Diese Problemlösungen setzen sie nun im Prototypen um und testen ihn erneut. Somit sollten Sie startklar sein, um in Produktion zu gehen …

Auf Detailebene durchlaufen Sie erneut den Double Diamond:

- ✔ Phase 9 Discover: Sie entwickeln einen High-Fidelity-Prototypen.
- ✔ Phase 10 Define: Dieser Prototyp wird durch Testpersonen getestet und bewertet.
- ✔ Phase 11 Develop: Sie erarbeiten kreative Lösungsvorschläge für die noch offenen Probleme.
- ✔ Phase 12 Deliver: Der Prototyp und der technische Entwurf werden entsprechend der neuen Erkenntnisse finalisiert und abschließend gründlich durchgetestet.

Teil VI
Endlos kreativ

IN DIESEM TEIL ...

- »Nach dem Spiel ist vor dem Spiel!« (Zitat von Sepp Herberger)
- Aufgeschoben ist nicht aufgehoben.
- Der Appetit kommt beim Essen.
- Jeder Arbeitsprozess lässt sich noch verbessern – auch der Kreativitätsprozess.

IN DIESEM KAPITEL

Erstellen Sie einen Ideenspeicher

Sammeln Sie für die Weiterentwicklung Ihres Produktes alle Ideen zusammen, die Sie bisher schon hatten, aber nicht umsetzen konnten

Keine Idee soll verloren gehen!

Kapitel 27
Heruntergefallene Ideen aufsammeln

Sie haben die Idee und einen Prototypen für ein Produkt oder eine Dienstleistung oder eine andere Innovation entwickelt, der theoretisch und im Labor funktioniert und für den es laut Ihren Recherchen begeisterte Käufer und Anwenderinnen geben sollte. Nun gilt es, die Produktion zu starten, das Produkt auf den Markt zu bringen und dort erfolgreich zu machen. Kunden sollen betreut, Anlagen gewartet und Ersatzteile geliefert werden.

Über diese Aufgaben sind schon dicke Bücher geschrieben worden. Wir bleiben hier jedoch bei unserem Thema, nämlich dem kreativen Prozess. Das heißt, wir übergeben das Produkt zu diesem Zeitpunkt an die Teams für Werbung, Herstellung und Kundenbetreuung. Unsere Arbeit für dieses Projekt ist getan, das gesteckte Ziel fürs Erste erreicht.

Trotzdem gibt es nun für uns noch dreierlei zu tun:

- ✔ Werkstatt ausfegen und heruntergefallene Ideen aufsammeln.
- ✔ Rückmeldungen als Ideenquelle nutzen.
- ✔ Den Kreativitätsprozess bewerten und verbessern.

Darum soll es in diesem letzten Teil des Buches gehen, damit sich der Innovationszyklus schließt. Ein Innovationsprojekt dient zwar dazu, kreative Ideen zu erarbeiten, zu verfeinern und umzusetzen, doch Kreativität findet jederzeit, immer und auch außerhalb von Projekten statt.

Beginnen wir mit dem Aufsammeln heruntergefallener Ideen. Ein Projekt findet üblicherweise unter Zeitdruck statt, was zu Kompromissen zwingt. Gute Ideen werden aus Zeitmangel oder wegen technischer Schwierigkeiten doch nicht mehr umgesetzt. Manchmal werden sogar bekannte Mängel und Schwächen bewusst mit ausgeliefert. Bei dieser Entscheidung wägt der Manager »Time to Market« gegen Qualität ab. Oft wurde ja vorab ein Liefertermin versprochen, und der sollte möglichst auch eingehalten werden. Leider ist ein Datum eine fixe, messbare Größe, während Qualität relativ und subjektiv ist. Ich denke, das ist einer der Gründe, warum oft der Liefertermin höher gewertet wird als die Produktqualität.

Aber Sie haben es geschafft! Das MMP bzw. Version 1 des Produkts ging in Produktion, Werbung, Verkauf, Nutzung. Bei Ihnen in der Kreativitätswerkstatt tritt nun gespenstische Ruhe ein. Und jetzt? Fegen Sie physisch, digital und im übertragenen Sinne die Werkstatt aus:

- ✔ Sie bringen alle Dokumente und Dokumentationen auf den aktuellen Stand. Das war in der Projektabschluss-Hektik eventuell zu kurz gekommen.
- ✔ Sie planen und organisieren die nachträgliche Behebung von Fehlern, die Verbesserung und Weiterentwicklung des Produkts.
- ✔ Sie löschen oder archivieren nicht mehr benötigte Zwischenergebnisse und Dokumente.
- ✔ Sie sammeln Ideen, die letztlich doch nicht umgesetzt wurden (»heruntergefallene Ideen«), in einem Ideenspeicher. Auch wenn sie aufgeschoben wurden, sollten sie nicht aufgehoben sein oder verloren gehen.

Hoffentlich haben Sie schon Budget für die Weiterentwicklung des Produkts und die Erstellung von Version 2.0. Falls nein, sollten Sie das Eisen schmieden, solange es heiß ist, das heißt, Ihre Ideen für Version 2.0 zusammenstellen und ein Budget beantragen, während noch Management-Aufmerksamkeit auf dieses Thema gerichtet ist. Zumindest aber benötigen Sie fast immer noch ein Budget für die Behebung von wissentlich und unwissentlich ausgelieferten Mängeln.

Dokumentation

Nach all dem Aufwand mit der Kreativität sollten Sie ordentlich dokumentiert haben, welche Ideen geprüft und aus welchem Grund verworfen wurden. Dies schützt nicht nur davor, bei nächster Gelegenheit nochmal von vorne zu diskutieren (»Hätten wir nicht besser doch dies oder das gemacht?«) oder später Schwierigkeiten zu bekommen, wenn sich die gewählte Lösung als nicht optimal herausstellt. Meiner Erfahrung nach weiß man ein Jahr später nicht mehr genau, wie der Entscheidungsprozess damals abgelaufen ist, und man tut sich schwer damit, sich wieder auf den damaligen Wissensstand zurückzuversetzen. Inzwischen ist man natürlich klüger und würde anders entscheiden.

Die wohlstrukturierte Dokumentation einer Entscheidung besteht aus:

- ✔ Einer Frage,
- ✔ der Beschreibung der Optionen,
- ✔ den Bewertungskriterien,

- der Bewertung der Optionen hinsichtlich der Bewertungskriterien und
- der letztlich gewählten Option.

BEISPIEL

Nehmen wir an, wir seien ein Hersteller von Mobiltelefonen mit Tasten in den 1990er-Jahren. In unserem Kreativitätsworkshop entstand die Idee eines Touchscreens. Im Labor wurde daraufhin ein Prototyp dafür entwickelt. Der Touchscreen reagiert jedoch träge und ungenau. Vor allem stellen wir aber fest, dass dieses Gerät teurer würde und sehr viel mehr Energie verbraucht als unser aktuelles Modell. Der Benutzer müsste jede Stunde seinen Akku aufladen. Nun steht die Entscheidung an, ob wir unsere bisherige Benutzeroberfläche über Tastatur und Minibildschirm durch einen größeren Touchscreen ersetzen. So ungefähr könnte die **Dokumentation dieser Entscheidung** aussehen:

- **Frage:** Werden wir unsere bisherige Benutzeroberfläche durch einen Touchscreen ersetzen?
- **Optionen:** Option 1 = bisherige Benutzeroberfläche mit Tastatur und Minibildschirm; Option 2 = Touchscreen
- **Bewertungskriterien:** Herstellungskosten, Bedienkomfort, Energieverbrauch
- **Bewertung der Optionen hinsichtlich der Bewertungskriterien:** Hier könnte nun eine Nutzwerttabelle stehen. In diesem Beispiel liegt der Fall aber einfach, weil die bisherige Benutzeroberfläche hinsichtlich aller drei Kriterien besser abschneidet. Es gibt keinen ersichtlichen Grund, warum wir ein Gerät mit Touchscreen herstellen sollten.
- Gewählt wird Option 1.

Fünf Jahre später stellt sich die Frage, warum wir uns damals gegen den Touchscreen entschieden haben. Wir hätten die Nummer 1 bei den Smartphones werden können und haben diese Chance verpasst! Wie dumm kann man sein?

Vielleicht sehen Sie die Denkfehler? Wir haben kein komplettes Produkt (Smartphone) betrachtet, sondern nur die Benutzeroberfläche als isoliertes Merkmal. Wir sind dabei implizit davon ausgegangen, dass die Benutzerinnen mit dem Telefon dasselbe machen werden wie bisher. Nur fürs Telefonieren und SMS-Schreiben bringt der Touchscreen wirklich keine deutlichen Vorteile. Nun erlaubt aber der grafische Touchscreen kombiniert mit Internetzugang und Browser ganz neue Anwendungsmöglichkeiten und Funktionalitäten. »Funktionsumfang« wäre darum ein sinnvolles Bewertungskriterium gewesen, das wir aber nicht berücksichtigt haben. Das hätte die höheren Herstellungskosten relativiert, da ihnen ja auch ein höherer Nutzen gegenübersteht. Der Bedienkomfort konnte technisch verbessert werden und die Anwender haben Übung im Benutzen erworben. Genauso konnte die Akkulaufzeit von einer Stunde auf einen Tag verlängert werden und das tägliche Akkuladen ist zur Gewohnheit geworden.

Vorbild für dieses gar nicht so fiktive Beispiel ist der IBM Simon Personal Communicator, der als das erste Smartphone gilt.

Dank Ideenspeicher jederzeit bereit!

Man sollte eine gute Idee wie den Touchscreen fürs Mobiltelefon nicht einfach ablehnen, ablegen und vergessen. Sowohl der Markt als auch die technischen und finanziellen Möglichkeiten als auch die Strategie des Unternehmens ändern sich. Einer der Gründe, warum es mir nie an Ideen mangelt, ist, dass ich in den meisten Fällen gar keine neuen erzeugen muss. Ich greife auf meinen Ideenspeicher zu und krame abgelegte Ideen wieder hervor, deren Zeit jetzt gekommen ist.

Ein **Ideenspeicher** ist eine strukturierte Sammlung von bisher nicht umgesetzten Ideen. Diese Ideen stammen aus verschiedensten Quellen, gehören aber zum selben Thema, Produkt oder Bereich. Die Ideen sind oft noch nicht ausgegoren, detailliert oder genauer geprüft. Sie kommen aber prinzipiell für eine Umsetzung oder genauere Prüfung in Frage. Zweck des Ideenspeichers ist es, dass Ideen nicht verloren gehen, auch wenn sie nicht sofort geprüft oder umgesetzt werden können.

Ihr Ideenspeicher ist nicht dasselbe wie Ihr Laborbuch, in dem Sie unausgegorene Ideen, Kritzeleien und Gesprächsnotizen chronologisch mitschreiben. Der Ideenspeicher sammelt Ideen für ein bestimmtes Thema, die dort bereitliegen bis zu dem Zeitpunkt, wo eine passende Gelegenheit, Budget, Zeit oder ergänzende Ideen auftauchen. Quellen dieser Ideen sind Ihre Kreativität, Eindrücke von außen oder der vage Gedanke, dass Sie etwas, von dem Sie gelesen haben, in Ihrem Bereich anpassen könnten.

Sie kennen sicher den Gedanken »Ich hatte da doch mal eine Idee zu diesem Thema, aber was war das nochmal?«. Vielleicht fragt auch Ihr Chef: »Wir haben noch Budget übrig, um eine tolle Idee umzusetzen. Was können Sie mir denn vorschlagen?« Oder er sagt: »Ich habe da eine Ausschreibung für ein Forschungsprojekt gelesen. Erarbeiten Sie mal drei Vorschläge, mit was wir uns dort für Fördergelder bewerben könnten.« Oder – die Traumsituation eines kreativen Menschen – jemand gibt Ihnen ein Millionenbudget mit den Worten »Machen Sie was Gutes draus« oder »Wenn ich Ihnen drei Millionen gäbe, was würden Sie damit tun?«.

Solche Gelegenheiten ergeben sich oft unerwartet. Das Serendipity-Prinzip hatte ich ja schon anfangs des Buchs diskutiert. Für eine geniale Erfindung müssen oft mehrere Faktoren zusammenkommen: Market Pull, Technologie Push und noch ein Budget! Sie als technische Erfinderin tragen durch Ihren Ideenspeicher Elemente dazu bei und sind bereit, falls oder sobald Sie Leute treffen, mit denen Sie sich ergänzen können. Seien Sie vorbereitet!

Form eines Ideenspeichers

Sie können Ihren Ideenspeicher in beliebiger Form führen, sogar handschriftlich. Auch die einzelnen Einträge können verschieden aussehen.

Bei der Wahl von Ablageort, Medium und Form Ihres Ideenspeichers sollten Sie beachten:

- **Autoren und Leser:** Ist es Ihr persönlicher Speicher oder ein Teamdokument? Beides ist denkbar. Ihre persönliche Liste führen Sie auf Papier oder in einem lokal auf dem Computer abgelegten Dokument. Ein Team-Ideenspeicher, wo alle Mitglieder ihre

Ideen sammeln oder die der anderen kommentieren, sollte natürlich digital und zentral zugänglich sein, beispielsweise in einem Wiki, so dass jeder und jede beitragen kann.

- **Ausführlichkeit der Einträge:** Je ausführlicher und ausgearbeiteter Sie die einzelnen Ideen dokumentieren, umso mehr macht es Sinn, sie digital und nicht auf Papier zu verwalten. Dann können Sie sie leichter kopieren und in Projektanträgen verwenden, ohne sie abtippen zu müssen.

- **Strukturierung:** Je länger die Ideenliste wird, umso größer das Bedürfnis, sie entweder nach einem Kriterium wie Attraktivität zu sortieren oder nach Teilthemen zu gruppieren. Das geht natürlich am einfachsten digital. Sie können eine simple Text- oder Tabellendatei verwenden, in der Sie manuell Ordnung herstellen. Da geniale Ideen nicht täglich dazukommen, wird eine Umsortierung nur selten nötig. Vielleicht einmal pro Jahr.

- **Metadaten:** Zusätzlich zur Beschreibung der Idee können Sie noch Metadaten hinzufügen wie Autor, Datum der Erfassung, Priorität, Kostenschätzung, erwarteter Nutzen, Risikohöhe und vieles mehr. Nach diesen Kriterien können Sie dann die Ideen sortieren und filtern. Das macht eher Sinn für das Ideenmanagement in einem Großunternehmen, wo ein Ideenmanager die Ideen aus dem betrieblichen Vorschlagswesen von Tausenden von Mitarbeitern sammelt und aufbereitet. Der normale Ideenspeicher für eine Person oder ein kleines Team ist jedoch nicht unübersichtlich genug dafür, um solch eine umfangreiche Datenbank anzulegen und zu pflegen. Ich verwende keine Metadaten.

- **Vertraulichkeit:** Geheime Ideen würde ich nur auf Papier notieren und gut verstecken! Jegliche digitale Dokumentation kann leichter kopiert und gestohlen werden. Klar, wenn Ihr Papierzettel verloren geht, haben Sie eventuell keine Kopie. Aber Sie müssen eben gut darauf aufpassen!

Eine einzelne Idee kann aus Stichworten bestehen, aus einer ausformulierten Frage, einer Skizze oder einem Bauplan. Gerade bei geheimen Ideen kann es Sinn machen, sie so kurz und kryptisch zu formulieren, dass nur Sie selbst sie verstehen. Ich persönlich formuliere aber gerne aus, weil ich sonst zwei Jahre später selbst nicht mehr verstehe, was ich mit diesem Stichwort gemeint hatte!

BEISPIEL

Ganz kurz überlegte ich, einen Screenshot eines meiner Ideenspeicher ins Buch zu kopieren, um Ihnen ein echtes Beispiel zu zeigen. Diese Idee verwarf ich aber ganz schnell. Ideenspeicher sind etwas sehr Persönliches. Wie gesagt: Die Ideen im Ideenspeicher sind oft noch nicht auf Neuheitswert oder Machbarkeit geprüft. Dazu wäre eine Recherche nötig. Ist die Idee doch nicht neu, wäre es peinlich, sie hier zu publizieren. Ist sie genial, dann ist sie erst recht vertraulich. Jemand anderer hat vielleicht mehr Zeit und Budget, um meine Idee umzusetzen, als ich selbst. Die Idee, chatGPT selbst zu entwickeln, stand beispielsweise auch ein paar Jahre lang in meinem Ideenspeicher! Ideen sind leider nicht durch das Urheberrecht geschützt, sondern nur deren konkrete Umsetzung.

Ich beschreibe Ihnen aber gerne einige meiner Ideenspeicher:

1. **Forschungsideen:** Ich führe eine Liste von Forschungsideen, die ich dann entweder selbst umsetze oder als Masterarbeit vergebe. Fragt mich ein Student, ob ich eine Idee für ein Masterarbeitsthema habe, lautet meine

Gegenfrage: »Welcher Bereich innerhalb der Softwaretechnik interessiert Sie? Möchten Sie empirische Forschung betreiben, eine Literaturrecherche, Daten auswerten oder etwas programmieren?« Das grenzt die Findung schnell ein, denn der Ideenspeicher umfasst mehrere Dutzend Einträge. Jede Idee besteht aus einer Forschungsfrage, oft ergänzt durch die wissenschaftliche Methode. Diese Ideen stammen aus verschiedenen Quellen: Bei früherer Forschung sind noch Fragen offengeblieben oder als Folgefrage neu entstanden, manches ist eine Kooperationsidee mit einem anderen Forscher, die Lektüre eines Zeitschriftenartikels oder ein Konferenzvortrag triggerte mich an oder die Idee kam irgendwie aus dem Blauen.

2. **Kurse:** Einen guten Kurs kann man gerne mehrfach halten und kontinuierlich weiterentwickeln. Für jeden meiner Kurse sammle ich in einer Datei namens »notizenFuerDasNaechsteMal.txt« Ideen für die Verbesserung des Kurses. Gerade bei wiederholt durchgeführten Kursen zeigt sich: Nachbereitung ist die beste Vorbereitung. Die besten Ideen kommen mir auf der Bühne, und dann notiere ich sie sofort. Genauso natürlich auch Tippfehler und Ähnliches. Bei meinen Schulungen liegt immer ein Zettel für solche Notizen vor mir. Auch konstruktive Ideen aus den Teilnehmerrückmeldungen oder davon angetriggerte Verbesserungsideen. In dieser Datei stehen auch Ideen, die mir in der Zeit zwischen den Durchführungen der Schulung zufliegen. Ich sammle aber auch Konzepte für komplett neue Seminare, die ich bei nächster Gelegenheit einem Kunden anbieten kann. Diese wird bereits als vollständige Kursbeschreibung ausgearbeitet: Dauer, Agenda, Zielgruppe, Lernziel, didaktische Mittel.

3. **Buchideen:** Wenn mir ab heute keine neuen Buchideen mehr einfielen, würde ich doch bis an mein Lebensende schreiben können. :-) Jede Buchidee arbeite ich im Verlauf von Wochen oder auch Jahren als Exposé aus und lege auch schon eine Gliederung und Stoffsammlung an. Wenn man sich mit einem Thema beschäftigt, liest man auch Bücher dazu und sammelt so Ideen, Inhalte und Querverweise. So konkretisiere ich die Buchidee mit der Zeit immer weiter. Sobald ich Zeit zum Schreiben finde, liegt also schon ein Plan vor und ich kann gleich loslegen.

✔ Legen Sie einen Ideenspeicher an. Wählen Sie dazu zunächst Ablageort und Form. Dabei können Sie die Checkliste aus diesem Kapitel verwenden.

✔ Tragen Sie dann die noch nicht für die Umsetzung vorgesehenen Ideen ein. Gruppieren Sie sie gerne auch nach Teilthemen und/oder sortieren Sie nach Nützlichkeit.

✔ Am Ende Ihres kreativen Projektes haben Sie einige Ihrer Ideen umgesetzt, andere nicht.

✔ Sammeln Sie alle vielversprechenden, aber nicht umgesetzten Ideen in einem Ideenspeicher.

IN DIESEM KAPITEL

- Sammeln Sie Rückmeldungen von Benutzern, Servicetechnikern, Händlern und allen, die über Erfahrungen »im Feld« berichten können
- Achtung: Manche gute Idee tarnt sich als Beschwerde
- Sortieren und bewerten Sie diese Ideen
- Planen Sie die nächsten Versionen

Kapitel 28
Rückmeldungen als Ideenquelle nutzen

Bisher haben Sie Ihre Ideen und Ihr Produkt im Gedankenexperiment, im Labor oder mit einzelnen, oft wohlwollenden Testbenutzern ausprobiert und darauf aufbauend deren voraussichtliche Nützlichkeit bewertet. Prognosen sind aber nicht immer richtig. Erst wenn Ihrer Innovation der raue Wind des Alltags ins Gesicht bläst, die Ungeduld und Ungeschicklichkeit von Max Mustermann sie scheitern lässt oder unsachgemäße Belastung zu Rissen führt, dann lernen Sie Ihr Produkt richtig kennen. Keine Angst. Das gehört zum Lernprozess dazu!

Der Appetit kommt beim Essen

Sie hatten sich viel Mühe gegeben, um Zielgruppen und deren Anforderungen zu ermitteln, mit Marktrecherche und Co., und das beste Produkt entwickelt, das innerhalb des Budgets bis zum Liefertermin machbar war. Doch das alles war hypothetisch. Selbst bei bestem Bemühen kann ein Benutzer nicht vollständig vorhersehen, ob und wie er ein gewisses Produkt im echten Leben benutzen wird, nachdem er es im Labor getestet hat. Das ist normal.

Rechnen Sie darum mit neuen Erkenntnissen »aus dem Feld«, also der tatsächlichen täglichen Verwendung. Schließen Sie auf keinen Fall den Ideenspeicher, lösen Sie das Team nicht auf, planen Sie die nächste Entwicklungsstufe und beantragen Sie ein Budget für dieses nächste Projekt. Es geht weiter! Im Produktivbetrieb kommen nicht nur Mängel ans Licht, sondern dann sprudelt manchmal erst die Kreativität der Benutzerinnen! Wie man sagt: »Der Appetit kommt beim Essen.« Es entstehen Gedankenketten wie »Wenn ich mit diesem Produkt dieses machen kann, dann könnte man doch noch folgende nützliche Funktion ergänzen ...«.

Sie brauchen darum unbedingt einen Kanal, über den Benutzerinnen ihre Ideen zurückmelden können. Er muss leicht zu finden und zu nutzen sein. Irgendwer muss die eingegangenen Ideen sammeln, ausformulieren, Doppelte entfernen und zur Weiterbearbeitung aufbereiten.

Bei technischen Produkten gibt es meist Rückmeldekanäle: die Beschwerdehotline und Rückläufer! Aber auch der Kundendienst sammelt wertvolle Rückmeldungen über Benutzererfahrungen und technische Grenzen. Händler können über den ersten Eindruck im Laden berichten. Immer häufiger protokollieren Software und andere Produkte auch Daten über das Nutzerverhalten: Wie oft wird das Produkt verwendet? Welche Funktionalitäten am meisten? Womit verbringt der Benutzer am meisten Zeit und wo bricht er ab? Auch das Einrichten und Betreuen eines Anwenderforums im Internet wird sich lohnen. Wenn Sie auch noch dafür sorgen, dass jemand von Ihren Mitarbeitern hier Fragen beantwortet, dann bieten Sie einen großen Mehrwert für Ihre Kunden.

Bei einem früheren Job besuchte ich auf der Jagd nach Ideen regelmäßig ein Werkzeugforum, in dem sich Anwender der Sägen und von anderem Werkzeug unseres Kunden austauschten. Ich war beeindruckt davon, wie kompetent und detailliert hier diskutiert wurde. Detailfotos ergänzten Erklärungen und Rückmeldungen über Schwachstellen, und es entstanden zahlreiche Ideen für die Weiterentwicklung. Viele Nutzer konnten verschiedene Modelle desselben Werkzeugs (auch von der Konkurrenz) miteinander vergleichen, weil sie schon mehrere für denselben Zweck verwendet hatten. Ich weiß nicht mehr, welches Forum das war, habe aber bei einer schnellen Recherche gesehen, dass die Anzahl der Sägenforen seitdem deutlich zugenommen hat, während die Qualität der Beiträge nach wie vor hoch ist. Eine Fundgrube für Rückmeldungen und Ideen! Ein solches Forum einzurichten und zu moderieren lohnt sich vermutlich besonders für hochpreisige, erklärungsbedürftige Produkte, die von gut qualifizierten Fachkräften oder Laien regelmäßig verwendet werden.

Sorgen Sie dafür, dass auch diese Informationen ihren Weg in den Ideenspeicher finden! Das passiert nicht von selbst, weil unterschiedliche Personen für die Kundenbetreuung und die Ideenverwaltung zuständig sind. Außer sie treffen sich in derselben Raucherecke, aber darauf sollten Sie nicht warten!

Der Ideenspeicher als ein lebendes Dokument soll regelmäßig ergänzt und bearbeitet werden. Sie sehen an dessen Bearbeitungshistorie, wie lebendig Ihr Ideenspeicher ist!

Sie brauchen einen Kreislauf aus Produktentwicklung, Nutzung, Feedback und erneuter Ideengenerierung – ein Prinzip, das langfristig nicht nur die einzelnen Produkte, sondern auch die Innovationskultur des Unternehmens stärkt.

Der Dumm-User hat Ihr schönes Produkt zerstört?

Gratulation! Der dümmste anzunehmende User (DAU) oder sogar dessen noch tollpatschigerer Bruder hat Ihr Produkt in die Hand genommen und zerstört. Trotz sorgfältiger Materialauswahl, Dimensionierung, Qualitätssicherung und Belastungstests gelang es ihm, es falsch zu benutzen und kaputtzukriegen.

Natürlich sind Sie enttäuscht. Sie unterstellen vielleicht sogar Absicht. Vielleicht war es sogar Absicht. Womöglich müssen Sie jetzt Schadensersatz leisten.

Trotzdem muss das kein Scheitern bedeuten, sondern eher eine weitere Runde der Qualitätssicherung. Natürlich versucht man, so etwas zu vermeiden, aber: »Shit happens!«, wie der Amerikaner sagt. Es ist fast schon normal, dass Dinge schief gehen. Dafür sollte bei der finanziellen Kalkulation auch Budget eingeplant worden sein.

Zum ingenieurmäßigen Arbeiten gehört es unbedingt dazu, dass Sie bei Fehlern die Ursachen ermitteln und dann deren Ursachen und so weiter. Gegen die Ursachen ergreifen Sie dann Maßnahmen, indem Sie das Produktdesign verbessern oder den Entwicklungsprozess. Nur im allerschlimmsten Fall müssen Sie die Herstellung des Produkts unterbrechen oder sogar einen Rückruf starten. Grundsätzlich gilt: Je früher Sie ein Problem finden und beheben, umso geringer der Schaden. Darum sollte man Probleme nicht unter den Teppich kehren oder die Schuld allein auf den Dumm-User abladen. Das würde nämlich bedeuten, dass Sie sich einreden, dieser eine Benutzer sei dümmer als jeder andere Mensch und dasselbe Missgeschick passiere nicht erneut. Statistisch gesehen ist das aber eher unwahrscheinlich. Weitere Anwender werden denselben Fehler begehen oder dieselbe Schwachstelle finden.

Ich finde, dass Produkte möglichst idiotensicher sein sollten. Ein sicheres Produkt vermeidet Benutzerfehler oder fängt sie ab, indem es abgemessen darauf reagiert oder in unklaren Situationen in einen sicheren Zustand übergeht.

Der Begriff »**fail-safe**« bezeichnet im Ingenieurwesen ein Sicherheitsprinzip, bei dem ein System so entworfen wird, dass es im Falle eines Fehlers oder Ausfalls in einen sicheren Zustand übergeht, beispielsweise durch Abschalten, Entlasten oder Einnehmen einer sicheren Position. Dadurch werden Gefahren für Menschen, Umwelt oder Anlagen minimiert.

Beispiele:

- ✔ Eine Stanzmaschine, die bei Unterbrechung der Lichtschranke zu stanzen aufhört,
- ✔ eine Signalanlage, die bei Ausfall der Steuerung automatisch auf Rot schaltet,
- ✔ eine Software, die fehlende Benutzereingaben durch sinnvolle Defaultwerte ersetzt,
- ✔ ein selbstfahrendes Auto, das im Notfall mit Warnblinklicht stehen bleibt.

Natürlich ist die Welt zu komplex und vielfältig, um alle möglichen Fälle vorherzusehen und abzudecken. Exotische Fehleingaben durch Benutzer, Zweckentfremdung oder gar Versuche, das System auszutricksen oder zu hacken, bringen das beste Produkt an seine Grenzen.

Gerade bei technischen Produkten muss die Verantwortung für Fehler und Schäden zwischen Hersteller und Benutzer aufgeteilt werden. Der Hersteller ist für die ordnungsgemäße Funktion seines Produkts im vorgesehenen Umfeld verantwortlich, der Benutzer für das Beachten der Handbücher und der Nutzungsbedingungen, die sachgemäße Benutzung und Pflege.

Die meisten technischen Geräte werden in unterschiedlichen Umgebungen verwendet, oft auch mobil. Da kann schon mal etwas herunterfallen, durchnässen oder gequetscht werden. Auch Pflege- und Wartungsarbeiten werden nötig wie Austausch von Akkus, Reinigen der Oberfläche, Nachfüllen von Flüssigkeiten, Austausch von defekten Komponenten oder das Tunen durch den Ersatz von Bauteilen durch leistungsfähigere. Diese werden durch den Benutzer durchgeführt oder auch durch einen Dienstleister, der nicht der Hersteller ist.

BEISPIEL

Der Dumm-User ist schuld?

Manche Nutzungsarten und Wartungsarbeiten sind ausdrücklich vorgesehen, für andere ist das Produkt nicht ausgelegt. Nutzungsbedingungen und Garantiebeschreibungen dienen dazu, die Verantwortung zwischen Benutzer und Hersteller aufzuteilen.

Beispiele:

- ✔ Die Garantiebeschreibung des Händlers afb von aufbereiteter IT-Hardware `https://www.afbshop.de/garantie-beschreibung/`,
- ✔ Lenovos Richtlinien für Customer Induced Damages (CID): `https://support.lenovo.com/de/de/solutions/ht104148`
- ✔ Smartwatches unterscheiden sich von Taucheruhren dadurch, dass sie für den Gebrauch bei Zimmerbedingungen gemacht wurden und nicht für die Verwendung beim Tauchen oder Wasserskifahren. Durch Unachtsamkeit des Benutzers kann ein Smartphone trotzdem in einer durchnässten Handtasche oder durch einen Sturz aus der Hosentasche in die Toilette zu nass werden. Apple beschreibt darum ausführlich die Grenzen der Wasserbeständigkeit seiner Apple Watch: `https://support.apple.com/de-de/109522`. Apple nutzt interne Feuchtigkeitsindikatoren, um Fälle nachzuweisen, in denen die Smartwatch durch den Benutzer nicht genügend vor Feuchtigkeit geschützt wurde.
- ✔ Stand der Technik beim selbstfahrenden Auto ist, dass der Fahrer immer noch die Verantwortung trägt. Dies macht Tesla deutlich klar: `https://www.tesla.com/de_de/support/autopilot` (Stand: 12. November 2025)

Hier steht beispielsweise: »Die gegenwärtig aktivierten Funktionen ›Autopilot‹, ›Enhanced Autopilot‹ und ›Volles Potential für autonomes Fahren‹ erfordern eine aktive Überwachung durch den Fahrer und machen das Fahrzeug nicht autonom.«

Der Benutzer muss das Benutzerhandbuch lesen und gewisse Funktionalitäten bewusst aktivieren: »Bevor Sie den ›Autopiloten‹ verwenden, lesen Sie bitte im Benutzerhandbuch die Anweisungen und Sicherheitshinweise zu dessen Einsatz. Während der Verwendung der Autopilot-Funktionen liegt es in Ihrer Verantwortung, das Lenkrad kontinuierlich zu fassen und stets die Kontrolle über das Fahrzeug zu behalten. Viele unserer Autopilot-Funktionen wie ›Lenkassistent‹, ›Mit Autopilot navigieren‹ und ›Schlichtes Herbeirufen‹ sind standardmäßig deaktiviert. Um sie zu nutzen, müssen Sie das Autopilot-Menü auf der Registerkarte ›Einstellungen‹ aufrufen und sie aktivieren.«

Der Einsatzbereich ist klar definiert: »Der Lenkassistent ist für den Einsatz auf Autobahnen mit physisch abgetrennter Gegenspur, deutlichen Spurlinien und ohne Querverkehr vorgesehen. Verwenden Sie ihn nicht auf Autobahnen mit scharfen Kurven oder bei fehlenden, ausgewaschenen oder zweideutigen Spurmarkierungen.«

Die Verantwortung des Benutzers wird klar betont:

»Bevor der ›Autopilot‹ aktiviert wird, müssen Sie zustimmen, dass Sie stets die Hände am Lenkrad behalten und während der Nutzung der Funktion die Kontrolle und Verantwortung für Ihr Fahrzeug aufrechterhalten. Falls Sie das Lenkrad bei eingeschalteter Autopilot-Funktionalität nicht ausreichend festhalten, gibt das System eine Serie von visuellen und akustischen Warnungen aus, die immer eindringlicher werden, um Sie daran zu erinnern, das Lenkrad zu fassen. Wenn Sie diese Warnungen wiederholt ignorieren, wird die weitere Verwendung des Autopiloten für die Dauer der Fahrt gesperrt.«

Eingaben des Benutzers haben Vorrang vor den Aktionen des Autopiloten:

»Sie können die Autopilot-Funktionen durch Lenken, Bremsen oder durch Betätigen des Geschwindigkeitsreglers jederzeit übersteuern und abbrechen.«

Allerdings kann dies auch dazu führen, dass der Fahrer versehentlich den Autopiloten deaktiviert.

Interessant finde ich hierbei das moralische Dilemma, dass die Werbeaussagen des Unternehmens positiver klingen und darum manche Menschen glauben, die Warnungen in den Nutzungsbedingungen seien rein juristische Formulierungen, die man getrost ignorieren könne. Thematisiert wird dies in den folgenden Artikeln:

`https://www.lto.de/recht/nachrichten/n/usa-tesla-autopilot-unfall-haftung`

`https://www.tagesspiegel.de/gesellschaft/panorama/brisante-recherche-uber-autopilot-unfallopfer-verliess-sich-offenbar-voll-auf-tesla-technik--und-starb-11215534.html`

Seien Sie darum dankbar, wenn Ihr Produkt schon frühzeitig zerstört wird und Sie sofort davon erfahren. Es hätte schlimmer kommen können!

BEISPIEL

Die versenkbaren Türöffner des Teslas haben sich als Sicherheitsrisiko erwiesen. Im Prinzip sollen sie bei einem Unfall automatisch ausfahren und durch Ersthelfer zu öffnen sein. Wenn das Fahrzeug brennt, kann dieser Mechanismus ausfallen (siehe: `https://www.t-online.de/mobilitaet/aktuelles/id_100372392/tesla-tuergriffe-als-todesfalle-unfall-gutachten-gibt-alarm.html`, Stand März 2024). Der im Unfallfahrzeug eingeklemmte Insasse kann die Tür manuell entriegeln, falls er weiß, dass sich der Entriegelungsmechanismus unter der Fußmatte verbirgt. Ich bin nicht sicher, ob ich in Todesangst an diese Information denken würde! Zumal auch nicht jede das Handbuch gelesen hat. Bei solchen Designentscheidungen müssen Schutz vor Diebstahl und Sicherheit der Insassen gegeneinander aufgewogen werden. Wäre das Auto von außen zu leicht zu öffnen, würde das wertvolle Fahrzeug viel öfter gestohlen. Aber genau bei solchen Designentscheidungen (»Wo platzieren wir die Notentriegelung?«) übernimmt der Hersteller Verantwortung. Ethisch gesehen kann eine Fehlentscheidung jederzeit auch bei sorgfältiger Arbeit vorkommen. Der Hersteller muss aber solche Unfälle ernst nehmen und so weit möglich die Ursachen beseitigen, damit ein vermeidbarer Todesfall sich nicht wiederholt!

Ab dem 1. Januar 2027 sind in China mechanische Außen- und Innengriffe Pflicht. Diese müssen auch bei Stromausfall funktionieren und gut sichtbar sein.

Bekannt geworden ist in der Ethikliteratur auch der Fall des Ford Pinto, der seinen Benzintank so positioniert hatte, dass das Auto bei einem Auffahrunfall leichter explodierte als vergleichbare Fahrzeuge. Dafür musste der Hersteller haften. Unfälle gehören zwar nicht zur erwünschten Nutzung, aber trotzdem muss der Hersteller das Fahrzeug so entwerfen, dass vermeidbarer Schaden vermieden wird.

Unfälle und Schadensersatzklagen gehören zum krassesten Feedback, das Sie für Ihr Produkt erhalten können. Achten Sie darum auch frühzeitig auf leise Bedenkenträger-Stimmen und Beinaheunfälle, die gerade nochmal gut gegangen sind! So können Sie hoffentlich verhindern, dass es zum Schlimmsten kommt.

Nach dem Spiel ist vor dem Spiel

Wie schon gesagt: Mit der Markteinführung sind Sie zwar mit Ihrem Innovations- bzw. Kreativitätsprojekt fertig. Aber der Innovations- und Kreativitätsprozess geht weiter. Sie nehmen Ideen aus Ihrem Ideenspeicher und packen diese zu neuen Projektvorschlägen zusammen. Für diese beantragen Sie erneut ein Budget für Version 2, 3 und so weiter.

Trotz der Rückmeldungen aus der Praxis müssen Sie weiterhin kreativ bleiben. Die Beschwerden von Anwenderinnen weisen auf Schwachstellen, zu behebende Fehler und inkrementelle Verbesserungsmöglichkeiten hin. Wenn Sie nur diese umsetzen, agieren Sie rein defensiv und verteidigen Ihr Produkt gegen Vorwürfe und Veralten.

Um die Erwartungen der Kunden weiterhin zu übertreffen, müssen Sie weiterdenken. Behalten Sie Trends im Auge und bleiben Sie ständig hungrig nach innovativen Ideen für dieses Produkt oder das nächste.

Innovation ist ein kontinuierlicher Prozess, und je schneller Ihre Konkurrenz neue Ideen auf den Markt bringt, umso schneller müssen auch Sie laufen – wie bei einem Wettlauf. Gleichzeitig müssen Sie aber auch nicht jede Mode mitmachen, jeden Fehler der Konkurrenz nachahmen oder versuchen, Kundenwünsche zu erfüllen, die nicht zu Ihrer eigenen Produktstrategie passen.

Überlegen Sie: Über welche Kommunikationskanäle könnten Sie Rückmeldungen über die Qualität und Schwachstellen Ihres Produktes sowie Eindrücke und Ideen der Anwender sammeln?

Das Produkt ist nie fertig!

- ✔ Sammeln Sie Rückmeldungen und auch Beschwerden der Kunden und Benutzer ein und verwandeln Sie sie in konstruktive Weiterentwicklungsideen.
- ✔ Selbst der dümmste anzunehmende User (DAU) trägt zur Qualitätssicherung bei, indem er das Produkt an seine Grenzen bringt und darüber hinaus.
- ✔ Bleiben Sie weiterhin kreativ und hungrig nach genialen Ideen. Pflegen Sie Ihren Ideenspeicher kontinuierlich. Er ist ein lebendes Dokument.
- ✔ Planen Sie die nächste Version Ihres Produkts!

IN DIESEM KAPITEL

Methoden der Prozessverbesserung für den Kreativitäts- und Innovationsprozess

Innovationscontrolling, Change Management und PDCA-Zyklus

Beteiligen Sie alle Betroffenen

Kapitel 29
Den Kreativitätsprozess bewerten und verbessern

Jeder Arbeitsprozess lässt sich noch verbessern – auch der Kreativitätsprozess. Im vorigen Kapitel haben wir das Produkt bewertet. In diesem Kapitel geht es um den Arbeitsprozess, der zu diesem Produkt geführt hat. Man geht üblicherweise davon aus, dass eine gute Arbeitsweise effizienter, sicherer und wiederholbarer zu einem guten Produkt führt. Natürlich sind beide Arten von Ausnahmen möglich: dass ein ineffizienter Arbeitsablauf trotz vieler teurer Fehlerkorrekturen am Ende zum prfekten Produkt geführt hat, oder dass trotz sauberer Vorgehensweise am Ende ein erfolgloses Produkt herauskam, das inzwischen schon von der Konkurrenz überholt oder den Marktbedürfnissen hinter sich gelassen wurde. Vielleicht waren auch die Ergebnisse der Marktrecherche unzuverlässig und so konnte selbst die beste Ingenieurkunst nur das falsche Problem lösen. Grundsätzlich ist es aber am besten, mit einem tadellosen Arbeitsprozess das perfekte Produkt zu entwickeln. Und es passiert auch eher selten, dass am Ende eines schlechten Arbeitsprozesses ein gutes Produkt herauskommt. Eine planlos entwickelte Software oder Legacy-Software sieht dann aus wie diese alten Häuser, an denen jahrhundertelang herumgewerkelt wurde (Abbildung 29.1): Hier ein Zimmer angebaut, da noch eine Gaube, dort eine Wand eingerissen oder ein Bombenschaden repariert. Am Ende zeugen die verschiedenen Teile von verschiedenen Stilrichtungen und Baumeistern, bestehen aus unterschiedlichem Material und die Nahtstellen sind trotz dick aufgetragener Farbschicht immer noch sichtbar. Das Haus ist ganz offensichtlich nicht aus einem (einzigen) Guss. Gerade bei Software färbt oft die geflickschusterte Architektur auch auf die Benutzeroberfläche ab, so wie bei dem oben beschriebenen Haus beispielsweise die Fenster auf verschiedener Höhe liegen, weil sie der Fußbodenhöhe folgen.

Abbildung 29.1: Das Häuschen mit mehreren Bauabschnitten

Bewertung des Kreativitätsprozesses

Im Folgenden betrachten und bewerten wir den Kreativitätsprozess aus drei Blickwinkeln:

- ✔ Des Innovationscontrollings: War das Projekt effizient und verlief planmäßig?
- ✔ Der Beteiligten: Machen alle gerne mit?
- ✔ Des Kernteams: Was lief gut und was würden Sie das nächste Mal besser machen?

Innovationscontrolling

Wir starten mit dem Controlling und arbeiten uns von der Außensicht zur Innensicht voran.

Controlling ist der englische Begriff für *Planung, Kontrolle* und *Steuerung* im Unternehmensumfeld und auch im Deutschen gebräuchlich. Das Controlling sammelt Daten und Fakten und bereitet sie für die internen Entscheider auf. Es ermittelt nicht nur, wie in der Vergangenheit gearbeitet wurde, sondern soll auch Prognosen erstellen. Kontrolliert werden Kosten und Termintreue, aber auch zahlreiche andere Kennzahlen.

Innovation soll sich lohnen

Innovationsvorhaben sind Investitionen, die am Ende Gewinn abwerfen sollen – finanziellen oder strategischen. Doch nur ein kleiner Prozentsatz aller Neuproduktvorschläge erreicht die Markteinführung. Und von diesen erweisen sich nur ein Viertel bis die Hälfte als erfolgreich auf dem Markt. Diese Zahlen zeigen, dass niemand erwarten kann, dass ein kreatives Projekt erfolgreich sein muss. Aber genau das setzt das Innovationsprojekte doppelt unter Druck:

- ✔ Dem Projekt droht schnell die Einstellung, sobald es zu langsam vorangeht oder sich die Strategie des Unternehmens ändert. Schließlich besteht die Kunst im Innovationsmanagement nicht nur darin, erfolgreiche Projekte zu erkennen, sondern auch erfolglose möglichst früh zu stoppen, um den Verlust zu minimieren.

- ✔ Die wenigen erfolgreichen Projekte müssen die erfolglosen mitfinanzieren. Es reicht also nicht, wenn sie nur ihre eigenen Kosten einspielen.

Wie sich Gewinn berechnet

Die Formel für den Gewinn ist einfach:

Gewinn = Einnahmen – Kosten.

Kosten entstehen durch Personalkosten, Material, Energieverbrauch, Kommunikation, Lizenzkosten und langfristig nutzbare Gebrauchsgüter. Einnahmen entstehen durch den Verkauf der Produkte sowie Lizenzeinnahmen.

Die Berechnung des Gewinns verkompliziert sich allerdings dadurch, dass man die insgesamt anfallenden, nicht projektspezifischen Gemeinkosten (Denglisch auch »Overheadkosten« genannt) auf Projekte, Produkte oder gar einzeln hergestellte Exemplare aufteilen muss. Auch diejenigen, die gar nicht speziell nur für die Entwicklung dieses Produkts angefallen sind wie Gebäudemiete, Softwarelizenzen, Schreibtische oder Gehälter der Controlling-Mitarbeiterinnen.

Wer macht das Controlling?

Gerade weil so viele verschiedene Personen und Anspruchsgruppen an der Innovation beteiligt sind – meist abteilungs- und sogar unternehmensübergreifend –, überwacht das dafür zuständige Innovationscontrolling den Innovationsprozess. Das Innovationscontrolling wird üblicherweise nicht vom Team des Innovationsprojektes selbst durchgeführt, sondern stellt eine projektexterne Kontrolle dar.

Das Innovationscontrolling ist eine Person oder eine Gruppe mit folgenden Aufgaben:

- ✔ Planen und Kontrollieren des Innovationsprozesses: Das Innovationscontrolling überwacht, ob die Ist-Werte mit den Soll-Werten des Plans übereinstimmen. Dazu gehören die erzeugten Ergebnisse in Menge und Qualität sowie die Einhaltung von Terminen und Budgets.
- ✔ Beratung: Das Innovationscontrolling unterstützt fachlich und methodisch die Entscheider im Management und die im Innovationsprozess Mitarbeitenden. Hierzu führt es auch Schulungen durch. Außerdem sammelt es die Daten der Innovationsprojekte, wertet sie aus und schlägt Maßnahmen zur Verbesserung vor.

Controlling is watching you

Das Innovationscontrolling überwacht den Fortschritt eines Innovationsprojektes anhand von Zeit, Kosten, Arbeitsergebnissen und anderer Kriterien und kann so frühzeitig erkennen, welche Innovation sich gut entwickelt und welche nicht weiterverfolgt werden sollte. Das Controlling überwacht die Innovationsprojekte, aber auch die Gesamtheit dieser Projekte, also das Innovationsportfolio.

Manchmal überwacht das externe Controlling nur die messbaren Größen wie Budget- und Termineinhaltung (Verhaltenskontrolle), die Teammitglieder kontrollieren ihre Ergebnisse und deren Qualität als Selbstkontrolle (Ergebniskontrolle). Ziel des Controllings ist vor allem die Steuerung des Projektverlaufs und dessen Korrektur. Dazu muss zunächst bemerkt werden, wenn der tatsächliche Verlauf nicht dem geplanten entspricht. Dann werden Maßnahmen beschlossen und umgesetzt. Der Projektabbruch ist dabei die massivste Maßnahme.

Um Kosten und Termine zu überwachen, eignen sich beispielsweise diese zwei Werkzeuge: die Meilenstein-Trendanalyse und die Earned-Value-Analyse.

Meilenstein-Trendanalyse

Ganz allgemein werden Projekte oft anhand von Meilensteinen strukturiert.

Ein **Meilenstein** ist in einem Projekt ein klar definierter Zeitpunkt, an dem ein wesentlicher Zustand, ein Ergebnis oder eine Entscheidungsgrundlage erreicht sein muss. Er beschreibt nicht, was getan werden muss, sondern welches (Zwischen-)Ergebnis vorliegen muss. Oft findet am Meilenstein eine Qualitätsprüfung, Freigabe oder Entscheidung statt.

Als Meilensteine und Evaluierungszeitpunkte für Innovationsprojekte bieten sich bei unserem Vorgehensmodell jeweils die Endpunkte der einzelnen Phasen an, da zu diesen ein greifbares Ergebnis erstellt werden soll. In agilen Entwicklungsprozessen bildet jedes Iterationsende einen Meilenstein. Zu Zeitpunkten zwischen den Meilensteinen lässt es sich schwieriger abschätzen, ob ein Liefergegenstand zu 20zwanzig oder zu vierzig Prozent fertig ist.

Das Controlling kontrolliert meist nicht den Projektzustand zu jeder Stunde des Tages, sondern vor allem an den Meilensteinen. In der Zeit zwischen zwei solchen Meilensteinen ist das Projektteam dafür verantwortlich, den nächsten Meilenstein erfolgreich zu erreichen.

Wird ein Liefergegenstand nicht rechtzeitig fertig, so verschiebt sich der Meilenstein. Dies kann ein Alarmzeichen sein. Abbildung 29.2 zeigt ein Beispiel für eine grafische Meilenstein-Trendanalyse. In diesem Projekt wurde im Mai festgestellt, dass die nächsten Meilensteine nicht eingehalten werden können. Der Termin für die Meilensteine M1 und M2 wurde darum um zwei Wochen verschoben, später auch der Termin für M3. Nach etwas Irritation bis Ende Juli stabilisierten sich die voraussichtlichen Meilensteintermine jedoch und konnten dann auch gehalten werden. Abgebildet wird hier nicht nur der tatsächliche Verlauf, sondern auch wie sich die Prognosen verändern.

Earned-Value-Analyse

Die Earned-Value-Analyse (EVA) ist ein nützliches Hilfsmittel, um während eines Projektes oder einer Projektphase nicht nur herauszufinden, wie gut oder schlecht es läuft, sondern auch frühzeitig eine fundierte Prognose zu berechnen. Wurde beispielsweise bisher mehr Budget verbraucht als zu diesem Zeitpunkt geplant, kann dies zwei mögliche Gründe

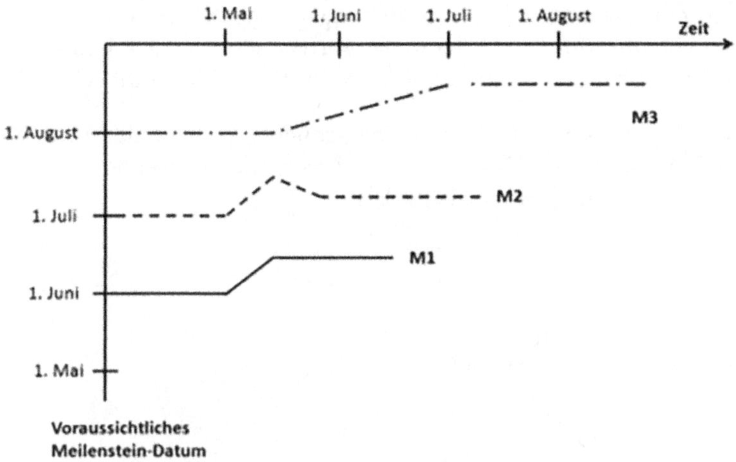

Abbildung 29.2: Meilenstein-Trendanalyse (Beispiel)

haben: Entweder es wurde mehr gearbeitet und auch mehr produziert als geplant oder die Ergebnisse liegen zwar im Plan, sind aber teurer geraten. Mithilfe der Earned-Value-Analyse können Sie die beiden Fälle voneinander unterscheiden und berechnen, wie teuer die aktuelle Phase bis zum Ende ausfallen wird. Oder auch das gesamte Projekt.

Die vier Basiskennzahlen

Die EVA basiert auf der Grundidee des Earned Value. Stellen wir uns vereinfacht vor, dass Sie an einem Projekt arbeiten, das zehn gleichartige Teile herstellen soll und ein Budget von zehntausend Euro oder zehn Personentagen hat. Dann sollte die Produktion jedes einzelnen Teils nicht nur tausend Euro oder einen Personentag an Budget verbrauchen (kosten), sondern ist damit auch tausend Euro wert. Sind die zehn Teile nicht gleichartig, dann entspricht ihr Value beziehungsweise Wert doch immer dem dafür vorgesehenen Budget. Sobald Sie ein 1.000-Euro-Arbeitspakt abgeschlossen haben, haben Sie tausend Euro an Value erzeugt. Das gilt auch dann, wenn dabei nur ein Dokument oder anderes Zwischenergebnis hergestellt wurde.

Als Grundlage der EVA ermittelt man zunächst vier Kennzahlen:

1. **Budget at Completion** (*BAC*): Dies ist das Gesamtbudget des Projektes oder der aktuell betrachteten Projektphase. Dieses entspricht auch dem Wert (Planned Value) der Ergebnisse, die zum Ende erzeugt werden sollen. Das *BAC* ist ein zeitunabhängiger Wert aus der Planung.

2. **Planned Value** (*PV*): Der Planwert zum gegenwärtigen Zeitpunkt, also der Wert, der laut Plan erzeugt werden sollte. *PV* ist also auch ein Planwert, aber zeitabhängig und wird aus dem Projektplan ermittelt.

3. **Actual Cost** (*AC*): Bisher tatsächlich angefallene Kosten, also Ist-Kosten. Um AC zu ermitteln, müssen zum jeweiligen Zeitpunkt die gearbeiteten Stunden und verausgabte Kosten bekannt sein.

4. **Earned Value** (*EV*): Wert der geleisteten Arbeit beziehungsweise erzeugten Ergebnisse. Dieser berechnet sich anteilig vom *BAC* anhand des Fertigstellungsgrads. Um *EV* zu ermitteln, muss zum jeweiligen Zeitpunkt der Fertigstellungsgrad bekannt sein.

Ein typischer Zeitverlauf sieht so aus, dass *AC* mit der Zeit schneller ansteigt als *PV*, während *EV* dagegen langsamer wächst, wie in Abbildung 29.3. Das heißt: Für weniger Ergebnisse als geplant wurde mehr Budget ausgegeben als geplant.

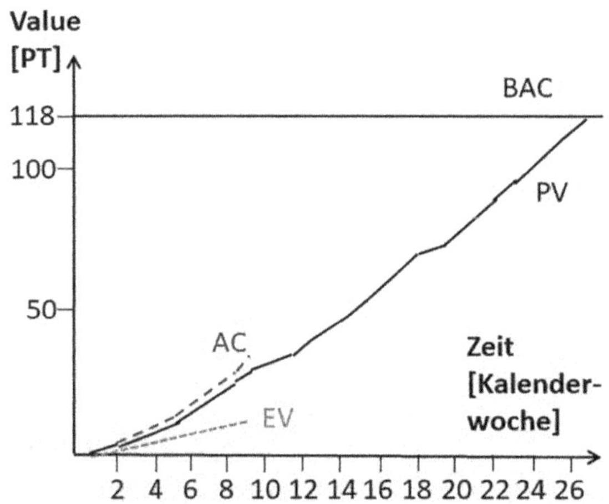

Abbildung 29.3: Earned-Value-Analyse (PT = Personentage)

Wie schlimm ist es?

Ein kleiner Verzug und ein wenig zu hohe Kosten sind noch kein Drama, sondern normal. Pläne sind meist optimistisch und irgendetwas geht immer schief. Gerade kreative, innovative Projekte lassen sich nur schlecht planen. Verzug und Budgetüberschreitungen können aber auch ein frühes Warnzeichen für lösbare oder unlösbare Probleme sein und im schlimmsten Fall darauf hinweisen, dass man das Projekt besser abbrechen sollte.

Darum wollen wir es genau wissen: Wie schlimm ist es? Dazu berechnen wir die Kosteneffizienz und Leistungseffizienz.

Definition: **Kosten- und Leistungseffizienz**

Kosteneffizienz = Cost-Performance-Index *CPI* = *EV* / *AC*

Leistungseffizienz = Schedule-Performance-Index *SPI* = *EV* / *PV*

Beide Werte wären im Idealfall genau gleich 1. Dann wäre das Projekt exakt im Plan.

Ist die Kosteneffizienz *CPI* kleiner als 1, dann liegen die Kosten *AC* über dem erzeugten Wert *EV*, das heißt das Projekt war bisher zu teuer.

Ist die Leistungseffizienz *SPI* kleiner als 1, dann liegt der geplante Wert *PV* über dem erzeugten Wert *EV*, das heißt, das Projekt war bisher zu langsam.

Je keiner *CPI* oder *SPI*, umso schlechter performt das Projekt.

Prognosen: Wie schlimm wird es noch werden?

Nun zur versprochenen Prognose: Es gilt nun zu ermitteln, wie teuer das Projekt am Ende werden wird, sobald *EV* = *BAC*, also alle Ergebnisse erzeugt sind. Die erwarteten Gesamtkosten am Projektende nennt man hier Estimate at Completion *EAC*. Der bis dahin noch zu erbringende Restbetrag heißt Estimate to Complete *ETC*.

Je nach Situation verwendet man eine andere Formel:

- **Ursprungsplan:** Die bislang aufgetretene Abweichung hat keine Auswirkung auf die Gesamtkosten und -termine. Dann ist *EAC* = *BAC*. Diese Annahme ist nur selten berechtigt.
- **Additive Prognose:** Die bislang aufgetretene Abweichung ist einmalig und hat keinen Einfluss auf den weiteren Projektverlauf. Dann ist *ETC* = *BAC* – *EV* und *EAC* = *AC* + *ETC* = *BAC* + *AC* – *EV*. Dies ist eine optimistische Prognose, die davon ausgeht, dass es sich nur um Anlaufschwierigkeiten handelte.
- **Lineare Prognose:** Die bislang aufgetretene Abweichung setzt sich proportional weiter fort. Das heißt, das Team arbeitet weiterhin mit derselben Effizienz. Dann ist *EAC* = *BAC* / *CPI*. Das ist eine pessimistische, aber oft eben auch realistische Prognose.
- **Neubewertung:** Um die Restkosten *ETC'* zu ermitteln, wird neu geschätzt. Zu den bislang entstandenen Kosten (*AC*) werden die neu geschätzten Restkosten hinzuaddiert: *EAC* = *AC* + *ETC'*.

Ein Beispiel für die Earned-Value-Analyse

Sie befinden sich in der Phase 5 »Discover auf Szenarioebene«. Sie haben 50 User Stories und möchten diese zu Nutzungsszenarien verfeinern. Sie haben dafür ein Zeitbudget von 25 Personentagen (PT), also einen halben Tag pro User Story. Sie haben dafür zwei Monate Zeit. Nun ist der erste Monat um, und der Projektleiter möchte wissen, wie effizient Sie vorankommen und wann Sie voraussichtlich fertig werden. Laut Plan sollten Sie kontinuierlich jede Woche gleich viel arbeiten, also nach einem Monat 25 der 50 User Stories in Nutzungsszenarien umgewandelt haben. Tatsächlich haben Sie erst 20 User Stories geschafft und dafür 12 PT investiert. Fertigstellungsgrad ist also 20/50 = 40 %.

Ermitteln wir zunächst die vier Basiskennzahlen:

1. Budget at Completion (*BAC*) = 25 PT. (Das Budget kann in jeglicher Einheit gemessen werden, solange immer dieselbe verwendet wird: Euro, Personentage PT, Story Points….)
2. Planned Value (*PV*) = 25 User Stories.

3. Actual Cost (*AC*) = 12 PT.

4. Earned Value (*EV*) = 40 % · 50 User Stories = 20 User Stories. Dieser Fertigstellungsgrad von 40 % entspricht 40 % · 25 PT = 10 PT.

Wie schlimm ist es?

Kosteneffizienz *CPI* = *EV* / *AC* = 10 PT / 12 PT = 0,83. Nicht gut.

Leistungseffizienz *SPI* = *EV* / *PV* = 20 User Stories / 25 User Stories = 0,8. Nicht gut!

Sie haben nicht effizient gearbeitet und zu wenige Arbeitstage bisher ins Projekt investiert.

Prognosen: Wie schlimm wird es noch werden?

Sehen wir uns die vier Möglichkeiten an, jeweils zuerst für die Kostenprognose und dann für die Terminprognose:

- ✔ **Ursprungsplan:** Sie wissen schon jetzt, dass Sie die fehlenden 15 PT im zweiten Monat locker unterbringen, weil ein anderes Projekt jetzt abgeschlossen ist. Dann werden Sie rechtzeitig fertig. Außerdem haben Sie einige der noch nicht fertigen User Stories schon halb fertig, darum gehen Sie doch von *CPI* =1 aus und erwarten: *EAC* = *BAC*, also Budgetreue.

- ✔ **Additive Prognose:** Sie hatten anfangs zwei Tage Arbeitszeit verloren mit dem Aufsetzen eines Tools, der Einarbeitung in die Darstellungsform und mit Recherchen. Alles andere verlief nach Plan. Sie erwarten darum, dass *EAC* = *BAC* + 2 PT, also das Budget nur um 2 PT überzogen wird. Allerdings werden Sie auch den Termin nicht halten können, da Sie um 6 Tage in Verzug sind. Den Verzug habe ich so berechnet: Nach einem Monat hätten Sie 25 User Stories fertig haben sollen. Die 20 User Stories hätten also nach 4/5 des Monats fertig sein sollen, also nach rund 24 Tagen. Sie hatten die 20 User Stories aber erst nach 30 Tagen fertig.

- ✔ **Lineare Prognose:** *EAC* = *BAC* / *CPI* = 25 PT / 0,83 = 30 Personentage, das heißt dieses Arbeitspaket wird um 5 PT zu teuer, also insgesamt 30 PT. Die voraussichtliche Gesamtdauer beträgt statt 2 Monaten dann 2 Monate / 0,8 = 2,5 Monate. Sie erwarten also 15 Tage Verzug.

- ✔ **Neubewertung:** Sie müssen feststellen, dass Sie bisher die einfachsten User Stories fertig haben, die komplexeren aber noch vor Ihnen liegen. Aufgrund dieser Tatsache und der schlechten *CPI* schon für die einfachen Fälle schätzen Sie den Aufwand für die restlichen 30 User Stories auf *ETC* = 20 PT. *EAC* = *AC* + *ETC* = (12 + 20) PT = 32 PT statt *BAC* = 25 PT. Wenn Sie pro Monat 12 PT daran arbeiten, dann dauert dies 32 / 12 = 2,67 Monate statt 2 Monate, also 20 (Kalender-)Tage Verzug.

Sie sehen: Um die Zahlen zu interpretieren und eine Prognose zu ermitteln, müssen Sie doch etwas genauer hinsehen, was im Verlauf der Bearbeitung passiert ist.

Earned-Value-Analyse fürs Gesamtprojekt

Wir haben oben eine Earned-Value-Analyse nur für ein einzelnes Arbeitspaket berechnet. Diese Analyse kann man natürlich auch für eine komplette Projektphase und für das Gesamtprojekt durchführen. Das Gute ist nämlich: Die vier Kennzahlen *BAC*, *PV*, *AC* und *EV* lassen sich aufsummieren. Addieren Sie die *BAC*-Werte aller Arbeitspakete auf, dann erhalten Sie das Gesamtbudget *BAC* des Projektes. (Falls nicht, war die Liste der Arbeitspakete nicht vollständig, was nicht passieren sollte.) Genauso muss auch zu jedem Zeitpunkt die Summe der Planned Values, Kosten und Earned Values dem Wert fürs Gesamtprojekt entsprechen. Diese Werte dürfen Sie also addieren.

Nicht addieren dürfen Sie Fertigstellungsgrade, *CPI*- und *SPI*-Werte. Diese müssen Sie auf jeder Abstraktionsebene neu berechnen, genauso wie die Prognosen.

Doch nicht so einfach

Die Earned-Value-Analyse steht und fällt natürlich mit den korrekten Zahlen. Sie müssen genau die geleisteten Stunden dokumentieren und den Fertigstellungsgrad von Arbeitsergebnissen ermitteln. Das ist gar nicht so einfach, denn nicht jede User Story ist gleich aufwendig. Außerdem habe ich hier ein recht einfaches Arbeitspaket gewählt. Bei anderen Aufgaben wissen Sie nicht so gut, wie viele Ergebnisse Sie erzeugen werden, wie viele Runden drehen und wie aufwendig die einzelne Aufgabe wird. Hier können Sie den Fertigstellungsgrad nur sehr ungenau einschätzen.

Üblicherweise überschätzt man den Fertigstellungsgrad. Dies liegt teilweise an einer optimistischen Fehlwahrnehmung, aber auch daran, dass man oft mit den einfachen Fällen beginnt und laut Pareto-Prinzip mit 20 % des Aufwands schon 80 % des Ergebnisses produziert werden können. Man fängt dann ganz gerne mit diesen 80 % an und wundert sich, wie lange die Restarbeiten noch dauern!

Je innovativer das Projekt oder Produkt, umso schwerer es lässt sich einschätzen und mit der Earned-Value-Analyse bewerten. Hier macht es eventuell Sinn, sich ein Limit zu setzen im Stil von »Wenn nach 200 PT die Maschine immer noch nicht läuft, dann geben wir (vorläufig) auf.«

Geld ist nicht alles

Nun sprechen wir hier von kreativen Projekten. Diese sind nicht nur schlechter planbar als Routineaufgaben, sondern ihr Wert liegt nicht nur darin, effizient möglichst viele Liefergegenstände zu erstellen.

Thomas Edison schreibt man das Zitat zu: »Ich habe nicht versagt. Ich habe nur 10.000 Wege gefunden, wie es nicht geht.« Das heißt: Selbst, wenn sich eine Idee nicht umsetzen lässt, hat man dabei etwas gelernt. Lernen ist für ein innovatives Unternehmen eine unabdingbare Voraussetzung für den zukünftigen Erfolg. Es muss grundsätzlich immer Geld in die Weiterentwicklung seines Wissens investieren, und was wäre dafür besser geeignet als ein kreatives Projekt, bei dem möglicherweise sogar ein verkaufbares Produkt herauskommt? Das ist doch besser als reine Übungsaufgaben!

Mit meinen Studierenden hatte ich mal eine interessante Diskussion darüber, ob und warum man aus Fehlschlägen mehr lernt als von Erfolgen. Geht etwas glatt durch und wird sofort erfolgreich, dann weiß man nicht genau, was man richtig gemacht hat. Das bedeutet aber für die Zukunft auch, dass man den Erfolg nicht zuverlässig wiederholen kann.

Der Begriff des »One-Hit-Wonder« stammt aus dem Bereich der Kunst, wo so mancher Musiker nur mit einem einzigen Titel in die Hitliste gelangte und danach nie wieder. Auch bei Schriftstellern gibt es solche, die schon jung einen Bestseller produziert haben, deren Folgeromane jedoch durchfielen. Leider führt der frühe Erfolg oft zu Selbstüberschätzung und zu der falschen Einstellung, man müsse von anderen nichts mehr lernen.

Das Phänomen des One-Hit-Wonders gibt es auch im Bereich der Technologieunternehmen. Matthew Syed diskutiert dieses Thema ausführlich in seinem Buch »Bounce: The myth of talent and the power of practice« anhand konkreter Beispiele. Er betont darin die hohe Bedeutung von Übung und Erfahrung.

Aus Misserfolgen kann man jedoch eine Menge lernen, falls man genau den Verlauf analysiert, an welcher Stelle man welche falsche Entscheidung getroffen hat. Man hat mit dem Versagen den Handlungsraum bis an seine Grenzen ausgelotet.

In vielen Bereichen, beispielsweise dem Sport, gehört es zum Training geradezu dazu, Grenzen auszutesten und herauszufinden, wie oft oder selten man trainieren muss, wie stark man etwas werfen darf oder mindestens werfen muss, welche Winkel funktionieren und welche nicht. Im technischen Bereich haben wir höhere Erwartungen, weil das Experimentieren und Trainieren leider oft recht teuer werden kann. Trotzdem gehört es dazu.

Das erinnert mich an ein Diplomarbeitsthema, das man mir seinerzeit anbot. Ich hätte Laborversuche mit flüssigem Sauerstoff machen können, der recht teuer ist. Das fixe Sauerstoffbudget reichte für zwei oder bei großer Sparsamkeit sogar für drei Versuche. Sehr riskant für jemanden mit zwei linken Händen. Ich entschied mich dann doch lieber für ein Thema mit Computersimulationen, wo außer Rechenzeit keine andere Ressource verbraucht wird.

Es kann auch Sinn machen, eine teure, aber gute Idee umzusetzen, die einen vertretbaren Verlust einführt, wenn sie das Image der Firma als innovativ, umweltfreundlich oder sozial stärkt. Schwierig ist dabei natürlich, die Größe des Verlustes und den Wert des nichtfinanziellen Nutzens korrekt vorherzusagen und sinnvoll gegeneinander abzuwägen.

Gleichzeitig ist es auch wichtig, gerade in kreativen Projekten jederzeit nicht nur die nächste anstehende Aufgabe abzuarbeiten, sondern immer wieder auch einen Schritt zurückzutreten und zu prüfen, ob man sich noch in die richtige Richtung bewegt, für neue Ideen offen zu sein und auch zu früheren Phasen des Prozesses zurückzukehren, wenn dies sinnvoll scheint.

Wie geht es den Beteiligten?

Bisher haben wir vor allem für andere gearbeitet: Produkte für die Anwenderinnen und Kunden hergestellt und Daten ans Controlling geliefert. Aber: Die Arbeit soll den Beteiligten ja auch Spaß machen!

Das ist kein Scherz. Entspannte, begeisterte Mitarbeitende produzieren im Flow die besten Ideen. Darum entwerfen wir zwar das Produkt für die Käufer, aber den Kreativitätsprozess für das Team. Dieses soll nicht nur effektiv und effizient arbeiten können, sondern sich auch wohlfühlen.

Wir hatten ja schon gesehen, dass neue Produkte und Technologien nicht bei allen Menschen gleich gut ankommen. Die Innovatoren sind Neuerungen gegenüber aufgeschlossener als die Nachzügler. Dasselbe gilt auch für neue Arbeitsprozesse und neu eingeführte Kreativitätsmethoden: Manche Ihrer Kollegen haben Lust, Neues auszuprobieren, andere gehen da eher misstrauisch ran. Typischer Nachzüglerspruch: »Das haben wir ja noch nie so gemacht« oder »Das funktioniert bei uns eh nicht.«

Darum beschäftigen uns im Folgenden zwei Fragen:

1. Wie führen wir den neuen Kreativitätsprozess am besten ein?

2. Wie verbessern wir diesen Arbeitsprozess?

Beide Fragen gehören zum Wissensgebiet des Änderungsmanagements beziehungsweise Change Managements.

Einführungsstrategien

Man unterscheidet in der Kunst der Prozesseinführungen drei Strategien:

- ✔ **Big Bang:** Man führt den Arbeitsprozess für alle auf einmal ein. Es gibt keine Ausnahmen. Alle werden geschult und die neue Arbeitsweise ist ab einem Stichtag für alle Pflicht. Diese schlichte, aber brutale Einführungsstrategie führt oft zu Widerstand und Schmerzen und man riskiert Fehler und sogar Betriebsunterbrechungen durch die Einführung. Darum gibt es noch zwei vorsichtigere, schrittweise Strategien.

- ✔ **Pilotierung:** Die neue Arbeitsweise wird in einzelnen Pilotprojekten erprobt. Diese Projekte sind entweder besonders risikoarm und unwichtig und dienen zum Lernen und Einarbeiten. Oder sie sind gerade besonders schwierig und wichtig und benötigen darum die Risikominderung durch die Pilotierung. Die neue Arbeitsweise wird konsequent angewendet, protokolliert und hinterher ausgewertet, um daraus zu schlussfolgern, ob sie angepasst werden muss. Je nach Erfolg wird sie nun nach und nach überall eingeführt oder überarbeitet und in einem weiteren Pilotprojekt erneut getestet.

- ✔ **Schrittweise Einführung:** Die Arbeitsweise wird nicht von heute auf morgen komplett umgestellt, sondern schrittweise werden einzelne Aspekte oder Methoden davon eingeführt, das dann aber für alle Projekte. Auch hier wird gut beobachtet, ob die Änderung sich bewährt hat und anschließend über den nächsten Schritt entschieden. Dieses Vorgehen ist jedoch schwierig, weil man sehr lange mit selbstgebastelten Mischvorgehensweisen arbeiten wird. Darum wird meist die Pilotstrategie angewendet.

Der Kreativitätscoach

Jedes Projekt benötigt einen Projektleiter, der das Projekt mit sicherer Hand durch alle Stürme führt und sich persönlich für den Erfolg verantwortlich fühlt. Ich bin da ganz altmodisch und glaube nicht, dass sich das Gute von selbst durchsetzt. Wenn wir die Einführung des Kreativitätsprozesses als Projekt betrachten, was sie ja auch ist, dann benötigt auch dieses Projekt einen Verantwortlichen. Im Zusammenhang mit Prozessverbesserungen oder Veränderungen von Arbeitsweisen heißen diese Verantwortlichen oft Coach, Promotor, Champion, Sponsor, Pate oder Mentor. Am besten ist es eine Person auf höherer Hierarchieebene (Top-Management beziehungsweise Geschäftsleitung) oder jemand mit ganz viel Charisma und hoher Beliebtheit. Denn diese Person muss Entscheidungen treffen und Mitarbeiter und Mitarbeiterinnen motivieren können. Manchmal werden auch von außen Berater hereingeholt, die Erfahrung und Schwung mitbringen.

Widerstand gegen Veränderungen

Grundsätzlich jede Veränderung löst bei den Betroffenen Widerstände aus. Das ist nur natürlich. Die gewohnte Arbeitsweise geht flott von der Hand, selbst wenn sie ineffizient wäre. Mit den bekannten Schwierigkeiten lernen wir umzugehen. Selbst eine Verbesserung des Arbeitsablaufs wird sich erst mal falsch anfühlen. Denn dass man nun auf ungewohnte Weise arbeiten muss, das ist gewiss. Ob nachher alles besser wird oder eher verschlimmbessert, ob vielleicht nur bekannte Schwierigkeiten gegen noch größere unbekannte ausgetauscht wurden, das muss sich zeigen. Leider sind die meisten Menschen eher pessimistisch veranlagt und erwarten das Schlimmste.

Kurz und gut: Egal wie perfekt Ihr neuer Kreativitätsprozess ist, effizient und voller Spaß und Fortschritte, die Mitarbeitenden werden zunächst misstrauisch sein gegenüber der von oben verordneten Veränderung ihrer täglichen Routine. Indem Sie die Betroffenen zu Beteiligten machen, können Sie gleichzeitig erreichen, dass sie sich leichter an den Gedanken gewöhnen und außerdem tatsächlich mitgestalten, damit der Arbeitsprozess besser passt. Dann werden Sie dem Widerstand natürlich schon während der gemeinsamen kreativen (!) Gestaltung des Arbeitsprozesses begegnen und hoffentlich scheibchenweise abarbeiten.

Allerdings hilft dies nur gegen psychisch-emotionale Widerstände. Es gibt auch noch handfeste Gründe für die Opposition, nämlich wenn jemand durch die Umgestaltung von Rollen und Abteilungen an Einfluss verliert, an interessanten Aufgaben, an Entscheidungsbefugnis, an Budget, an Teamgröße, an Status. Um dieses Problem zu mildern, müssen Sie zu jeder Zeit auch darüber nachdenken und darüber reden, wer von der Umgestaltung der Arbeitsprozesse einen Nachteil hat und wie Sie diesen mildern können.

Möglich ist auch, dass die Prozessumgestaltung zum falschen Zeitpunkt kommt, wo anderweitig schon Unruhe herrscht oder es an Budget oder Zeit für das Projekt und die Schulungsmaßnahmen fehlt. Vielleicht auch zu früh, weil Voraussetzungen noch nicht vorhanden sind: Stellen unbesetzt, die Geschäftsstrategie gerade im Wandel, fehlender Kontakt zu Anwendern, fehlendes Wissen über Kreativität, über Geschäftsprozessmanagement oder Änderungsmanagement. Dann müssen Sie erst die Voraussetzungen schaffen.

Grundsätzlich sollte aber die kreative Gestaltung und Formalisierung des Innovations- und Entwicklungsprozesses keine dramatischen Veränderungen bewirken, sondern sie ändert eher die Reihenfolge der Aufgaben, führt neue Meetings wie Kreativitätsworkshops oder Rollen wie Usability-Experten ein oder ein zusätzliches Entscheidungsgremium für den Review und die Entscheidung an einem Meilenstein oder auch zusätzliche Berichte fürs Innovationscontrolling. Aber genau damit gehen Einzelnen Aufgaben und Entscheidungsbefugnisse verloren beziehungsweise werden auf mehrere Personen aufgeteilt. Diese breitere Zusammenarbeit kann sich wie Kontrolle und Bevormundung anfühlen.

Kreative Gestaltung des Kreativitätsprozesses

Lassen Sie uns kurz auf eine höhere Ebene abschweifen: Bisher gingen wir davon aus, dass Sie in alltäglicher Arbeit in einem kreativen Prozess Ihre Arbeitsergebnisse produzieren, also neue Produktdesigns oder neue Dienstleistungsprozesse zum Nutzen Ihrer Kunden, neue Geschäftsmodelle und so weiter. Sie können und sollten die Kreativitätsmethoden auch dafür benutzen, um Ihren Kreativitätsprozess gemeinsam mit den Betroffenen zu gestalten.

Dieser Ablauf muss auch nicht zwölfphasig sein, weil es sich ja nicht um ein komplexes technisches Produkt handelt, das Sie damit entwerfen. Ich empfehle folgende Schritte:

1. **Ist-Analyse:** Ermitteln Sie den aktuellen Innovationsprozess: Welche Aufgaben werden in welcher Reihenfolge durchgeführt, wenn Sie eine Innovation entwickeln? Wer verantwortet diese Aufgaben, wer führt sie durch, wer wird dabei konsultiert oder darüber informiert? Ermitteln Sie sowohl konstruktive, produktive Aufgaben als auch qualitätssichernde Maßnahmen und Entscheidungen. In manchen Unternehmen hat das schon mal jemand aufgeschrieben, woanders läuft dies im eingespielten Team scheinbar automatisch ab. Genau darum, weil in den Köpfen der Mitarbeitenden ein solcher Ablauf existiert. Finden Sie heraus, wie bisher gearbeitet wurde. Und selbst falls bei Ihnen bisher scheinbar willkürliches Chaos herrschte, gab es doch immer irgendwelche typischen Aufgaben und zwangsläufigen Reihenfolgen. Schließlich haben Sie bisher schon etwas produziert, oder? Das Wissen verschiedener Personen zusammenzutragen, kann sich als aufwendig erweisen, ist aber ein Muss. Wenn Sie ohne Kenntnis der aktuellen Arbeitsweise einfach einen neuen Arbeitsprozess verkünden, bringen Sie alles durcheinander. Selbst in holprigen Arbeitsprozessen stecken Weisheit und Erfahrung, die Sie nicht ignorieren dürfen.

2. **Analyse von Zielen, Anforderungen und Schwachstellen:** Was sind die Ziele des Prozesses beziehungsweise welche sind wichtiger? Kosten wichtiger als Qualität oder umgekehrt? Welcher Beteiligte benötigt was oder meldet welche Probleme und Risiken? In diesem Schritt können Sie Kreativitätsmethoden anwenden.

3. **Soll-Prozess entwerfen:** Im Abgleich zwischen dem Ist-Prozess, dem in diesem Buch dargestellten Prozess und den Ergebnissen aus Schritt 2 entwerfen Sie einen konkreten Vorschlag für den Soll-Prozess. Dieser ist eine Art Hypothese, die noch geprüft werden

muss. Befragen Sie auch die Betroffenen, was Sie daran noch verbessern können. Einerseits um deren Wissen zu nutzen und andererseits, um ihnen das zutreffende Gefühl zu geben, mitgestalten zu können.

4. **Einführungsstrategie erstellen:** Einführungsstrategien haben wir ja oben schon diskutiert. Sie entscheiden nun, in welchen Bereichen der neue Soll-Arbeitsprozess oder auch erstmal nur Teile davon eingeführt werden. Dabei muss auch schon klar sein, wie Sie die Einführung begleiten, Rückmeldung einholen und das Vorgehen verbessern.

Führen Sie eine Ist-Analyse durch wie oben beschrieben.

1. Entwickeln Sie einen Soll-Prozess.
2. Vergleichen Sie Ist- und Soll-Prozess miteinander: Was fehlt? Was müssten Sie verändern?
3. Und mit welcher Einführungsstrategie möchten Sie es versuchen?
4. Wer wären gute Verbündete dafür?

Verbesserung des Prozesses

Jeder Arbeitsprozess lässt sich noch verbessern! In der täglichen Arbeit praktiziere ich ständig das Prinzip der kontinuierlichen Verbesserung. Kleine Veränderungen beschleunigen die Arbeit, machen sie übersichtlicher oder verringern Risiken. Wenn Sie beim Arbeiten nicht in Flow geraten, kann es daran liegen, dass Sie intuitiv spüren: »Dieser Ablauf ist nicht ideal. Hier ließe sich noch etwas verbessern.«

PDCA-Zyklus

Ein beliebtes Modell für das Bewerten von Arbeitsweisen und deren Verbesserung ist der PDCA-Zyklus, der so allgemein ist, dass er praktisch überall passt und auch in zahlreichen Standards empfohlen wird. Abbildung 29.4 zeigt die vier Phasen des PDCA-Zyklus.

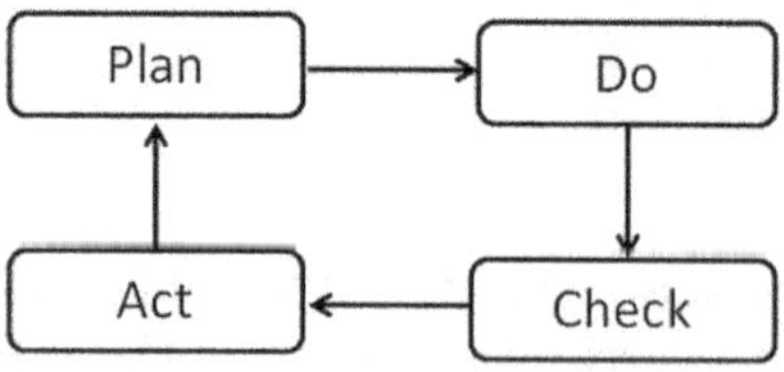

Abbildung 29.4: PDCA-Zyklus

Die vier Phasen des **PDCA**-Verbesserungskreislaufs sind:

- ✔ **Plan/Planen:** Sie planen den Innovations- oder Kreativitätsprozess und auch die Kennzahlen, die Sie ermitteln wollen, beispielsweise Kosten oder Mitarbeiterzufriedenheit.
- ✔ **Do/Umsetzen:** Sie führen diesen Prozess durch, zunächst vielleicht nur in einem Pilotprojekt.
- ✔ **Check/Überprüfen:** Sie messen Ihre Kennzahlen, holen Rückmeldung aller Betroffenen ein und bewerten, ob der Prozess so bleiben kann oder geändert werden müsste. Wo liegen dessen Stärken und Schwächen?
- ✔ **Act/Handeln:** Sie entscheiden über das weitere Vorgehen: Soll der Prozess überarbeitet werden oder nicht? Sollen nun mehr Projekte und Teams diesen Prozess anwenden?
- ✔ **Plan/Planen:** Die nächste Runde beginnt. Sie planen den verbesserten Soll-Prozess oder die weitere Einführungsstrategie. Und so weiter ....

Lessons Learned des Teams

Ein wichtiges Element des PDCA-Verbesserungszyklus sind die Rückmeldungen der Betroffenen, insbesondere des Teams. Wie wir bereits bei der Earned-Value-Analyse gesehen haben, sind Kennzahlen zwar wichtig und hilfreich, aber sie erlauben oft mehrere Interpretationen und Schlussfolgerungen. Um wirklich schlau daraus zu werden, benötigen Sie zusätzliche Informationen darüber, was genau passiert ist. Schlimmstenfalls sind die Zahlen sogar falsch. Ich habe mal in einer Firma gearbeitet, wo Arbeitszeiten nicht nach tatsächlichem Arbeitsaufwand auf die Projekte gebucht wurden, sondern nach vorhandenem Budget. Wo noch Budget übrig war, wurde hingebucht. Das nannte sich »strategisch buchen« und führt dazu, dass man aus Fehlern nicht lernte.

BEISPIEL

Die Krönung war ein Forschungsprojekt, bei dem ich für ein sechswöchiges Arbeitspaket einen Entwickler benötigte. Nun waren allerdings Programmierer Mangelware und wurden darum – Sie kennen vielleicht das Siedler-Brettspiel? – zum Wechselkurs von 1:3 getauscht. Das heißt, der Abteilungsleiter erklärte mir, dass er mir dann einen Programmierer gäbe, wenn er für jede Arbeitsstunde drei abrechnen dürfe. Ich musste aus Not dieses unverschämte und einzige Angebot annehmen. Ein erfahrener Programmierer kann auf der Grundlage eines guten Lastenhefts innerhalb von zwei Wochen ja sehr wohl einiges zustande bringen. Nur erhielt ich dann leider keinen erfahrenen Programmierer, sondern eine neu eingestellte studentische Hilfskraft. Der junge Mann musste sich erst noch in die Technologie einlesen und hat dann letztlich von den zwei Wochen, die er für mein Projekt »arbeitete«, effektiv nur drei Tage programmiert. Auf solch einer Datenbasis lässt sich nie und nimmer eine realistische Kennzahlenauswertung durchführen.

Wie man so schön sagt: Glaube nur den Daten, die Du selbst gefälscht hast.

Was ich damit sagen will: Zahlen sind aussagekräftig, aber nicht ausreichend. Führen Sie auch einen Lessons-Learned-Workshop mit den Beteiligten durch und stellen Sie dabei zwei Fragen:

- ✔ Was lief gut? Was wollen wir also weiterhin beibehalten?
- ✔ Was lief schlecht? Was könnten wir also zukünftig besser machen?

Jeder Arbeitsprozess lässt sich noch verbessern, auch der Kreativitäts- und Innovationsprozess.

- ✔ Methoden des Innovationscontrollings helfen, während und nach dem Projekt quantitativ zu beurteilen, wie gut es läuft beziehungsweise gelaufen ist. Zwei Hilfsmittel dafür sind die Meilensteintrendanalyse und die Earned-Value-Analyse.
- ✔ Aus Sicht der Beteiligten muss die richtige Einführungsstrategie gewählt und die Einführung mit Methoden des Change Managements unterstützt werden.
- ✔ Das Kernteam kann mit Hilfe des PDCA-Zyklus und Lessons-Learned-Analysen seine Arbeit weiter verbessern.

IN DIESEM KAPITEL

Rückblick und nächste Schritte

Bilden Sie ein Team

Nicht den Spaß vergessen!

Kapitel 30
Ausblick: Und jetzt?

Sie haben dieses Buch aufmerksam von vorne bis hinten gelesen und haben einen Überblick bekommen über Kreativitätsmethoden, Innovationsprozesse, Marktforschung und Prozessverbesserungen, maßgeschneidert für Ingenieurinnen und Ingenieure als Zielgruppe und technische Produkte und technische Dienstleistungen als Arbeitsergebnis.

Sie haben hoffentlich auch die Übungen fleißig durchgearbeitet und damit eine umfangreiche Sammlung von Fragmenten eines Konzeptes erarbeitet. Und nun? Wie setzen Sie das tatsächlich in die Berufspraxis um?

Sie sind nicht allein!

Sie als Ingenieurin oder Ingenieur sind gar nicht alleine verantwortlich für den Innovationsprozess in Ihrem Unternehmen. Das ist gut und nicht so gut. Es kann Sie wohl niemand daran hindern, einzelne der Methoden oder Modelle innerhalb des bisher vorgegebenen Arbeitsprozesses anzuwenden. Für eine Umgestaltung des gesamten Arbeitsablaufs benötigen Sie jedoch die Zustimmung und Zeitbudget von oben. Leider muss man bei der durchgeplanten und »verdichteten« Arbeitsweise, die heute üblich ist, sogar für das Erstellen eines Konzeptvorschlags schon ein Zeitbudget beantragen. Stimmen Sie sich darum mit Ihrem Management ab. Dieses sollte eigentlich Ihre Erfahrung und Intuition wertschätzen und sich Ihren Vorschlägen gegenüber offen zeigen. Und dann gestalten Sie gemeinsam den Innovationsprozess kreativer.

Argumente für Ihre technischen Kollegen und Kolleginnen

Ihre Kollegen im technischen Bereich, also Ingenieurinnen, Softwareprogrammierer, Elektroniker, Qualitätsbeauftragte und Handbuchautorinnen, können Sie leichter überzeugen, weil Sie dieselbe Sprache sprechen. Sinnvolle Argumente, warum diese sich an Ihrer kreativen Revolution von unten beteiligen sollten wären, je nachdem was ihnen gerade fehlt:

- ✔ **Qualität:** Die Qualität der Entwürfe und Produkte erhöht sich durch mehr Nachdenken und mehr Beteiligte, die ihre Wünsche, Ideen und Kenntnisse einbringen.
- ✔ **Konfliktlösung:** Selbst einfache, aber besonders auch komplexe Produkte und Dienstleistungen weisen inhärente Zielkonflikte auf, beispielsweise zwischen Bequemlichkeit, Geschwindigkeit und Sicherheit. Konstruktionsmethoden wie TRIZ oder der morphologische Kasten behandeln diese ausdrücklich und helfen, die ideale Lösung zu finden.
- ✔ **Erst denken, dann machen:** Wenn Sie sich früh im Entwicklungsprozess mehr Gedanken machen, ersparen Sie sich später hektische Nachbesserungen und daraus resultierende Überstunden.
- ✔ **Innovation ohne Verlust technischer Disziplin:** Entgegen einem gängigen Vorurteil sind Kreativitätsmethoden keine Gegenspieler von Ingenieurlogik, sondern lassen sich gut kombinieren, beispielsweise in dem hier vorgeschlagenen zwölfstufigen Prozess. Gerade gut strukturierte Kreativitätsmethoden verzahnen physikalische Gesetzmäßigkeiten mit systematischer Ideengenerierung.
- ✔ **Bessere interdisziplinäre Kommunikation und Zusammenarbeit:** Moderne Produkte integrieren mechanische, elektronische und Softwarekomponenten. Entsprechend sprechen die interdisziplinären Teammitglieder jeweils unterschiedliche Sprachen. Kreativitätsmethoden schaffen eine gemeinsame Sprache, auf der unterschiedliche Fachsprachen anschlussfähig werden. Das reduziert Missverständnisse und verbessert die Zusammenarbeit.
- ✔ **Flexibleres Denken:** Wer regelmäßig in die Zukunft denkt und Was-wäre-wenn-Gedankenspiele spielt, wird offener für Veränderungen und Anpassungen von Produkten und Arbeitsabläufen. Zukünftige Möglichkeiten werden zu etwas, das der Ingenieur mitgestaltet und selbst antreibt, statt von den Innovationen der Konkurrenz getrieben zu werden.
- ✔ **Kreativität als berufliche Kompetenz:** Kreativität gehört auf dem Arbeitsmarkt zu den gesuchten Qualifikationen. Besonders im Hinblick darauf, dass Künstliche Intelligenz zukünftig Routineaufgaben übernimmt, wird die Fähigkeit auch von technischem Personal, in kreativen Prozessen Inhalte beizusteuern oder sogar die Moderation zu übernehmen, immer wichtiger.
- ✔ **Spaß:** Ich weiß, es ist für einen Techniker das letzte Argument, aber Sie werden sehen, dass das kreative Arbeiten Freude bereitet. Im Idealfall geraten Sie in Flow, die Zeit vergeht wie im Flug und Sie gehen abends beschwingt und lächelnd nach Hause.

Argumente für das Management

Manager und Managerinnen denken in Bezug auf Innovationen wie Controller, siehe oben. Sie wollen Zahlen und Fakten als Argumentationshilfe. Je konkreter Ihr Konzept, umso genauer können Sie berechnen, wie viele Personentage Sie in Kreativitätsworkshops oder

Marktrecherchen investieren müssen. Den zukünftigen Nutzen von mehr Kreativität können Sie nur schätzen. Die folgenden Argumente sollten jedoch für Ihr Management attraktiv klingen:

- ✔ **Reduktion von Entwicklungsrisiken, teuren Nachbesserungen oder Rückrufaktionen:** Viele Konstruktionsfehler entstehen nicht nur durch Rechenfehler, sondern auch durch implizite Annahmen über Kundenwünsche und technische Möglichkeiten in frühen Phasen. Die teuersten Fehler entstehen in der Konzeptphase, zeigen sich aber erst später, in der Qualitätssicherung oder bei der Markteinführung oder gar beim produktiven Einsatz durch Kunden. Kreativitätsmethoden machen diese Annahmen bewusst und ein sorgfältiger Konstruktionsprozess kann Denkfehler frühzeitig entdecken, wo eine Änderung noch kostengünstig machbar ist. Das entspricht dem Prinzip des »Frontloading«: Mehr Denkaufwand am Anfang senkt Kosten und Nacharbeit später signifikant.

- ✔ **Verlässlichere Entscheidungsgrundlage und -dokumentation auch unter Unsicherheit:** Strukturierte Kreativitätsmethoden erzeugen systematisch Optionen, vergleichen und konsolidieren diese. Auf dieser Wissensgrundlage kann das Management fundierter priorisieren, statt sich auf Einzelmeinungen oder dominante Meinungsführer zu verlassen. Für die Zukunft wird dieser Entscheidungsprozess sauber dokumentiert und kann bei Nachfragen nachvollzogen werden. Auch Fehlentscheidungen stellen sich oft im Nachhinein dank dieser Dokumentation als die beste heraus, die man damals treffen konnte. Im Nachhinein ist man immer klüger, kann aber dank dieser Dokumentation in einer Lessons-Learned-Analyse daran arbeiten, den Entscheidungsprozess weiter zu verbessern.

- ✔ **Organisationales Lernen:** Kreativitätsmethoden machen Denk- und Entscheidungsprozesse explizit und damit wiederholbar. Das ist entscheidend für organisationales Lernen: Erfahrungen bleiben nicht im Kopf Einzelner, sondern werden Teil der kollektiven Kompetenz.

- ✔ **Bessere Ideen, bessere Innovationsrendite:** Es entstehen durch den Einsatz von Kreativitätsmethoden nicht nur mehr Ideen, sondern diese werden gleich auch systematisch bewertet. Natürlich entstehen Prognosen, die nicht korrekt sein müssen, aber im Durchschnitt wird die Erfolgsquote und die Rendite Ihrer Innovationsinvestitionen ansteigen.

- ✔ **Neue Möglichkeiten:** Im Kreativitätsworkshop entsteht eine umfangreiche Liste von zahlreichen Ideen. Manche davon wären durch reines Grübeln nicht entstanden. Auch im Nachgang entsteht Neues, nachdem so viele Menschen sich mit dem Thema beschäftigt haben. Die Beteiligten identifizieren sich jetzt besser mit dem Produkt und dem Team und verstehen es besser. Der Workshop diente also auch ihrer Fortbildung und dem Teambuilding.

- ✔ **Arbeitszufriedenheit, Attraktivität und Bindung von Fachkräften:** Wissensarbeiter – insbesondere Ingenieure und Entwicklerinnen – erwarten heute Gestaltungsmöglichkeiten und moderne Arbeitsweisen. Organisationen, die kreative Problemlösung ernst nehmen, werden als moderner, professioneller und lernorientierter Arbeitgeber wahrgenommen. Sie verbessern die Zusammenarbeit, Arbeitszufriedenheit und damit die Mitarbeiterbindung.

So haben Sie schon mal eine Liste für Ihre Folienpräsentation. Entscheiden Sie selbst, was bei Ihrem Unternehmen am besten als Argument zieht.

Bilden Sie ein Team!

Um die Verbesserung der kreativen Aktivitäten und Abläufe voranzubringen, bilden Sie ein Team. Zum einen müssen Sie das, weil es die Aufteilung von Verantwortlichkeiten und die Entscheidungsprozesse Ihres Unternehmens erfordern. Zum anderen wollen Sie das ja auch, weil Sie alle Betroffenen beteiligen sollten, um ihr Wissen und ihre Unterstützung zu erlangen. Sie gestalten die Veränderung gemeinsam, weil sie viele Personen betrifft. Gehen Sie dabei ebenfalls kreativ und mit Freude vor.

Ich wünsche viel Erfolg und viel Spaß!

Ab hier müssen Sie nun selbst weitersehen und aus dem, was Sie gelesen haben, die passenden Vorgehensweisen für sich auswählen und anpassen. Ich wünsche Ihnen dabei sowohl Erfolg als auch Spaß und Flow. Natürlich können Sie mich auch für einen Workshop oder eine Beratung buchen. Kurze Fragen und knifflige Aufgaben bearbeite ich als willkommene Knobelaufgaben auch gerne kostenlos. Alles Gute!

Nachdem Sie jetzt einen Überblick über den Kreativitäts- und Innovationsprozess gewonnen haben, können durchstarten:

- ✔ Bilden Sie abteilungsübergreifend ein Team von Gleichgesinnten, um gemeinsam den Arbeitsablauf zu revolutionieren.
- ✔ Verwenden Sie die passenden Argumente aus diesem Kapitel.
- ✔ Haben Sie Spaß!

Teil VII

Der Top-Ten-Teil

Der **Top-Ten-** Teil

web Extras

Besuchen Sie uns auf `www.fuer-dummies.de` oder unseren Social-Media-Kanälen:

Facebook

`www.facebook.com/fuerdummies`

Instagram

`www.instagram.com/furdummies`

YouTube

`www.youtube.com/@dummies-mann`

IN DIESEM TEIL ...

- Zum Abschluss die wichtigsten Definitionen und Merksätze zur Erinnerung.
- Wie Sie kreativ arbeiten.
- Wie Sie mit anderen gemeinsam kreativ arbeiten.

IN DIESEM KAPITEL

Erinnern Sie sich: Was ist kreativ und was ist innovativ?

Kreativität vorbereiten.

Kreativ arbeiten.

Kreativitätsprozess verbessern.

Kapitel 31
Die zehn wichtigsten Merksätze zur Kreativität in IT und Technik

Im Folgenden die zehn wichtigsten Merksätze aus diesem Buch:

Kreativität macht Spaß und Flow

Flow ist ein positives Gefühl bei der Arbeit, wenn alles fließt (»flutscht«) und leichtfällt, bei ständiger spannender Herausforderung. Das passiert gerne bei kreativen Tätigkeiten.

Kreativ = neu + nützlich

Eine Idee ist kreativ, wenn sie für den Erfinder neu sowie potenziell nützlich ist.

Eine Idee ist innovativ, wenn sie aus Käufersicht neu und marktfähig ist.

Vertrauen Sie Ihrer eigenen Kreativität

Alle Menschen sind kreativ. Um Ihre Kreativitätsblockaden zu überwinden, sollten Sie darauf vertrauen, dass auch Sie kreativ sind. Mehr zu Kreativitätsblockaden finden Sie in Teil IV.

Künstliche Intelligenz unterstützt Ihre Kreativität

Mit Künstlicher Intelligenz können Sie mit wenig Zusatzaufwand bessere und kreativere Ideen entwickeln.

Schaffen Sie die Voraussetzungen für gute Kreativität

Bevor Sie zielführend kreativ arbeiten können, müssen Sie folgende Voraussetzungen schaffen (vgl. Teil II):

- ✔ Ein klares Ziel und/oder eine Vision
- ✔ Motivation
- ✔ Mut
- ✔ Ressourcen
- ✔ Technisches Wissen
- ✔ Fachwissen über den Anwendungsbereich

Erstellen Sie einen Projektsteckbrief

Der Projektsteckbrief hat folgende Inhalte (vgl. Teil II):

1. Ziel und/oder Vision
2. Umfeld
3. Motivation
4. Was liegt schon vor?
5. Was fehlt? Zu lösendes Problem
6. Ressourcen

Moderieren Sie einen Kreativitätsworkshop mit System und Feingefühl

Beachten Sie bei der Moderation eines Kreativitätsworkshops (vgl. Teil IV):

- ✔ Alles beginnt mit einer klaren Arbeitsfrage.
- ✔ Der Workshop benötigt eine Agenda, eventuell nach Tuckman-Modell.
- ✔ Wählen Sie die richtigen Teilnehmer/innen, die alle Wissensgebiete und Perspektiven abbilden.
- ✔ Lassen Sie alle zu Wort kommen und respektvoll miteinander kommunizieren.
- ✔ Protokollieren Sie die Ergebnisse und fassen Sie sie am Ende zusammen.
- ✔ Pflegen Sie die Balance zwischen Spaß versus Angst, Vielfalt versus Harmonie, Lob und Antreiben, Kontrolle und Loslassen.

Pflegen Sie einen Ideenspeicher

Ein Ideenspeicher ist eine Liste auf Papier oder digital, wo alle Ideen notiert werden, auch unausgegorene, die aktuell nicht für die Umsetzung vorgesehen sind. Sie können sie später bei passender Gelegenheit wieder aufgreifen. Schließlich kommen Ideen nicht immer zum richtigen Zeitpunkt.

Verbessern Sie ständig Ihren Kreativitätsprozess

Den Kreativitätsprozess können Sie durch verschiedene Maßnahmen verbessern:

- ✔ Controlling mit Ermittlung und Auswertung von Kennzahlen,
- ✔ eine gute Einführungsstrategie und Beteiligung der Betroffenen,
- ✔ Lessons-Learned-Analysen und ständige, zyklische Verbesserung.

Verbessern Sie mit Ihrer Kreativität die Welt

Kreativität ist nicht nur lebenswichtig wie Salz, sondern verbessert Produkte und Arbeitsabläufe, Umweltschutz und Sicherheit, Gewinnmargen und vieles mehr. Verbessern Sie mit Ihrer Kreativität die Welt!

Abbildungsverzeichnis

Stichwortverzeichnis

L

M

N

O

P

R

S

T

U

V

W

Z